H. PLON, Imprimeur-Éditeur, rue Garancière, 8, Paris.

HISTOIRE
DE
NICOLE DE VERVINS

D'APRÈS LES HISTORIENS CONTEMPORAINS ET TÉMOINS OCULAIRES

OU

LE TRIOMPHE DU SAINT SACREMENT
SUR LE DÉMON
A LAON EN 1566

PAR L'ABBÉ J. ROGER,

DIRECTEUR AU PETIT SÉMINAIRE DE NOTRE-DAME DE LIESSE.

OUVRAGE ACCOMPAGNÉ

DE DEUX BREFS DES SOUVERAINS PONTIFES

SAINT PIE V ET GRÉGOIRE XIII

RELATIFS A LA PUBLICATION DE CE MIRACLE,

PRÉCÉDÉ

D'UNE LETTRE DE M. LE CHEVALIER GOUGENOT DES MOUSSEAUX

autour de la Magie au XIXe siècle, — des Médiateurs et moyens de la magie,

ET ORNÉ DU FAC-SIMILE

D'UNE GRANDE GRAVURE REPRÉSENTANT LES EXORCISMES DE NICOLE DE VERVINS.

« Il faut s'efforcer de faire parvenir à la connaissance de tous les peuples ce miracle admirable de la sainte Eucharistie. » (*Bref de saint Pie V.*)

Un volume in-8°. — Prix : 6 francs.

Envoi franco contre un mandat de poste de 6 francs.

Pour donner une juste idée du vif intérêt qui s'attache à cet ouvrage, si impatiemment attendu et si digne d'attirer l'attention de ceux qui ont une pieuse admiration pour les saints miracles, nous croyons ne pouvoir mieux faire que de publier dans ce prospectus la *Table des matières* renfermées dans le livre, en la faisant précéder de l'un des *deux Brefs pontificaux* qui en sont la haute sanction.

BREF DE SA SAINTETÉ PIE V

POUR LA PROMULGATION DE CE MIRACLE.

PIE V, PAPE,

A Notre vénérable frère FABIUS, *évêque de Cajace, Notre nonce apostolique près de sa Majesté Très-Chrétienne, Charles* (IX), *roi de France, Notre très-cher fils en Jésus-Christ.*

Vénérable frère, salut et bénédiction apostolique.

Notre bien-aimé fils Jean Boulèse, prêtre, qui vous remettra ces lettres, enflammé du désir d'augmenter la gloire de Dieu, plein de dévouement pour Nous et pour la sainte Église romaine, Nous a présenté, il y a quelques mois, un volumineux manuscrit, contenant tous les actes d'un *insigne miracle* récemment arrivé dans la ville et diocèse de Laon, sous l'épiscopat d'un prélat de grande piété ; miracle que Dieu a opéré sur une femme de la ville de Vervins, pour *confondre la malice des hérétiques et éclairer le cœur des aveugles.*

Ce manuscrit, Nous l'avons confié à des hommes distingués par leur probité, leur expérience, *leur savoir*, et dont la sagesse nous est bien connue. Nous leur avons commis le soin de le lire avec attention, de *l'examiner mûrement.* Sur leur rapport favorable, Nous avons rendu grâces au Dieu tout-puissant, qui, en ces temps malheureux, a daigné faire éclater ses merveilles dans une province naguère encore si horriblement déchirée par l'hérésie : ce qu'il a fait dans un dessein d'ineffable miséricorde, pour la gloire de son saint nom, pour l'édification des fidèles et pour le retour de ses enfants égarés.

Et puisque ce prodige admirable de la sainte Eucharistie, *qu'on ne saurait assez célébrer*, s'est accompli devant une multitude immense, *il faut travailler avec ardeur à le faire connaître à tous les peuples.*

A cet effet, après avoir fait extraire de ce volume les faits les plus remarquables et les plus propres à la manifestation du miracle, Nous vous envoyons cet extrait par le même Boulèse, et Nous voulons que l'évêque de Laon, de concert avec le chanoine Despinois, qui en ont été témoins oculaires, examine de nouveau ces faits avec la plus scrupuleuse attention. S'ils les reconnaissent conformes à la vérité, vous vous présenterez en Notre nom devant le Roi Très-Chrétien, et vous demanderez à Sa Majesté son agrément pour faire imprimer ce livre en France, afin que le récit de ce miracle, à la plus grande gloire de Dieu, se répande parmi toutes les nations. Et pour que cette tâche soit remplie avec plus d'exactitude et de fidélité, nous pensons qu'il importe que Boulèse lui-même en surveille l'impression.

Donné à Rome, à Saint-Pierre, sous l'anneau du Pêcheur, le 8 octobre de l'an 1571, de Notre pontificat le sixième.

COE. GLORIERUS.

En exécution de ce bref, l'évêque de Laon et le chanoine Despinois se présentèrent devant trois docteurs, députés de la faculté de théologie de Paris, et, après avoir entendu la lecture de tout le manuel,

Le premier répondit : « Je désire que Dieu soit honoré par ce miracle qui est très-vrai et vu par plus de cent cinquante mille hommes, et que cela soit publié non afin que j'en aie honneur, mais que ce soit à l'honneur de Dieu. »

Le second répondit : « Je dis et déclare que tout a été fait comme il est porté et contenu audit livre, bien brièvement toutefois, et qu'il n'y a aucun mot contre vérité, ce que je soutiendrai et délibère soutenir, envers et contre tous, par tels tourments que l'on pourra me faire endurer. »

(Voir à la fin du volume les pièces justificatives.)

Le 19 mars 1862, nous avons reçu de Rome la copie authentique de ce bref avec cette note :

« *Concordat cum originali quod asservatur in tabulario secretariæ Brevium.* »

Pro cardinali Barberino,

J. B. BRANCALEONI CASTELLANI,

SUBSTITUTUS.

Secretaria Brevium.

TABLE DES MATIÈRES.

Bref de Sa Sainteté PIE V pour la promulgation de ce miracle.

Lettre de M. le chevalier GOUGENOT DES MOUSSEAUX, auteur de *la Magie au dix-neuvième siècle*, des *Médiateurs et moyens de la Magie*, adressée à l'auteur.

AVANT-PROPOS. § I. Boulèse composant son histoire. § II. Examen de l'ouvrage de Boulèse à Rome.

PREMIÈRE PARTIE. POSSESSION DE NICOLE, SA DÉLIVRANCE.

LIVRE PREMIER contenant tout ce qui s'est passé à Vervins depuis le 3 novembre 1565 jusqu'au 22 janvier 1566.

CHAPITRE Iᵉʳ. Situation politique et religieuse de la France et du diocèse de Laon au moment de la possession de Nicole de Vervins. I. Situation de la France. II. Situation du diocèse de Laon.

CHAP. II. Naissance de Nicole. Son éducation. Son mariage. Un spectre lui apparaît, se disant son grand-père.

CHAP. III. Accomplissement des pèlerinages. Merveilleuse intuition de Nicole. Premier enlèvement. Nouvelles apparitions. L'esprit continue à se dire l'âme du défunt.

CHAP. IV. Premières conjurations à la maison.

CHAP. V. Arrivée du religieux de la Motte. Sa première conjuration. Le démon est découvert.

CHAP. VI. Nouvelles ruses du démon pour rester caché. Enlèvement de Nicole. Colloque entre l'esprit malin et l'énergumène.

CHAP. VII. Troisième enlèvement de Nicole. Recommandation de la malade au prône. Eau bénite. Obéissance de Nicole à l'exorciste.

CHAP. VIII. Conjuration à l'église. Affluence du peuple. Une pierre tombe et blesse une femme. Le diable explique pourquoi il n'a pas répondu à la conjuration latine. Raison des messes et des pèlerinages.

CHAP. IX. Nouvelles conjurations, conformes au rituel des exorcismes. Béelzébub se fait connaître. Confessions, communions très-fréquentes de Nicole. Le démon, chassé, rôde partout. Il fait les œuvres de l'esprit impur, découvre les secrets des consciences.

CHAP. X. Prétendues causes de l'entrée du démon dans Nicole. Il rend sa victime sourde, muette et aveugle, afin de l'empêcher de se confesser, etc.

CHAP. XI. Efficacité des prières des fidèles. La vraie Croix. Satan appelle d'autres démons à son secours.

CHAP. XII. Triomphe de la sainte Eucharistie sur le démon. Horribles visions de Nicole. Sa beauté après la communion. Réflexions du doyen de Héricourt.

CHAP. XIII. Troisième enlèvement de Nicole. Exorciste confondu. Apparition du diable en forme de mouche.

CHAP. XIV. Arrivée de l'évêque à Vervins. Sa conjuration. Causes de la paralysie continuelle de la jambe et du bras de Nicole. Notice sur Mgr Jean de Bours.

CHAP. XV. Tentative de conjuration par des ministres huguenots. Leur confusion. Luther exorciste (note).

CHAP. XVI. Un nouveau démon se présente sous les traits d'un pauvre et demande à voir Nicole pour la délivrer.

CHAP. XVII. Effets de la confession sacramentelle.

CHAP. XVIII. Dernières conjurations à Vervins.

LIVRE DEUXIÈME. Liesse-Pierrepont, du 22 ou 24 janvier 1566.

CHAP. Iᵉʳ. Départ pour Liesse. Le guide inconnu. Ruses du démon pour contrarier le pèlerinage. Obstacles vaincus par le saint Sacrement. Arrivée à Liesse.

Chap. II. Visite du religieux au trésorier de la chapelle. Exorciste laïque puni de sa témérité. Première conjuration à l'église. Vingt-six démons sont chassés.

Chap. III. Dîner à l'hôtel. Le démon veut étouffer Nicole. Vision pendant l'extase diabolique. Interrogatoire de Nicole par le trésorier.

Chap. IV. Conjuration de l'après-midi. Preuves de la sortie des vingt-six démons. Colloque avec des protestants.

Chap. V. L'esprit malin arrête l'horloge de l'église. La messe.

Chap. VI. Départ pour Pierrepont. Incidents du voyage. L'abbé de Saint-Vincent et d'autres personnes vérifient les preuves de la sortie des démons. Conjuration à Pierrepont. Legio est chassé. Complot des protestants. Départ pour Laon.

LIVRE TROISIÈME. Laon, du 24 janvier au 8 février 1566.

Chap. Ier. Un mot sur le chanoine Despinois. Délibération du chapitre de Laon pour arrêter le logement de Nicole. Arrivée de l'énergumène à Laon. Réflexions de M. Dupeuty sur les exorcismes transportés à la ville épiscopale.

Chap. II. Première conjuration à Laon.

Chap. III. Visite du chanoine Despinois aux Pourcelets. Interrogatoire qu'il fait subir à la mère de Nicole.

Chap. IV. Nouvelle visite du chanoine Despinois à l'hôtel. Il trouve Nicole en léthargie et lui donne la sainte hostie. Conjuration à l'église. Son résultat.

Chap. V. Réflexions du doyen de Héricourt sur les accusations et les ruses du démon.

Chap. VI. Effets des conjurations sur les catholiques et sur les huguenots. L'évêque consent à faire veiller Nicole par des médecins des deux religions. Nicole est possédée en leur présence. Miracle du saint Sacrement. Rapport du docteur catholique.

Chap. VII. Joie des catholiques. Procession d'actions de grâces. Conjuration à l'église.

Chap. VIII. Menées des protestants. Nicole est enlevée furtivement et renfermée dans la tour du Roi. Incidents de cet enlèvement. Réclamations de l'évêque, de l'official et du doyen. Nouveaux témoins. Nouvel examen.

Chap. IX. Nicole possédée. Lutte entre l'énergumène et le médecin Carlier. Carlier empoisonne Nicole. Miracle du saint Sacrement. Conversion de deux protestants. Nicole se plaint de ce qu'on lui a donné pendant sa léthargie. Joie des catholiques. Nicole libérée.

Chap. X. Ordre de la procession.

Chap. XI. Conjuration du matin.

Chap. XII. Nicole chez le commandeur de Puisieux.

Chap. XIII. Conjuration dans la chapelle du commandeur. Reprise des conjurations dans la cathédrale.

Chap. XIV. Piété des gardes de Nicole sous la direction du chanoine Despinois.

Chap. XV. L'évêque et le chapitre ordonnent des processions solennelles pour trois jours, requièrent un notaire pour dresser procès-verbal de chaque conjuration, en présence de la foule. Départ de Nicole pour la cathédrale. Ses causeries pendant le trajet et le sermon.

Chap. XVI. Le notaire Gorret.

Chap. XVII. Conjuration du vendredi 1er février. Le démon annonce pour le lendemain, fête de la Présentation, le départ de Cerberus. Il ne veut pas prononcer le mot *passion*. Il reproche à l'abbé de Saint-Vincent d'avoir mal écrit le nom de Béelzébub. Il confesse que c'est Jésus-Christ, présent au saint Sacrement par les paroles sacramentelles, qui le met en fuite. Des huguenots visitent Nicole.

Chap. XVIII. Samedi 2 février, Purification de Notre-Dame. Les gardes communient de grand matin. Causeries du diable pendant le trajet. Apparition du diable à Carlier. Sortie de Cerberus. Preuves de son départ.

Chap. XIX. Conjuration de l'après-midi 2 février. Hostie rompue, bouillie et jetée aux chiens par les huguenots. Après la conjuration, Nicole assiste aux vêpres de la fête.

Chap. XX. Dimanche 3 février. Lettres de M. de Montmorency, gouverneur de l'Ile-de-France, au lieutenant de la ville et à l'évêque, pour empêcher les processions et les conjurations solennelles. Le démon découvre l'imposture. Examen de ces lettres.

Chap. XXI. Lundi 4 février. Des fausses lettres. Railleries du démon pendant la conjuration.

Chap. XXII. Mardi 5 février. Le barbier de Saint-Jean. La procession de l'après-midi. Insultes aux protestants.

Chap. XXIII. Mercredi matin 6 février. Nombre des démons. La pièce de monnaie. Conjuration de l'après-midi. La croix d'or. Insulte à mademoiselle d'Hervillon. Le diable donne un coup de pied à l'ecclésiastique qui veut absoudre Nicole.

Chap. XXIV. Jeudi 7 février. Conjuration du matin. Reproches et menaces à l'évêque. Coupeurs de bourses dans l'église. Le démon donne les raisons de son entrée en Nicole. Admirable réponse de l'évêque.

Chap. XXV. Conjuration de l'après-midi. Jeûne nécessaire. Confession des fautes même vénielles exigée dans l'exorciste. Le démon requiert toutes les autorités civiles et ecclésiastiques pour sa sortie. Après la conjuration, on fait rentrer Nicole à l'église pour s'assurer de sa délivrance.

Chap. XXVI. Réflexions sur l'insuccès des conjurations du jeudi. Colloque de Despinois, du commandeur, des gardes avec la mère de Nicole.

Chap. XXVII. Conjuration du vendredi matin 8 février. On se prépare à la dernière conjuration par le jeûne, la confession et la communion. Solennité de cette procession. Colloque de Satan avec un Allemand huguenot qui se convertit. Aveux de Satan sur sa prochaine sortie.

Chap. XXVIII. Puérile précaution des protestants.

Chap. XXIX. Procession de l'après-midi. Propos de Satan. Ses efforts prodigieux. Nombreuse assistance. Triple conjuration. Expulsion définitive de Béelzébub. Actions de grâces.

Chap. XXX. Réflexions du peuple après la délivrance de Nicole. Attestation du Dr de la Roche.

Chap. XXXI. Conclusion de la première partie. Courtes réflexions. Témoignage d'Ambroise Paré et de Fernel. Une possession décrite par ce dernier. Antiquité, universalité de la croyance aux possessions. Opposition de la science moderne. Raisons, origines de cette opposition. Hautes exceptions philosophiques et médicales perpétuant la tradition. Un dernier vœu.

SECONDE PARTIE. Depuis la délivrance de Nicole jusqu'à son arrivée a la Fère.

Livre premier. Depuis sa délivrance jusqu'à son départ pour le Sauvoir.

Chap. Ier. Nicole chez le commandeur de Puisieux. Son état désespéré. Prière de saint Bernard. Consultations des médecins. Extrême-Onction. Nicole à la procession, à la messe. Elle communie. Recouvre la santé. Passe l'après-midi à se récréer.

Chap. II. Nicole retombe en léthargie. Réflexions sur cette mystérieuse maladie. Inefficacité des remèdes naturels. Vertu des moyens surnaturels.

Chap. III. Arrivée de M. de Genlis, capitaine des gardes. Complot des protestants. Ils se rendent en armes à la ville. Ruse du lieutenant pour leur en imposer.

Chap. IV. Le commandeur, par prudence, fait entendre la messe à Nicole dans sa chapelle. Mais les nouveaux accidents de la maladie obligent à la reporter à l'église. Arrivée à Laon de M. de la Chapelle. Cabales des protestants. Leur confusion.

Chap. V. Nicole recouvre entièrement la santé et l'usage de tous ses membres, après avoir entendu trois messes de l'évêque de Laon et avoir communié de sa main.

Chap. VI. Les huguenots font sortir Nicole de Laon. Leur requête. Leurs calomnies. Réponse du doyen de Héricourt. Arrivée de Poullet, prévôt des maréchaux. Emprisonnement d'un prêtre. Enquêtes et leur inutilité.

LIVRE DEUXIÈME. Depuis le départ de Nicole pour le Sauvoir jusqu'à son départ pour la Fère.

Chap. Ier. Nicole au Sauvoir. Elle visite le couvent. Tombe trois fois en léthargie. En est tirée trois fois par la vertu du saint Sacrement. Inutilité des remèdes. Nicole ne peut plus manger hors de Laon.

Chap. II. L'abbesse du Sauvoir et le chanoine Despinois vont se jeter aux genoux du lieutenant pour solliciter la rentrée de Nicole à Laon. Incidents miraculeux. Nicole soupe chez le commandeur de Puisieux.

Chap. III. Nicole est forcée de sortir une seconde fois de la ville après y avoir séjourné treize jours. Son voyage à Marle, à Vervins, à Pierrepont, à Notre-Dame de Liesse, raconté et certifié par actes authentiques. Abstinence forcée.

Chap. IV. Retour à Vaux. Acte des justiciers. Nouveaux miracles.

Chap. V. Nouvelles syncopes de Nicole. Elle revient chaque fois à la présence du saint Sacrement. Son ardent désir de la communion. Elle monte à la ville. Trouvant la porte fermée, elle redescend à Vaux.

Chap. VI. Nicole, pendant sa léthargie, demande la communion. Puis, poussée par une force surnaturelle, elle monte à Laon. On la retient. Elle retombe évanouie.

TROISIÈME PARTIE. Nicole a la Fère, a Anisy, a Ribemont, a Marchais.

Chap. Ier. Départ de Vaux. Arrivée à la Fère. Première entrevue du chanoine Despinois avec le prince de Condé. On sépare la mère, le mari; on les visite; on les interroge. Guérison subite de Nicole. Vingt-quatre gentilshommes demandent à se confesser.

Chap. II. Dimanche des Rameaux, 7 avril. Nicole mange, la première nuit de son séjour à la Fère. Raisons de ce prodige. Le prince fait conduire M. Despinois auprès de Nicole. Le chanoine est accusé de magie. Sa réponse.

Chap. III. Entrevue de la mère de Nicole avec le prince de Condé. Elle repousse ses offres de fortune. Réponses pleines d'énergie et de bon sens. Les menaces n'ébranlent pas son courage.

Chap. IV. Lundi 8 avril 1566. Deuxième entrevue du chanoine Despinois avec le prince. Celui-ci lui fait prêter serment de dire la vérité. Il voudrait le forcer à nier les effets merveilleux du saint Sacrement sur Nicole.

Chap. V. Suite de l'entrevue du chanoine Despinois avec le prince de Condé. Rouerie de l'apostat Pierre Cauchon de Maupas. Confrontation du domestique de Despinois avec son maître. Le chanoine, pour toute réponse à l'abbé de Saint-Jean, prouve son alibi.

Chap. VI. Continuation de l'interrogatoire de Despinois. Il explique au prince les preuves de la possession.

Chap. VII. Suite de l'interrogatoire du chanoine Despinois. Le prince soutient qu'un de ses laquais en fera tout autant que Nicole. Réponse et gageure de Despinois. Le prince lui demande s'il connaît la religion réformée. Courageuse et prudente réponse de Despinois. Il réduit au silence l'abbé de Saint-Jean. Interrogatoire de Nicole. Un ministre prêche devant elle. Despinois réfute le ministre. Explications du mot transsubstantiation. Tentatives du prince pour engager Despinois à se faire protestant.

Chap. VIII. Discussion entre Despinois et l'abbé de Saint-Jean. On fait signer au chanoine ses dépositions. La mère de Nicole est renvoyée à Vervins. Le prince interroge de nouveau Nicole et son mari, les tente par l'appât des richesses, les sépare ; leur confession. Le chapitre de Laon demande compte à Despinois de son entrevue avec le prince.

Chap. IX. Despinois assiste à la cène, le jour de Pâques, dans l'église d'Anisy. Il y voit Nicole assise devant le prince. Son entrevue avec le prince de Condé. Injures de l'abbé de Saint-Jean. Nicole est envoyée à Ribemont pour subir de nouveaux interrogatoires. Acte du prince. Ordonnance du roi qui fait mettre Nicole en liberté. Son entrevue avec Charles IX au château de Marchais. Un mot à nos historiens laonnois.

Chap. X. Un coup d'œil sur la vie de Nicole après son retour à Vervins. Elle perd la vue et la recouvre en 1577, par un pèlerinage à Amiens. Sa piété. — Conclusion.

PREUVES HISTORIQUES.

§ Ier. Récits contemporains et traditions.

1° Lettre de Florimond Rémond sur le miracle de Laon. 2° Lettre d'un avocat de Laon sur le même sujet. 3° Mention du miracle par le cardinal Baronius. 4° Par Génébrard, archevêque d'Aix. 5° Par le père Delrio, d'abord conseiller au conseil de Brabant et intendant d'armée, ensuite professeur de philosophie, de théologie morale, de langues et de lettres sacrées (1599). 6° Par dom Wiart, François Frondeur, Villette, docteur en théologie, Louis Colliette. 7° Le livre de Jovet : *Triomphe du saint Sacrement*. 8° Le manuscrit de M. Dupeuty, principal du collége de Vervins, écrit en 1720.

§ II. Monuments érigés en mémoire de la possession de Nicole de Vervins.

I. Bas-relief dans la cathédrale de Laon. Vers du chanoine des Masures gravés au-dessous du bas-relief. Mention du bas-relief par dom le Long, Jovet, M. Dupeuty.

II. Fondations à Laon : procession, messe et salut anniversaires. Mémoire du saint Sacrement à la messe du 8 février, dans tout le diocèse. A Vervins : vêpres fondées par Robert de Coucy. Confrérie du saint Sacrement. Prières de *quarante heures*.

III. Gravure de 1569 représentant toutes les scènes de la possession de Nicole, exorcismes, procession, etc. Maisons infestées par les esprits, à Vervins, en 1669 et 1670 (note). Description de la *gravure*.

§ III. Pièces justificatives.

I. Bref de saint Pie V, à son nonce en France, pour la promulgation du miracle.
II. Bref de Grégoire XIII pour le même objet.
III. Attestation des docteurs de Sorbonne.
IV. Lettres patentes de Mgr Jean de Bours pour l'approbation du fait.
V. Attestation du même et du chanoine Despinois.
VI. Lettres de l'Official de Paris *pro approbatione fidei et facti*.

HISTOIRE
DE
NICOLE DE VERVINS

PARIS. TYPOGRAPHIE H. PLON, RUE GARANCIÈRE, 8.

EXORCISMES DE NICOLE DE VERVINS, A LAON
1566

Declaration des lettres de l'Alphabeth.

A, A Laon donc la Demoniacle est portée à l'Eglise, & à la Procession.
B, Apres laquelle se faict la Predication par vn bon Cordelier.
C, Puis l'Euesque dict la Messe.
D, Apres laquelle il faict la Coniuration.
E, En laquelle respond Beelzebub disant : Ie suis icy entré par le commandement de Dieu ; pour les pechez du peuple : pour monstrer que Ie suis vn diable : pour conuertir ou endurcir mes Huguenots : & pour faire Tovt Vn Ov Tovt Avltre : & par le sang Bleu (quelques fois il tranche, Dieu) il fault que Ie face mon mestier & mon office : Ie les feray tovs vn. Auquel l'Euesque dict : Ce sera Isays qui les fera Tovs Vn en vne seule Religion. Ce que le Notaire escrit.
D E, L'Euesque luy dict : Il te fault monstrer ton maistre, qui te fera bien sortir. Beelzebub respond : Qui ? ton tolian le blanc ? l'Euesque dict : Pourquoy donc le chasse-il ? Beelzebub respond : Ha Ha, Ie suis contrainct : il y a de l'Hoc : il y a Hoc : ce qu'il repete par plusieurs fois. Dont les assistens grandement s'esmerueillent.
F, L'Euesque donc eleue le precieux Corps De Dieu, disant : O maling Esprit Beelzebub mortel ennemy de Dieu, regarde, voyla le precieux Corps de nostre Sauueur & Seigneur Iesvs-Christ ton maistre. Tu ne dis plus mot maintenant. Ie te commande au Nom & en la vertu du precieux Corps de nostre Sauueur & Seigneur Iesvs-Christ vray Dieu & homme, Icy present que voyla, que tu sortes presentement hors du corps de ceste creature de Dieu, & sans faire mal à aulcune personne, & t'en va au profond des enfers, pour y estre tourmenté, & que tu n'y reuiennes plus : sors maling esprit, sors, voila ton maistre, sors.
G, Deuant lequel la Demoniacle auant le visage de grand diable, eleuee en l'air six pieds de hault, tres horriblement crie & mugle. N, Dont le peuple remplissant l'Eglise, le Pulpitre, & les premieres Voultes, voyans ce, & priuant, en redoublant crie à Dieu, misericorde.
H, Puis, toute contrefaicte, dure, roide, muette, aueuglée, sourde, sans aulcun mouuement ni sentiment, elle est monstree à la Voue de tous, comme vne statue de boys. I, Ce qu'aussi on cognoist par l'experience du toucher.
K, Mais le Corps De Dieu recen remet la santé chacun iour, excepté qu'un bras gaulche.
L, Iusques au Vendredy huictiesme de Feburier sur les trois heures apres midy, que le Corps De Dieu chasse du tout le Diable hors de Nicole.
M, Dont elle a aussi chacun iour reportee par vn homme seul.
N, Et le peuple Catholique a teste nue est confirmé en la Foy, remercie Dieu, & ingrat le miracle : Mais le Huguenotiq obstiné a teste couuerte le dict estre vn ieu ioulueur.
O, Et faict que la Iustice en visite le Cierge des pieds du Crucifix.
P, De trente Diables donc, le precieux & tout Victorievx Corps De Dieu en chasse vingt de Nostre Dame de Liesse.
Q, Et Legio, à Pierrepont. Et trois à Laon : C'est à sçauoir.
R, Astaroth, le Porc.
S, Cerberus, le Chien.
T, Et Beelzebub, le Taureau.
V, Duquel tous les effects sont par le Corps De Dieu destruicts en Nicole.

Declaration du Pulpitre selon ses nombres.

1. Au Quadran, nostre Seigneur Iesus Christ est recogneu & adoré, Duc & Euesque de nos Ames : Roy des couluge & Remunerateur des œuures : pasteur & Gardien de la Vie : Myrrhe de l'Or, & la Myrrhe des trois Roys là mis par vne estoille supernaturelle.
2. Puis faict son Oraison de la passion Vnion de nostre genre humain.
3. Pour lequel deliurer & deslier de la puissance du Diable, volontairement il se offre à la Mort, & est prins & lié.
4. Interrogé par Anne, Cayphe, Herode & Pilate.
5. Couronné d'espines, il reçoit vn roseau pour son sceptre, est vestu, & despouillé, mocqué, souffleté, & foicté à vn Pillier.
6. Contrainct de porter sa Croix hors Ierusalem.
7. Et là Crucifié, mort, ensepuely, descend aux Enfers.
8. D'ou, reprenant son corps au sepulchre scellé & gardé, se resuscite en tout gloriévx.
9. Et dict : Le Regina cœli, lœtare : à sa bien-heureuse Mere la Vierge Marie.
10. Et par ce n'est retrouué dedans le Sepulchre, où le cherchent femmes deuotes.
11. Or comme visiblement il est monté au Ciel : Aussi en reuiendra-il tenir son iugement (auquel nous appellel'Angel y appertant sur le Quadran) : D'ou l'em nous tous les siens auec soy en Paradis.
12. Et renuoyera tous les mauluais auec les diables en Enfer.
13. Ou ne tomberont ceulx qui enfuyrent la vie des saincts, desquels nous venerons les Reliques, que Dieu mesme honore par miracle, comme ayans este domicile du Corps De Dieu, et du Sainct Esprit, confirmant touiours plus en plus ce qu'il a ordonné en l'Eglise Catholique Apostolique Romaine, hors laquelle il n'y a aulcun salut. Ce qui nous doibt augmenter, & fermement confirmer & asseurer nostre Foy, nostre Esperance, & nostre Charité, par la volonté de Dieu, le demonstrant present auec nous par la Voue, l'Oye, & par le Toucher. Dont à iamais luy en soit rendue toute actio de grace, benediction, honneur & gloire. Du college de Montagu ce 21. Iuin 1578.

Par Iohan Boulæse prebstre, par Perpetuel dud. college de Montaigu.

La claire Declaration du lieu, Temps, des Personnes, & de la maniere ou comment tout a esté faict & dict tout au long declaré au Thesaur de la Triumphante Victoire Dv Corps De Dieu, avec plus Carte imp.

A PARIS,
Chez Nicolas Chesneau, rue sainct Iacques, au Chesne verd.

Auec les lettres de nos Sainctz Peres Papes Pie V.
Et Gregoire XIII., à present s...

Et le priuilege
Des Roys de France Carles Et Henry III., à present regnant.

M. D. LXXVIII.

HISTOIRE
DE
NICOLE DE VERVINS

D'APRÈS LES HISTORIENS CONTEMPORAINS ET TÉMOINS OCULAIRES

OU

LE TRIOMPHE DU SAINT SACREMENT

SUR LE DÉMON

A LAON EN 1566

PAR L'ABBÉ J. ROGER,

DIRECTEUR AU PETIT SÉMINAIRE DE NOTRE-DAME DE LIESSE.

OUVRAGE ACCOMPAGNÉ
DE DEUX BREFS DES SOUVERAINS PONTIFES
SAINT PIE V ET GRÉGOIRE XIII
RELATIFS A LA PUBLICATION DE CE MIRACLE,
PRÉCÉDÉ
D'UNE LETTRE DE M. LE CHEVALIER GOUGENOT DES MOUSSEAUX
auteur de *la Magie au XIXe siècle*, — des *Médiateurs et moyens de la magie*,
ET ORNÉ DU *FAC-SIMILE*
D'UNE GRANDE GRAVURE REPRÉSENTANT LES EXORCISMES DE NICOLE DE VERVINS.

« Il faut s'efforcer de faire parvenir à la connaissance de tous les peuples ce miracle admirable de
la sainte Eucharistie. » (*Bref de saint Pie V.*)

PARIS
HENRI PLON, IMPRIMEUR-ÉDITEUR,
RUE GARANCIÈRE, 8.

1863

BREF DE SA SAINTETÉ PIE V

POUR LA PROMULGATION DE CE MIRACLE.

PIE V, PAPE,

A Notre vénérable frère Fabius, *évêque de Cajace, Notre nonce apostolique près de Sa Majesté Très-Chrétienne, Charles* (IX), *roi de France, Notre très-cher fils en Jésus-Christ.*

Vénérable frère, salut et bénédiction apostolique.

Notre bien-aimé fils Jean Boulèse, prêtre, qui vous remettra ces lettres, enflammé du désir d'augmenter la gloire de Dieu, plein de dévouement pour Nous et pour la sainte Église romaine, Nous a présenté, il y a quelques mois, un volumineux manuscrit, contenant tous les actes d'un *insigne miracle* récemment arrivé dans la ville et diocèse de Laon, sous l'épiscopat d'un prélat de grande piété ; miracle que Dieu a opéré sur une femme de la ville de Vervins, pour *confondre la malice des hérétiques et éclairer les cœurs des aveugles.*

Ce manuscrit, Nous l'avons confié à des hommes

distingués par leur probité, leur expérience, *leur savoir*, et dont la sagesse nous est bien connue. Nous leur avons commis le soin de le lire avec attention, de *l'examiner mûrement*. Sur leur rapport favorable, Nous avons rendu grâces au Dieu tout-puissant, qui, en ces temps malheureux, a daigné faire éclater ses merveilles dans une province naguère encore si horriblement déchirée par l'hérésie : ce qu'il a fait dans un dessein d'ineffable miséricorde, pour la gloire de son saint nom, pour l'édification des fidèles et pour le retour de ses enfants égarés.

Et puisque ce prodige admirable de la sainte Eucharistie, *qu'on ne saurait assez célébrer*, s'est accompli devant une multitude immense, *il faut travailler avec ardeur à le faire connaître à tous les peuples*.

A cet effet, après avoir fait extraire de ce volume les faits les plus remarquables et les plus propres à la manifestation du miracle, Nous vous envoyons cet extrait par le même Boulèse, et Nous voulons que l'évêque de Laon, de concert avec le chanoine Despinois, qui en ont été témoins oculaires, examine de nouveau ces faits avec la plus scrupuleuse attention. S'ils les reconnaissent conformes à la vérité, vous vous présenterez en Notre nom devant le Roi Très-Chrétien, et vous demanderez à Sa Majesté son agrément pour faire imprimer ce livre en France, afin que le récit de ce miracle, à la plus grande gloire de Dieu, se répande parmi toutes les nations. Et pour que cette tâche soit remplie avec plus d'exactitude et de fidélité, Nous pensons qu'il importe que Boulèse lui-même en surveille l'impression.

Donné à Rome, à Saint-Pierre, sous l'anneau du Pêcheur, le 8 octobre de l'an 1571, de Notre pontificat le sixième.

Coe. Glorierius.

En exécution de ce bref, l'évêque de Laon et le chanoine Despinois se présentèrent devant trois docteurs, députés de la faculté de théologie de Paris, et, après avoir entendu la lecture de tout le manuel,

Le premier répondit : « Je désire que Dieu soit honoré par ce miracle qui est très-vrai et vu par plus de cent cinquante mille hommes, et que cela soit publié non afin que j'en aie honneur, mais que ce soit à l'honneur de Dieu. »

Le second répondit : « Je dis et déclare que tout a été fait, comme il est porté et contenu audit livre, bien brièvement toutefois, et qu'il n'y a aucun mot contre vérité, ce que je soutiendrai et délibère soutenir, envers et contre tous, par tels tourments que l'on pourra me faire endurer. »

(Voir à la fin du volume les pièces justificatives.)

BREF.

Le 19 mars 1862, nous avons reçu de Rome la copie authentique de ce bref avec cette note :

« *Concordat cum originali quod asservatur in tabulario secretariæ Brevium.* »

Pro cardinali Barberino,

J. B. BRANCALEONI CASTELLANI,
SUBSTITUTUS.

Secretaria brevium.

LETTRE

DE M. LE CHEVALIER GOUGENOT DES MOUSSEAUX,

Auteur de la MAGIE AU DIX-NEUVIÈME SIÈCLE,
du MONDE MAGIQUE, *médiateurs et moyens de la magie,* etc.,

A M. L'ABBÉ ROGER,

Prêtre, directeur au séminaire de Notre-Dame de Liesse,
Après la lecture de son manuscrit intitulé *Histoire de Nicole de Vervins* [1].

MONSIEUR L'ABBÉ,

Je vous remercierai tout à l'heure du profit et du plaisir que j'ai trouvés dans la lecture de votre manuscrit, sur lequel vous avez eu l'extrême modestie de me demander mon appréciation. — Je vous la donne en toute simplicité, mais tout haut, aussi haut qu'il vous plaira de la recevoir! et permettez que je vous félicite de votre naïve et miraculeuse histoire. On peut l'appeler un trésor.

Que dire de moins, en vérité, d'une œuvre originale qui se présente sous le double aspect du

---

[1] Nous allions essayer de répondre à quelques-unes des objections que peut soulever cette histoire, lorsque nous avons reçu la lettre suivante dont notre éditeur désire la publication. M. le chevalier des Mousseaux, après avoir revu et légèrement modifié sa lettre, nous autorise à la publier, à la condition de n'en rien retrancher de ce qui nous concerne. Nous subissons cette loi malgré les compliments placés à notre adresse, et nous lui offrons l'hommage de notre vive reconnaissance ; ses pages seront notre unique réponse.   L'abbé ROGER.

mémoire historique et du récit surnaturel, réveillant le lecteur au bruit des pas de tout un peuple, de toute une noblesse, et mêlant aux derniers retentissements de ce tumulte les noms de Médicis et de Montmorency, de Charles IX et de Condé? Que dire de moins, lorsqu'au tissu des merveilles qui se pressent et s'entremêlent dans ces pages, s'ajoutent les traits de mœurs de l'époque, les ruses et la violence des sectaires qui déchirent à la fois le sein de l'Église et le sein de l'État, la résistance timide et patiente des catholiques, le courage calme et digne d'un clergé qui poursuit sa périlleuse mission au milieu de cris de mort, les exorcismes publics et solennels auxquels préside, avec une héroïque persévérance, le saint évêque de Laon, et ces nuées de témoins qui, de toutes les provinces de la France, viennent s'abattre sur le pittoresque escarpement que couronne de ses tours l'une des cités les plus illustres dans notre histoire? Oh! c'est là du mouvement, de la vie, du grandiose! Voilà de la haute et dramatique poésie! Mais, pourtant, dans quel style naïf, simple et modeste, elle se déroule!

Et le héros de ce drame, — peuples, ouvrez l'oreille, — quel est-il? Où chercher son lignage? Eh! mon Dieu, dans une humble boutique. C'est une jeune fille de seize ans, mariée d'hier; de mœurs douces et pures, catholique fidèle et médiocre d'intelligence. On la nomme Nicole Obry.

Vous qui seriez curieux de la connaître, approchez, le temps ne vous manquera point; prenez vos aises. Voyez, voyez-la lutter des mois entiers contre les puissances infernales. Voyez le démon posséder son corps et, tout à coup, en un clin d'œil, transformer en monstre cynique et hideux cette beauté pudique et fraîche! Voyez, en un clin d'œil encore, la sainte Eucharistie, aussitôt que l'élève une main sacerdotale, donner à ce monstre non plus la simple beauté de la femme, mais l'éclat séraphique de la beauté céleste. Et ce coup de théâtre, — veuillez pardonner ce terme à ma bouche laïque, — se répète mille fois. Ses bourreaux en frémissent; et, dans la foule des hérétiques témoins de ces métamorphoses, les uns, bouleversés, reviennent humblement à Dieu; les autres se roidissent dans leur orgueil, boivent la honte de leur confusion, et laissent leur cœur se pétrifier.

Ainsi parle, ainsi le veut l'histoire. Oh! que de charme dans de tels récits, monsieur l'abbé. Gloire vous soit donc d'avoir su repousser du pied les écrits du mensonge, et suivre, en remontant aux origines, le courant historique dans sa fraîcheur et sa limpidité, pour ne puiser qu'aux bouillonnements mêmes et aux issues de la source!

Cependant, que de lecteurs de s'écrier, en froissant vos pages avec moins de dédain que de colère : « Hallucinations! hallucinations, monsieur l'abbé! Arrière votre Surnaturel, il a fait son temps! Hallucinés sont vos chanoines; hallucinés sont votre évêque et son clergé! hallucinée votre Sorbonne elle-même! hallucinés vos médecins! »

Tout doux, de grâce, Messieurs du terre à terre. Oh! oh! cent cinquante mille témoins *ont vu*, — pardon du peu, — ce que virent et nous affirment les personnages qui vous sont nommés. Et le pape Pie V, l'un des pontifes que l'Église a canonisés, et le pape Grégoire XIII, son successeur, du haut de leur siècle, se tournant vers les siècles suivants, se sont écriés : Courage, « ON NE SAURAIT AVEC TROP D'ARDEUR PORTER CE MIRACLE A LA CONNAISSANCE DES PEUPLES! » (*Voir aux pièces*, et *l'*APPROBATIO FACTI ET FIDEI *de la Sorbonne.*)

— Bah!... mais ni vos papes, ni vos myriades de témoins ne feront reculer la Science... Hallucinations collectives et bigoterie, voilà le mot. Trêve donc, monsieur l'abbé, à cet étalage d'ignorance et aux flux de vos contes...

— Mieux que trêve; paix, et paix profonde, aux hommes de bonne volonté, monsieur l'abbé; mais ces bordées de niaiseries m'irritent, et qu'il me soit permis de répondre à ceux que j'entends les lancer : — Puisque *le mot* hallucination est si doux à vos lèvres, savez-vous ce qu'est *la chose ?* Évidemment non! — Laissez donc s'ouvrir devant vos yeux quelques chapitres offerts au monde scientifique par le *Monde magique*, sous ce titre : *les Hallucinations et les savants*[1]. Les hallucinations de

---

[1] *Note de l'éditeur.* LE MONDE MAGIQUE, médiateurs et moyens de la magie, les hallucinations et les savants, le fantôme humain et le principe vital. Un vol. in-8º. 1863. Paris, Plon. Et la MAGIE AU DIX-NEUVIÈME SIÈCLE, ses agents, ses vérités, ses mensonges; ayant en tête une lettre remarquable de l'illustre P. Ventura, exa-

toutes familles, décrites et illustrées par de solides et piquants exemples, y viennent une à une s'aligner et prendre rang. Nulle, que nous sachions, n'y laisse regretter son absence; et, moins que d'autres, celle qui caractérise aujourd'hui le savant profane, c'est-à-dire l'hallucination négative.

Mais quelle est donc cette infirmité de la vue? Écoutez : vous en êtes atteints, vous dont les yeux largement ouverts ne peuvent voir ce que voit tout un peuple de témoins. Celui qu'elle afflige nie la lumière qui l'inonde, ou proteste, — comme s'il se riait de ceux qui l'entourent, — contre la présence de tel ou tel objet que chacun lui montre du doigt, et que, seuls entre des milliers d'autres, ses yeux malades ont perdu la faculté de saisir. La plume de saint Augustin qualifie du mot grec d'*aorasie* ce désordre visuel, dont se trouvèrent frappés à la fois tous les Sodomiens, voyant dans Sodome tout ce qu'il était possible d'y voir, une seule chose exceptée, celle que, de leurs regards faussés par le bouillonnement de la passion, ils cherchaient avec fureur : la porte de Loth !

Devant les faits qui se détachent du terre à terre, pour s'élever de deux coudées au-dessus de l'ordre naturel, tels sont, monsieur l'abbé, les yeux des doctes professeurs de l'incrédulité ! La crainte maladive que ces grands hommes d'école et d'amphi-

---

minateur des évêques de Rome et du clergé romain, ancien général des théatins, etc., par le Ch[er] des Mousseaux. Un vol. in-8°, 1864. Dentu et Plon, imp. de l'Empereur, rue Garancière, 8. Paris.

théâtre éprouvent de se rencontrer avec l'Église borne et rétrécit de toutes parts le champ visuel de leur œil. Ils s'irritent contre le Merveilleux et le nient, parce qu'ils ont perdu la faculté de le voir; ou plutôt, ils le voient encore; mais, quel que soit l'écartement de leurs paupières, leur vue faussée en rabat le sommet à la taille mesquine de leur savoir. De là, chez eux, cette risible mais triste manie de courir sus aux vues droites pour les redresser; de là, l'étalage du plus regrettable égarement d'esprit; de là, le besoin de faire sortir de la poussière de ce bas monde la solution des problèmes de l'ordre surnaturel.

Compassion pour les infirmes, monsieur l'abbé! paix à ces incurables! Laissons ces maniaques ravageurs de prodiges suer avec la science l'absurdité. En vain l'Évangéliste leur cria-t-il du haut de l'ère chrétienne, et du beau milieu du siècle d'Auguste: Croyez à la puissance illimitée de Celui qui créa l'Univers : « Voici les miracles qui accompagneront les hommes de foi : ils chasseront les démons en mon nom; ils parleront de nouvelles langues, et, s'ils boivent quelque breuvage mortel, il ne leur fera aucun mal, etc. » (*Saint Marc*, ch. xvi, ⅴ 17.) De quelle utilité ce langage? et quelle autre figure l'Évangéliste ferait-il, en personne, devant ces hallucinés de la science, que Notre-Seigneur devant Hérode et sa cour bafouant en lui l'insensé! (*Saint Luc*, ch. xxiii, ⅴ 11.)

Il est un docteur cependant, — mais celui-ci ne

foulé point les dalles de notre Église, — dont la voix doit trouver le chemin de leur oreille, et je les condamne à l'entendre. Il se nomme Victor Hugo; voici ses paroles :

« Il y a une philosophie qui nie l'infini, il y a aussi une philosophie qui nie le soleil. Cette philosophie s'appelle cécité. Ériger un sens qui nous manque,[1] en source de vérité, c'est un bel aplomb d'aveugle.

» Le curieux, ce sont les airs hautains, supérieurs et compatissants que prend, vis-à-vis de la philosophie qui voit Dieu, cette philosophie à tâtons. On croit entendre une taupe s'écrier : « Ils me font pitié avec leur soleil! » (Victor Hugo, *les Misérables*, vol. IV, p. 183-184.)

Grâce au ciel, si ces philosophes ont le langage de la taupe, la mort de leurs yeux ne tue point le soleil! Mais un exemple vaut tout un discours :

« Naguère encore, écrit M. le docteur Michéa, tout était chaos dans l'idée qu'on se formait de la magie. D'où venait cet art, *prétendu surnaturel?*... Sur tout cela, on ne savait rien[2]. »

On ne savait rien; magnifique aplomb! Que voulez-vous? La pathologie nerveuse, n'ayant point encore enfanté son Napoléon, dormait, en attendant

---

[1] Le sens religieux et philosophique.
[2] *Revue contemporaine*, p. 526, etc., février 1862. L'auteur combine toutes ses forces avec celles de la Science, pour assaillir le Merveilleux. Que lui demander de plus? Permettez-moi, monsieur l'abbé, de le renvoyer à M. Victor Hugo... — En dehors des guillemets, je résume la partie logique de son article, qui dénote non point un homme sans talent, il s'en faut, mais un savant halluciné par ses préjugés d'école.

l'ère de ses conquêtes futures. Mais enfin, cette heure sonna. Pièce à pièce, LA SCIENCE brisa donc tous ces grands phénomènes, devant lesquels nos pauvres aïeux avaient si misérablement courbé l'échine.

Les signes de ces phénomènes, lorsque, ayant le démon pour auteur, ils s'accomplissaient dans la personne humaine, étaient, si nous en croyons l'Église : 1° la pénétration de la pensée; 2° l'intelligence et l'usage de langues inconnues; 3° la connaissance de l'avenir, et de faits qui se passent au loin; 4° le développement de forces supérieures à celles qui nous sont naturelles; 5° le transport subit d'un lieu dans un autre, ou la suspension du corps en l'air pendant un temps considérable.

Or, qu'il nous suffise de savoir de quelles ressources vient d'user la Science, aidée de toute la bonne volonté de M. le docteur Michéa, pour faire justice de ce dernier phénomène. Ainsi nous sera révélée, d'un coup, la distance qui sépare le savant du vulgaire!

« La pathologie, nous dit, avec tout le charme de la gravité, ce docteur, est en mesure de se prononcer sur le *soi-disant* pouvoir de s'élever volontairement du sol, et de se tenir suspendu en l'air. » En effet, « dans quelques maladies nerveuses, l'homme perd la conscience du poids d'une partie ou de la totalité de son corps... L'illusion en vertu de laquelle on *s'imagine* ainsi quitter le sol pour planer dans l'espace est un problème de la pathologie, dont la solution fut longtemps introuvable. »

(*Ibid.*, 562...) Mais attention, lecteur, attention, la voici trouvée!

Pourquoi Simon le Magicien, précipité du haut des airs par la parole victorieuse de saint Pierre, planait-il au-dessus des têtes de tout un peuple? Pourquoi le *médium* Home se tient-il nageant, ou suspendu, dans le milieu aérien de nos salons? (*Le Monde magique : médiateurs,* ch. Ier.) Comment enfin votre Nicole, monsieur l'abbé, franchissait-elle, d'un bond, vingt mètres de distance, etc.? Le voici; quoi de plus naturel, en vérité?

Trois filets nerveux, dit M. le docteur Michéa, traversent chacun de nos muscles. L'un est sensitif, l'autre moteur, et le troisième donne au cerveau le sens musculaire, la notion du poids et de la lassitude... Or, la paralysie de la sensibilité des muscles vient-elle à se produire, le malade commence à perdre le sentiment de la pesanteur. Dégagé des liens de la matière, il s'élève, il fend les airs, il y plane...

Ainsi parle et raisonne notre docteur; et sa parole signifie que son malade rêve, qu'il est en proie à l'hallucination, qu'il se figure planer au-dessus du sol. Voilà donc le grand phénomène des voyages aériens *scientifiquement* expliqué! Le voilà purgé de tout Merveilleux! Enfants que nous étions, ce n'était qu'un songe!

Qu'un songe? mais, pourtant, des milliers de témoins le voyaient se réaliser! Ils suivaient des yeux ces corps flottant en l'air et fendant l'espace!

Qu'allez-vous ordonner de tous ces yeux, docteur Michéa ? Ne seraient-ils point gênants, embarrassants, cruels, si la Science, *aujourd'hui docile à ses grands interprètes, au lieu de leur dicter ses lois,* ne se hâtait de convertir en halluciné quiconque prête son témoignage au Merveilleux. Mettons-nous donc tout simplement à croire, pour entrer dans votre pensée, docteur, que, par une sorte de contre-coup cérébral ou de *choc-en-retour* électro-nerveux, ces milliers de spectateurs partagent l'illusion de votre malade. Le regardant étendu sur son lit de douleurs, ils se figurent *tous à la fois,* — s'il rêve voyage aérien, — le voir essorant au-dessus de leur tête.

Ainsi, le délire qui transporte idéalement le sujet affecté de paralysie musculaire se partage, dès qu'on le regarde, en deux moitiés, dont l'une saute de son cerveau dans les yeux témoins de son mal. — Mes yeux, s'ils le contemplent, voient son rêve; j'y participe, et je *me figure* être en plein domaine de réalités! Phénomène d'où reste à conclure que, ce qu'il plaisait à nos pères d'appeler prodige n'est rien de plus *aujourd'hui* qu'un simple désordre cérébral en partie double. Quoi de plus clair.... pour M. le docteur Michéa? Aussi, de quel joyeux gosier s'écrie-t-il : « Il était réservé à la science contemporaine de projeter la plus vive lumière sur cette question. » (*Ib.*, p. 562.) « Les conquêtes toutes récentes de la pathologie du système nerveux font donc disparaître les dernières traces des ombres répandues sur l'histoire de la démonologie ! » (P. 565-6.)

O pathos! ô conquêtes et conquérants de la pathologie! ô caractéristique aplomb des hallucinés!... O les vigoureux successeurs du digne et docte Baumgarten, le médecin de S. M. Charles X, de suédoise mémoire, lequel voulait, morbleu! que le sage doutât de tout, excepté de la médecine!

Devons-nous rire ou redevenir sérieux, et laisser retentir cette parole de Pascal : « En vérité, il est glorieux à la religion d'avoir pour ennemis des hommes si déraisonnables, et leur opposition lui est si peu dangereuse qu'elle sert, au contraire, à l'établissement des vérités que la foi nous enseigne [1]. »

Daignez me croire, monsieur l'abbé, l'un des effets de votre livre, ce sera de raviver dans les esprits droits et loyaux la croyance au Surnaturel, que la paralysie, non point de nos muscles et de leurs trois filets nerveux, mais de nos facultés mentales, permet seule d'arracher du tissu de notre nature; croyance à laquelle l'incrédule rend le plus quotidien hommage par l'assortiment de superstitions que, sans le secours du verre grossissant, ses habitués découvrent du haut en bas de sa vie intime.

A votre livre, encore, le mérite de faire briller dans sa miséricorde et dans sa gloire celui que, du temps de Nicole, les bouches qui commençaient leurs

---

[1] Pascal, *Nécessité d'étudier la religion*, 2ᵉ partie, art. 2; Paris, 1856. Voir, ci-dessus, que je reconnais le mérite de M. le docteur Michéa, hors des crises de son hallucination.

protestations hérétiques par le blasphème appelaient le Dieu de pâte des catholiques ; ce Dieu que la parole sacramentelle rendait si formidable aux démons, bourreaux de votre héroïne; ce même Dieu de pâte que les Puseystes, c'est-à-dire les docteurs les plus savants du protestantisme anglais, recommencent à saluer avec amour du nom de Rédempteur eucharistique [1].

Serait-ce à dire que, devant vos pages si vives de vérités historiques et religieuses, nul dénégateur ne se permettra d'élever la voix? Autant aimerions-nous soutenir que toute démence est à jamais bannie de la terre. Trop haute et trop légitime est d'ailleurs la place de votre ouvrage, au point de vue du Surnaturel, pour que l'honneur de la contradiction ne lui soit point assuré !

Mais, croyez-moi, monsieur l'abbé, laissez passer

[1] Le reste du protestantisme anglican, vous le savez, tombe, ministres en tête, dans la plus singulière et désolante incrédulité, attaquant jusqu'à la vérité des Écritures saintes. Tel est, par exemple, le triste ouvrage *Essays and Reviews*, de MM. Temple, (chapelain de la reine), Powell, etc., etc. Le chapelain de la reine est l'évêque présomptif de Londres ! Et, jugez du succès de ces idées par le succès du livre : à peine éclos, il atteint sa douzième édition ! Ainsi vont *les protestantismes,* au sein même de la religieuse Angleterre ! Honneur cependant à ces protestants qui, dans les deux mondes, en nombre immense et à la honte de tant de catholiques, prodiguent le plus généreux et délicat tribut de deniers et de suffrages à la cause du pape, *souverain temporel et pontife,* en dépit des fanatiques de l'incrédulité ! Puissante et admirable recrue que cette foule égarée nous tient en réserve, pour le jour où le Ciel daignera nous dédommager, par quelque soudaine effusion de miséricorde, des pertes quotidiennes que, dans cette longue et glorieuse crise, tant de malfaiteurs et de valets de plume, dont les écrits corrompent le public, infligent à l'Église.

dans la paix de votre âme d'aveugles contradicteurs, et gardez-vous d'ajouter au vain tapage de leurs voix de bonnes, mais d'inutiles paroles. Votre livre porte en lui-même toute réponse. Envers ceux qui blesseraient le bon sens humain et l'histoire en s'attaquant à cette œuvre, je ne puis vous reconnaître qu'une dette unique, celle d'une tendre et sacerdotale compassion ; préparez-vous à la payer.

Vous avez la foi, la foi complète et trop rare au milieu de nous, du chrétien catholique, apostolique et romain. Vous la confessez noblement par cette œuvre, monsieur l'abbé ; quel bel et bon exemple vous donnez ! C'est pourquoi je vous supplie d'agréer, non point à titre de simple convenance, mais comme un droit que vous vous êtes acquis, l'hommage de mes plus vives sympathies et de mon bien profond respect.

Le Ch^{er} G. DES MOUSSEAUX.

8 septembre 1862.

AVANT-PROPOS.

En reproduisant, après trois siècles, une histoire dont le seul souvenir semble provoquer le sourire de quelques écrivains modernes, nous comprenons qu'on nous demande nos preuves de conviction.

Ces preuves, nous les puiserons exclusivement dans la lettre de Boulèse, historien de Nicole, au souverain pontife Grégoire XIII.

Nous prions nos lecteurs de les lire attentivement. Il y a tant de franchise dans cet exposé des faits qu'on ne peut s'empêcher de croire au récit d'un historien qui vous confie avec tant de simplicité ses démarches, ses peines, ses soucis et ses dangers pour arriver à la vérité historique.

§ I

BOULÈSE COMPOSANT SON HISTOIRE.

Laissez-nous vous dire d'abord que Boulèse n'était point un prêtre obscur ; avant d'écrire l'histoire de Nicole, il avait composé un *Travail important pour favoriser l'étude de la langue hébraïque* qu'il enseignait au collége de Montaigu, à Paris, puis une *Introducduction au sens mystique de l'Écriture sainte,* enfin une *Explication des soixante-dix semaines de Daniel.* Il était, dit le doyen du chapitre de Laon, de Héricourt, dans sa lettre à Pie V, *très-recommandable par la ferveur de sa foi, la pureté de ses mœurs et l'intégrité de sa doctrine;* enfin il était membre de l'Université de Paris.

Tel est le principal historien de Nicole. Lui-même va nous dire avec quel soin et dans quel but il a composé son histoire. Nous ne ferons que traduire les principaux passages de son épître dédicatoire au Souverain Pontife Grégoire XIII.

« Très-Saint Père,

» J'avais reçu de votre auguste prédécesseur, notre Très-Saint Père Pie V, l'ordre de faire imprimer et de distribuer à toute la chrétienté ce livre que vous me permettez de vous dédier, afin de faire connaître à tout l'univers l'*admirable victoire de Jésus-Christ au saint-sacrement de l'autel,* remportée à Laon, en 1566, sur l'esprit malin, en présence de plus de cent cinquante mille hommes, à la confusion des nouveaux hérétiques.

» Les guerres sanglantes qui ont désolé notre patrie depuis cette époque ne m'ont point permis d'exécuter cet ordre vénérable; car, nos ennemis, les prétendus réformés, instruits de nos projets, avaient juré de m'enlever *et mon livre et ma vie pour empêcher ce grand miracle de venir en lumière.*

» Voici maintenant, Très-Saint Père, avec quel soin je procédai à la rédaction de toute cette histoire.

» Nicole Obry, de Vervins, était à peine échappée, par la grâce de Dieu, des mains du prince de Condé et de ses huguenots, que je me rendis à Laon. C'était vers le mois d'août 1566. Admirant tout ce qu'on racontait de ce grand miracle du *Corps de Dieu*, j'allai trouver le révérend père évêque et son vénérable chapitre et les priai de faire toute diligence pour publier ces merveilles et les soumettre à notre Saint-Père le Pape, à qui il appartient de connaître tout ce qui touche à la gloire de Dieu et de son Église. Pour accélérer cette affaire, je m'offris à faire toutes les recherches nécessaires, et à porter moi-même à Rome cette histoire. Ils y consentirent.

» Aussitôt je me rendis à Vervins, je m'entendis avec M. de Foigny, grand archidiacre de Laon pour la Thiérache, et en même temps seigneur de Vervins. Avec son consentement et la double autorité de l'évêque et de son chapitre, je prêchai publiquement dans l'église de Vervins, sur ce fait de Dieu, et donnai au peuple connaissance de ma mission, le conjurant de m'aider de tout son pouvoir. « Alors [1]
» solennellement et diligemment au veu et seu de
» tous, j'informai du commencement de ce fait de
» Dieu, oyant (entendant) vingt-deux témoins ca-
» tholiques des premiers de Vrevin, puis les parents,
» les gardes, le curé et le maître d'école (principal du
» collége), qui premièrement avaient fait la conjura-
» tion, et maître Pierre de Motta, prédicateur, que le-
» dict grand archidiacre envoya quérir à son couvent
» de Velly. Lesquels tous je feis jurer sur les saints

[1] Nous avons ici la traduction de l'auteur.

» Évangiles, leur démonstrant la perte de paradis et
» la terreur des peines de l'enfer et qu'il ne pouvait
» leur advenir aucun bien s'ils mentaient d'aucun
» mot en ce fait de Dieu. Les dépositions desquels
» j'escripuy (j'écrivis) ès présence des huguenots *qui*
» *jamais ne reprindrent aucun d'aucun mot.* Comme
» aussi je les priay et adjuray qu'ils ne me laissaisent
» passer aucun mot qui ne feut tant vrai, que pour
» le soutenir, ils ne fussent près de mourir, comme
» pour soutenir le saint Évangile.

» Sur ces dépositions ainsi solennellement re-
» cueillies, ayant le tout dressay en quinze jours, je
» leur confrontay (je relus) le tout, en l'église, le
» 23, 24 et 25 du mois d'août... Il n'y eut pas de
» réclamation.

» Puis nous en feismes trois exemplaires, l'un
» pour lesdicts grand archidiacre, curé et maistre
» d'école, afin de le mettre au thésor de Vrevin, et
» un autre pour le dict de Motta, et l'autre pour
» moi : chacun desquels trois exemplaires est soub-
» signé desdicts frère Pierre de Motta, prédicateur,
» de maistre Claude Lautrichet, l'un des curés, de
» maistre Guillaume Lourdet, le maistre d'école et
» de moi. Et le lendemain qui estoit le lundi, vingt-
» septième, par la grâce de Dieu, par l'autorité du
» grand archidiacre, sauvé des menaces des hugue-
» nots et péril de mort, je revins à Laon, où le mardi
» 27, le roy, la royne mère et Monsieur, aujourd'hui
» Henry, troisième du nom, y feirent leur entrée, et
» en l'absence de l'évêque ouïrent le doyen sur ce

» fait de Dieu. Le roy, charmé de son récit, lui com-
» manda d'en escripre l'histoire. Bien plus, voulant
» ouïr Nicole elle-même et ses parents, il les feist
» venir de Vrevin au parc de Marchais. Le roy et
» toute sa cour causèrent longtemps avec elle et
» furent confirmés en la connaissance de ce fait de
» Dieu. Alors pour aider le dict doyen à s'acquitter
» de ce que le roy lui avait commandé, je lui dreissay
» plusieurs copies de ce que j'avais fait à Vrevin, et
» sur mon original en feirent, en ma présence, les
» collations deux notaires apostoliques.

» Avant mon départ de Laon, je feis pareille inqui-
» sition des faits, et je retournay à mon collége de
» Paris (dont il était alors principal). Là, je dressay
» un petit abrégé de ce miracle, le traduisis en cinq
» langues, le feis imprimer à l'aide d'aumosnes. J'en
» offris deux exemplaires au roy et à la royne d'Es-
» pagne, un à Sa Majesté Charles IX, un au légat du
» saint-siége, en Avignon, un austre à l'archevesque
» de Lyon. »

(C'est ce que l'auteur a intitulé *l'Abrégée histoire du grand miracle par Notre-Seigneur Jésus-Christ, en la saincte hostie du sacrement de l'autel.* — 30 pages in-4°.)

« Trois ans après, ayant appris que l'histoire de M. de Héricourt n'avait point encore été présentée au roi ni envoyée au Souverain Pontife, comme on me l'avait promis, et cela à cause des guerres de religion, je retournai à Laon pour presser cette affaire. Je trouvai aux archives de l'église l'histoire du docte et vénérable doyen, elle était parfaitement authentiquée [1].

» Je trouvai de plus les mémoires du notaire Gorret [2], aussi parfaitement authentiqués. J'obtins du révérend père évêque et de son chapitre l'autorisation de prendre copie de toutes ces pièces. J'interrogeai encore plusieurs témoins oculaires. Je fouillai tous les actes publics; je décidai de plus le chanoine Despinois, à mettre lui-même par écrit tout ce qu'il savait de ce grand fait de Dieu, attendu que, plus que personne, il avait suivi et noté toutes les phases de cette histoire depuis l'arrivée de Nicole à Laon, jusqu'à son emprisonnement à la Fère [3]...

» A l'aide de toutes ces pièces, je composai mon histoire que j'appelle : *le Thésor de la victoire du corps de Dieu sur Beelzebub.* Afin d'appuyer mon récit de preuves authentiques, je mets en regard de mon texte le texte des trois autres historiens, témoins oculaires : *de Héricourt, Despinois, Gorret.* C'est donc quatre histoires en une. Avant mon départ de Laon, mon livre fut lu, examiné, confronté sur tous les originaux, *a principio, ad finem* : par deux notaires apostoliques, par le seigneur évêque, par son chapitre, et revêtu de toutes leurs signatures et de leurs sceaux afin de m'en servir, comme d'un instrument public très-digne de foi [4] ; puis je re-

---

[1] Voir la notice de Héricourt aux pièces justificatives.
[2] Gorret, Ire partie, liv. III, ch. xv.
[3] Voir sa notice aux pièces justificatives.
[4] Cet ouvrage contient plus de 800 pages in-4°. Le but de Boulèse, par cette agglomération de preuves, de précautions, de

tournai à Paris. Là, comprenant que ce manuscrit était trop volumineux pour être mis entre les mains du public, je fis un abrégé de mon histoire; j'y relatai, jour par jour, les lieux, les temps, les personnes, leurs paroles et leurs actions : ce livre a pour titre : *le Manuel de l'admirable victoire du corps de Dieu sur l'esprit malin, obtenue à Laon en 1566.* »
— Ce livre contient deux cent cinquante pages in-4°. (*C'est ce récit que nous allons voir approuvé à Rome.*)

« Enfin, dans le désir de satisfaire à toutes les exigences *et de représenter au vif ce miracle jusqu'à la consommation des siècles, j'ai fait peindre et sculpter un tableau qui représente le jubé et l'intérieur de la cathédrale de Laon*, avec toutes les cérémonies qui se sont faites à cette occasion... J'ai pris pour type des exorcismes que je représente *le bas-relief* qui est dans la cathédrale. C'est une feuille in-folio avec indication des sujets par chiffres et par lettres.

» Enfin, après toutes les formalités requises par la Sorbonne et par l'Officialité de Paris pour l'*authenticité des faits et l'orthodoxie de mon livre*, le roi Charles IX, à la prière de son premier ministre, le cardinal de Lorraine, et de son chancelier, me fit donner bonne garde et des chevaux de poste pour traverser en sûreté la France, afin d'aller déposer mon manuscrit aux pieds du Souverain Pontife... J'arrivai à Rome, par la grâce de Dieu, le saint jour de Pâques, en 1571. »

récits de tout genre, était de rendre incontestable la vérité du miracle qu'il voulait faire approuver à Rome.

§ II

EXAMEN DE L'OUVRAGE DE BOULÈSE A ROME.

« Je m'adressai d'abord à l'illustrissime cardinal de Clairvaux (Clarevallis); je l'informai ainsi que d'autres cardinaux de toute mon affaire, et, le 13 juin, veille de la fête du Très-Saint Sacrement, j'ai pu présenter mon livre au Saint-Père Pie V. Le Souverain Pontife fit aussitôt remettre mon volume au révérend maître du sacré palais qui, souffrant d'une ophthalmie, confia cet examen à monseigneur Gabriel, pénitencier de Sa Sainteté. Celui-ci écouta avec la plus grande attention la lecture entière de tout l'ouvrage, depuis le commencement jusqu'à la fin, voulut voir en particulier *toutes les pièces authentiques*, et, quand il eut terminé son travail, il s'écria : *Ce miracle est pour la plus grande gloire de Dieu et le bien de la sainte Église, il faut le divulguer* [1].

» Mais avant d'en faire son rapport au Souverain Pontife, il en conféra avec des hommes de haut mérite. — *De illo etiam cum viris probatissimis communicavit.*

» Cependant Sa Sainteté, avant toute démarche, avait fait vérifier les signatures et les sceaux de la Sorbonne, de l'Officialité de Paris, de l'évêque et du chanoine Despinois par quatre clercs français, dont deux étaient de Laon même, tous employés alors dans les bureaux de la chancellerie romaine. Sur

---

[1] Qui *diligenter* et *attentè* a principio ad finem lectionem ejus cum authenticis audivit; et hoc miraculum ad Dei gloriam et Ecclesiæ bonum *necessario imprimendum judicavit*.

leur rapport favorable, maître Jacques Gérard, notaire de la chambre apostolique, déclara que cette histoire était revêtue de toutes les formes juridiques. Dans une dernière congrégation, présidée par le Souverain Pontife en personne, on procéda à la reconnaissance du miracle du Très-Saint Sacrement, et, pour le public, on adopta *le Manuel de l'admirable victoire du corps de Dieu sur l'esprit malin,* etc. On retrancha de cet ouvrage quelques passages, on en développa d'autres, puis on remit quelques jours après ce livre, ainsi corrigé et annoté, au Souverain Pontife.

» Pie V alors, dans une dernière audience qui précéda mon départ, me remit de ses propres mains *le Manuel, extrait fidèle de toute ma grande histoire,* avec ordre de le représenter au vénérable seigneur *Fabius, évêque de Cajace, son nonce en France.* Sa Sainteté me remit en même temps pour lui un bref, dans lequel il lui ordonne d'appeler devant la Sorbonne *l'évêque de Laon* et *le chanoine Despinois,* témoins oculaires de tous les faits; de lire en leur présence ce manuel avec ses additions et corrections, et que, s'ils le trouvent *en tout conforme à la vérité,* on le livre à l'impression, avec privilége du roi, et qu'on le répande par tout l'univers catholique [1].

» Enfin, muni de tout pouvoir, nous allions faire imprimer, lorsque survint la mort de Pie V. De là le nouveau bref de Votre Sainteté, qui fut mis à exécu-

[1] C'est avec ce surcroît de précautions qu'on procède à Rome à la vérification d'un miracle.

tion par la Sorbonne le 15 juillet 1575, et vérifié par l'Officialité de Paris le 16 juillet de la même année... (Voir les pièces justificatives.)

» Enfin, à l'aide d'aumônes, j'ai fait éditer non-seulement le *Manuel*, mais le *Thésor de la triomphante victoire du corps de Dieu*, pour servir à la postérité de preuves authentiques.

» C'est humblement prosterné à vos pieds, Très-Saint Père, que j'offre et dédie à votre Personne Auguste, comme étant le Pontife Souverain, le Vicaire de Jésus-Christ, le Premier Pasteur de toute la république chrétienne, et, en son nom, à toute l'Église, cette histoire dans laquelle tout est vérité... En foi de quoi je suis prêt à mourir, comme pour soutenir l'Évangile, si Dieu l'exige.

» De Votre Sainteté le très-humble serviteur.

» Jean Boulèse,
» *Prêtre de Laon, pauvre perpétuel du collége de Montaigu.*
» De Paris, 20 mai 1577. »

Eh bien, c'est cette histoire, si parfaitement authentiquée, que nous allons reproduire. Nous lui donnerons pour titre : *Histoire de Nicole de Vervins*. Ce titre nous permettra de suivre cette femme non-seulement dans sa possession, mais dans les différents états de sa vie et presque jusqu'à sa mort.

Nous diviserons cette histoire en trois parties :

La première comprendra toute la possession de Nicole jusqu'à sa délivrance ;

La deuxième sa mystérieuse convalescence ;

La troisième son interrogatoire par le prince de Condé et par les ministres de la réforme, son emprisonnement à la Fère, à Anisy, à Ribemont; enfin, un autre miracle opéré en sa faveur, onze ans après sa délivrance, devant les reliques de saint Jean-Baptiste à Amiens.

Jusqu'ici Nicole n'a été connue que sous le nom repoussant de *la possédée de Vervins;* nous espérons la montrer :

Dans la première partie, comme *une victime innocente* que Dieu s'est choisie pour manifester aux hérétiques *la présence réelle de Jésus-Christ au très-saint Sacrement;*

Dans la deuxième, comme *une âme privilégiée de Dieu,* comme une *extatique,* pour manifester, dans ce nouvel état, aux yeux des catholiques et des protestants *la vertu divine de la sainte Eucharistie;*

Dans la troisième, comme *un confesseur de la foi,* résistant courageusement, pendant trois mois, aux promesses et aux menaces plutôt que d'abjurer sa croyance.

Aussi le Souverain Pontife, saint Pie V, voulut-il que le livre destiné à perpétuer ces merveilles fût appelé : *le Triomphe du très-saint Sacrement sur le démon.* Ce titre, nous tenons à le conserver par respect pour la mémoire de l'auguste Pontife.

C'est ce livre qui nous servira de guide. Pouvions-nous en choisir un meilleur? Toutefois, comme ce n'est qu'un *abrégé,* nous le développerons à l'aide des renseignements que nous puiserons exclusivement dans la grande histoire de Boulèse, que nous désirons reproduire autant que possible dans cette édition, avec toutes ses pièces justificatives.

Nous conserverons presque partout le style des écrivains contemporains; nous nous permettrons seulement quelques changements dans l'orthographe, excepté dans les pièces justificatives, afin de rendre plus facile la lecture de ce drame si émouvant.

Pour avoir l'intelligence de cette histoire, il serait bon de lire la vie des saints qui ont eu le plus à lutter contre le démon... *saint Antoine, saint Pacome, sainte Françoise Romaine*, etc.; à une époque plus rapprochée, *Jean de Castello, Sébastien de Campo*, et, de nos jours... le *curé d'Ars*.

Il faut méditer de plus *les exorcismes* de la sainte Église dans *les possessions*, et quant aux renseignements théologiques, consulter *saint Thomas*, les grands cours : *Demones, Demoniaci*, ou simplement les commentaires de Cornelius a Lapide sur les possessions évangéliques, où l'on retrouvera tous les symptômes que nous allons décrire dans Nicole.

Pour la science moderne :

La *Mystique* de Görres, quoique, d'après les paroles du P. Ventura, elle renferme beaucoup de définitions et d'interprétations plus que défectueuses;

Les ouvrages de M. le marquis de Mirville : *Des Esprits et de leurs manifestations fluidiques, Question des Esprits*, etc. (Vrayet de Surcy.)

Les ouvrages de M. le chevalier Gougenot des Mousseaux :

Dieu et les dieux (Lagny, Paris, 1854); *Des Esprits visiteurs* (Vrayet de Surcy);

La Magie au dix-neuvième siècle : ses agents, ses vérités, ses mensonges, précédée d'une lettre remarquable du P. Ventura (Plon, Paris, 1864);

Le Monde magique : médiateurs et moyens de la magie, des hallucinations, études sur le fantôme humain, etc. (Plon, 1863);

Le Livre des Esprits et leur rapport avec le monde visible, par l'abbé Thiboudet (L. Vivès);

Les Camisards, par Hipp. Blanc (Plon);

Loudun, par l'abbé Riche (Plon).

Nous accumulons ici les renseignements, parce que ces matières sont à l'ordre du jour.

Si l'on nous demande maintenant dans quel but nous reproduisons cette histoire, nous répondrons :

1° Que c'est afin de raviver parmi nous le souvenir d'un des plus grands prodiges opérés dans l'Église, en faveur de la présence réelle de Jésus-Christ au très-saint Sacrement. Trop heureux de nous faire, après trois cents ans, l'écho de cette parole sortie de la bouche d'un saint pontife : *Il importe à la gloire de Dieu et au salut des âmes de divulguer partout ce prodige admirable de la sainte Eucharistie* (saint Pie V);

2° C'est afin de venger le clergé laonnois de cette époque des attaques dirigées contre lui à l'occasion de la possession de Nicole de Vervins;

3° C'est afin de concourir, autant qu'il est en nous, à une prochaine restauration de l'histoire ecclésiastique de notre diocèse, trop altérée depuis un demi-siècle.

Nous renvoyons à la fin du volume toutes les pièces justificatives. Nous conjurons nos lecteurs d'en prendre connaissance. Nous espérons qu'à l'aide de ces authentiques et des notes explicatives que nous mettrons au bas des pages, il sera facile de répondre à toutes les objections de nos adversaires.

Puisse notre travail être de quelque utilité à la gloire de Dieu et au bien des âmes!

Puisse ce miracle, examiné par les congrégations romaines, approuvé par deux souverains pontifes, augmenter notre amour envers l'auguste Sacrement de nos autels et notre inviolable attachement à la sainte Église romaine!

Séminaire de Notre-Dame de Liesse, 15 août 1862, fête de l'Assomption de la très-sainte Vierge.

J. ROGER, *prêtre.*

HISTOIRE

DE

NICOLE DE VERVINS

OU

LE TRIOMPHE DU TRÈS-SAINT SACREMENT.

PREMIÈRE PARTIE.

POSSESSION DE NICOLE. — SA DÉLIVRANCE.

LIVRE PREMIER

CONTENANT TOUT CE QUI S'EST PASSÉ A VERVINS
depuis le 3 novembre 1565 jusqu'au 22 janvier 1566.

CHAPITRE PREMIER.

Situation politique et religieuse de la France et du diocèse de Laon au moment de la possession de Nicole de Vervins.

Pendant l'hiver de 1566, la ville de Laon, autrefois siége épiscopal, aujourd'hui chef-lieu du département de l'Aisne, vit affluer dans son sein des populations entières, avides de contempler les scènes étranges qui se passaient alors dans ses murs. Aux premiers spectateurs succédaient des milliers de spectateurs nouveaux ; car les récits des voyageurs, loin de satisfaire la curiosité publique, ne faisaient que l'enflammer. Chacun était jaloux de pouvoir dire : *Moi aussi, j'ai vu, j'ai entendu et je crois*. Aussi la chronique contemporaine élève-t-elle à plus de *cent cinquante mille* le nombre des étrangers qui gravirent la montagne de Laon depuis le 25 janvier jusqu'au 8 février 1566.

Où se dirigeait cette foule empressée, haletante? Sur le parvis Notre-Dame. Dès la pointe du jour, toutes les issues de la cathédrale étaient envahies. Chaque jour, quinze à vingt mille spectateurs attendaient avec impatience l'ouverture des portes. Catholiques et protestants étaient là, mêlés et confondus. Au signal donné, cette foule, animée de sentiments si divers, se répandait dans la vaste basilique. Les deux magnifiques tribunes du transept, les galeries et jusqu'au triforium, tout était encombré. Le jubé, aujourd'hui remplacé par une grille, était occupé par les magistrats de la ville et les officiers du roi; et afin que rien de ce qui allait se passer n'échappât aux spectateurs, on avait élevé au pied du jubé, sous le dôme, une estrade de deux mètres de hauteur. C'est là que se trouvait l'évêque entouré de son nombreux clergé. Le chapitre de la cathédrale, à cette époque, était composé de quatre-vingt-quatre chanoines. Là, aussi, se réunissaient toutes les communautés religieuses de la ville.

Que se passait-il alors sous les voûtes de Notre-Dame? Un fait des plus saisissants, un drame unique dans les fastes de notre histoire de Laon. Une lutte corps à corps, s'il nous est permis de parler ainsi, entre nos dogmes catholiques et l'hérésie naissante.

Pour bien comprendre toute la portée de cet événement et son opportunité providentielle, il faut auparavant se rendre compte de la situation politique et religieuse de la France et du diocèse de Laon.

I

SITUATION DE LA FRANCE.

La France était alors un vaste champ de bataille sur lequel deux irréconciliables adversaires, l'*erreur* et la *vérité*, semblaient se livrer un suprême combat. C'était la lutte du mal contre le bien, de l'anarchie contre l'ordre établi. Les fougueux sectaires de Luther et de Calvin n'aspiraient à rien moins qu'à renverser la vieille monarchie. Pour atteindre ce but, ils s'insurgent de toutes parts, appellent à leur secours toutes les passions déchaînées, et jusqu'aux ennemis du dehors. Sont-ils maîtres d'une ville, d'une province, ils pillent, ils brûlent tout ce qui s'oppose à leur dessein...

Ils pendent les prêtres et les religieux ; ils profanent les autels, renversent les églises, foulent aux pieds les reliques des Saints ou en jettent la cendre au vent. Ils avaient à leur tête le prince de Condé.

Pour prouver ces atrocités, il n'est même pas nécessaire de sortir de nos malheureuses contrées :

« Il faut lire dans nos annales locales, dit M. E. Fleury, rédacteur du *Journal de l'Aisne*, le récit de ce qui se passa à Soissons en 1567, pour se faire une idée de ce que cette ville souffrit. La cathédrale fut violée, les églises et les couvents saccagés, les reliques brûlées et leurs cendres jetées au vent. Le prêche s'installa dans l'église épiscopale.

» Les calvinistes, aux ordres de Genlis, enlevèrent Chauny, Coucy, Vailly, brûlèrent Bruyères, saccagèrent la contrée. Ils sommèrent Laon de se rendre et incendièrent Ardon. Crépy, la Fère, Saint-Nicolas aux Bois, furent ravagés. L'abbaye de Bourg-Fontaine, où les populations s'étaient réfugiées et défendues, fut enlevée de haute lutte, et on passa au fil de l'épée les religieux et tous ceux qui n'avaient pu gagner l'abri de la forêt. L'église de Liesse est pillée ; le feu en détruit la toiture et le clocher. Pouilly, Ribemont, souffrent alors une première fois les maux affreux que ces localités endurèrent plus tard et plusieurs fois sous la Fronde.

» L'écrivain calviniste Fromenteau, dans son *Secret des finances de France*, nous donne une terrible statistique de ce que les guerres de religion coûtèrent au diocèse de Soissons. Il dit qu'elles ont, pour cette petite portion de la France, amené la mort de douze mille sept cent vingt-trois personnes, savoir : « Chanoines, curés
» et prêtres catholiques occis et noyés, vingt-cinq ;
» moines occis, vingt-deux ; gentilshommes catholiques
» occis, cent douze ; gentilshommes de la religion occis,
» cent cinquante-cinq ; soldats catholiques occis, six mille
» cinq cents ; soldats de la religion, cinq mille sept cents ;
» exécutés par justice à l'occasion des troubles, deux
» cent neuf ; hommes, femmes massacrés, on n'a pu
» encore en retrouver le nombre ....; maisons détruites,
» sept cents ; femmes et filles violées, trente. »

» Le pasteur Douen — dont il sera souvent parlé dans cette histoire, — a négligé ce désolant document. Un autre reproche que nous lui adresserons, c'est d'avoir été quelque peu indulgent pour ses coreligionnaires. Avec la *France protestante*, il affirme qu'au siége de Soissons, « *comme presque toujours* », ils respectèrent les personnes des prêtres et laissèrent aux catholiques l'entière liberté de leur culte. Ce mot *presque toujours* reçoit un énergique démenti du passage que nous venons de citer... Henri Martin et Paul Lacroix, dans leur *Histoire de Soissons*, citent contre la prétendue douceur des calvinistes ce passage d'un document du temps :

« On vit près Neuilly-Saint-Front un prêtre lié par le
» corps et par les bras sur une pièce de bois, qui était
» à demi écorché et la peau du ventre rejetée sur la tête
» et celle des bras sur les épaules, et si n'était pas
» encore mort. On en vit deux autres, près de Coucy,
» liés par les mains derrière, et ... élevés et attachés
» à des branches, pendant à deux pieds près de terre. »

» Les protestants se soulèvent avec raison contre les persécutions de la Saint-Barthélemi, que l'honnêteté publique réprouve et châtie de son horreur ; mais il eût été bon aussi que leurs écrivains, *surtout ceux qui appartiennent à notre époque*, eussent su écouter la voix de leur conscience et n'eussent pas craint de blâmer hautement des excès authentiquement prouvés, avancés par les leurs, et que l'histoire loyalement conçue n'oserait nier.[1] »

Les catholiques, de leur côté, exaspérés par tant de massacres et de ruines, s'abandonnent à de tristes représailles. Le parlement avait même ordonné à tout catholique de *courir sus* aux protestants et de les tuer sans pitié, comme gens enragés et ennemis de Dieu et des hommes. A leur tête était le duc de Guise.

[1] Extrait du procès-verbal de la Société académique de Laon ; séance du 5 juin 1860.

Catherine de Médicis, régente pendant la minorité de Charles IX, essaye de gagner les protestants. Pour y parvenir, elle ne craint point de leur accorder, par toute la France, le libre exercice de leur culte, avec pouvoir de se bâtir des temples dans les faubourgs des villes. Cette concession, véritable victoire remportée sur les catholiques, loin de calmer les esprits, ne fait qu'augmenter l'audace des sectaires. Ils prêchent partout, et le fameux Théodore de Bèze, successeur de Calvin à Genève, peut venir à Paris annoncer, en toute liberté, ses scandaleuses doctrines; il prêche jusque sous les galeries du château de Saint-Germain, où la foule des courtisans oisifs et surtout des femmes à bel esprit vient l'applaudir. Car la huguenoterie était alors la religion à la mode, dit un historien du temps.

Bien plus, la régente ose confier l'éducation de son fils, alors âgé de dix ans, au calviniste Laroche-Aimon. Ce prince, pour inspirer à son élève plus de mépris pour l'Église catholique, fait jouer en sa présence des farces bouffonnes où nos cérémonies sont ignoblement travesties.

C'est encore vers cette époque qu'eut lieu le colloque de Poissy. Là, Théodore de Bèze osa blasphémer contre la sainte Eucharistie en présence de Catherine de Médicis, du jeune roi et de tous les seigneurs de la cour. On sait avec quelle force de langage et quelle solidité de raison lui répliqua le cardinal de Lorraine. Puis, le père Lainez, second général des Jésuites, se mit à exposer si clairement, et d'une manière si touchante le dogme de l'Eucharistie, que la reine et les assistants en versèrent des larmes d'attendrissement. Néanmoins cette princesse, accusée, non sans raison, de favoriser les erreurs nouvelles, osa demander à Pie IV, qui venait de clore si glorieusement le saint concile de Trente (30 décembre 1563), de supprimer : 1° les images dans les églises ; 2° les exorcismes dans le baptême ; 3° les processions du saint Sacrement. Nous marchions au protestantisme. Mais Dieu veillait sur la France de Charlemagne et de saint Louis. (*Histoire de l'Église gallicane*, année 1560 à 1568.)

Aussi Rome, qui ne sait jamais fléchir devant l'erreur, répondit par un refus formel.

II

SITUATION DU DIOCÈSE DE LAON [1].

« En 1552, dit M. Melleville, — dont il sera facile d'apprécier bientôt les dispositions peu favorables au clergé, — quelques calvinistes se montrèrent à Laon pour la première fois et cherchèrent à y répandre leurs doctrines. Mais n'y trouvant pas encore toute la sécurité qu'ils désiraient, ils se retirèrent dans le château d'Aulnois, appartenant au comte de Roucy qui les protégeait. Quelques années après, cependant, on les voit se réunir hors de la ville, dans un endroit particulier où ils font leurs prédications, et le peuple, toujours ami de la nouveauté, court en foule les entendre. Comme l'audace des protestants croissait avec leur nombre, on les accusa de plusieurs profanations. D'abord d'avoir volé, le 26 octobre 1552, un des plus riches reliquaires de la cathédrale, qu'on avait exposé à l'occasion de la peste. C'était

[1] Nous abrégeons le récit de M. Melleville.

une colombe en or qui contenait des reliques de la sainte Vierge ; puis d'avoir profané le crucifix de l'église *Notre-Dame-au-Marché*, qui, un jour du mois de juillet 1560, fut trouvé couvert de boue.

» Deux ans après, un édit du roi ayant permis le libre exercice de la religion réformée, les protestants se mirent aussitôt à bâtir des temples dans la ville de Laon. Ce fut dès lors un état continuel d'hostilités entre eux et les catholiques.

» Le jour de la Fête-Dieu, le prévôt, craignant une insulte de la part des religionnaires pendant la procession, leur enjoignit de sortir de la ville. De son côté, le clergé mit plus de pompe encore que de coutume dans cette cérémonie, et les bourgeois armés formaient la haie dans les rues. Tout se passa avec calme ce jour-là ; mais le lendemain, qui était un jour de foire, les marchands forains exposèrent en vente des estampes et des livres injurieux au pape et à la religion catholique. L'une de ces estampes était une caricature intitulée *la Marmite du Pape*. On y voyait une marmite à trois pieds qui penchait, et des religieux de plusieurs ordres s'efforçant de l'empêcher de culbuter. En même temps, un protestant qui avait pris femme à Laon parcourait les rues en habit de pèlerin et en chantant des cantiques composés par les nouveaux sectaires [1]. Le prévôt le fit arrêter ; mais il le relâcha peu après, sous prétexte que la connaissance du crime d'hérésie appartenait à l'évêque.

---

[1] Dont voici un petit échantillon :

O moines, ô moines, il vous faut marier !

M. Douen, ministre protestant, regrette la perte de cette chanson non encore retrouvée ! (La *Réforme en Picardie*, p. 16. 1860.)

Or, le siége de Laon était vacant depuis deux ans, et la véritable cause de l'indulgence de ce magistrat, c'est qu'il favorisait les nouvelles doctrines. Mais le clergé porta plainte contre lui, et, au mois de juillet, un arrêt du parlement le condamna à dix ans de bannissement et à trois cents livres d'amende, le déclara inhabile à posséder aucune charge par la suite et confisqua sa maison et son jardin, où se rassemblaient les religionnaires.

» Les protestants furent bientôt après accusés d'un nouveau sacrilége ; le 9 septembre 1565, le tabernacle de l'église de *Saint-Pierre-le-Viel* fut enfoncé et le ciboire avec les saintes hosties enlevé. Le coupable étant demeuré inconnu, les protestants accusèrent les catholiques d'être eux-mêmes les auteurs de cette profanation, dont ils voulaient faire retomber l'odieux sur eux.

» Cependant les doctrines de Calvin se propageaient de plus en plus dans le pays et gagnaient jusqu'aux membres du clergé... L'abbé commendataire de Saint-Jean, *Pierre Cauchon de Maupas*, embrassa publiquement le calvinisme et se démit de son bénéfice [1].

» Dans ces conjonctures critiques, dit M. Melleville, le clergé crut qu'il fallait *frapper un coup d'éclat* pour ramener les esprits égarés, en prouvant l'excellence de la religion catholique et l'erreur du culte réformé..... »

Dans une autre histoire, *celle de Coucy*, le même auteur dit encore : « C'est vers ce temps que se répandirent dans la Picardie les doctrines de Calvin. Dès les

---

[1] Ce renégat, dont le nom reviendra souvent dans l'*Histoire de Nicole*, remit son bénéfice à son frère après l'avoir ruiné, dit Dom Lelong, par sa mauvaise administration ; il était descendant du fameux Pierre Cauchon, évêque de Lisieux, qui fit brûler Jeanne d'Arc.

premiers moments, les catholiques songèrent à arrêter les progrès de la nouvelle doctrine, et le moyen qu'ils employèrent, ce fut d'opposer *des miracles* aux prédications des sectaires. »

« Les catholiques du pays, dit à son tour M. Piette, historien de Vervins, ne restèrent point indifférents au danger qui menaçait *leur foi;* mais ce ne fut point par la violence des armes qu'ils tentèrent de ramener à eux leurs frères séparés. Ils eurent recours *aux vieilles pompes du catholicisme;* ils essayèrent de parler à leurs cœurs en présentant à leurs yeux *les solennités des cérémonies de la religion et la séduction des miracles.* »

Ainsi, fantasmagories, prestiges et jongleries, telles sont, disent naïvement nos historiens laïques, les armes que l'évêque et le clergé de Laon vont opposer à l'hérésie naissante; et cette appréciation est tellement du goût de la réforme, que M. Douen, ministre protestant, l'accueille comme un triomphe dans son *Essai historique sur les églises réformées du département de l'Aisne* (1860).

Qu'étaient-ce donc que *ces vieilles pompes du catholicisme,* que *ces solennités des cérémonies de la religion* qu'on étalait aux yeux de la foule pour la retenir dans la foi?

Le cardinal de Lorraine, à peine de retour du saint concile de Trente, convoque les évêques de sa province. Tous ensemble dressent, selon les décrets du saint concile, des statuts pour la réforme et la bonne administration de leurs diocèses. Les évêques, à leur tour, réunissent leurs prêtres en synode, leur donnent des règlements conformes aux nécessités présentes. Chaque pasteur, à la voix de son évêque, redouble de vigilance sur soi-même et sur le troupeau confié à sa garde. De plus, comme il est d'usage dans l'Église au temps des grandes calamités, on ordonne dans tout le diocèse des processions, des prières publiques, pour demander à Dieu la conservation de la foi dans nos contrées et le rétablissement de la paix dans le royaume.

Ce sont ces actes de piété, sans doute, que nos adversaires traitent de *vieilles pompes du catholicisme*.

L'hérésie cependant faisait des progrès. Elle était bien accueillie, surtout sous ces vieux donjons d'où s'étaient élancés, quelques siècles auparavant, tant d'illustres croisés, pour voler à la délivrance du tombeau de Jésus-Christ.

Mais, au seizième siècle, les fils de ces héros chrétiens abjuraient la foi de leurs pères, foulaient aux pieds la croix, les saintes reliques, et jetaient au vent la sainte Eucharistie! Ils se faisaient *huguenots* pour vivre plus librement au gré de leurs passions.

C'est alors, au dire de nos adversaires, que *le clergé vit bien qu'il était temps de frapper un coup d'éclat... On eut donc recours à la séduction des miracles...* On feignit une possédée qu'on délivrerait par le moyen de la sainte Eucharistie, etc., etc.

Sans relever tout ce que ces paroles ont de blessant pour le clergé, nous prenons, nous, le mot *miracle* dans toute sa plus rigoureuse acception, et nous ne craignons point de dire : Oui, il y a eu *miracle*, c'est-à-dire dérogation évidente, palpable, saisissante, aux lois de la nature... Donc le doigt de Dieu était là... En sorte que ce qui fait ici sourire de pitié nos adversaires était un véritable secours du ciel ; c'était une digue que Dieu, dans sa bonté pour nos pères, opposait au torrent dévastateur. Aucun catholique d'alors ne s'y trompa ; voilà pourquoi ces cent cinquante mille spectateurs accourus à Laon de tous les points de la France...

Écoutons comment M. l'abbé Dupeuty, principal du collége de Vervins, développe cette pensée dans son histoire inédite de Nicole. Il écrivait en 1720 :

« Jésus-Christ, dit-il, après avoir prêché la sublime doctrine des huit béatitudes qui devait jusqu'à la consommation des siècles conduire tant d'âmes à la plus haute perfection, guérit, en descendant de la montagne, un lépreux, sous les yeux de la foule qui le pressait de toutes parts. Il fallait en effet un prodige, dit saint Jérôme, pour confirmer dans l'esprit de ses auditeurs une doctrine aussi nouvelle, aussi incompréhensible. *Post prædicationem atque doctrinam signi offertur occasio, ut per virtutem miraculi apud audientes sermo firmetur.*

» Il en arriva de même, ajoute notre pieux écrivain, — — vers le milieu du seizième siècle. L'Église de Jésus-Christ, assemblée à Trente sous la conduite du Saint-Esprit, venait de décider, dans un concile général, la croyance catholique, et d'anathématiser les erreurs de Luther et de Calvin.

» L'hérésie cependant triomphait et faisait d'affreux ravages dans nos contrées. Dieu alors, dans sa miséricordieuse bonté pour nos pères, fit éclater un grand prodige au milieu d'eux. Il permit, presque aussitôt après la clôture du saint concile, qu'une pauvre femme de Vervins fût tout à coup possédée d'un cruel démon et qu'elle ne pût être délivrée, sous les yeux d'une multitude infinie de spectateurs, que par l'*auguste Sacrement de nos autels*. Ce miracle a été si évident qu'il a opéré la conversion d'un grand nombre d'âmes égarées et fortifié la foi dans beaucoup de catholiques [1]. »

Avant lui, le doyen du chapitre de Laon, homme de science et de vertu, l'un des graves historiens de Nicole, avait dit : « En ceste histoire que nous reproduisons se trouvera matière de commisération à cause des afflictions corporelles dont Satan a vexé une jeune femme catholique et de bonne réputation. (Ce qui peut advenir, *par la volonté de Dieu aux personnes bien aimez de luy*, comme à Job.) Laquelle, par l'infinie bonté de Dieu, *a esté moyen faire congnoistre aux prétendus reformez, que nous avons un protecteur et sauveur toujours assistant en son Église, non-seulement par grâce, mais aussi par réalle et substantielle présence, au saint Sacrement de son précieux corps :* duquel le dæmon a tant redouté la majesté, que, à la vision d'iceluy, a esté contrainct, chaque fois qu'il a pris habitation au corps de ladicte Obry, s'en retirer, ne pouvant dissimuler (non plus que celuy duquel parle saint Marc) le mal et déplaisir qu'il en recevait, et qu'il demonstrait par les horribles deffigurations de la pauvre créature, au grand étonnement du peuple spectateur, qui admirait, louait la grandeur, bonté, puissance de celuy qui est seul nostre protecteur et deffenseur. »

[1] Nous offrons ici l'hommage de notre reconnaissance à mademoiselle Lhot, de Vervins, qui a bien voulu nous confier ce manuscrit dans lequel nous puiserons tous nos renseignements particuliers sur cette ville.

Ces passages, que nous pourrions multiplier, suffiront, je pense, pour préparer nos lecteurs à ne point voir dans Nicole une créature livrée à Satan en punition de ses crimes, comme autrefois l'incestueux de Corinthe, mais *une victime* que Dieu s'est choisie pour manifester à son peuple, en dépit de l'hérésie naissante, la présence réelle de Jésus-Christ au très-saint Sacrement...

Commençons notre histoire.

CHAPITRE DEUXIÈME.

Naissance de Nicole. — Son éducation. — Son mariage. — Premières apparitions.

Nicole, de Vervins, reçut le jour de parents catholiques et vertueux, le jeudi saint de l'année 1549. Ce même jour, elle fut baptisée dans l'église paroissiale de Notre-Dame de Vervins. Son père, Pierre Obry (ou Aubry), était marchand boucher; sa mère, Catherine Villot, était une femme de beaucoup d'énergie et d'intelligence, « tous deux bien renommés, dit notre vieil historien, et en biens assez aisés ».

Nicole, leur fille aînée, était à peine sortie du berceau qu'elle fut confiée aux religieuses de Montreuil-les-Dames, à cinq lieues de Vervins.

« Elle y resta l'espace de sept à huit ans, en son habit séculier, religieusement et soigneusement instruite en l'amour et la crainte de Dieu, et à se contenir chastement et honnêtement. » Ce ne fut que vers sa douzième année qu'elle rentra dans sa famille, ornée des grâces du corps, riche d'un bon cœur, mais peu favorisée des dons de l'esprit. Car, « pendant ce long espace de temps, elle avait seulement appris les sept Psalmes de la Pénitence, les Heures de Notre-Dame, de l'Esprit-Saint, de la Croix, les Vigiles des morts, et pour le tout, dit sa mère, elle ne savait que bien peu lire en ses Heures. » Ce qui n'empêchait pas Nicole d'être gaie, joyeuse, et d'aimer à dire son petit mot pour rire, mais toujours honnêtement. On remarqua néanmoins que, quelque temps après sa sortie du couvent, elle devint sujette à beaucoup d'accidents : ainsi, elle se brûla plusieurs fois; elle se laissa choir à la rivière; elle déroula un jour si lourdement les escaliers de la cave, qu'elle y serait morte, si son père, averti par ses plaintes, ne fût accouru à son secours. Tels accidents, disait-on, étaient l'effet et en même temps la preuve de son imprévoyance. La suite de cette histoire nous en découvrira la véritable cause.

Nicole n'avait point encore atteint sa seizième année, qu'elle fut mariée à Louis Pierret, « issu également de parents honnêtes et bien nourri en la crainte de Dieu et en toute modestie ». Les deux familles étaient catholiques. Louis exerçait le métier de tailleur. Tout allait bien dans le petit ménage; tout faisait espérer un avenir de bonheur, lorsque, après trois mois de mariage, un incident extraordinaire vint jeter les jeunes époux et leurs familles dans la consternation.

Le 3 novembre 1565, le lendemain de la fête des Trépassés, sur les trois heures après midi, entre le premier et le second coup des vêpres de saint Hubert, Nicole, passant par le cimetière, s'agenouilla sur la tombe de Joachim Villot, son grand-père, mort subitement deux ans auparavant. Pendant que Nicole récitait le *De profundis*, « elle advisa devant soi comme un homme droit enseveli en un linge blanc, lui disant : *Je suis ton grand-père.* » A cette vue Nicole, épouvantée, s'enfuit et va se cacher dans un coin de sa maison. Son mari, qui la voit pâle, effarée, à demi morte, court chercher sa mère, sans même s'informer de la cause d'une telle maladie. Celle-ci, sans se laisser trop effrayer, couche sa fille, lui prépare des tisanes calmantes, et la réconforte par de bonnes paroles. Mais la terrible vision poursuit partout Nicole. Le fantôme est là qui l'oppresse, qui l'étouffe; de quelque côté qu'elle se retourne, il pèse, comme un poids énorme, sur sa poitrine, sur son dos, sur ses côtés; puis il disparaît pour revenir un instant après. S'il laisse à Nicole quelques instants de calme, c'est, dit-il, afin qu'elle puisse boire, manger et vaquer à ses affaires.

« Pour avoir allégeance, la malade se retira chez ses père et mère; qui, ignorant qu'elle eût rien vu, estimaient qu'elle fût devenue mère. Toutefois, ils avaient honte de la voir roler contre terre, c'est pourquoi ils la tançaient et la renvoyèrent chez elle. Ainsi se passèrent quatre jours. »

Le 7 novembre, comme l'état de la malade était loin de s'améliorer, Nicole demanda à se confesser. Elle avait à peine satisfait à ce pieux devoir que le spectre se présente de nouveau, non plus sous l'enveloppe d'un linceul, mais à face découverte. C'était bien le nez, les yeux, la figure et la voix du défunt : « Sois sans crainte, lui dit-il. Je suis ton grand-père, » et disparaît. Cette nouvelle apparition fut un coup de foudre pour l'infortunée Nicole. Un horrible frisson s'empare de tout son être; elle pousse de profonds soupirs; elle est près d'expirer. On se hâte de lui administrer l'extrême-onction. En effet, peu de temps après, elle tombe évanouie. Mais, pendant cette mystérieuse léthargie, l'âme de Nicole est torturée par d'infernales visions, le spectre lui parle et lui fait entendre « qu'il gémit en purgatoire en grande misère et perplexité, et qu'il a tant de mal à cause de plusieurs voyages qu'il avait voués en son vivant, lesquels il n'avait pu accomplir, ni commander, étant prévenu de mort subite, il y a environ deux ans, à un soir, après son souper; et que, pour satisfaire à sa pénitence, il allait lui déclarer les aumônes qu'il fallait donner, les messes qu'il fallait faire acquitter; puis il ajoute : N'aie aucune frayeur, ma fille, prie bien Dieu, implore l'aide et intercession de la Vierge Marie. *Tu verras choses merveilleuses, car les secrets de Dieu sont grands*. Aie pitié de la pauvre âme de ton grand-père, tourmentée au feu du purgatoire, laquelle, par indulgence, a cette permission de faire entendre à sa petite-fille ce qui est nécessaire à sa délivrance. »

A cet effet, il la prie de recommencer sa confession sacramentelle à un autre prêtre qu'il lui désigne, de recommander à Catherine Villot, sa fille, et mère de Nicole, de faire acquitter des messes à son intention, et de faire accomplir par ses autres enfants les voyages, tant proches que lointains, qu'il a voués, à savoir : Notre-Dame de Liesse, Sainte-Restitute, Saint-Guillain [1], enfin, Saint-Jacques en Galice [2]. »

[1] Dans le Hainaut.
[2] Espagne.

Quand Nicole fut sortie de son évanouissement, elle se mit à raconter les visions qu'elle avait eues, puis les prières, les pèlerinages qu'on avait demandés. Seulement elle omit à dessein celui de Saint-Jacques.

« Mais qui t'a dit cela? demanda la mère à Nicole.

— Mon grand-père, pour le délivrer des peines du purgatoire.

— La croyez-vous donc? s'écrie l'une des tantes; ce sont fantaisies, opinions, peut-être germes de nouvel enfant, il ne faut pas la croire. »

La mère pourtant ajoute :

« Qui fera ces pèlerinages?

— Nicolas, Loys et Augustin.

— Est-ce que l'un d'eux ne suffirait pas, ou tout autre?

— Non, tous trois ensemble, et qu'ils aient soin de suite dire à chaque pèlerinage une messe, à l'offerte de laquelle ils iront et porteront un coupon de cire allumé. »

Puis Nicole conjure son père et sa mère de se hâter d'exécuter ces ordres, si l'on ne veut pas la laisser mourir dans les tortures.

On crut devoir céder à ses pressantes instances, ne fût-ce que pour essayer de calmer cet esprit malade.

CHAPITRE TROISIÈME.

Accomplissement des pèlerinages. — Merveilleuse intuition de Nicole. — Premier enlèvement. — Nouvelles apparitions.

Le 9 novembre, les pèlerins se mettent en route, après avoir reçu de la mère de Nicole *argent à suffisance* pour les frais du voyage. Après neuf jours d'absence, on les vit rentrer à Vervins, à la même heure qu'ils en étaient partis. Cependant un fait étrange se passait à la maison : Nicole suivait les voyageurs pas à pas, entendait leurs discours, racontait les divers incidents du voyage; elle voyait même ce qu'on leur servait à table. Pour les gens du logis, c'était rêverie de la part de Nicole; on ne daignait pas même l'écouter.

Au retour des voyageurs, on fut bien étonné d'apprendre de leur bouche que tout était vérité dans les prétendus rêves de la malade.

Dès le lundi suivant, on fit chanter à Vervins un service solennel, auquel se rendirent avec empressement tous les parents du défunt et leurs nombreux amis, car tous, jusqu'aux étrangers, partageaient leur peine. On espérait cette fois que cette âme souffrante serait en paix, et Nicole guérie. Mais combien fut grand l'étonnement des parents, quand, de retour à la maison, ils ne trouvèrent plus leur fille! On l'appelle, on la cherche partout, au logis, dans le voisinage; personne ne l'a aperçue. Enfin, une domestique la trouve blottie sous un lit, les mains horriblement crispées.

Peu après Nicole revint à elle et dit qu'au moment de s'habiller pour se rendre à la dernière messe, comme le lui avait bien recommandé son grand-père, une main invisible l'avait jetée à bas et traînée sous le lit. Puis, agitée d'une espèce de furie, elle se frappait la tête contre le mur, contre les tables; d'autres fois elle voulait se jeter dans le feu; mille fois elle serait morte, si une puissance supérieure n'eût fixé des bornes au génie du mal qui la torturait. Elle en pleurait, la pauvre enfant, et sa famille était désolée de voir choses si étranges.

« Demande donc à ce fantôme, dit la mère, de nous faire connaître clairement ce qu'il veut. Nous sommes prêts à tout sacrifier pour son repos et pour ta tranquillité... » Enfin, après avoir longtemps hésité, Nicole dit en soupirant : « Mon grand-père demande instamment que les pèlerins et non autres fassent aussi le pèlerinage de Saint-Jacques. Ce que je n'avais voulu vous dire encore, craignant bailler trop grand'peine à mes deux oncles et à mon mari et vous faire débourser trop d'argent; sinon qu'il me tordra les bras derrière la tête et les jambes derrière le dos, et qu'il me rendra *aveugle, sourde* et *muette*, jusqu'à ce que ce voyage soit accompli. »

Ces révélations jetèrent la famille dans le désespoir. Les parents de Nicole, après avoir épuisé toutes les ressources de la médecine, allèrent trouver les ecclésiastiques de leurs amis et leur confièrent leurs peines. Ceux-ci, après mûre délibération, considérant après tout que ces symptômes, tout extraordinaires qu'ils sont, peuvent bien n'être que des accidents naturels dans une jeune femme, décident, de concert avec la famille, d'user de stratagème pour tromper Nicole.

« Or bien, dit la mère, puisqu'il faut faire ce pèlerinage de Saint-Jacques, nous le ferons faire, qu'il ne tienne plus à cela que vous ne vous portiez bien. De fait, ils font venir les trois pèlerins devant elle, équipés avec chacun son bourdon pour marcher bien loing et leurs grands collets de cuivre. En sa présence ils mangent et reçoivent argent en suffisance. Son mari l'embrasse par trois fois, lui dit de prendre courage et réjouissance, et tous lui disant adieu, prennent congé d'elle et partent comme de ce pas, malgré la saison d'hiver, pour faire ce long voyage et s'en vont chacun en sa maison et mettent la main à leur besogne. »

Les prétendus voyageurs étaient à peine partis d'une heure que Nicole s'écrie : « Voilà mon grand-père qui me menace de me tordre bras et jambes. Mon père, ma mère, n'aurez-vous point pitié de moi?

— Que voulez-vous donc? répondent les parents.

— Et que ne faites-vous faire ce pèlerinage de Saint-Jacques?

— N'avez-vous pas vu qu'ils sont partis pour y aller; et s'ils ne sont encore là, qu'en pouvons-nous?

— Ils n'y sont point allés, répond Nicole en criant. Loys est en la maison de son père, au coin de la cheminée, où il coud, et mon oncle Augustin est à ses draps.

» Tous s'ébahirent que Nicole, sans avoir bougé, sût ce que l'on faisait autre part; et qu'il fallait en effet que cette âme l'eût vu et *révélé*. »

CHAPITRE QUATRIÈME.

Premières conjurations à la maison.

Les parents, de plus en plus effrayés, consultèrent de nouveau les gens d'église. Cette fois, on résolut d'en venir aux conjurations pour découvrir, avec l'aide de Dieu et les prières de la sainte Église, si cet Esprit était de Dieu ou non.

Pendant qu'on délibérait, Nicole tombe évanouie. (C'est pour elle le moment de mystérieuses révélations.)

A peine sortie de cet état, elle dit : « Mon grand-père exige que celui qui le voudra conjurer soit en bon état ; il demande que vous priiez maître Lautrichet, l'un des curés de Vervins, de faire cette conjuration. »

La famille aussitôt va prier bien humblement cet ecclésiastique de leur venir en aide. Celui-ci s'en défend d'abord avec modestie, puis se rend à leurs prières. Avant de procéder aux exorcismes, il prend conseil de messire Robert de Coucy, seigneur de Vervins, abbé commendataire de Foigny, grand archidiacre de Laon. Il se concerte aussi avec les autres prêtres de la ville, et tous se préparent à ce redoutable ministère, selon les prescriptions de la sainte Église, par confessions, jeûnes et oraisons. Puis, accompagné de messire Jean d'Autrep et de maître Guillaume Lourdet, principal du collége, communément appelé *le maître d'école*, et de plusieurs notables personnes de la ville, il commence la première conjuration :

« Qui es-tu ? Parle, je te l'ordonne au nom de Dieu.

» Nicole, ou plutôt l'esprit qui la possède, répond d'une voix sourde et cassée, la bouche entr'ouverte et sans remuer les lèvres : Je suis de Dieu, qui a enduré mort et passion pour nous tous. Je suis de la Vierge Marie et de tous les saints et saintes du paradis. Je suis l'âme de Joachim Villot. Puis, parlant au nombre pluriel, il dit : Quand nous demeurions au moulin de la Motte, je fus si fort malade, par l'espace de trois mois, que je pensais mourir. Étant toutefois revenu en santé, ma femme devint malade à son tour, et si fort que j'allai querir son suaire en son coffre à Vervins, et en revenant je fis vœu d'aller à Saint-Jacques, s'il plaisait à Dieu la renvoyer en santé. Je fis aussi auparavant les autres vœux que vous avez accomplis. Ce que je ne déclarai pas à ma femme, de peur de la contrarier. Et, après mon souper, subitement, comme vous savez, prévenu de mort subite, ne l'ai dit à personne. Donc depuis, j'ai beaucoup enduré et fais amère et griève pénitence sous mon four, auprès du tonnelet à verjus. Et après que ma femme a été remariée à Adam Coulon, je l'ai faite sous une brique dessous son four. *Car Dieu ordonne faire pénitence en divers lieux, comme il lui plaît*[1]. — Henriette Catillon, sa femme, entendant la vérité du suaire, crut aussi, comme de vrai, que c'était l'âme de défunt son mari. »

L'homme de Dieu répliqua : « Est-ce que, pour vous délivrer, il faut absolument accomplir ce long voyage de Saint-Jacques?

— Oui, il le faut.

— Est-ce qu'un seul homme ne suffirait pas?

— Non, les trois ensemble, comme aux autres pèlerinages. Pendant ce temps le père et la mère de Nicole resteront auprès d'elle, de peur que l'esprit malin ne l'emporte. »

Dans une autre conjuration, voyant les parents fort troublés et dans l'impossibilité d'accomplir un pareil pèlerinage, en hiver et en temps de guerre civile, il se mit à dire : « Vous êtes bien ignorants que vous ne sachiez que ce pèlerinage ne se puisse commuer en d'autres plus faciles et même en d'autres bonnes œuvres.

— En quelles autres? demande le prêtre.

— En celui de *Saint-Claude*, de *Saint-Servais* ou

[1] Les *génies des tables tournantes* reproduisent la même doctrine; ils font même *l'enfer non éternel*. C'est donc toujours le *même esprit de mensonge* qui parle afin de séduire les hommes.

celui de *Saint-Nicolas*. Ou bien faites chanter huit messes, dont sept à Vervins et la huitième à Saint-Nicolas. Pour plus de brièveté, vous pourrez même faire dire une messe basse en ce dernier pèlerinage; mais vous aurez soin d'aller à l'offrande et d'y porter chacun un coupon allumé. Que les trois pèlerins partent hardiment; ils auront beau temps et nul accident, et ne resteront que neuf jours en route. Pendant tout ce temps, je cesserai de tourmenter Nicole, à laquelle je dirai quand ils seront de retour sur le terroir de Vervins. Enfin, après ce pèlerinage, il faudra que Nicole, avec sa grand'mère, qui en a fait vœu, fasse dire une messe à Liesse; à l'offrande de laquelle elles iront, et là me verront en forme de colombe sur l'autel, leur disant adieu par trois fois, m'en allant à la joie du paradis. Je défends toutefois à Nicole de me dire pour lors adieu. Davantage je vous commande de faire dire tous les vendredis à jamais une messe *de requiem*, avec un *De profundis* sur ma fosse, ou autre jour, si l'on ne peut à celui-là. Bien vrai cependant que cela ne me servira de rien, car je serai en la gloire du paradis, mais ce sera pour vous autres. »

Toutes ces tergiversations, toutes ces mystérieuses réponses, si peu conformes aux règles de la saine théologie, donnèrent de plus en plus à douter que ce fût l'âme de Joachim qui parlât par la bouche de Nicole, quoique toutes les circonstances alléguées sur la vie, sur la mort du défunt fussent d'une exacte vérité. C'est pourquoi maître Lourdet, dans une troisième conjuration, dit à l'esprit :

« Il est fort difficile de croire que tu sois une âme dans

un autre corps; il serait peut-être plus vraisemblable que tu sois quelque ange.

— Tu dis bien vrai, répond l'esprit, je suis le bon ange du défunt.

— Oui bien. Mais ce n'est point la propriété du bon ange de tourmenter les créatures pour le bien desquelles Dieu l'a envoyé, ni surtout d'entrer dans leur corps.

— Je ne suis point dans ce corps; je parle seulement par la bouche de Nicole, avec permission divine; et si je la tourmente, c'est à défaut que les voyages ne sont point accomplis. *Les saints,* ajoute-t-il, tu le sais, *veulent être servis.* Il ne faut rien vouer que l'on ne veuille accomplir.

— Tu es dans le corps, réplique maître Lourdet, puisque tu parles par sa bouche, et puis cette espèce d'adoration que tu voudrais être baillée aux saints n'appartient qu'à Dieu seul. Les saints ne demandent jamais leur propre gloire, mais celle de Dieu. D'où je conclus que tu n'es ni *grand-père,* ni *âme,* ni *bon ange,* ni *esprit de lumière,* mais bien *mauvais et de ténèbres,* qui nous veut induire en erreur. »

Il n'y eut pas de réponse. Nicole tomba à l'instant dans son évanouissement.

CHAPITRE CINQUIÈME.
Arrivée du religieux de la Motte. — Sa première conjuration. — Le démon est découvert.

A la suite de ces conjurations, les prêtres de la ville tinrent de nouveau conseil en présence de sir Robert de Coucy, abbé de Foigny, et des principaux habitants de Vervins. On résolut, d'un commun accord, d'envoyer immédiatement à Vailly, prier le religieux qui devait prêcher cette année l'avent et le carême à Vervins de hâter son arrivée. « C'était le vénérable frère Pierre de la Motte (dit de Motta), de l'ordre des Prédicateurs, communément appelés Jacobins, homme de sainte vie, de grande doctrine et fort renommé pour bien prêcher. »

Le bon religieux, informé de tout ce qui s'était passé à Vervins, se mit aussitôt en route; il arriva au gîte le lundi 26 novembre. En passant par Laon, il reçut du doyen du chapitre, maître Christophe de Héricourt, grand vicaire de Mgr de Bours, la permission de commencer les exorcismes, en attendant le retour de l'évêque de Laon, alors en cour pour prêter au roi Charles IX serment de fidélité.

« En l'absence de notre évêque, dit le doyen de Héricourt, et pour la charge que nous avions de son vicariat, nous recommandâmes les conjurations audit jacobin, et priâmes tenir la main que les procès-verbaux fussent bien dressés *en toute vérité*, concernant ce fait, pour lequel nous députâmes certains notaires ecclésiastiques... Mais, par la suite, à cause que la démoniacle chargeait toujours les prétendus réformés, il nous a convenu y employer d'autres que des prêtres, qui se sont fidèlement acquittés de cette charge, et dès lors, par le commun advis de notre collége (chapitre), furent annoncées par tout le diocèse processions et prières publiques, avec recommandation singulière du salut de la pauvre démoniacle en toutes les prédications, jusqu'à son entière délivrance [1]. »

[1] Nous prions le lecteur, *une fois pour toutes*, de remarquer avec quelle prudence, quel soin, quelle sagacité, le clergé pro-

POSSESSION ET DÉLIVRANCE.   59

Avant tout, le religieux communiqua son pouvoir à maître Claude Lautrichet, l'un des curés de la paroisse, et aussi à maître Guillaume Lourdet, régent du collége.

Ces détails sont loin d'être indifférents, car nous aurons plusieurs fois occasion d'admirer la force et l'efficacité de la juridiction ecclésiastique sur le démon. Nous verrons même plusieurs fois des prêtres vertueux, à Vervins et à Laon, s'attirer les railleries du démon, parce qu'ils auront tenté des exorcismes sans juridiction.

Tout étant ainsi disposé, dès le lendemain, mardi, 27 novembre, vers les huit heures du matin, le religieux, après avoir dit la sainte messe, se rend à la maison de Pierre Obry pour commencer ses conjurations. A son entrée, l'esprit s'empare de Nicole et l'agite avec fureur. Il fallut six hommes pour la dompter. L'exorciste interroge d'abord en latin; l'esprit ne répond pas [1].

« Je t'adjure, reprend aussitôt en français le religieux, et je t'ordonne, au nom du Dieu vivant, de me dire qui tu es.

cédait dans toute cette affaire. — C'est la réponse à cette phrase d'un historien moderne : « Cette cérémonie (des exorcismes), qui fut peut-être dans son principe exécutée avec toute *la bonne foi et l'ignorance du temps*, se renouvela les jours suivants sans interruption, en présence d'une foule considérable attirée par l'étrangeté du spectacle. » (M. Piette.)

[1] « Dans sa naïveté, le jacobin de la Motte, croyant le démon beaucoup plus instruit qu'il n'était, commença à l'adjurer en latin; mais l'esprit n'ayant pas voulu répondre, pour de *bonnes raisons*, il fallut l'adjurer en françois », dit M. Douen. Que M. le ministre veuille bien se donner la peine de lire le chapitre neuvième de cette histoire; il y découvrira *la raison du silence obstiné* de cet esprit de malice. On voit que M. Douen n'est point fort au courant de la question; nous l'engageons à lire, dans ses moments libres, le chapitre : *Dæmones, dæmoniaci*, dans saint Thomas; il apprendra là à connaître toutes les ruses de Satan dans les possessions.

— Je suis le bon ange de Joachim Villot.

— Tu t'es dit : 1° le grand-père de Nicole, ce qui est faux, car *jamais corps n'entre dans un autre corps.* Tu t'es dit : 2° l'âme de Joachim Villot, ce qui est également faux, car jamais *une âme n'entre dans le corps d'un autre.* Maintenant tu te dis le bon ange de Joachim; or, jamais les saints anges n'ont possédé les corps pour les torturer. *Ergo,* tu n'es ni l'un ni l'autre, mais un menteur et un diable.

— Je ne suis point dans le corps, mais seulement auprès.

— Tu en as menti, car visiblement tu le possèdes et le tourmentes. Je te jure par les saints Évangiles que voici (le religieux frappe en même temps sur le livre) que tu es un démon. »

L'esprit ne répondit pas; il était découvert.

« Nicole, Nicole ! » s'écrie le religieux. Pas de réponse; l'énergumène était tombée en léthargie. De Motta, se tournant alors vers les assistants, leur dit : « Messieurs, désormais ne croyez autre chose sinon que c'est un diable qui possède ce corps. » Et s'en alla.

« Telles transformations en ange de lumière est coutumière aux diables, dit le doyen de Héricourt, lorsqu'autrement ne peuvent décevoir. Celui-ci n'en fait pas autrement, lequel, simulant être un ange, était fort solliciteux du repos de l'âme qu'il disait avoir en charge et priait soigneusement qu'elle fût soulagée par l'intercession et prières de ses parents et par saints sacrifices. Il fut repris de mensonge par le jacobin, d'autant que les bons anges ne possèdent pas les corps, comme aussi en eux ne retournent les âmes devant la résurrection. »

Après son extase, Nicole dit : « Mon grand-père vient de me recommander de bien obéir au religieux. — Ne croyez donc plus que ce soit votre grand-père, lui dit de Motta, qui était revenu la voir. C'est le diable qui vous tourmente. » — Ce qu'elle ne crut pas encore. — « Comment ne croirai-je pas que c'est mon grand-père ? dit-elle ; tout à l'heure, il était étendu à ma droite, criant comme une *muse à brassi* (cornemuse) : Tu vois bien que je suis ton grand-père. Est-ce que tu ne me connais pas ? Puis il me parla de Dieu et de choses bonnes, me disant l'heure que je serais malade et allégée, encore que l'horloge faille (se dérange). — Ce que l'on reconnaissait véritable par après. »

CHAPITRE SIXIÈME.

Nouvelles ruses du démon pour rester caché. — Enlèvement de Nicole. — Colloque entre l'esprit malin et l'énergumène.

La famille, cependant, et les nombreux visiteurs admis auprès de la malade furent tous bientôt convaincus de la réalité de la possession. Ils avaient, en effet, sous les yeux un spectacle bien étrange.

Un jour on jette, à l'insu de Nicole, de l'eau bénite sur son lit, sur son dos ; elle avait alors la tête courbée jusque dans ses jambes ; la voilà qui se redresse tout à coup et se met à multiplier, comme par dévotion, les signes de croix sur son dos, sur sa poitrine, sur tous les endroits du lit touchés par l'eau sainte. Si on lui présente un chapelet, elle en déroule avec piété les *Pater* et les *Ave* ; elle le dresse en forme de croix sur son lit, et le chapelet se tient debout ; puis elle se le passe autour du cou, autour des bras, et nulle force humaine ne peut le lui arracher. C'était une dernière ruse du démon pour laisser croire, quelques moments encore, qu'il pouvait bien être l'âme ou l'ange de Joachim Villot. Mais les exorcismes de la sainte Église vont le forcer de laisser là ce masque hypocrite.

Un jour, en effet, c'était le 30 novembre, vers midi, au moment où Nicole se promenait seule dans la cour de son père, elle aperçoit tout à coup devant elle un spectre affreux, horriblement noir, avec de grandes dents qu'il montre en ricanant : « Tiens, regarde, lui dit-il, ne suis-je pas un beau grand-père? » Et il l'emporte. On cherche partout Nicole, et nulle part on ne la découvre. Enfin, son petit frère, enfant de trois ans, lève ses petites mains vers une muraille de huit à dix pieds qui séparait la cour d'un jardin voisin, et crie en bégayant : « A haut! à haut! » On vole au jardin; recherches inutiles, Nicole ne s'y trouve point. Enfin le père, dans son désespoir, enfonce une petite porte fortement fixée à l'intérieur à l'aide d'une fourche de fer. C'est là, dans une étable à porcs, sur le bord d'une fosse profonde, qu'il trouve sa pauvre fille. Elle était aussi roide qu'une pièce de bois [1].

Un autre jour, pendant que Nicole était tombée en léthargie, on entend sortir de sa bouche entr'ouverte

[1] Commentaria Cornelii a Lapide in hæc verba : *Filia mea male a dæmonio vexatur.* (Matth., cap. xv, v. 22.) Dæmon enim membra eorum quos possidet, distorquet, laniat, cruciat cum ingenti possessorum dolore et intuentium horrore ; animam vero *horrendis phantasmatibus et spectris, ac timoribus, mæroribus et angoribus* affligit. Dæmon enim in Deum, ac consequenter in hominem, qui est imago Dei, immensum habet odium, unde eum lædit et cruciat quantum potest. »

cet étrange colloque : « Tenez, regardez ; le voilà entre vous et moi. Ne le voyez-vous pas ? » Puis l'énergumène baisse la tête, comme pour écouter avec plus d'attention, et s'écrie : « Jésus ! Maria ! mes pantoufles ! Tu veux que je te donne mes pantoufles ? Non ferai (je ne le ferai pas)... Un morceau de ma peau ? non ferai... un de mes cheveux ?... non ferai... un grain de blé de mon père ?... Ce n'est pas à moi... un carreau de la chambre ? non, non, tu n'auras rien, répond-elle avec indignation ; jamais je n'aurai de pacte avec toi. » Les assistants veulent interroger Nicole, mais elle ne répond pas.

Quand elle fut sortie de sa léthargie, la malade raconta la vision de cet homme horriblement noir qui lui était apparu. Cette fois elle comprit que ce n'était pas son grand-père qui lui apparaissait, mais bien le démon. Dès lors, elle ne cédera plus à aucun de ses désirs ; elle luttera contre lui, pendant tout le temps de sa possession, avec la générosité d'un martyr [1].

[1] Nous prions le lecteur de remarquer dans cette possession *deux états bien différents* qui se succéderont dans Nicole jusqu'à son entière délivrance :

1° La possession extérieure avec tous les symptômes décrits plus hauts et auxquels il faut ajouter la révélation des consciences ;

2° Après ces convulsions, l'énergumène tombe toujours dans une *espèce d'extase* : le corps, les sens sont frappés d'une insensibilité complète. Ce serait la catalepsie, si l'âme ne restait point libre ; mais, dans cet état, elle est en rapport direct avec des êtres surnaturels ; elle voit, elle entend ; elle rejette ou accepte les propositions qui lui sont faites. Bien plus, elle mérite ou elle démérite selon qu'elle déploie plus ou moins d'énergie dans le combat. L'être avec lequel elle lutte alors, c'est Satan en personne. Ce n'est ni un songe, ni un rêve, c'est un état réel. Dans cet état, l'énergumène a conscience de tout ce qui lui arrive, tandis que, dans le premier, elle n'est jamais *sui compos*.

CHAPITRE SEPTIÈME.

Troisième enlèvement de Nicole. — Recommandation de la malade au prône. — Eau bénite. — Obéissance de Nicole à l'exorciste.

Le lendemain, 1ᵉʳ décembre, vers deux heures après midi, Nicole se promenant dans la chambre où travaillait son mari, lui dit : N'entendez-vous donc pas mon petit frère qui crie ? allez-donc le secourir. L'enfant était couché dans une chambre voisine. Louis, qui était déjà trop au courant des ruses de l'ennemi, marche à reculons pour ne pas perdre de vue sa femme. Il faut pourtant qu'il jette un regard furtif sur le berceau de l'enfant : eh bien, pendant cet instant, rapide comme l'éclair, Nicole a disparu. On la cherche partout inutilement pendant une demi-heure ; enfin, un voisin s'imagine d'entrer dans une chambre haute, fermée au verrou à l'extérieur. C'est là qu'il trouve Nicole accroupie dans un coin. Le démon l'avait emportée par la cheminée. Elle ne portait cependant sur elle aucune trace de son mystérieux passage. *Quelle ruse diabolique !* Dès ce moment, on ne la laissa plus sans gardes.

Le premier dimanche de l'avent, deuxième jour de décembre, vers les neuf heures et demie du matin, Nicole se trouve soudainement prise d'un accès de fureur extraordinaire ; son mari se jette sur elle pour l'empêcher de s'enfuir ; mais, trop faible pour la dompter, il crie au secours. Deux hommes qui passaient là par hasard entrent, se précipitent sur l'énergumène et la maîtrisent à grand'peine. Pourquoi cet accès de rage inconnu jusqu'alors ? C'est qu'en ce moment même, le curé recommandait Nicole au prône et priait pour elle avec tous les fidèles. Il faut que Satan, malgré lui, laisse apercevoir quelles horribles tortures lui font endurer les prières et les cérémonies de la sainte Église.

Ce même jour, vers huit heures du soir, Nicole demande à boire. Son mari verse du vin dans un verre et y mêle à son insu, par le conseil de sa grand'mère, quelques gouttes d'eau bénite. La malade essaye de boire; mais elle est prise à l'instant d'horribles convulsions, tous ses nerfs se retirent, ses mains se crispent, sa figure se bouleverse; il n'y a plus forme humaine. Le verre reste fixé et comme attaché à ses lèvres. Le démon prend la fuite, mais en sortant il plonge, selon sa coutume, sa victime dans une profonde léthargie.

Nicole cependant, brisée par tant d'épreuves, avait perdu tout sommeil et tout appétit; bien plus, elle avait horreur de toute espèce d'aliment. Le religieux, prévoyant que sa malade tomberait bientôt épuisée, si elle ne prenait aucune nourriture, lui ordonna de manger. — Oh! monsieur, je le voudrais bien, mais je ne puis rien avaler. — Vous mangerez cependant, ajouta de Motta avec le ton du commandement, ou je vous abandonne. La pauvre enfant se prit à pleurer et promit de se faire violence. « C'est alors que M. de Foigny, qui venait souvent la visiter, ordonna que désormais, deux fois le jour, on allât quérir chez lui pitance pour elle du même qu'il mangeait à sa table. » Cette aumône fut continuée tout le temps des conjurations à Vervins, c'est-à-dire pendant plus de deux mois.

CHAPITRE HUITIÈME.

Conjuration à l'église. — Affluence du peuple. — Une pierre tombe et blesse une femme. — Le diable explique pourquoi il n'a pas répondu à la conjuration latine. — Raison des messes et des pèlerinages.

Cependant le bon religieux et les prêtres qui le secondent n'omettent rien pour se rendre dignes de triompher de leur ennemi : ils jeûnent, ils passent en prières de longues heures du jour et de la nuit. La lutte toutefois est encore loin de toucher à son terme.

Le lundi 3 décembre, on commença dans l'église la conjuration solennelle. « A icelle assistaient plus des trois quarts des hommes et des femmes de Vrevin, tant catholiques que huguenots, sans compter les petits enfants. A l'heure indiquée, l'énergumène fut portée en l'église par six hommes des plus forts de la ville qui y *annuyaient* beaucoup à cause de la grande pesanteur et résistance qu'elle faisait. Après la messe du Saint-Esprit, dite par maître Loys Soulbaut, l'un des curés de la ville, de Motta commença la conjuration avec les exorcismes du baptême.

— Veux-tu donc me baptiser, dit l'esprit en ricanant, je te dis que je ne vuiderai point (je ne partirai point). »

Ces exorcismes cependant le torturaient d'une manière effrayante. Nicole se tordait comme un serpent; elle se dressait sur les pieds et renversait ses gardes, qui cependant ne lâchaient pas prise. Le religieux alors approche de l'énergumène la sainte hostie. « On entend craquer les os de la patiente, comme qui romprait un bâton en plusieurs pièces. Les assistants sont épouvantés et n'osent plus la regarder. Au milieu de ces convulsions atroces, confession involontaire de la présence réelle de Jésus-Christ au très-saint Sacrement, « une pierre s'échappe d'un pilier en construction et tombe sur la tête d'Isabeau, femme de Nicolas Ducroy, dont elle fut fort blessée; en même temps l'esprit malin lance un regard d'indignation sur les curieux qui, pour mieux voir, étaient montés sur le hourd des maçons qui faisaient les voultes de l'église, menace de les faire tomber, dont ils descendirent bientôt »; car tous avaient compris que la chute de cette pierre n'était point un accident naturel; aussi le diable se moquait-il d'Isabeau, disant que c'était lui qui avait fait tomber cette pierre. Puis la démoniaque se mettait à jaser, à caqueter sans fin. Si elle s'adressait aux huguenots, elle les appelait *ses amis, ses enfants, ses serviteurs* qui faisaient bien ses volontés; un instant après, elle se moquait d'eux, les narguait « de ce qu'elle leur avait fait fausser leur serment de n'entrer plus jamais en l'Église des catholiques ».

« Lors, le religieux lui dit : Pourquoi donc n'as-tu point répondu à la première conjuration latine ?

— C'est qu'autrefois, c'est par là que j'ai été reconnu. Personne n'ignore que Nicole ne sait point le latin, et maintenant je m'en donne bien de garde. Et puis, il faut que tous ces paysans entendent ce que je dis.

— Pourquoi donc, toi, si grand ennemi de Dieu et de l'Église, as-tu demandé messes, pèlerinages, aumônes, jeûnes et autres bonnes œuvres? Pourquoi encore as-tu commandé à Nicole d'obéir au religieux et aussi de jeûner.

— Si je commandais d'aller tuer le père ou la mère

ou faire mal, l'on ne me croirait pas, tout soudain l'on me connaîtrait, et je ne veux pas; je ne me découvre que quand j'y suis forcé. Et puis, quand je commande des pèlerinages et qu'on m'obéit, je me fais porter sur les épaules. Ce que je n'eusse pas manqué de faire, si l'on eût été à Saint-Jacques, car mon métier est de tromper; autrement ne serais point un démon [1].

— Pourquoi as-tu demandé tant de choses à Nicole, comme pantoufles, cheveux, blé, etc.?

— C'est pour avoir son consentement, afin d'*avoir puissance sur son âme, comme je l'ai sur son corps.* Ainsi, si elle m'eût donné un carreau de la place, ce carreau m'eût appartenu, j'en aurais pris possession,

---

[1] Il advint à Nicole, dit le doyen de Héricourt, à la façon que nous lisons en saint Luc, ch. VIII, v. 27, des cruels démons qui habitaient ès monuments pour faire croire qu'ils en étaient les gardiens, comme bons anges ou âmes des décédez, prenant soin de leurs corps.

— Pourquoi cette ruse du démon? demande Corneille la Pierre (Comm. sur saint Luc, ch. VIII).

C'est : 1° Pour jeter l'effroi sur la demeure des morts et la couvrir encore de plus de mystère ;

2° C'est, dit saint Chrysostome, afin de persuader aux hommes que les âmes des morts pourraient bien être changées en démons; voilà pourquoi, dans les apparitions, ils crient : *Je suis l'âme de Pierre, de Paul, de Jean ;*

3° Enfin pour montrer qu'ils se font une joie cruelle de demeurer au milieu des trophées de la mort qu'ils ont introduite dans le monde par le péché. C'est le lion qui rugit en s'enivrant du sang de la victime qu'il dévore. C'est ainsi qu'ils insulteront éternellement aux réprouvés qu'ils auront précipités avec eux dans les flammes éternelles.

Tromper, torturer les hommes, sera toujours un horrible besoin pour les démons.

A chaque fait nouveau nous pourrions citer de semblables passages, en confirmation de la possibilité des faits de notre histoire. Nous renvoyons le lecteur qui désire s'instruire sur ces matières aux auteurs indiqués dans *notre avant-propos.*

j'aurais fait glisser ceux de dessus ; dans leur colère, ils auraient dit : Que le diable y ait part (que le diable l'emporte) et j'aurais eu cela — car je n'ai que ce que l'on m'abandonne — *mais la vilaine n'a voulu me rien donner, parce qu'elle sait bien maintenant que je suis un diable.*

CHAPITRE NEUVIEME.

Nouvelles conjurations, conformes au rituel des exorcismes. — Béelzebub se fait connaître. — Confessions, communions très-fréquentes de Nicole. — Le démon, chassé, rôde partout. — Il fait les œuvres de l'esprit impur, découvre les secrets des consciences.

De Motta, s'apercevant que le démon paraissait se soucier peu des exorcismes du baptême, « s'advisa d'envoyer querir le livre du doyen d'Avennes (première bonne ville du Hainaut, à sept lieues de Vrevin), pour mieux faire la conjuration. Ayant reçu ce livre, il commença conjuration nouvelle en l'église. Se trouvaient à icelle tant de gens des villages d'alentour, tellement, que l'église ne les pouvait contenir; et parce que tous voulaient voir la démoniacle, on fit construire au pied de la chaire un petit échafaud pour y placer Nicole et ses gardes. »

Et voici maintenant de quelles manières se feront toutes les conjurations :

« Entre huit et neuf heures du matin, après l'office de la grand'messe qui se chantait à note, il faisait la prédication et émouvait fort le peuple à dévotion. Après la prédication, il envoyait querir Nicole, et cependant la messe était continuée. Les gardes donc lui disaient : Nicole, allons à l'église. Elle disait : Allons, se levait et se mettait en devoir d'aller. Mais à la sortie de la maison ou bien soudain que les porteurs avaient mis la main sur elle, encore qu'elle fût en bonne santé, aussitôt était-elle saisie du diable et possédée. Dont elle reculait et faisait que tous l'empoignassent. Bref, toujours à la grand'peine des porteurs, elle était portée à l'église, environ la fin de la grand'messe et posée sur l'échafaud. La messe étant parachevée, le religieux, revêtu d'un surplis ou aulbe et de l'étole par-dessus, s'accompagnait d'un ou de deux prêtres, c'est à savoir de maître Claude Lautrichet et de maître Guillaume Lourdet, ou pour l'un d'iceux, de maître Loys Soulbaud, aussi revêtus, qui portaient le saint Sacrement en un corporalier couvert de son étui (un corporal renfermé dans une bourse), la vraie croix et autres reliques, comme le livre leur avait enseigné falloir faire. Le religieux donc, voulant commencer la conjuration, incitait le peuple à dévotement prier Dieu pour la délivrance de la patiente, puis lisait la litanie, mais pas toujours, et les quatre évangiles; puis, il usait de longs et divers exorcismes qu'il abrégeait comme il lui semblait; puis tantôt il lui montrait la vraie croix en mémoire de la Passion de Notre-Seigneur Jésus-Christ, tantôt après, le saint Sacrement. Or, le sommaire but de la conjuration était de commander au diable et à ses compagnons, s'il y en avait, de sortir par la vertu et puissance du Père, du Fils et du Saint-Esprit, le prêtre disant : Je te commande, ensemble à tous tes compagnons, que vous sortiez du corps de cette créature de Dieu, par la vertu et au nom de Notre-Seigneur Jésus-Christ et par la présence de son précieux corps que voici au saint Sacrement de l'autel. Cependant le diable furieusement se tourmentait et tempêtait, beuglant, rugissant et clabaudant comme un taureau, un lion, un ours, un chien ou autre bête, tellement que quand la sainte hostie lui était montrée, soudain vous eussiez vu la pauvre Nicole devenir enflée par le ventre et l'estomac, gorge, visage, yeux et langue, montrant figures horribles et épouvantables par les divers changements de tout le visage. Lors le diable tonnait et jetait de si horribles cris que l'on l'oyait (entendait) de loing, voire du marché même, au grand étonnement de ceux qui, l'oyans de là, ne pouvaient de plus près approcher de l'église, qui était toute pleine.

» Enfin le religieux, instruit par ledit livre, conjura le diable pour savoir son nom et la multitude des autres diables, s'il y en avait plus d'un qui la possédassent.

» Le diable donc, après avoir bien reculé et tergiversé pour ne pas se faire connaître, répondit : Je suis *Béelzebub*; seul, pour le moment, je possède Nicole. »

Le religieux, conformément aux prescriptions du rituel, fit à l'instant écrire ce nom sur plusieurs billets et les brûla à la flamme du cierge bénit.

Pendant cette opération, le démon criait comme une personne que l'on contraindrait d'avoir les pieds dans le feu.

Voilà ce qu'opéraient sur le démon les exorcismes de la sainte Église, avec ses rites sacrés... L'Esprit malin ne cédait la place que quand il ne pouvait plus supporter les tortures.

Quand il sortait et que Nicole revenait de son évanouissement, elle pleurait de se voir en si triste état et disait : Jésus, Maria! mon Père créateur, veuillez moi aider! et demeurait en son bon sens quelquefois l'espace de huit heures. Le religieux, voyant que ce qui tourmentait le plus le démon, c'était la *sainte Eucharistie*, résolut de faire confesser souvent Nicole et de lui donner tous les jours la sainte communion. Ce qu'il faisait chaque matin, avant les exorcismes, dans la maison paternelle. La malade avouait elle-même qu'elle se sentait soulagée et divinement fortifiée par cette nourriture céleste.

Dans une autre conjuration l'exorciste demanda au démon où il allait quand il sortait de Nicole.

— Je me promène, répond-il, je fais ma besogne.

— Eh bien, d'où viens-tu aujourd'hui ?

— Je viens du bois de Montreuil-les-Dames (cinq lieues de Vervins), de Tenailles (demi-lieue), de la vallée des Chauldriers (deux lieues entre Vervins et Marle), de celui d'auprès de Guise (à quatre lieues). Dans tous ces bois, il y a beaucoup de brigands, qu'il nommait et dont il racontait les vols et les crimes; ce qu'on reconnut véritable. Puis, il accusait de sorcellerie quelques femmes présentes, qui se hâtèrent de disparaître; apercevait-il des huguenots, n'importe de quel pays, il les saluait et les appelait ses *bons amis;* si c'étaient des hommes livrés au vice, catholiques ou protestants, il dévoilait publiquement leurs crimes les plus secrets; et pour comble de honte il les décorait du titre d'*enfants* et d'*amis*. Oui, répétait-il, à plusieurs reprises : *Vous êtes tous à moi, je suis votre maître.* Ensuite, comme père et fauteur du vice impur, il se mettait à faire le plaisant; il rendait tout à coup à Nicole les grâces de la jeunesse, lui mettait à la bouche mille bouffonneries, avec le petit mot à plaisir pour faire rire; puis se tournant vers Loys, mari de Nicole, il lui disait en ricanant : Tu ne savais pas que je fusse *un tel galant, un tel rustre, un tel hère.* Lors, il faisait prendre à Nicole toutes les manières d'une prostituée. Mais, à ce commandement de l'exorciste : *Cede Deo, spiritus immunde, da honorem Deo* (Esprit impur, cesse ton langage et tes manières et rends gloire à Dieu), il se calmait à l'instant et gardait le silence [1].

Avant de partir, l'Esprit malin dit à la mère de Nicole : Va, tu n'es pas encore au bout de tes peines. Dans peu de temps, je laisserai ta fille, *muette, sourde et aveugle.*
— Maintenant, donne à manger à Nicole. »

CHAPITRE DIXIÈME.

Prétendues causes de l'entrée du démon dans Nicole. — Il rend sa victime sourde, muette et aveugle, afin de l'empêcher de se confesser, etc.

« Comme la conjuration durait souvent huit et dix heures chaque jour, le religieux ne pouvant fournir à dire son service, célébrer sa messe, regarder à faire sa prédication, prêcher et quasi continuellement conjurer, tant en l'église qu'à la maison, il pria le maître d'école que, pendant que Nicole serait chez son père en petite

---

[1] Par respect pour nos lecteurs, nous ne décrirons plus ces scènes qui se répétaient presque à chaque conjuration. « Voilà les jolies choses que *le clergé* avait apprises à Nicole ! » s'écrie dans son indignation M. Douen, ministre protestant. Quand M. Douen croira, avec la sainte Église catholique, à la *possibilité des possessions*, rien ne l'étonnera plus dans la bouche de celui que Notre-Seigneur appelle *un esprit immonde.* (Voir, dans Corneille la Pierre, les *Possessions évangéliques.*)

compagnie, il conjurât et interrogeât Béelzébub pour savoir les causes de son entrée. A quoi le maître d'école obéissant laissa seulement être avec soi le père, la mère, le mari, la grand'mère, la servante et les petits enfants. Béelzébub donc répondit :

« Il y aura quatre ans à la Sainte-Anne (jour de la fête de Vervins) prochainement venant, que Nicole, par le congé de sa mère, mena aux danses sa petite sœur Isabeau, parée d'un chapelet d'ambre, autrefois baillé à la mère pour gage. Une femme (que le diable nomma) et que l'enfant reconnut après, prit ce chapelet. Quand Nicole fut de retour à la maison, la mère redemanda son chapelet, mais il avait disparu. C'est sur Nicole que retomba l'orage... Que le grand diable te puisse emporter, s'écrie la mère en colère, si tu ne l'eusses menée, le chapelet ne serait pas perdu. Et de fait elle se print à la vouloir battre; mais la compagnie des jeunes compagnons venuz à la feste, qui la ramenèrent, la deffendirent. Dès lors, dit Béelzébub : *comme grand diable, je l'ai prinse à moi, et ai toujours tasché de l'emporter : pour ce que la mère me l'avait donnée.* Dont depuis lors je l'ai toujours poursuivie *à la rivière, la faisant glisser* et tresbucher pour la faire noyer. Je lui ai esmeu la volonté de prendre l'argent de son grand-père et qu'elle s'en allât avec. (Ce que Nicole nous a avoué qu'elle eût fait, si elle eût pu ouvrir le coffre fermé à deux serrures, gardé en la maison de son père.) Puis, continuait Béelzébub, je lui ai fait prendre des serviettes, des linceux ou draps de lit, de la vaisselle, un chandelier, de l'argent, quelquefois plus, quelquefois moins, en la bourse de son père et de sa mère, de la chair, du bois, du beurre, des fromages, du suif : brief, tout ce qu'elle pouvait gripper, pour bailler à telle commère ou voisine qu'il nomma.

» Béelzébub s'adressait alors à la mère, disant : *Ta fille t'a prins ceci, t'a prins cela.* Il adjoutait davantage, qu'il l'avait fait tomber du deuxième des degrés de la cave sur les pierres qui lors étaient en bas : où le père la trouva, par la grâce de Dieu, saine et sauve. Plus, que par une maladie, il l'avait empêchée de faire carême, et qu'il lui avait fait dire plusieurs rêveries. Néanmoins qu'il n'avait encore eu puissance, sinon se tenir sur sa tête, bras ou autre partie d'icelle : et non pas d'entrer en son corps[1] jusqu'à ce que le mary la lui donnât aussi. Auquel il s'adressa luy disant : Ne te souvient-il pas que l'autre jour, courroucé contre elle, tu me la donnas? Le mary ne s'en souvint point (comme aussi interrogé par moi, par après, dit Boulèse, ne nous recogneut-il pas cecy estre véritable : me disant que jamais telles paroles ne sortirent de sa bouche)

---

[1] Cet état est celui de l'obsession. Le démon, sans entrer dans le corps, le poursuit au dehors, le fatigue, le harcèle. La *Vie des saints* est remplie de traits de ce genre. Je n'en cite qu'un seul :

« Sainte Françoise Romaine vit un jour, pendant son oraison, s'approcher d'elle un affreux démon qui lui dit : Pour te faire de la peine, je jouerai quelque mauvais tour à ta sœur Vannotia. — Je me moque de tes menaces, répond la sainte ; tu ne feras que ce que Dieu te permettra. Et il disparut. A quelques jours de là, Françoise conduit sa sœur à une église de Rome. Tout à coup Vannotia se sent fortement poussée et roule du haut de l'escalier jusqu'au bas. La chute fut si lourde que la pauvre fille en fut toute meurtrie... Françoise la relève et la guérit, au grand déplaisir du démon qui se mit à dire : Si ta sœur vit encore, c'est bien malgré moi ; je l'avais jetée de manière à la tuer. Mais un ange l'a soutenue... Ce sera pour une autre fois. »

et que, disait Béelzébub, de cest heure là il en avait pris possession et l'avait tourmentée [1].

— Puisque tu m'as déclaré les causes de ton entrée, tu sortiras bientôt, répliqua le maître d'école, car je la ferai confesser, crier pardon et merci à Dieu, à ses père, mère et mary et rendre les choses que tu as dites, et tu sortiras.

— Je t'en engarderai bien (empêcherai), car, en sortant, je la laisserai *muette, sourde* et *aveugle*. Puis fais ce que tu pourras. »

Désormais donc, aussitôt après la possession, elle devenait *muette, sourde* et *aveugle*. C'est ainsi qu'il réalisait la menace qu'il avait faite à la mère quelques jours auparavant. Ceci arriva vers le 15 ou le 16 de décembre.

Il n'était donc plus possible de parler de Dieu à Nicole, ni de la confesser, ni de la communier, puisqu'elle restait en cet état jusqu'à la conjuration suivante. C'était une nouvelle ruse du démon pour priver sa victime des secours de la religion. Mais depuis que Jésus-Christ a donné à ses apôtres et à leurs successeurs le pouvoir de chasser le démon, il n'est point de ruses diaboliques qu'ils ne puissent déjouer. Seulement, il est

---

[1] C'est alors la possession véritable. Dans cet état, ce n'est plus l'énergumène qui parle, qui agit, c'est le démon par l'organe de l'énergumène. Voilà pourquoi l'exorciste adresse directement la parole au démon ; et le démon répond en son nom. Le corps, les organes du possédé, ne sont que des instruments qui permettent à l'esprit malin de se manifester au dehors. — Il opère d'ailleurs des prodiges plus étonnants : il apparaît sous toute espèce de forme ; prince des magiciens, il suscite des tempêtes, fait briller la foudre, fait marcher des cadavres ; il bouleverserait la terre si Dieu ne fixait point des bornes à ses ruses et à sa fureur. (Voir la Bible et la *Vie des saints*.)

souvent nécessaire d'opposer la ruse à la ruse, si j'ose le dire, pour découvrir dans les trésors de la sainte Église l'arme qui triomphera plus facilement de ce redoutable ennemi.

CHAPITRE ONZIÈME.

Effets merveilleux des prières des fidèles. — Miracle de la vraie croix.

Le bon religieux, voyant donc qu'il ne pouvait plus donner la sainte hostie à la patiente, pressa vivement le peuple de recourir à Dieu par jeûnes, prières et confessions, afin de l'aider à triompher de ce cruel démon. Comme on touchait aux fêtes de Noël, il exhorta vivement les fidèles à célébrer ce grand jour par la réception de la sainte Eucharistie. « Et de fait, le peuple quasi en aussi grand nombre que le jour de Pâques en reçut Notre-Seigneur à Noël. » La communion fut donc générale [1]. Appuyé du concours des prières et des bonnes œuvres du peuple catholique, de Motta résolut, avec l'aide de Dieu, de recommencer les conjurations contre Béelzébub occupant les sens extérieurs. Mais le démon tint ferme. C'était dire au religieux qu'il fallait recourir à des moyens plus efficaces.

Un jour donc, après midi, en présence du sieur du Chastel et du capitaine de Hyrson et de plusieurs autres notables personnages, il fit premièrement toucher la

[1] Tout le pays n'avait donc pas abjuré sa foi, comme voudrait le faire croire M. le ministre protestant. Sans doute on comptait des défections, mais qui ne sait, qu'autrefois comme aujourd'hui, *quand le pape sarcle son jardin, les protestants sont toujours là pour recueillir les mauvaises herbes.*

vraie croix aux yeux de Nicole, qui était tombée en léthargie. Soudain elle en reçut la vue, à la grande admiration de tous les spectateurs; puis il toucha les oreilles, et Nicole fit signe qu'elle entendait; enfin il toucha la bouche, et la malade se mit à parler et à bénir Dieu. Tous en rendirent au Seigneur de vives actions de grâces.

On mit à profit ces heureux moments pour confesser Nicole. Elle demanda pardon à Dieu, à ses parents et à son mari, qui très-volontiers lui donnèrent tout et lui pardonnèrent entièrement. Mais on obligea ladite voisine à rendre tout ce qu'elle avait pris. Nicole donc, étant confessée et libre d'esprit et de corps, recevait tous les jours Notre-Seigneur au matin en la maison de son père. Ce qui fut continué pendant sept à huit jours que le démon obéit à la vraie croix [1].

Quelques jours après les fêtes de Noël, Nicole ressentit tout à coup des douleurs beaucoup plus violentes que de coutume... Elle poussait de profonds gémissements et perdit tout appétit. Quelle pouvait être la cause de ce redoublement de souffrance? Le démon va s'en expliquer lui-même.

A la première conjuration, il dit au religieux, avec des yeux courroucés :

[1] Peut-on dire que Nicole, dans cet état d'*obsession*, *avait conscience de ses actes?* La question pouvait rester douteuse. C'est pourquoi on l'obligea à se confesser. De plus, on avait reconnu que la confession était un moyen très-efficace de fermer la bouche au démon. — Aussi verrons-nous, pendant tout le temps des exorcismes à Laon, prêtres et fidèles user de la *confession quotidienne*, afin d'ôter à l'ennemi le prétexte de les accuser, même d'une simple imperfection; car le démon avouera publiquement qu'il ne se souvient plus de ce qui été déclaré au saint tribunal de la pénitence.

« Ah! tu te fortifies contre moi : eh bien, moi aussi je me fortifierai contre toi ; voilà que j'appelle tous les diables à mon secours.

— Et moi, dit le religieux, j'appelle à mon aide tous les sbons anges contre toi. Va dire à Lucifer que je ne le crains point, ni toi ni tous les diables d'enfer.

Pour réponse le démon beugla comme un taureau, fit la grimace au religieux, qui lui rendit la pareille pour lui montrer combien il le méprisait. »

Quel était ce renfort que le démon redoutait tant ? C'était d'abord la communion si fervente et si nombreuse qui venait de se faire à la fête de Noël ; c'était ensuite le secours religieux que de Motta avait imploré de toute part. Car, « il avait envoyé lettres à quelques-uns du chapitre de Laon, à l'évêque de Soissons, à l'illustre, catholique et dévote dame la comtesse de Brienne, leur priant de recommander la pauvre patiente à la prière, aux mérites et aux bonnes œuvres de tous leurs sujets et du peuple. Il en écrivit aussi à ceux de l'archevêché de Reims. Ainsi en plusieurs lieux à la fois furent faites prières et processions pour la délivrance de la démoniaclé, à la fête de Noël et autres jours ; et, dans tout le diocèse de Laon, il y eut de la part de tous les curés recommandations de la conjuration au prône. »

CHAPITRE DOUZIÈME.

Triomphe de la sainte Eucharistie sur le démon. — Horribles visions de Nicole. — Sa beauté après la communion. — Réflexions du doyen de Héricourt.

Enfin, après huit jours, il fallut recourir à un nouveau moyen pour chasser le démon, car il résistait aux tortures que lui faisait endurer la vraie croix. L'énergumène restait donc des journées entières sourde, muette et aveugle... Bien plus, à chaque instant on la voyait tressaillir et mettre convulsivement les mains sur ses yeux qu'elle ouvrait et refermait tout à coup. La pauvre malade, comme nous le verrons, était alors livrée à d'indicibles tortures.

De Motta était presque découragé, pensant avoir usé du dernier remède contre son ennemi. Toutefois reprenant ses esprits et plein de confiance dans la bonté de Dieu, « il s'advisa, par *inspiration divine*, de recourir au souverain moyen de dompter le démon. Il se retourne donc humblement et dévotement vers Dieu; il le conjure avec la plus vive ardeur de lui suggérer un dernier moyen, un moyen infaillible de secourir cette pauvre créature dans ses horribles tourments. Puis, en la maison des parents, desquels il s'accompagna en petit nombre il s'enhardit à un matin et mit la sainte hostie sur les lèvres *de la pauvre muette, aveugle et sourde*. » C'était demander un miracle à Jésus-Christ; et le bon Maître l'accorda à la foi et à la prière de son serviteur. A l'instant Nicole ouvre la bouche, reçoit le pain de vie, et avec lui et par lui le bienfait *de la parole, de la vue et de l'ouïe*... En présence de ce miracle tous tombent à genoux, versent des larmes de joie; et le religieux, dans l'élan de sa reconnaissance, s'écrie pour insulter à son ennemi : « O maître Gonnin [1], c'est-à-dire rusé, fripon, » te voilà vaincu... » Nicole à l'instant joint les mains, rend grâces à Dieu, prend ses heures, dit l'évangile *In principio*, le *Pater*, et plusieurs autres belles oraisons. »

[1] *Gonnin*, nom d'un magicien sous François Ier.

Or, il est à remarquer, Dieu le permettant ainsi pour la consolation de sa pauvre servante, et pour fortifier de plus en plus la foi des catholiques, qu'aussitôt que Nicole avait reçu la sainte hostie son visage était *comme transfiguré*. Elle apparaissait tout d'un coup d'une beauté *plus que naturelle*; elle ravissait par son extérieur tout à la fois humble et gracieux. Citons l'auteur : « Dès lors, après la réception de Notre-Seigneur Jésus-Christ, elle *toujours* apparaissait aux assistants d'un visage, beauté, maintien, grâce et contenance agréables à tous et au-dessus du naturel. Et cela pendant tout le temps de son action de grâces [1]. »

Faut-il demander pourquoi le peuple aimait à l'aborder... C'était une énergumène, il est vrai, mais après ces hideuses convulsions, trop fidèle image des grincements des réprouvés dans l'enfer, on jouissait d'un spectacle ravissant, on entrevoyait un rayon de la joie du ciel et de la beauté des saints. Mais les saintes espèces étaient à peine consommées que le démon furieux rentrait subitement. Le religieux aussitôt ou quelqu'un des autres prêtres, étant *à l'aguet*, lui approchait la sainte hostie devant les yeux. Subitement aussi, le démon disparaissait.

Après le départ de Satan, Nicole raconta qu'elle avait

---

[1] Voici le texte de l'histoire latine présentée au souverain pontife Pie V : Eodem temporis puncto quo recipiebat Nicolea SS. Eucharistiam, ex eo statu horribili redibat in valetudinem, *ditata, ornataque gratiosa pulchritudine, omnibus grata, placidèque populum aspiciebat.*

Dans une autre version on lit : Postquam Nicolea recepisset Dominum nostrum, statim fuit reddita sanitati spiritus et corporis, accensa devotione, *et ornata gratiosa pulchritudine, naturalem superante.*

vu, pendant son extase, « des hommes noirs qui lui présentaient au visage des épées et dagues toutes nues pour la tuer. Plus, que s'étaient apparues à elle grosses bestes noires, comme chats aussi gros que moutons qui la voulaient égratigner. Outre plus, que flambeaux de feu sentant le souffre se dardaient et entraient en ses yeux et en sa bouche dont presque elle était étouffée; mais, qu'elle ne savait plus ce que tout ceci devenait quand elle recevait le saint Sacrement. »

C'était comme une véritable lutte entre Jésus-Christ et le démon. L'historien qui la raconte l'appelle *l'ardente bataille du corps de Dieu contre Béelzebub.* En une seule heure il fallut le chasser plusieurs fois; tellement qu'un jour, après dîner, le religieux fut « quasi contraint d'aller consacrer des hosties, parce que la malade avait déjà reçu presque toutes celles qui avaient été consacrées le matin à la messe (comme devant les témoins, nous l'a certifié le religieux) », dit l'historien Boulèse; et ce qui ajoute encore à l'étonnement d'une semblable merveille, c'est que j'entendais distinctement, dit de Motta, le démon, à sa sortie, crier en l'air : *Baillez-le lui, baillez-le-lui,* c'est-à-dire *donnez, donnez le Sacrement à Nicole...* Mais c'était, direz-vous, fournir des armes contre lui. Aussi, après semblables commandements, répétera-t-il souvent à l'évêque de Laon : « *Je suis bien fâché de te dire ce qu'il faut que tu fasses contre moi, mais j'y suis forcé.* »

Oui, en vérité, ils étaient grands les secrets de Dieu dans cette mémorable possession!

« Je n'ignore pas, dit le doyen de Héricourt dans son

histoire de Nicole à Charles IX [1], ce que diront ici ceux qui se vantent du titre de réformateurs, et *d'autres encore avec eux*. C'est que nous faisons, disent-ils, une odieuse concurrence entre Dieu et le démon. Nous semblons les mettre aux prises ensemble. Voilà donc le diable chassé par la réelle présence du précieux corps de Notre-Seigneur, et soudain aussi voilà Jésus-Christ comme chassé à son tour par Satan, qui reprend immédiatement possession de ce corps. *Donner un même lieu, en même temps, à notre bon Dieu et à son plus cruel ennemi,* c'est, diront-ils, *un horrible sacrilége, un grand blasphème.* Quoique notre intention ne soit telle qu'il leur plaît l'interpréter, s'ils veulent avoir vérité de notre foi, qu'ils écoutent notre maître Faviers en ses très-doctes prédications; il saura bien les satisfaire. Ce nonobstant, je leur demanderai pourquoi Notre-Seigneur se laissait-il porter par le diable sur le sommet du temple! N'est-ce pas beaucoup plus de se laisser manier, toucher, porter par l'Esprit malin, que d'occuper successivement un même lieu? Je demande encore, Judas n'a-t-il pas pris le corps de Notre-Seigneur, et toutefois soudain, il fut possédé du diable. *Post buccellam introivit in eum Satanas.* (J. 13.) Et encore ne lisons-nous point que des petits enfants nouvellement baptisés ont quelquefois été tourmentés du démon? Ils étaient cependant le

---

[1] Voici sa notice dans le *Gallia christiana* :
« Christophorus de Hericourt, vir fuit nobili genere in diœcesi Laudunensi ortus, et scientia præditus. Compendiariam historiam de Jesu Christi Triumpho, Lauduni habito adversus dæmonem mulierculæ Nicolæ Obriæ Vervinensis corpus agitantem, conscripsit. Eandem historiam Carolo IX Francorum regi dedicat. Id autem miraculi contigit M. D. LXV. Ditissimam Bibliothecam Laudunensi Ecclesiæ contulit. Sepultura donatus fuit in ipso chori ingressu. »

temple du Saint-Esprit, nullement souillez après ce saint lavatoire ! Nous lisons aussi que dans la primitive Église, la sainte Eucharistie leur était donnée. Toutefois, saint Augustin dit que plusieurs enfants nouvellement baptisez et communiez ont été vexés par les malings Esprits, en punition de leurs parents. Qu'on veuille donc bien faire attention que les démons n'ont aucune puissance *sur l'âme*, qui est le véritable *tabernacle* de la Divinité ; que c'est cette âme surtout plus encore que notre chair qui est nourrie par la chair sacrée du Sauveur. En cette âme, tant qu'elle est en état de grâce, jamais le maling n'y peut faire sa demeure, comme souventes fois il l'a dit de l'âme de cette pauvre Nicole. Puis saint Paul n'a-t-il pas livré à Sathan l'incestueux de Corinthe, pour la destruction de sa chair et le salut de son âme ? Partant, quand il possède, par permission divine, le corps humain, comme il advient en celui-ci, il n'est nullement impertinent de dire que notre Dieu habite en même temps l'âme. Ce n'est que trop s'amuser à telle curieuse question, et ce n'est pas chose nouvelle que le diable soit déchassé en vertu du saint Sacrement de l'autel et que par après, et même incontinent, il reprenne possession ; il a le corps pour un moment et Dieu est toujours le maître de l'âme. Comme nous lisons que saint Bernard en fit l'expérience dans une femme possédée, comme Nicole, avec privation de ses sens et qu'il fallut le chasser plusieurs fois de suite par la sainte Eucharistie [1]. »

[1] ÉNERGUMÈNE DÉLIVRÉE PAR SAINT BERNARD[1].

« Entre ceux qui étaient tourmentés des mauvais esprits, une femme de Milan, fort âgée, et qui avait été autrefois une dame de

[1] *Vie de saint Bernard*, l. II, ch. IV, édition de 1649, d'après des historiens contemporains.

C'est ici que commence cette série de prodiges que les historiens contemporains ont si justement appelés *le triomphe du corps de Dieu sur l'Esprit malin,* ajoutons, *sur l'hérésie naissante.*

L'*Eucharistie* sera donc désormais, dans cette étonnante possession, la seule arme véritablement redoutable à l'enfer. Aussi, dès ce moment, l'*hostie sainte* sera-t-elle placée près de Nicole, comme une sentinelle, pour la protéger contre son formidable adversaire ; elle veillera près d'elle et le jour et la nuit ; elle ne la quittera pas, même pendant ses voyages. Pour cette étrange démoniaque, le sanctuaire n'aura plus de barrière, l'Église

considération, fut amenée par beaucoup de personnes auprès du bienheureux Père jusqu'à l'église de Saint-Ambroise. Le démon qui la possédait depuis longtemps l'avait déjà tellement suffoquée, qu'ayant perdu l'usage de la vue, de l'ouïe et de la parole, grinçant des dents et étendant la langue de même que la trompe d'un éléphant, elle semblait plutôt un monstre qu'une femme. La saleté de son visage, qui paraissait terrible et épouvantable, et la puanteur de son haleine, étaient des marques de l'impureté de l'esprit qui habitait dans son corps.

» Après que le serviteur de Dieu l'eut regardée, il connut que l'ennemi qui la possédait était violemment attaché à elle et qu'il ne sortirait pas facilement d'une maison de laquelle il avait été si longtemps le maître. C'est pourquoi se tournant vers le peuple (dont la multitude était quasi innombrable), il commanda qu'on priât Dieu avec ferveur ; et les ecclésiastiques et les religieux étant avec lui auprès de l'autel, il ordonna que la femme lui fût amenée et retenue. Elle, résistant, et étant agitée par une force diabolique et non humaine, frappa quelques-uns de ceux qui étaient auprès d'elle, et donna même un coup de pied au saint, qui méprisa avec douceur cette hardiesse du démon et, pour le mettre dehors, invoqua le secours de Dieu, non par un mouvement de colère, mais par une supplication humble et tranquille, et offrit le saint sacrifice de la messe. Toutes les fois qu'il faisait le signe de la croix sur l'hostie sacrée, ce vaillant athlète se tournant aussi vers la femme, combattait le mauvais esprit avec les mêmes armes, savoir par le signe de la croix, et autant de fois que le saint faisait plus de prescriptions; car l'*Eucharistie* ne sera point seulement son pain quotidien, elle sera son aliment de tous les instants et le jour et la nuit... et parce que le prêtre est le seul ministre de cet auguste sacrement, dès ce moment aussi, les prêtres se relèveront, comme autant de gardes, pour la défendre au moment du combat. C'est ainsi que Satan se trouve enveloppé dans ses propres filets. Il avait voulu priver sa victime de *la communion;* et voilà que l'exorciste, par *inspiration divine*, emploie l'*Eucharistie* pour tirer la malade de sa mystérieuse léthargie et la *communie* toutes les fois que le démon renouvelle ses attaques. Il ne fallait rien moins

ce signe contre le diable, cet ennemi témoignait par le redoublement de sa fureur qu'il avait été frappé, et regimbant contre l'éperon, il montrait malgré lui la peine et le tourment qu'il endurait.

» L'Oraison dominicale étant achevée, le saint attaqua plus fortement l'ennemi, mettant le sacré corps de Notre-Seigneur sur la patène, et le tenant sur la tête de la femme, il prononça ces paroles : « Esprit méchant, voici ton juge, voici celui qui a une » puissance souveraine ; résiste maintenant si tu peux. C'est par » la puissance terrible de cette Majesté adorable que je te com- » mande, esprit malicieux, de sortir du corps de cette servante » de Dieu et de n'avoir jamais la hardiesse de la toucher. »

» Le démon, étant forcé de la quitter, la tourmentait plus cruellement. Le saint Père, retournant à l'autel, acheva la fraction de l'hostie salutaire, et donna la paix au diacre, qui la communiqua au peuple, et aussitôt la paix et la santé fut rendue à cette femme. C'est ainsi que Satan fut forcé, non par une confession libre, mais par une fuite honteuse, de montrer à tout un peuple quelle est sur l'enfer la vertu et la puissance des divins mystères.

» Cette infortunée, se voyant saine d'esprit et de corps, et tout à fait guérie, leva un regard de reconnaissance sur son libérateur, se jeta aussitôt à ses pieds et rendit publiquement grâces à Dieu. Il s'éleva alors un grand cri dans l'église : tous les assistants se mirent à chanter les louanges de Dieu; les cloches sonnèrent pour annoncer au loin cette victoire du saint Sacrement sur le démon. »

qu'un miracle pour légitimer cette pieuse témérité. Et ce miracle, Dieu l'avait opéré.

C'est donc bien le *Triomphe du corps de Jésus-Christ sur l'Esprit malin;* nous avons ajouté, et aussi *sur l'hérésie naissante.*

Le but des nouveaux sectaires était de détruire dans notre pieuse Picardie la religion de nos pères ; et voilà que Dieu, pour soutenir la foi des catholiques et abaisser l'orgueil des hérétiques, force Satan à confesser lui-même la vérité de nos dogmes sacrés; il faut qu'il confesse à la face du ciel et de la terre, en présence même des hérétiques qu'il couvre de confusion, que *Jésus-Christ est réellement présent dans la sainte Eucharistie* et qu'il y est par la vertu *des paroles sacramentelles...,* et cela, non pas une fois, mais cent fois, mais mille fois ; non pas en secret, mais dans différents centres de population, et en présence de plus de *cent cinquante mille spectateurs,* afin que nulle bouche ne puisse nier l'évidence de ce miracle...

CHAPITRE TREIZIÈME.

Troisième enlèvement de Nicole. — Exorciste confondu. — Apparition du diable en forme de mouche.

Dans l'intervalle de ces conjurations, il arriva plusieurs incidents que nous ne voulons point passer sous silence.

C'est d'abord un troisième enlèvement de Nicole.

Pendant sa maladie, l'énergumène couchait avec sa petite sœur Marie, âgée de six ans, dans la chambre même qu'occupaient ses parents. Un matin que son père et sa mère étaient sortis, Nicole se lève furtivement, court vers la porte, comme en volant et sans toucher à terre, a dit la petite Marie, et pousse rapidement le verrou. Dans quel but l'Esprit malin qui la possédait alors agissait-il de la sorte? C'était évidemment pour soustraire sa victime à la surveillance de ses parents. A cette vue l'enfant s'écrie : Maman, maman, ma sœur s'enfuit! On accourt ; mais le passage est fermé. Pendant qu'on cherche à forcer l'obstacle ou à passer par une autre porte, le diable a joué son tour.

Cependant Nicole, intimidée par les cris de sa sœur, revient près du lit. L'enfant la saisit et s'efforce de la retenir de ses petites mains. « Voyez l'effrontée », dit Nicole d'un ton courroucé, « elle osera retenir sa sœur aînée. Veux-tu bien me laisser? » L'enfant eut peur et lâcha prise. Nicole, ou plutôt le démon, libre de ces liens innocents qui le retenaient plus fortement qu'une chaîne de fer qu'il eût rompue à volonté, vole à la fenêtre, l'ouvre et précipite Nicole dans la rue sur la neige. C'est là que les parents la retrouvent immobile et roide. Il est à remarquer, dit l'historien, et l'expérience l'a plus d'une fois démontré, que les petits enfants au-dessous de sept ans ont pouvoir sur le démon, à cause de leur innocence. C'est l'accomplissement de cette parole d'Isaïe : Un petit enfant domptera le lion et le dragon ; *et puer parvulus minabit eos.*

Comme c'était pour la troisième fois que le démon emportait Nicole, le religieux fit clouer les fenêtres. — « Ah! tu as fait clouer les fenêtres, dit l'Esprit malin, en revoyant le P. de la Motte ; mais, c'est inutile, car je sais bien un autre beau trou. Ce que le religieux entendit du tuyau de la cheminée. Gardes donc lui furent baillés pour ne plus jamais la quitter. »

Voici un autre trait :

« Aussi, n'est-il à oublier, dit Boulèse, qu'un jour le diable possédant Nicole et voyant approcher le compagnon de de Motta qui s'apprêtait à faire la conjuration à la place du religieux qui tardait à venir, soudain le diable lui dit : — Viens çà, mon Jacobin, tu seras le diable, et moi je serai l'exorciste ; mets-toi à genoux, c'est moi qui vais te conjurer. Il se met aussitôt à faire tous les signes de croix, à dire en latin et sans livre tous les exorcismes aussi proprement comme s'il eût lu dans le livre : *Adjuro te per Deum † vivum, per Deum † verum, per Deum † sanctum,* etc. ; et il n'en démordit pas jusqu'à l'arrivée du religieux. A peine l'eut-il aperçu qu'il se tint coy, comme s'il eût reçu un coup de pierre sur la tête. Où singulièrement est remarquée l'autorité qu'en la vertu de Jésus-Christ les supérieurs donnent aux inférieurs ; car jamais le diable n'en fit autant aux prêtres qui avaient reçu puissance de le conjurer, ni aussi devant eux. »

Troisième trait :

« Pour économiser le temps, et secourir plus promptement la malade, on transporta son lit à l'église ; on le plaça dans le vestiaire ou sacristie qui était derrière le grand autel [1]. « L'énergumène était là depuis quelque

---

[1] SANCTUAIRE DE NOTRE-DAME DE VERVINS EN 1565.
Notice sur Robert de Coucy, par *M. Dupeuty*.

« Ce derrière d'autel, dit-il, servait de sacristie en ce temps-là. Il était disposé bien autrement qu'aujourd'hui. Il y avait un grand retable qui occupait toute la largeur du chœur (sanctuaire) et qui laissait derrière lui un espace assez grand pour y serrer les

temps, lorsqu'un jour, l'un de ses gardes, Raoul Maigret, advisa une grosse mouche noire (en hyver ne se voyent les mouches) qu'il print et pensait tenir. Toutefois, elle s'échappa malicieusement d'entre ses doigts, et cheut (tomba) comme engourdie sur la couverture du lit, où la voulut prendre Loys, mari de Nicole. Mais soudainement l'énergumène lui bailla un grand soufflet, disant : *Tu ne me voirras plus.* Aussi ne sait-on ce que la mouche devint. D'où l'on connaît que c'était le *maître-mouche* ou *Béelzebub,* qui possédait Nicole, comme il a été forcé de le déclarer. »

Béelzebub, en langue hébraïque, veut dire : *le dieu*

coffres et les meubles de l'église. Il était tout bâti de pierres de taille élevées en pyramide. On y montait jusqu'au haut, par les deux coins, au moyen d'un bel escalier pratiqué par derrière. Un *Salvator mundi* faisait la pointe de cette pyramide et était posé sur une espèce de base en carré, laquelle étant creuse, fermée de belles vitres et ornée de plusieurs colonnes aux quatre coins, servait de tabernacle au saint Sacrement.

» Au-dessous de cette base, il y avait une Assomption de la sainte Vierge en relief, dans une belle niche avec ses colonnes.

» Au-dessous de cette Assomption, il y avait aussi en relief les trois principaux mystères de notre religion, dans trois niches différentes. Celui de la Passion était au milieu, celui de la Naissance à droite, et celui de la Résurrection à gauche. Chaque niche était distinguée et ornée de quantité de colonnes de différentes grandeurs. Il y avait une porte d'un côté de l'autel et une autre de l'autre côté, par lesquelles on allait à cette sacristie.

» Les deux Testaments étaient élevés en forme de pyramides au-dessus de ces deux portes, sous des figures symboliques. Le vieux Testament était désigné par Moïse et Aaron ; le nouveau par saint Pierre et saint Paul : tous les quatre en relief, dans deux niches revêtues de plusieurs colonnes.

» On transporta ce retable en la chapelle de l'Hôtel-Dieu de Vervins en 1702, lorsqu'on fit une augmentation au sanctuaire de l'église paroissiale. Mais il n'y est ni si haut ni si large, la petitesse de la chapelle ayant obligé de le rétrécir et de le diminuer de hauteur.

» Cet autel était un don de sire Robert de Coucy, abbé de Foi-

de la mouche, idolum muscœ. Ce démon était adoré sous ce nom par les Accaronites.

CHAPITRE QUATORZIÈME.

Arrivée de l'évêque à Vervins. — Sa conjuration. — Causes de la paralysie continuelle de la jambe et du bras de Nicole. — Notice sur Mgr Jean de Bours.

Dans la dernière conjuration, l'esprit malin dit au religieux : « Prins patience, bientôt tu auras de l'aide ; car ton évêque va arriver accompagné de docteurs en

gny et seigneur de Vervins, avec ses deux frères ; c'est celui-là même qui fonda à perpétuité, dans l'église de Vervins, des vêpres du saint Sacrement, chaque jeudi, en mémoire de la délivrance de Nicole.

» Ce Robert de Coucy, dit M. Dupeuty, après avoir vu sa ville brûlée jusqu'à deux fois, en 1552 par les protestants, qui ne laissèrent qu'une seule maison debout, et en 1557 par les Espagnols ; son frère, Jacques de Coucy, injustement décapité, puis réhabilité ; Nicole Obry possédée par plusieurs démons et délivrée par le saint Sacrement de l'autel ; après avoir réparé les ruines du vieux château, refait à neuf toutes les voûtes de l'église dont il ne resta que les murs ; après avoir obtenu de François Ier les priviléges et affranchissements de toute la ville ; après avoir éprouvé tous les coups de la bonne et de la mauvaise fortune avec une force d'esprit toujours égale, mourut à Vervins le 5 mai 1569. Il gît au milieu du chœur de l'église sous une tombe de marbre noir sur laquelle sa figure est en relief. »

— C'est cette pierre sépulcrale qu'on voit aujourd'hui fixée sur le mur intérieur du grand portail. On ne peut, en effet, trop honorer la mémoire de ces hommes qui ont été les bienfaiteurs de toute une ville. — « Son frère, Jean de Coucy, également engagé dans l'état ecclésiastique, protonotaire apostolique, possesseur de plusieurs abbayes qu'il fit refleurir, grand vicaire du diocèse, après Robert de Coucy, son aîné, fit construire *le presbytère et le collége* qu'il donna en bonnes étrennes à la ville de Vervins le 1er janvier 1578. »

C'est ainsi que ces hommes de Dieu savaient dépenser leurs revenus !

théologie, et autres gens de bien. En effet, révérend Père en Dieu, messire Jean de Bours, notre évêque, revenu de la cour pour les fêtes de Noël, vint à Vervins le second jour de janvier, avec Chausse et de Vaux, docteurs en théologie, chanoines de Laon, doctes et vertueux hommes [1].

» Dès le lendemain, qui était un jeudi, 3 janvier, révérend Père en Dieu dit la messe pontificalement. Le docteur Chausse fit la prédication; l'église était comble. Les gardes apportèrent avec grand'peine la démoniacle aux pieds de l'évêque, qui commença ainsi sa conjuration :

— Quel est ton nom ?

— Béelzebub, prince des diables, après Lucifer.

— Quelle est la multitude de tes compagnons ?

— Il y a en dix-neuf avec moi. Demain nous serons vingt, et ce n'est point encore tout ; car je vois bien qu'il faut me fortifier contre vous. J'en appellerai encore d'autres à mon secours.

— Je t'ordonne, par la vertu et puissance de Dieu, de sortir présentement avec tous tes compagnons.

---

[1] Mgr Jean de Bours, aumônier de Charles IX, prêtre d'Amiens, abbé commendataire de Saint-Quentin en l'Isle, et doyen de la collégiale, fut nommé évêque de Laon en 1565. Boulèse, historien de Nicole, le désigne au souverain pontife Pie V comme un prélat très-recommandable par sa piété, par sa science et par toutes ses vertus.

Le *Gallia christiana* dit qu'il fut *vir summa dignitate ac morum integritate spectabilis.*

Les souverains pontifes saint Pie V et son successeur Grégoire XIII le proclament dans leurs brefs : *Vir eximia pietate.*

Tel fut l'exorciste principal de Nicole de Vervins. Sa douceur, sa prudence, sa piété, sa mortification vont briller d'un vif éclat pendant toute cette mémorable possession. Il mourut de la peste en 1580, après seize ans d'épiscopat, victime de sa charité à soigner les pestiférés. Il était le 77e évêque de Laon.

— Oui, vraiment, nous sortirons par toi, tout à fait, mais *non pas encore, ni là*. Mon service n'est point encore rempli en cette ville.

— Où vas-tu quand, par la vertu du corps de Dieu présent au saint Sacrement de l'autel, tu es forcé de sortir?

— Où je vas, ne le sais-tu pas? j'ai été te visiter cette nuit, et répéta les paroles que lui avait dites l'évêque entendant du bruit dans sa chambre. Pour mes compagnons, je les envoie partout chercher nouvelles de ce qui se fait dans le pays; puis il racontait les voleries, larcins et autres crimes qu'il spécifiait, qui s'étaient commis en même temps en différents lieux. Va, avec tels messagers, je te promets de te faire entendre toutes sortes de nouvelles. »

L'évêque alors brûla son nom, lui montra la vraie croix; puis lui présenta la sainte hostie, à la vue de laquelle il poussa d'affreux rugissements et laissa Nicole sourde, muette et aveugle. Aussitôt l'évêque, conformément à ce qu'il avait appris du religieux, apposa sur la bouche de Nicole le très-saint Sacrement, qu'elle reçut avec sa piété ordinaire. Mgr de Laon, dont la foi était ardente et éclairée, remercia Dieu de tout son cœur de ce qu'en temps si misérable, il daignait montrer à son peuple *si beau miracle du saint Sacrement*.

« Dans l'après-midi, vers deux heures, le révérend Père voulut encore recommencer nouvelle conjuration, mais le diable donna pour toute réponse qu'il ne sortirait point. Prévoyant que la totale issue tirerait à longueur, Mgr de Bours s'en retourna en sa maison épiscopale, où de pressantes affaires le rappelaient; mais avant son départ, il rafraîchit et confirma au religieux, aux deux curés de Vervins, et au maître d'école, la puissance de conjurer ce malin esprit Béelzebub. »

Le démon, se voyant donc battu et chassé à chaque instant *par la vertu de la sainte Eucharistie*, voulut au moins laisser une preuve évidente et palpable de son domaine sur Nicole, même après sa sortie. « Jouant un tour de son art, dit Boulèse, l'Esprit malin s'élança, se massa et tint son fort *en la jambe droite* premièrement, puis *au bras gauche*, où il confessa se retirer après la possession. » Nicole fut donc paralysée d'un bras et d'une jambe, jusqu'au dernier jour des conjurations, et rien ne put la débarrasser de cette infirmité. Dieu le permettant ainsi, afin de donner un jour aux nombreux spectateurs de la dernière conjuration la preuve évidente et palpable de l'entière et complète délivrance de Nicole; et ce qu'il y a de plus surprenant, c'est que ce même bras et cette même jambe paralysés deviendront, pendant tout le cours de la possession, deux instruments redoutables pour repousser et battre ceux qui oseront alors l'approcher.

CHAPITRE QUINZIÈME.

Tentative de conjuration par des ministres huguenots. — Satan les insulte et les couvre de confusion.

Le bruit de cette possession, qui durait déjà depuis deux mois, s'était répandu bien au delà du diocèse. On accourait des pays voisins pour être témoin des merveilles qu'on racontait de Nicole. Mais l'insuccès de la conjuration de l'évêque donnait lieu à toute espèce de commentaires. Les protestants surtout en triomphaient, ils prétendaient en tirer un grand avantage pour la confirmation de leurs dogmes, dit M. Dupeuty; ils se rendent donc au nombre de trois ou quatre à Vervins : — ils vont examiner la chose par eux-mêmes; la supercherie ne leur échappera pas; et s'il y a possession, ils se vantent, eux, d'être plus habiles et plus puissants que l'évêque et que tout son clergé...... Il importe de laisser parler des témoins oculaires.

« De plusieurs lieux donc et à diverses fois, les ministres des hérétiques, vulgairement appelés huguenots, qui se disent réformés, parce que, ils se sont ôtez de l'obéissance de notre sainte Église catholique, et apostolique romaine, hors de laquelle il n'y a salut, ayant pour but final de nier notre Rédempteur Jésus-Christ au saint Sacrement de l'autel, s'en vinrent à Vrevin pour conjurer Béelzébub. Devant l'arrivée desquels le religieux en était averti. Eux venus, Béelzébub commença par les nommer par noms et surnoms : « Toi, tu es le ministre Tourne-
» velles; toi, Conflant de Ribemont, qu'il appelait *com-*
» *pâté* par dérision. » Ce dernier même se faisait fort de chasser le diable par la nécromancie, s'il eût voulu en user; « mais, comme chrétien », dit-il, « je n'en veux
» rien faire ». Le démon cependant leur disait : « Je
» sais qui vous êtes, et d'où vous venez. C'est moi qui
» vous fais venir. » Lors, l'un d'eux, le ministre de Chamly, étant près de la patiente, prit un petit livre et lisait des prières et des psaumes (les psaumes de Marot). L'Esprit malin commença par lui faire la moue avec meuglement, et lui dit en riant à grosse voix : « Eh! mon
» ami, que penses-tu faire ? penses-tu que tes plaisantes

» prières et chansons me tourmentent? Non, non, je
» m'en réjouis, car j'ai aidé à les composer. » Ledit ministre répondit : « Je te ferai sortir au nom de Dieu. »

» — Non feras mie au nom du diable. Et viens çà,
» hé! un diable en chasse-t-il un autre?

» — Je ne suis pas un diable, mais le serviteur du
» Christ.

» — Oui, serviteur du Christ! tu es pis que moi,
» car je crois ce que tu ne veux pas croire. Aussi t'en
» aimai-je mieux et tous mes autres huguenots qui font si
» bien mes commandements. Penses-tu délivrer cette mé-
» chante ribaulde de moi, qui suis *dedans son corps seu-*
» *lement?* Non, non, fais chasser ceux que tu as *en ta*
» *cervelle et en ton esprit.* »

» Et beaucoup d'autres propos que le ministre eut
avec le diable, raconte ingénuement la mère de Nicole,
présente à cette scène; même quand il voulut partir, il
dit : « Je prie le Seigneur qu'il assiste à cette pauvre
» créature. »

« — Je prie Lucifer, » dit l'Esprit, « qu'il ne te laisse
» point et te tienne toujours en ses liens, comme il fait.
» Va, va, je ne ferai rien par vous, je ne délogerai point,
» parce que *je suis votre maître, et tous vous êtes des*
» *miens.* » Bref, il ne voulut jamais rien faire pour eux,
sinon que de se moquer d'eux [1]. »

[1] Nous en sommes bien fâché pour M. Douen! Cette scène est pourtant un fait historique.
Le fait suivant est raconté par Staphilus dans sa *Réponse à Jacques Schmidelin*, p. 404.

LUTHER EXORCISTE.

« Je me souviens, dit-il, d'une fille de Meissen qui était possédée du démon, et qu'on amena à Luther, à Wittenberg, en 1545, pour qu'il la guérît. Luther se sentait peu disposé d'abord à entre-

A l'arrivée du prêtre qui venait faire la conjuration à l'église, plusieurs prirent la fuite; ils en avaient assez vu et entendu. D'autres restèrent. Quel spectacle pour eux,

prendre cette œuvre. A la fin, cependant, il fit amener la jeune fille dans le chœur de l'église paroissiale, à Wittenberg, et là il commença à conjurer le démon en présence de plusieurs docteurs et savants dont je faisais partie. Mais, dans ces exorcismes, il ne suivait point les usages de l'Église catholique, mais agissait à sa manière. Le démon, loin de céder, embarrassa tellement Luther que celui-ci voulut s'échapper du chœur; mais le démon tint les portes si bien fermées qu'on ne pouvait les ouvrir ni du dedans ni du dehors. Luther voulut dans son embarras sortir par la fenêtre. Mais les grilles de fer dont elles étaient munies ne le lui permirent pas, et il se vit ainsi forcé de rester enfermé avec nous jusqu'à ce que le sacristain nous eût donné par la grille une hache avec laquelle j'ouvris moi-même la porte. Il était curieux de voir comment, pendant tout ce temps, Luther se promenait dans le chœur, pensif et inquiet. » Et l'énergumène ne fut point délivrée.

Un autre fait de ce genre s'est passé dans le nord de la Pologne.

LES MINISTRES PROTESTANTS ET LES JÉSUITES DEVANT UNE POSSÉDÉE CALVINISTE.

» En 1627 vivait à Ostroy une femme noble, qui était calviniste ainsi que tous les siens. Elle devint possédée; et quoiqu'elle ne connût que sa langue maternelle, elle répondait en latin, en allemand et en russe à toutes les questions qu'on lui faisait en ces langues; elle révélait les choses les plus secrètes, découvrait celles qui se passaient au loin et montrait une force corporelle bien supérieure à celle de son sexe. Les calvinistes tinrent conseil sur les moyens de la délivrer; mais aucun d'eux n'osant entreprendre l'affaire, on résolut unanimement de la confier aux jésuites d'Ostroy. Le recteur du collége auquel ils s'adressèrent leur demanda d'abord s'ils regardaient cette femme comme vraiment possédée. Tous lui répondirent affirmativement. Il y avait parmi eux un calviniste plus exalté que les autres, qui avait dit qu'il aimerait mieux devenir chien ou porc que papiste. Le recteur, s'adressant à lui, lui dit : « Vous traitez de superstition et de » fables les pratiques de l'Église et les exorcismes? Comment se » fait-il que vous y ayez recours? Est-ce par un motif de foi ou » de nécessité? Allez trouver vos ministres : qu'ils essayent d'a- » bord; nous viendrons après eux, et nous verrons qui sera le » plus puissant. » On lui répondit : « Quant à nos ministres, ils » ne savent point exorciser les possédés; mais si vous réussissez quand, à la vue de la sainte hostie, ils entendent l'énergumène hurler comme un démon et la voient se tordre dans d'affreuses convulsions « hideusement esgarouillée,

» à guérir cette femme, nous regarderons l'Église romaine bien
» autrement que nous ne l'avons fait jusqu'ici. »

Le recteur aspergea d'abord d'eau bénite la possédée, et plaça en secret sur elle quelques reliques des saints de son ordre. Elle se mit aussitôt à trembler, en criant que les os de saint Ignace la faisaient beaucoup souffrir. Le recteur se fit alors apporter les *institutions* de Calvin, avec quelques autres livres de la même espèce, et les donna à la malade, qui, contre l'attente des calvinistes présents, les prit avec joie et parut éprouver un grand contentement. Mais le recteur y mit en secret l'image de saint Ignace et les lui présenta ensuite une seconde fois. Elle s'enfuit aussitôt en hurlant; et forcée d'indiquer la cause de sa fureur, elle s'écria : « C'est à cause de l'image que tu as mise dans les
» livres. » Les assistants furent saisis d'étonnement; et l'un d'eux, incapable de se contenir plus longtemps, se mit à dire : « Vous
» autres papistes, vous vous entendez merveilleusement avec le
» diable, et vous faites de lui ce que vous voulez. »

» Cette manière d'interpréter la chose éveilla le zèle de l'un des pères qui étaient présents; de sorte qu'il dit aux calvinistes : « Eh bien ! je vous offre cette alternative : je demanderai à Dieu
» que, si votre doctrine est la véritable, ce démon passe en moi,
» et décharge sur moi sa fureur; mais que si, au contraire, la
» foi catholique est la vraie foi, il passe en vous et vous tourmente
» *une heure* seulement. » Un profond silence suivit cette proposition, aucun n'ayant le courage d'accepter la condition; et tous prièrent le recteur de guérir la malade, s'il le pouvait.

» Celui-ci imposa aux siens un jeûne de trois jours, des aumônes, des disciplines et d'autres bonnes œuvres. Lorsque, pendant ce temps, un des pères approchait de la malade, le démon entrait aussitôt en fureur. Quand un calviniste, au contraire, arrivait, il l'accueillait avec joie, l'appelait son ami, se moquait des jésuites, racontait comment il avait déjà mis une fois le feu à leur collège et pénétré dans leurs appartements pour leur jouer quelque mauvais tour. Au jour indiqué, la femme est amenée liée dans l'église des pères et placée devant l'autel de la sainte Vierge et de saint Ignace. Ses hurlements épouvantèrent la foule, qui était très-nombreuse et qu'un sermon du recteur toucha jusqu'aux larmes. On demanda au démon comment il était entré dans le corps de cette femme ; il répondit que c'était par *la magie*. On lui demanda ensuite comment on pouvait l'en chasser. Il répondit : « *Par la* renversée en cercle les pieds à la tête, puis tout à coup retomber comme morte, privée de tous ses sens »! En cet état les ministres s'approchent et s'efforcent, mais en vain, de lui ouvrir les yeux. « Finalement ils la virent communier, et subitement, à la réception de notre Créateur, redevenir libre en tout, hors les deux membres paralysés. Ils l'entendirent se déclarer ne sentir plus aucune douleur ni à l'âme ni au corps; mais au contraire une incroyable douceur et allégresse, se souvenant de ce que, peu auparavant, elle voyait. Et puis elle leur déclara que peu devant qu'elle reçût la sainte et sacrée hostie, elle voyait à ses yeux épouvantables éclairs, accompagnés de fumées sentant le souffre, qui de puanteur quasi l'étouffaient. Davantage que s'étaient apparus à elle hommes noirs fort hideux et horribles bêtes noires et inconnues, comme chats aussi grands que moutons, et tout cela disparaître à la réception du Sacrement. Dont très-vraiement, ils peuvent connaître que hors l'Église catholique et apostolique romaine, en laquelle le très-saint corps de Dieu est consacré, cru, adoré, et révéremment reçu, il n'y a aucun salut. »

Aussi, ajoute M. Dupeuty, de Motta ne faillit à leur tenir ce discours : « Allez, allez, maintenant, messieurs les ministres, allez publier dans vos prêches ce que vous avez vu et entendu; allez dire à vos auditeurs que la démoniaque de Vervins ne trouve sa délivrance que dans

» sainte Vierge et saint Ignace. » On commença les exorcismes, en recommandant au peuple d'aider le prêtre de ses prières. Le démon arracha violemment la femme des mains de ceux qui la tenaient, puis la jeta par terre et la laissa enfin complétement. On la conduisit alors devant le saint Sacrement, et là elle fit son abjuration. » (*Gloria posthuma S. Ignatii*, p. 2.)

l'auguste Sacrement de nos autels... Dites encore que Jésus-Christ n'est qu'*en figure* dans la sainte hostie ; ne craignez donc pas de chanter la palinodie, et de rendre partout hommage à la vérité. »

CHAPITRE SEIZIÈME.

Un nouveau démon se présente sous les traits d'un pauvre et demande à voir Nicole pour la délivrer.

Satan, à qui Dieu avait permis de posséder Nicole, ne se contentait pas de torturer sa victime ; il cherchait encore par mille ruses à surprendre la bonne foi des parents et des exorcistes. Il savait par expérience qu'une faiblesse de leur part lui eût valu quelques jours de puissance de plus sur cette pauvre créature, comme il arrivera plusieurs fois à Laon. Mais les parents et les prêtres étaient sur leurs gardes.

« Un soir donc, un étranger, sous le costume d'un pauvre paysan de l'âge de trente à quarante ans, se présente, comme envoyé par un homme habile dans l'art de guérir pareille maladie ; il demande à parler en secret au père de Nicole, lui dit qu'il a un moyen infaillible de guérison, mais qu'il faut que sa fille soit à la maison ; puis il conjure qu'on veuille bien le laisser seul avec la malade seulement pendant une heure, et à cette condition il ose assurer qu'il triomphera de cette opiniâtre maladie. Le père en réfère aussitôt au religieux et au maître d'école. Ceux-ci répondent sans balancer que cet étranger est un enchanteur, et peut-être le diable en personne qui veut les séduire ; qu'il faut bien se garder de lui confier Nicole. Pierre Obry répond donc à cet inconnu que sa fille ne sortira pas de l'église; que, s'il le désire, il peut l'aller visiter et même la veiller en compagnie des autres; puis il lui offre à souper. Le pauvre accepte et mange ce qu'on lui présente, mais on remarque qu'il ne boit point. Après le repas, il se rend à l'église, s'agenouille devant le grand autel, paraît marmoter une prière et va droit à Nicole, mais il reste caché derrière les gardes. « Approchez donc, » lui dit le religieux, « et puisque vous êtes si habile, ne faites pas le » peureux. » A peine l'énergumène l'a-t-elle aperçu qu'elle le toise d'un air inquiet et lui dit : « Ah! te voilà » Baltazo; tu es un pauvre diable aujourd'hui, comme » te voilà accoutré ! »

» — Je suis bien pauvre, il est vrai, » répond l'étranger, et plus ne se parlèrent. Vers onze heures du soir, le nouveau venu dit à maître Lourdet qui venait remplacer la Motte : « Je me suis offert à débarrasser » cette pauvre créature, pas par moi-même, il est vrai, » mais le maître qui m'a envoyé a un *démon familier* » *qui prend toute espèce de forme;* il parle à l'ordre de » son maître. Par lui, sans faute, il chassera ce cruel » Béelzébub. Voulez-vous que je lui dise de venir? Il de- » meure à Dormans-sur-Marne.

» — Celui qui userait de tels moyens, » reprit maître Guillaume, « serait bien coupable; et les parents, en » cette maladie spirituelle, ne veulent attendre leur se- » cours que de la grâce de Dieu. Vous-même n'êtes qu'un » misérable qui feriez bien de quitter aussitôt. »

» L'inconnu ne répondit pas et disparut de grand matin.

» La nuit suivante, lorsque le religieux se fut retiré,

Béelzebub, s'adressant au mari de Nicole, le gronda d'avoir chassé son compagnon Baltazo, puis ajouta : « Si
» on eût laissé seul ce gaillard auprès de Nicole, il l'eût
» emportée, et vous ne l'eussiez plus jamais vue. Vous
» avez raison d'être bien sur vos gardes, et de ne laisser
» jamais Nicole seule.

» — Mais dis donc, quel était ce corps avec lequel
» ton compagnon Baltazo nous est apparu ?

» — C'est le corps d'un pendu d'auprès d'Arlon ; il
» l'a fait manger et s'en est servi jusqu'à son départ.

» — Mais les diables ne mangent point, reprend l'un
» des gardes de Nicole.

» — De quoi te mêles-tu ? ça ne te regarde point. »
Ainsi eut-il sa réponse[1]. »

CHAPITRE DIX-SEPTIÈME.

Effets de la confession sacramentelle.

Pendant une des dernières conjurations dans l'église de Vervins, on vit l'énergumène suspendre tout à coup ses mouvements et son caquet ; elle fixe un regard curieux sur un étranger qui se présente. Celui-ci, pour voir de plus près, avait fendu la foule avec assez d'importunité, ne se doutant guère de la réception qui l'attendait : « Bonjour, Pierre ! » lui dit l'Esprit malin, avec désignation de son nom de famille et de son pays ; « tu désires me voir de tout près, eh bien, moi, je te dis que

---

[1] Voir, pour des faits analogues, le *Monde magique* du chevalier des Mousseaux, *étude sur le fantôme humain*; Delrio, Görres, etc. Pour la doctrine, saint Thomas, 1ª q. 94. 2 ad 1 et ad 3 : q. 110. 3. c. et ad 3 : et q. 114. 4. c. ad 2. où il dit : *Dæmones non possunt..... suscitare mortuos nisi in præstigio.*

tu n'es qu'un libertin, » et l'accuse d'une faute honteuse qu'il avait commise la nuit précédente; il y joint des circonstances tellement positives que l'accusé baissa la tête, tout couvert de honte et de confusion.

« Oui bien, tu as fait cela; ose dire que ce n'est pas vrai, » ajouta le démon.

Et le coupable, tout bouleversé, se retire en laissant échapper ce terrible aveu : « *Oui, c'est vrai, mais je pensais que mon crime n'était connu que de Dieu et de moi.* »

Il avait oublié cette leçon de son enfance, que Satan, lui aussi, est témoin de nos fautes, et qu'il les conserve gravées dans sa mémoire pour nous les rappeler au moment de notre mort. « Car, c'est alors que je me venge », dit-il dans une autre conjuration.

L'étranger s'empresse de se soustraire aux regards de la foule... Cette honte fit son salut. Il va à l'instant se précipiter aux pieds d'un confesseur, accuse sincèrement ses fautes et en obtient le pardon. Après sa confession, il a la simplicité de se mêler encore à la foule des spectateurs; mais, cette fois, il se tient en arrière. Le religieux, qui l'aperçoit, sachant qu'il s'était confessé, l'appelle, le présente à l'énergumène et dit :

« Tiens, regarde; connais-tu cet homme ? » L'esprit malin lève les yeux, inspecte l'étranger des pieds à la tête, puis le regarde encore à droite et à gauche.

« Eh bien, c'est Pierre, dit-il.

— Mais ne le connais-tu pas autrement ?

— Non, pas autrement. »

« Or, il n'y avait pas une heure que l'assistance l'avait ouï nommer, et son vice avec. Dont par expérience l'on connaît que le diable, comme souventes fois il l'a dit à Laon, ne se souvient plus des péchés que l'on a déclarés au prêtre au tribunal de la pénitence, autrement ne serait lié ou délié au ciel ce que le prêtre lierait ou délierait sur la terre. »

Les exorcismes, cependant, n'atteignaient pas le but si ardemment souhaité : la délivrance de Nicole. On obtenait bien des aveux importants sur le nombre, sur le nom des esprits mauvais qui torturaient Nicole ; on triomphait, il est vrai, du démon par la sainte Eucharistie, mais ce n'était que pour un moment, et même plus on le tourmentait, plus il se fortifiait contre ses adversaires. Ainsi, depuis la fête de Noël, il avait appelé à son secours « vingt-neuf démons, dont trois sont chefs de légions : *Cerberus, Astaroth* et *Legio.* »

Notre-Seigneur ne dit-il pas, en effet, que, « lorsque l'esprit impur est chassé d'un homme... il va et prend avec lui sept autres esprits plus méchants... et que l'état de cet homme devient pire que le premier » ? (Luc, ch. XI.) Nous verrons en effet, dans la suite de cette possession, qu'avant de parvenir à expulser le prince des démons, Béelzebub, qui s'était emparé de Nicole, il fallut chasser auparavant les démons inférieurs ; puis, successivement, *Legio, Cerberus, Astaroth,* et enfin Béelzebub.

Il est encore écrit, en saint Marc, ch. XVI, ♃. 9, que Jésus-Christ chassa sept démons du corps de Madeleine.

Rien de mieux prouvé que ce merveilleux dont se rit la philosophie de nos jours, mais qui, en présence des phénomènes des tables tournantes et des progrès du spiritisme, devient de plus en plus l'objet de sérieuses réflexions pour l'homme grave, et surtout pour le chrétien.

CHAPITRE DIX-HUITIÈME.
Dernières conjurations à Vervins.

D'après les aveux de l'énergumène, ce n'était point à Vervins qu'elle obtiendrait guérison.

« Si tu savais, dit Béelzebub à maître Guillaume, le lieu où je dois sortir, et les choses qu'il faut faire devant, je sortirais possible dans *douze jours, mais pas ici.* »

On conclut donc à faire reporter Nicole chez son père, et, à partir du samedi 19 janvier, les conjurations se firent à la maison.

Les gens d'église, toutefois, ne cessaient de presser le diable à répondre du lieu, du jour et de l'heure de sa sortie.

« A trois heures après midi, répondent ensemble Légio, Astaroth et Cerberus.

— Quel jour ? »

Il n'y eut pas de réponse. On les presse de parler.

« Non, non, répondent-ils, nous *n'auser dire* davantage. » A Laon, nous saurons la raison de ce silence obstiné.

On entendit alors Béelzebub maudire l'heure de son entrée dans cette pauvre créature; puis il lui frappait la tête de ses mains.

« Si Dieu permettait que je sortisse, dit-il avec un long rugissement, je ne donnerais pas tant de peine à me faire conjurer. Mais je ne sortirai pas. *Ma tâche n'est point encore accomplie.*

— Tu ne sais donc pas l'heure de ta sortie?

— Si fait, il y a six jours; et si tu me mènes à Sainte-Restitute, je m'en irai là; ou bien si tu me veux promettre de ne pas me mener à Liesse (où il prévoyait une défaite), je sortirai maintenant et ne reviendrai que dans un an, à pareil jour.

— A Dieu ne plaise que j'aie *aucun pacte* avec toi! reprend maître Guillaume; mais je veux, à l'aide de Dieu, te faire sortir présentement. »

Il le chassa, en effet, par la sainte Eucharistie, mais ce ne fut que pour un temps.

Les exorcistes, de concert avec les parents, résolurent, le 24 janvier, vers les neuf heures du soir, de mener le lendemain Nicole à Liesse, où l'on savait que le démon redoutait d'aller.

« Parce que, les nuits précédentes, le diable n'avait pas fait du mauvais, le religieux s'en alla de la maison du père, n'y laissant autres prêtres. Mais les gardes s'endormirent. Et Nicole, d'entre son père et sa mère, aussi endormis en leur lit, fut soudain enlevée et entraînée. Or, le père, éveillé par le bruit et ne trouvant sa fille au lit, sauta à bas, et chercha et retira sa fille, roide et dure et pis que morte, de dessous son lit. Dont le maître d'école hâtivement fut appelé, et soudainement s'y en alla pour lui bailler la sainte hostie. Mais Béelzebub se représentant et la possédant prévint, disant:

» — Te voilà, maître Guillaume; depuis que tu t'en
» es allé, je l'ai bien accoustrée. Je l'ai tenue sous le lit
» depuis la demie pour onze jusqu'à cest'heure (une heure
» après minuit sonnait), lui frappant la tête contre les
» pierres qui y sont. Si j'eusse peu, je l'eusse tuée. Aussi

» bien la ferai-je mourir. » — Maître Guillaume conjura, Nicole demeura muette, aveugle et sourde. La sainte hostie fut mise en sa bouche. Elle reçut sa santé comme auparavant : se plaignant toutefois du derrière de la tête qu'elle avait molle comme une pomme cuite, comme plusieurs qui l'avaient touchée nous l'ont solennellement testifié, » dit l'historien Boulèse. — Ainsi se terminèrent les exorcismes de Vervins.

Tel est le récit fidèle des scènes qui se sont passées dans cette ville. Comment M. Piette, qui a dû puiser ses renseignements dans Boulèse, que nous suivons pas à pas, jour par jour, peut-il avancer qu'à l'arrivée de l'évêque « les menaces des protestants, jusqu'alors contenues, éclatèrent ouvertement, et que *peut-être* on allait en venir aux voies de fait, *quand on jugea prudent d'éloigner Nicole pour la produire sur un autre théâtre* ».

Nicole ne quitta Vervins *que vingt jours après le départ de l'évêque,* et que lorsqu'il fut constaté, comme nous l'avons vu par les exorcismes, que Nicole n'obtiendrait pas sa délivrance dans cette ville. Pourquoi ? C'est le secret de Dieu, qui, du reste, nous sera bientôt dévoilé... Les protestants s'agitaient sans doute : cette possession était un coup de foudre qui les écrasait ; pendant près d'un mois que dureront encore les exorcismes, ils ne sortiront jamais des conjurations que *convertis* ou *forcenés*. Mais toutes leurs sublimes colères ne feront point avancer la conjuration d'un pas... Pendant qu'ils s'agitent, Dieu les mène et les force à contempler de leurs yeux les prodiges de sa droite ; et pour les convaincre en même temps d'impuissance, lui-même tiendra leurs épées comme scellées dans le fourreau, car pas une seule goutte de sang ne sera versée pendant ces longs débats. Et certes ce n'est pas à leur philanthropie qu'il faut en savoir gré!

Nous allons en juger.

LIVRE DEUXIÈME.

LIESSE-PIERREPONT, DU 22 AU 24 JANVIER 1566.

CHAPITRE PREMIER.

Départ pour Liesse. — Le guide inconnu. — Ruses du démon pour contrarier le pèlerinage. — Obstacles vaincus par le saint Sacrement. — Arrivée à Liesse.

Il y avait quatre-vingts jours, du 3 novembre au 22 janvier, que Nicole était sous la puissance du démon. Par le moyen de ce terrible agent, bien des merveilles s'étaient opérées. La foi des faibles s'était fortifiée, le courage des catholiques s'était relevé, et les hérétiques étaient profondément humiliés. A Vervins d'abord, les ministres de la réforme et leurs disciples avaient été forcés de reconnaître la vérité de la possession et le pouvoir de l'Église sur les démons, puis la présence réelle de Jésus-Christ au très-saint Sacrement et l'efficacité de la confession sacramentelle...

Maintenant il reste à leur prouver la légitimité du culte que nous rendons à l'auguste Mère de Dieu et aux saints. Eh bien, c'est le démon lui-même qui, par sa rage et sa défaite, à Liesse, au pied des autels de Marie, et à Pierrepont, devant les saintes reliques, va se charger de cette mission. Tant était vrai cet aveu forcé de Satan : « *Les vues de Dieu sont grandes dans cette possession, et l'on verra choses merveilleuses!* » En effet, plus nous avancerons, plus nous verrons le doigt de Dieu dans toutes les circonstances de ce drame si saisissant et si évidemment providentiel. Aussi, saint Pie V, après avoir entendu le rapport de ces prodiges, s'est-il écrié : « Grâces immortelles soient rendues à Dieu, qui a daigné faire éclater ses merveilles dans une province si cruellement déchirée par l'hérésie[1] ! »

Catholiques, laissons donc de côté et le scepticisme des prétendus esprits forts qui rient de tout, et la noble indignation de M. le ministre protestant, qui s'écrie : « On ne peut s'empêcher d'être saisi de dégoût et de pitié à mesure qu'on étudie cette farce de haut goût dans laquelle figurent, à chaque instant, les expressions les plus immondes ! »

Continuons.

Le lendemain donc, mardi 22 janvier 1566, fête de *Monsieur saint Vincent*, on vit sortir de Vervins, vers les neuf heures du matin, une voiture recouverte d'un drap, tirée par trois forts chevaux, *qui partirent à grand'peine*. On espérait arriver au gîte à Notre-Dame de Liesse, « lieu ainsi appelé à cause d'un grand miracle[2], et de l'effet qu'en reçoivent les catholiques y priant dévotement et honorant la très-sainte et très-glorieuse Vierge Marie, Mère de Dieu. »

A l'intérieur de la charrette, on apercevait, la tête appuyée sur des oreillers, une femme malade, dont la jeunesse, la douceur et les grâces inspiraient à la foule

[1] Voir son bref, à la fin.

[2] La translation miraculeuse d'*Ismérie*, des trois chevaliers et de la sainte image, des bords du Nil sur les terres de Marchais. Voir l'*Histoire de Notre-Dame de Liesse* par les abbés Duployé, chez Duployé, à Liesse.

intérêt et commisération : « Bon voyage, prompt retour et parfaite guérison! » criait-on de toutes parts. Près d'elle était sa pauvre mère, pleurant et sanglotant. La foule, pour la consoler, lui redisait aussi : « Courage et confiance! Elle est si bonne, *la belle Dame!* elle aura pitié d'une mère désolée! » Et tous la quittaient le visage inondé de larmes.

A côté du char marchaient le mari de la jeune femme, son oncle et le charretier. Puis, un peu en avant, deux vénérables ecclésiastiques, frère de la Motte et maître Guillaume Lourdet. Avant le départ, ils s'étaient munis de ce qui leur était nécessaire pour secourir la patiente pendant ce voyage, c'est-à-dire que, « révéremment, ils allèrent prindre en l'église, en un corporallier fourny de son estuy (un corporal renfermé dans une bourse), plusieurs hosties consacrées qu'ils emportèrent avec eux ».

Écoutez maintenant ce qui leur advint dans le chemin :

« Or, après qu'ils furent partis, ils ne cheminèrent guère qu'ils ne furent attrapez d'un jeune fils (si par ses bons effets il n'est connu autre), de l'âge comme de seize à dix-huit ans, vêtu de drap blanc et un petit chapeau noir sur la tête, qui, interrogé par le religieux, répondit venir de Vrevin, de chercher maître; qu'il était d'auprès de Cressy-sur-Ser (ce que le religieux entendit être de la partie d'occident), qu'il voulait aller à Liesse, où il avait été le jour de devant, et qu'il en savait bien le chemin, et qu'il y voulait aller avec la compagnie pourvu qu'il ne déplût, encore que ce ne fût son chemin (c'était en effet un détour d'environ huit lieues), pour aller ensuite à Laon, où de Liesse il délibérait aller. Le religieux, voyant ce jeune homme gracieux dans ses paroles et son maintien, lui dit : « Allons donc » de par Dieu, et à Liesse je vous baillerai lettres pour » porter à M. le chanoine Boileau, vicaire de M. de » Foigny, grand archidiacre de Laon. » Ce jeune fils répondit qu'il le voulait bien. De Motta lui fit donner ses dépens. Ainsi cheminèrent-ils ensemble. »

Cette rencontre fut regardée avec raison comme providentielle ; car alors les chemins étaient impraticables, et l'entrée de Liesse, pays marécageux, était, en hiver, littéralement inabordable. De plus, il était facile de prévoir qu'ayant près de huit lieues à faire, on n'arriverait que fort tard au but du voyage.

On cheminait donc lentement et difficilement, et, par surcroît d'infortune, on voyait tout à coup le char s'arrêter et les chevaux effrayés refuser d'avancer, « bien qu'ils fussent contraints par le fouet de tirer de toutes leurs forces ; cependant ils allaient peu, encore qu'ils en suassent ». Qui donc entravait ainsi la marche ? Qui brisait tout à coup les forces de l'attelage et rendait les chevaux rétifs ? C'était le génie du mal qui torturait Nicole ; ne pouvant plus empêcher ce pèlerinage qu'il redoutait tant, il voulait au moins le traverser par mille obstacles.

Que se passait-il cependant à l'intérieur de la voiture ? Plusieurs fois pendant la route la malade avait éprouvé d'indicibles douleurs et s'était débattue dans d'atroces convulsions ; puis elle était retombée sans mouvement dans les bras de sa pauvre mère. Ce n'était point seulement une espèce de cadavre qui gisait là horriblement défiguré, c'était une statue de marbre avec son froid glacial, sa roideur, son insensibilité et son poids énorme.

Toute la caravane était alors forcée de faire halte. On se mettait à genoux, on priait. Aussitôt maître Lourdet se revêtait, en plein champ, d'un surplis et d'une étole, montait dans la voiture, s'agenouillait auprès de la malade, lui donnait l'*absolution sacramentelle*, pendant que l'un des assistants récitait le *Confiteor* et l'antienne *Ave, salus mundi*; puis il déposait sur ses lèvres glacées la sainte Eucharistie. A l'instant toute douleur disparaissait, tout obstacle était levé. Les chevaux marchaient, et les pèlerins, la prière sur les lèvres, se hâtaient de doubler le pas.

« Il est encore à remarquer, dit le vieil historien, que ceux qui entraient en la charrette pour demeurer avec Nicole se trouvaient tous malades à la tête et au cœur. Et quand quelqu'un en était contraint (avec révérence) de vomir, la démoniacle, pour se moquer, en vomissait davantage. Tellement qu'il n'y eut que la mère qui y restât le plus. Une fois encore que la charrette était arrêtée en l'eau, et que pour battre les chevaux ils ne tiraient, elle dit à Béelzebub : « *Eh bien, à tout le* » *moins, laisse-nous aller.* » Soudain à cette parole les chevaux tirèrent, et s'en alla la charrette : tant est puissante la prière d'une bonne mère ! Parfois encore, en la charrette, le diable faisait aussi grand bruit, comme s'il eût tonné : tellement qu'on entendit bien distinctement deux coups, comme de tonnerre. »

Enfin, l'on arrive à Pierrepont. Il restait encore près de deux lieues à faire, et la nuit approchait; de plus un épais brouillard enveloppait toute la plaine. N'y avait-il pas danger de s'aventurer plus loin? Les uns étaient d'avis de s'arrêter là et d'aller de ce pas déposer la malade devant les saintes reliques qu'on vénérait dans l'église de ce bourg.

Mais M. de Motta fit comprendre qu'il fallait passer outre, et aller droit à Liesse rendre hommage d'abord à Marie, Mère de Dieu, reine des anges et des saints, et qu'ensuite on pourrait revenir pour honorer les reliques des saints qui ne sont que les serviteurs de Dieu. « Cette raison nous a dite le religieux, et il fut aussitôt obéi. »

« Entre Pierrepont et Liesse, la nuit obscure surprint de telle sorte, que le chartier, arrivant auprès de Liesse, ne savait, en temps si troublé d'un épais brouillard et si avant dans la nuit, quel chemin tenir en lieu tant marécageux et couvert d'eaux. Lors le jeune fils duquel nous avons parlé, contre l'avis et jugement de ceux qui pensaient aller bien loin chercher un bon chemin pour la charrette, montra au chartier, monté sur le premier des trois chevaux, un chemin fort long, mais sûr au travers des eaux. Pour lui, il se mit devant les gens de pied, lesquels il avertit de se prendre les mains, et de le suivre en mettant les pieds où il mettrait les siens. Et ainsi tenant la main du premier d'après soi, passant d'un fossé à l'autre, leur enseignant les planches et endroits par lesquels il fallait nécessairement passer même en plein jour. Ainsi, par la grâce de Dieu et la guide de ce jeune fils, les gens de pied et la charrette (sans que les chevaux en l'eau perdissent leur train ou fissent aucunes mines) miraculeusement se trouvèrent sur l'étroit pavé, dressé entre profondes fondrières, d'où il serait humainement impossible de se tirer si la charrette y eût versé en plein jour, même quand il n'y aurait point eu surcroît d'eaux, ainsi qu'elles étaient étendues lors comme une mer. A l'entrée de Liesse, le premier cheval commença à faire mines, reculant, allant d'un côté et d'autre, jusqu'à ce que le chartier le print par la bride. Ainsi donc, par la grâce de Dieu, les gens de pied et la charrette, délivrés des périls des eaux desquels Béelzebub les avait menacés, entrèrent en *double liesse* (double joie), environ cinq ou six heures du soir, Nicole ayant reçu notre Créateur cinq fois ce jour-là, et allèrent loger en l'hôtellerie où pendait l'image *Saint Martin*. »

CHAPITRE DEUXIÈME.

Visite du religieux au trésorier de la chapelle. — Exorciste laïque puni de sa témérité. — Première conjuration à l'église. — Vingt-six démons sont chassés.

Comme il était tard, on ne présenta point ce jour-là la malade devant la sainte image. Le bon religieux cependant se fit ouvrir les portes de l'église pour y vaquer à la prière. Après avoir passé plusieurs heures au pied des autels, il alla saluer M. le trésorier, c'est le nom qu'on donnait alors au prêtre qui desservait le sanctuaire de Notre-Dame de Liesse. « Je vous amène bonne et belle compagnie, lui dit-il avec gaieté; c'est une charretée de diables : j'en ai jusqu'à trente dans ma voiture; vous plaît-il venir les voir dès aujourd'hui ? — Il est trop tard pour semblable visite, répond en souriant le trésorier.

— A demain donc, » dit le religieux; et l'on se sépare.

La nuit, comme Augustin du Moustier, oncle de Nicole, était seul de garde auprès de la malade, il lui prit envie, sans doute pour charmer les loisirs de la veille, de se divertir aux dépens de son ennemi. Il n'ignorait pourtant pas, l'imprudent, à quel esprit rusé il avait affaire. Il revêt donc la soutane de maître Lourdet; puis, le livre des exorcismes d'une main, un buis trempé d'eau bénite de l'autre, il s'avance vers le lit où dormait paisiblement la pauvre Nicole, et dit en plaisantant : *Et toi, viens çà, je te conjurerai.* Il avait à peine achevé ces mots que l'énergumène saute du lit avec la rapidité de l'éclair, tombe sur les épaules du nouvel exorciste, et *dru et menu* lui frappe la tête contre le mur, contre le buffet, contre les siéges. Il y serait mort, s'il n'eût rejeté bien vite, en fuyant à toutes jambes, la malencontreuse soutane.

« Ah ! tu ne sais donc pas comment j'ai accoustré autrefois ces Juifs qui voulurent m'exorciser au nom du Dieu que Paul prêchait ! » lui cria le démon [1].

Le lendemain mercredi, dès le matin, tout le pays et les villages d'alentour savaient quel hôte on avait logé à l'hôtel Saint-Martin. On accourut donc de toutes parts. Vers neuf heures, les cloches sonnent à grande volée et invitent le peuple à une cérémonie extraordinaire. L'église était comble. On commença par une procession générale; puis le trésorier chanta une messe solennelle.

---

[1] Voici ce trait, *Actes des Apôtres*, ch. xix :

« Quelques-uns des exorcistes juifs qui parcouraient le pays tentèrent d'invoquer le nom du Seigneur Jésus sur ceux qui avaient des esprits immondes, disant: « Je te conjure par Jésus que prêche » Paul. » Mais l'esprit pervers leur répondit: « Je connais Jésus, et » je sais qui est Paul; mais vous, qui êtes-vous ? » Et l'homme en qui était ce démon furieux se jeta sur deux d'entre eux, et s'en étant rendu maître, il les maltraita de telle sorte qu'ils s'enfuirent de cette maison dépouillés et blessés. »

A l'offertoire, le religieux monte en chaire pour recommander aux fidèles l'infortunée Nicole. « Il émeut le peuple à grand'dévotion à prier la Mère de Dieu, advocate de nous, pauvres humains, afin qu'elle obtienne de son cher Fils la délivrance de cette pauvre créature, puis fit sermon sur *Libera nos a malo*.

» Après la prédication, et pendant que la messe se parachevait, il envoya chercher la démoniacle et la fit placer devant l'image de *la belle Dame*, et, après la messe, étroitement conjura. »

Quel étrange spectacle! mais aussi quelle confiance sans bornes dans la puissance, dans la bonté de Marie! Une pauvre mère affligée, comme autrefois la Chananéenne, sort de son pays, vient tout en larmes dire à l'auguste Mère de Dieu : « O clémente Dame, vous qui avez pitié de tout le monde, ayez pitié de moi! car ma fille est cruellement tourmentée par le démon. » Elle pouvait ajouter aussi : Je l'ai présentée à vos prêtres, ils n'ont pu la guérir; oh! de grâce, ayez pitié de moi! La foi de cette femme est grande; elle sera exaucée, n'en doutons pas.

Le religieux commence aussitôt les exorcismes; il lit le premier chapitre des quatre Évangiles, puis il adresse à l'esprit malin cette première question :

« Quel est ton nom?

— Béelzebub.

— Combien êtes-vous au corps de cette créature?

— Trente. »

Le prêtre alors lui jette de l'eau bénite, sur laquelle le démon crache de dépit; puis l'exorciste le force à baiser la vraie croix : Satan se tord de désespoir.

« Je te commande, comme ministre du Dieu vivant, de sortir, toi et tes adhérents, du corps de cette femme; il y a assez longtemps que tu la tourmentes.

— Non; pour moi, je ne sortirai point; mais il en sortira vingt-six de ma compagnie. »

Alors, le prêtre prend sur l'autel la sainte Eucharistie et dit en la lui montrant : « Je te commande, de par le Dieu vivant, le grand Emmanuel (c'est-à-dire *le Dieu avec nous* dans l'Eucharistie), que tu vois et que tu crois...

— Oui, répond Satan, *je le crois.* » Cette confession si terrible à l'enfer lui arrache un cri de rage.

« Eh bien, je te commande, en son nom, que tous vous sortiez à l'instant du corps de cette créature. » En prononçant ces mots, l'exorciste approchait de tout près la sainte hostie de la face de l'énergumène.

« Alors il se faisait de terribles assauts à la pauvre créature, comme tous le voyaient. C'est ainsi que le religieux me les expliqua, dit l'historien Boulèse : « Devant
» la sainte hostie, la pauvre créature était réduite en
» cercle : les doigts des pieds touchaient presque à la tête.
» Le corps était enflé à faire peur; la face grosse à mer-
» veille, quelquefois large, quelquefois longue, d'un
» rouge écarlate. Les yeux tantôt enfoncés, tantôt sor-
» tant comme grosses noix, et de diverses couleurs;
» la langue noire, quelquefois rouge, quelquefois tache-
» tée comme le ventre d'un crapaud, et toujours tirée
» jusqu'au menton ; quelquefois racornie comme une
» gouttière; et notez que jamais elle ne parlait que la
» langue ne fût hors de la bouche de demi-pied. Ce qui
» prouvait que ce n'était point Nicole qui parlait, mais
» le démon en elle. »

Cependant l'exorciste ne cesse de presser son ennemi avec la sainte hostie, en répétant avec foi et énergie : « Esprit maudit, je te commande de sortir de cette créature au nom et par la présence de Jésus-Christ, que voici au saint Sacrement. »

— Oui, répond Satan vaincu, il en sortira *présentement, en ce lieu*, jusqu'à vingt-six, car ils y sont contraints ; mais les autres resteront, et moi avec eux. »

« Par qui contraints ? Il ne le dira pas ; ce serait pour lui un supplice trop cruel que de confesser publiquement la puissance de la Vierge Marie. Il ne veut pas même entendre prononcer son nom[1]. A Laon, l'évêque ne pourra lui faire prononcer le nom de *Liesse*, « parce que, dira-t-il, ce pays n'est pas ma *liesse* (ma joie). »

Cependant on chantait des hymnes et des cantiques ; le peuple, de son côté, redoublait de dévotion à la vue des tortures qu'endurait Nicole. Tout à coup on entend un long craquement, comme si l'on eût brisé tous les os de la patiente ; puis un cri semblable au beuglement d'un taureau en furie ; puis une vapeur infecte s'échappe de la bouche de l'énergumène. Vingt-six démons venaient de céder la victoire à l'auguste Mère de Dieu dans son sanctuaire béni.

Est-il étonnant que Satan ait opposé tant d'obstacles à ce pieux pèlerinage ?

Le culte de Marie venait d'être vengé sous les yeux des catholiques des grossières injures des hérétiques.

---

[1] Dans une autre conjuration, des exorcistes s'entretenaient ensemble de la sainte Vierge en présence d'un possédé : « Taisez-vous, chiens, leur crie le démon ; ne parlez pas de cette femme. Pourquoi nous tourmentez-vous ainsi ? » (Görres.)

L'énergumène, cependant, était retombée sur le pavé, immobile, aveugle, sourde et muette. Pour la tirer de cet état un second miracle allait encore s'opérer. De Motta prend la sainte hostie, la dépose sur les lèvres de Nicole, qui recouvre à l'instant l'ouïe, la parole, le mouvement et la vue.

Après sa communion, la malade ravit tous les assistants par sa piété, et surtout par le reflet céleste qui illuminait toujours sa figure angélique après la réception de la divine Eucharistie. Toutefois, elle était si faible, après les tortures qu'elle venait d'éprouver, qu'elle fut plus d'une heure sans presque pouvoir prononcer une parole. On la reporte donc à l'hôtel, et l'on se hâte de la placer sur un lit.

Le peuple, à la vue de ce double prodige, éclate en actions de grâces, et se retire en répétant, comme autrefois les témoins des miracles du Sauveur : « *Oui, en vérité, aujourd'hui nous avons vu des choses merveilleuses!* » (Luc, ch. v.)

CHAPITRE TROISIÈME.

Dîner à l'hôtel. — Le démon veut étouffer Nicole. — Vision pendant l'extase diabolique. — Interrogatoire de Nicole par le trésorier.

Vers midi, le religieux invita M. le trésorier, au nom de la mère de Nicole, à venir partager à l'hôtel le dîner de la famille.

En attendant que la malade pût prendre son repas, on avait la délicatesse de mettre de côté pour elle les viandes les plus légères. Pendant le dîner, on s'entretint des merveilles qui venaient de s'opérer dans le pieux sanctuaire. Tout à coup on entend des plaintes, des soupirs sortir de la chambre voisine. Nicole était encore une fois aux prises avec ses terribles adversaires. N'oublions pas qu'ils sont restés quatre. On vole à son secours; on la trouve baignée de sueur et la tête enfoncée sous l'oreiller. Elle étouffait, si l'on ne se fût hâté de la délivrer par le moyen de la sainte Eucharistie.

Quand la malade put s'exprimer, on lui demanda raison de cette nouvelle et subite attaque.

« Oh! quels horribles fantômes viennent de m'apparaître, dit-elle. J'ai vu, aux quatre coins de mon lit, quatre hommes noirs, à pattes velues, dans l'une desquelles étaient *cent beaux écus*, qu'ils faisaient sonner bien fort. « Veux-tu, veux-tu? me dit une voix; tout
» cet argent sera à toi, si tu veux me promettre de ne
» point aller demain où je sais qu'on doit te mener.

» — Non, non ferai! m'écriai-je. Je ne veux pas de
» ton argent, et jamais je n'aurai de pacte avec toi.

» — Eh bien, je t'étoufferai, méchante vilaine! »

» A l'instant, il m'enfonça la tête sous l'oreiller. »

C'étaient tous les jours mêmes combats et mêmes victoires; car Nicole n'accorda jamais rien à son ennemi, dès qu'elle sut que cet ennemi était le démon. Quel long martyre! Puis Nicole demanda en quel lieu on devait la conduire le lendemain, car elle l'ignorait. C'était à Pierrepont d'abord, pour y vénérer les saintes reliques; puis à Laon, où Béelzebub, prince des démons, savait qu'il serait forcé d'essuyer une entière défaite.

Enfin, Nicole put boire et manger; pendant son repas, elle s'entretint fort joyeusement avec la compagnie. Le trésorier, mettant à profit ce moment de calme, lui demanda si elle voulait répondre à ses questions.

« Volontiers, répond-elle.

— Or, bien; dites-moi, en votre jeunesse, ou depuis, n'avez-vous jamais donné votre corps ou votre âme au démon?

— Oh! jamais telles paroles ne sont sorties de ma bouche.

— N'avez-vous point parlé aux Égyptiens (c'est-à-dire aux sorciers)?

— Si, une fois; j'ai demandé à une magicienne ma bonne aventure.

— Que vous a dit cette femme?

— Que j'étais ensorcelée, et me montra du doigt l'homme qui m'avait fait cela. Pendant ce temps, ladite Égyptienne me print huit sous dedans ma bourse; mais, à la clameur que je fis, elle m'en rendit quatre. Depuis, j'ai été bien marrie de cette faute; mais elle était commise. »

Là-dessus, ledit trésorier s'en retourna en l'église.

« Après le repas, le jeune fils qui avait si bien guidé le soir passé fit ressouvenir et même importuna gracieusement le religieux pour écrire ses lettres, comme il avait dit sur le chemin. Lesquelles il prit avec dix-huit deniers, et volontiers les porta à Laon audit chanoine Boileau, pour l'avertir que la patiente était à Liesse, et que le religieux et elle étaient en danger de leur vie, comme ils connaissaient par le rapport des menaces des huguenots. Boileau communiqua ces lettres à révérend père en Dieu frère Geoffroy de Billy, abbé de Saint-Vincent de Laon. Ainsi donc, ce jeune fils s'en alla à la bonne heure, remit les lettres à leur adresse, et l'on n'entendit plus jamais parler de lui. Toutes les recherches faites dans la suite pour le découvrir furent inutiles. »

CHAPITRE QUATRIÈME.

Conjuration de l'après-midi. — Preuves de la sortie des vingt-six démons. — Colloque avec des protestants.

Vers deux heures de l'après-midi, on reporta Nicole à l'église. Après les exorcismes, le religieux dit : « Ce matin, combien de démons sont sortis du corps de cette créature ?

— Vingt-six.

— Où sont-ils allés ?

— A Genève, où je les ai envoyés. »

(De ce nombre était Baltazo, qui s'est présenté à Vervins sous la forme d'un pauvre voyageur, promettant de délivrer Nicole au moyen de sortilèges.)

« Il faut maintenant que toi et tes adhérents vous sortiez ici, comme les autres.

— Non ferai, *aga,* pour ty (je ne le ferai, *ma foi, point,* pour toi ni par toi). Je ne sortirai pas ici; mais, si tu veux me mener à Sainte-Restitue, nous sortirons là. »

C'était une nouvelle ruse pour retarder la délivrance de Nicole.

« Qu'il te suffise, ajoute-t-il, d'en avoir chassé vingt-six. Il en faut aussi pour l'évêque de Laon.

— Tu dis qu'il en est sorti vingt-six ?

— Oui-da.

— Quel signe donneras-tu de leur sortie ?

— Pour témoignage, que l'on regarde au petit jardin du trésorier, qui est devant le portail [1], car ils ont prins et emporté deux houppes d'un verd-mai (deux branches d'un petit sapin) et trois écailles aux trois côtés de dessus l'église.

» Ce qui a été trouvé vrai, comme l'ont vu M. l'abbé de Saint-Vincent, M. de Velles, maître Robert de May, chanoine de l'église Notre-Dame de Laon, et autres [2].

» L'exorciste pressait toujours vivement le démon; mais lui toujours se défendit fort et ferme, disant qu'il ne sortirait pas. Ce voyant, on reporte Nicole au logis, où il sortit sans conjuration, après qu'on eut donné la sainte hostie à la patiente. »

« A quatre heures, on sonne les vêpres, *selon la coutume*. On tire Nicole de la chambre pour la conduire à l'église. En descendant les escaliers, elle se mit à jaser et dit qu'il y avait à côté d'elle, enfermés dans une chambre, trois Flamands huguenots, serviteurs à M. le vicomte d'Archiponsart, qui venait d'épouser la fille du seigneur de Coucy-les-Eppes; elle leur adressa la parole en flamand; mais ceux-ci ne voulurent point répondre, et suivirent l'énergumène à l'église. Au moment des exorcismes, ils s'approchent, comme la foule, près de

---

[1] A cette époque il n'y avait donc point de maisons en face du portail.

[2] De Motta et Lourdet notent ce qui s'ensuit :

DE MOTTA. — Nul n'avait la clef de ce petit jardin que le trésorier : en iceluy y avait cinq ou six petits sapins de la hauteur de trois pieds environ. Les branches emportées estaient de demi-pied de long.

LOURDET. — Des trois ardoises enlevées de dessus l'église, l'une estait du côté de la halle au midi (aujourd'hui place de l'Hôtel-de-Ville), la seconde de l'autre côté au septentrion ; la troisième derrière le chœur à l'orient.

Nicole, essayent de lui parler en flamand; celle-ci leur répond en français qu'elle n'en fera rien, parce qu'ils n'ont point voulu lui répondre lorsqu'elle-même leur a parlé leur langue en descendant les escaliers. De quoi tous les assistants furent fort émerveillés. Ces huguenots cependant continuent d'interroger Nicole, car on laissait approcher tout le monde. Celle-ci les regarde à son tour d'un œil courroucé et dit à l'un d'eux : « A qui parles-tu? Je ne suis point sujet à ty; mais, toi, tu es sujet à my. » L'autre veut continuer. « Encore une fois, à qui parles-tu? où as-tu vu que le varlet peut forcer son maître à parler. Eh bien, moi, je suis ton maître... Je te connais bien, tu es huguenot. »

Un autre huguenot, désirant arracher à l'énergumène quelque réponse positive, lui dit, comme pour l'agacer :

« Viens çà. Hé! dis-moi donc : la messe est-elle bonne?

— Nenni, fit le démon en secouant la tête.

— Tu en as donc menti; car si elle n'était pas bonne tu dirais oui. Et plus ne voulut leur répondre. »

L'exorciste alors présenta au démon la vraie croix et le *Corpus Domini* (la sainte Eucharistie); mais Satan répondit en grimaçant : « Ne suffit-il pas d'en avoir fait sortir ici vingt-six? Quand tu serais ici jusqu'à minuit, voire cent ans, je ne sortirais point par ty, va!

— Par qui donc, reprit vivement de Motta, en sortiras-tu?

— Je sortirai par l'évêque de Laon. » Puis, se tournant vers le seigneur de Velles, il lui dit : « Te voilà, Louis Courtier, monsieur de Velles, et de Vellot (cedit demeure à Châlons, et a acheté Velles, près de Liesse, où il demeure quelquefois huit ou quinze jours); tu es veuf, ajoute-t-il, et cependant tu loges chez une veuve. » — On ne pouvait plus clairement suspecter sa moralité. — Si vous étiez tous deux huguenots, vous feriez la charité. » — Blâmer et approuver, dire vrai, dire faux, peu importe à l'esprit de mensonge, pourvu qu'il induise en erreur.

Peu après, il dit à l'un des gardes de Nicole : « Te voilà, Jean Cordier ? N'aurai-je pas ta tête, devant que je parte de cette ville ?

— Non, répond-il, car je suis catholique et homme de bien. » Satan n'eut rien à répliquer.

Au trésorier, il dit : « Ta mère ne te bat-elle plus ?

— Mais non; est-ce qu'elle eut jamais coutume de me battre ? » — C'était une nouvelle calomnie, aussi ne répondit-il pas.

— Tiens, elle est en sa chambre, ta mère.

— Mais non, je pense qu'elle est descendue pour ouïr vêpres.

— Je te dis que non, qu'elle est en sa chambre. » — Ce qui était vrai : il était alors six heures.

« A plusieurs, il dit choses secrètes qu'ils confessent aussi être vraies : partout il divulguait les secrets des consciences. »

CHAPITRE CINQUIÈME.

L'esprit malin arrête l'horloge de l'église. — La messe.

Le jeudi, vers six heures du matin, de Motta vint à l'église pour se disposer à célébrer la sainte messe. Pendant qu'il se prépare, on apporte Nicole devant la sainte image. A peine déposée sur le pavé du sanctuaire, l'énergumène, à la vue de de Motta et du trésorier qui se parlent à l'oreille, se met à dire : « Aga, aga, tous les diables, les voilà qui se confessent! » C'était faux; ils se racontaient l'événement de la nuit. La veille au soir, en se quittant, le religieux avait prié le trésorier de tenir les portes de l'église ouvertes dès cinq heures du matin, afin d'y faire ses prières. Cet avis avait été donné, par révérence, à voix basse, non devant l'énergumène, mais à l'écart, près de l'autel, et cependant le démon avait surpris leur secret. Pour contrarier au moins ce pieux dessein, il arrêta vers trois heures du matin, le mouvement de l'horloge. En sorte que les portes de l'église ne furent ouvertes qu'à six heures. C'est cette histoire que racontait le trésorier :

« Je sais, dit de Motta, c'est une ruse de notre ennemi qui n'aime pas la prière. Voici comme il m'en informa lui-même cette nuit : « Voilà, me dit-il, vers
» quatre heures du matin, le trésorier bien empêché; il
» demande à sa mère et à son neveu quelle heure il est?
» Ils répondent qu'ils n'en savent rien. Ledit trésorier
» dit à sa mère : J'ai bien ouï trois heures, mais je n'ai
» point ouï quatre heures. Comment ouïraient-ils l'heure,
» ajoute-t-il en ricanant, puisque j'ai fait cesser l'hor-
» loge dudit Liesse. »

» Comme le démon continuait à jaser, et qu'il était temps de commencer la messe, de Motta lui imposa silence, et lui dit : « Je te commande par le Dieu vivant
» de me donner silence jusqu'à ce que le divin service
» soit fait et accompli : *Cede Deo, da honorem Deo.* »

Et depuis ne sonna mot, sinon, quand le prêtre eut dit *Kyrie eleison, Christe eleison,* et le reste. Car alors, Simon Hubert, fils de défunt Florentin Hubert, en son vivant hôte de l'Ange, au bourg de Liesse, étant aux pieds de Nicole, répondit : *Christe eleison,* comme le peuple a coutume de faire à Paris et en plusieurs lieux. Le malin esprit lui dit : « Tu es un beau aideur à dire » messe! ne sont-ils pas dits ces *Kyrie?* » Et laissa achever le service divin.

» Après la messe le religieux voulut encore tenter une conjuration, mais le démon répondit qu'il n'en sortirait plus en cette ville. « Contente-toi d'en avoir fait » sortir vingt-six ici, c'est bien assez d'honneur à la » Dame de ce lieu. » On reporta donc la démoniaque au logis. ».

CHAPITRE SIXIÈME.

Départ pour Pierrepont. — Incidents du voyage. — L'abbé de Saint-Vincent et d'autres personnes vérifient les preuves de la sortie des démons. — Conjuration à Pierrepont. — *Legio* est chassé. — Complot des protestants. — Départ pour Laon.

Ce jour même, 24 janvier, après que tous eurent pris leur réfection, excepté le religieux, qui, pendant tout le temps des conjurations, gardait un jeûne rigoureux, on partit pour Pierrepont, où le mardi précédent on n'avait pas cru devoir s'arrêter, « parce qu'en maladie si étrange, avait dit de Motta, il convenait d'implorer d'abord le secours de la Mère de Dieu. » L'issue de la conjuration fit bien voir que telle était aussi la volonté du ciel. C'est encore par inspiration divine que les pieux pèlerins vont déposer leur malade devant les saintes reliques qu'on vénère dans cette église. Une nouvelle faveur va être la récompense de leur foi.

Le modeste cortége reprit avec confiance la route que leur avait indiquée, au milieu des eaux, leur mystérieux conducteur. Pour de Motta, il marche à pied, tenant son habit blanc relevé sous un petit manteau de serge noire; il avait sur la tête un chapeau noir, en tout semblable à celui du jeune fils de la veille; il était accompagné d'une foule de gens de village qui désiraient l'escorter jusqu'à Pierrepont. Tout à coup on voit accourir à bride abattue deux cavaliers qui jettent sur eux, en passant, un regard sinistre, puis se hâtent de rejoindre la charrette qu'environne également une multitude de paysans. « Qu'est-ce donc que cette femme? » demande l'un des cavaliers. « Messieurs, » répond maître Lourdet, « vous le verrez à Pierrepont. » Sans attendre d'autre réponse, ils continuent leur route.

Sur ces entrefaites, arrive à Notre-Dame de Liesse l'abbé de Saint-Vincent, accompagné de plusieurs chanoines et de ses gens montés sur huit ou dix chevaux, « tous bien équipez pour revancher la querelle de Dieu et défendre les innocents »; mais le convoi était déjà loin. L'abbé envoie promptement son laquais informer le religieux de son arrivée. Celui-ci rejoint le cortége à son entrée dans le cimetière, communique aussitôt les ordres de son maître, reçoit les avis de de Motta et revient en toute hâte à Liesse. Les moments étaient précieux en effet; car, des huguenots accourus de divers pays avaient formé le complot de tuer Nicole et le père de la Motte, à Pierrepont même, et de mettre fin par là à ce qu'ils appelaient la *comédie des papistes*.

Mais Dieu évidemment veillait sur sa servante et sur ses fidèles serviteurs.

Cependant l'abbé de Saint-Vincent et ses compagnons ne voulurent point quitter Liesse sans avoir vérifié par eux-mêmes les signes de la sortie des vingt-six démons. Ils visitèrent donc les petits sapins, et les trous faits à la toiture, ainsi que les trois ardoises qui étaient restées intactes après leur chute. Nul doute qu'on n'ait élevé dans l'église quelque monument commémoratif de ce fait extraordinaire. Mais deux ans après, les hordes protestantes, sous la conduite de François de Hangest, seigneur de Genlis[1], pillèrent le bourg de Liesse et brûlèrent l'église. On ne put sauver de l'incendie que la *statue miraculeuse*. La toiture et le clocher furent réduits en cendre. Ces désastres n'empêchèrent point le souvenir de la délivrance de Nicole, avec toutes ses circonstances, de se conserver jusqu'à nos jours.

De Motta cependant, le front humblement prosterné contre terre devant les saintes reliques, attendait Nicole.

A peine est-elle arrivée, qu'on la porte à l'église; le démon s'oppose en vain à son entrée. On la place devant l'autel, et le religieux commence aussitôt la conjuration : l'esprit malin se débat et pousse d'affreuses clameurs au contact des saintes reliques. Il recule, il s'élance en l'air, mais le religieux le poursuit vigoureusement et avec les saintes reliques et avec le précieux corps du Sauveur. Enfin, Satan vaincu jette un cri

[1] Colliette, dans son *Histoire du Vermandois*, dit qu'en punition de ses forfaits, Genlis *mourut enragé* un an après. M. Douen avoue qu'il succomba à *une attaque de fièvre maligne* le 14 février 1569.

POSSESSION ET DÉLIVRANCE.

effroyable, laisse échapper un profond soupir, accompagné d'une noire vapeur, et brise en s'échappant quelques ardoises du clocher, « qui de cest'heure là furent cogneües y défaillir ». C'est la preuve de sa sortie. Il est à remarquer que dans toutes les possessions le démon est forcé de donner à l'exorciste une preuve évidente et matérielle de sa défaite.

Pour la seconde conjuration, le religieux fit descendre l'une des châsses, mais Béelzébub répondit qu'il n'en sortirait plus là. « Il en faut, » répète-t-il encore avec dépit, « pour ton évêque de Laon. » C'était indiquer la marche à suivre. On reporta donc Nicole à l'hôtellerie.

Le diable qui sortit à Pierrepont, au dire de Béelzébub, s'appelait *Legio*. C'est le même que Jésus-Christ chassa du corps d'un possédé et qu'il envoya dans un troupeau de pourceaux [1].

---

[1] Voici ce passage dans saint Luc, ch. VIII, v. 27 : « Et quand Jésus fut descendu à terre, un homme possédé depuis longtemps accourut à lui ; il n'avait point de vêtements, et ne demeurait pas dans les maisons, mais dans les sépulcres. Celui-ci, quand il vit Jésus, tomba à ses pieds, et criant à haute voix, il dit : Qu'ai-je affaire avec vous, Jésus, fils du Dieu très-haut ? Je vous conjure, ne me tourmentez point.

» Jésus commandait à l'esprit immonde de sortir de cet homme, car depuis longtemps il le tourmentait, et il était enchaîné avec les fers aux pieds ; mais quelquefois, rompant ses liens, il était emporté par le diable dans le désert. Saint Marc ajoute qu'il brisait ses fers, rompait ses chaînes, que personne ne pouvait le dompter, et qu'il était nuit et jour sur les montagnes et dans les sépulcres, criant et se meurtrissant avec des pierres. Jésus l'interrogea, disant : *Quel est ton nom ?* et il dit *Legio*, parce que nous sommes plusieurs. Et tous ces démons ensemble priaient Jésus de ne point leur commander d'aller dans l'abîme.

» Or, il y avait là un grand troupeau de pourceaux qui paissait sur la montagne ; les démons prièrent Jésus de leur permettre d'entrer en ces pourceaux, ce qu'il leur accorda. Tous aussitôt sortent de cet homme, entrent dans les pourceaux, et le troupeau

La malade était à peine rentrée à l'hôtel, qu'on vit arriver « gens tenans leurs chevaux par la bride, qu'ils établirent en l'écurie ». C'étaient les protestants des environs qui s'étaient donné rendez-vous à Pierrepont, nous savons dans quel dessein. « Durant le dîner, de Motta fut adverti en l'aureille que l'on le voulait charger, et bailler les étrivières à Nicole et à sa mère : que *cela était conclu.* » Le religieux prend ses mesures; il fait monter dans la galerie de la chambre qu'occupait Nicole les braves gens qui de Liesse l'avaient accompagné. « C'étaient des paysans embastonnés qu'un coup de pistole (pistolet) tiré au hasard aurait fait fuir, mais leur nombre du moins pouvait en imposer. En effet de Motta aperçoit un quidam enflambé, d'une contenance hautaine, avec allure inconstante et furieuse qui tenait de sa main droite la poignée d'une pistole, et de son bras gauche en soutenait le canon à chien abattu. » — Le religieux avait vu charger cette arme, au travers des fentes des planches qui faisaient la séparation des deux chambres dont l'une était occupée par Nicole. — « Cet homme s'approche du religieux, lui montre le poing en disant effrayément : « O » pipeurs, ô sacrificateurs de Baal! jusqu'à quand abu- » serez-vous le peuple? » Le religieux, qui tenait toujours l'œil sur la pistole, dit doucement : « Monsieur, s'il y a

se précipite du haut de la montagne dans l'étang, où il fut noyé. »
— Voir encore saint Marc, ch. v, v. 1.

Le lecteur peut se convaincre ici que la rage du démon est toujours la même; mais qu'il se console en même temps en voyant qu'un simple religieux, un prêtre de la sainte Église romaine peut, armé d'un pouvoir qui depuis dix-neuf cents ans n'a point subi d'échec, chasser les démons comme Jésus-Christ les chassait autrefois lui-même. Et ce pouvoir, nous en avons l'assurance, durera jusqu'à la consommation des siècles.

»abus; je demande à la justice d'être puni. » Ce furieux, rentrant alors en sa chambre, cria : « La vérité en sera » connue. Je vous chevalerai trois jours (je vous obser- » verai de près pendant trois jours). » « J'en suis con- » tent, » répond à son tour le maître d'école.

Au même instant arrive le laquais de Saint-Vincent; il communique secrètement au religieux l'ordre du départ; en moins d'un quart d'heure, Nicole est sur la route de Laon, toujours accompagnée des bons paysans qui avaient juré de ne pas l'abandonner. Les protestants, contrariés de ce brusque départ, délibéraient sur les moyens d'exécuter leur projet, lorsque apparaît tout à coup au milieu d'eux l'abbé de Saint-Vincent avec ses dix domestiques bien armés; il leur adresse quelques mots d'un ton impératif et les force à se disperser; puis tournant bride avec ses gens, il pique des deux, rejoint prestement le cortége, congédie la troupe de paysans désormais inutile, fait donner à de Motta un cheval qu'il prend sur sa route dans l'une de ses censes, et se met à la tête du cortége. Bientôt il s'entend appeler à plusieurs reprises d'une voix aigre et moqueuse : « Abbé de » Saint-Vincent! abbé de Saint-Vincent! » C'était la voix du démon qui possédait Nicole.

« — Que te faut-il, diable? répond énergiquement » l'abbé...

» — Oh! que je te hais!

» — Et pourquoi?

» — Parce que ta venue a engardé (empêché) ces » huguenots de charger mon petit prêcheur (de Motta), » et d'accoustrer (de battre) cette méchante vilaine (Ni- » cole) comme je m'y attendais. »

Il continua ainsi à jaser. Or, environ à deux lieues de Laon, la patiente demeure muette, aveugle et sourde. Le religieux descend de cheval, tous les cavaliers, à son exemple, mettent pied à terre; on se prosterne à genoux, pendant que de Motta donne la sainte hostie à la malade, qui recouvre à l'instant l'usage de ses sens et de sa raison...; puis on continue tranquillement la route, et l'on arrive vers le soir à Laon. Dès le lendemain, le religieux retourne à Vailly, et maître Guillaume à Vervins.

« Ainsi, ajoute l'historien Boulèse, le bon et vaillant abbé de Saint-Vincent, révérend père en Dieu, frère Geoffroy de Billy, volontiers à ses autres faits dignes d'éternelle mémoire, adjouta cestuy-cy, de garantir de mort deux personnes pour le moins, et de faire venir les merveilles de Dieu en connaissance. Telle a été la prudence dudit Boileau et autres chanoines d'envoyer promptement au secours des persécutés. Tel aussi a été l'effet du jeune fils, si ce n'était un ange qui, entre Vrevin et Pierrepont, se présenta sur le chemin pour défendre des eaux et des huguenots les serviteurs de Dieu. Ainsi est connue et admirée la Providence divine qui convertit le mal en bien et enveloppe toujours le diable dans ses propres filets [1]. »

Voici maintenant comment M. Melleville raconte ce complot des protestants à Pierrepont. (*Histoire de la ville de Laon*, t. II, p. 264.)

---

[1] Tiré de l'acte du miracle faict en l'église de Nostre-Dame de Liesse, au déchassement de vingt-six diables, avec quatre autres possédant Nicole Obry de Vervins. — Corrigé à Vervins, 1566, par frère Pierre de la Motte et maître Guillaume Lourdet, en présence de Boulèse, historien de Nicole, par ordre de l'évêque de Laon et de son chapitre.

POSSESSION ET DÉLIVRANCE.

« La curiosité, dit-il, commençant à se lasser à Vervins, on pensa à produire Nicole sur d'autres théâtres. On la conduisit d'abord à Liesse, puis à Pierrepont, où les mêmes cérémonies amenèrent les mêmes scènes... Avant de quitter Liesse, il se passa une chose qui montre que... *parmi ceux mêmes dont Nicole était entourée, il s'en trouvait qui croyaient peu à l'intervention du diable dans cette affaire.*

» Nicole s'était arrêtée à Liesse avec le jacobin la Motte qui ne la quittait pas, dans une auberge où se trouvaient beaucoup de gens. Après le dîner, celui-ci fut averti qu'on complotait *de bailler les étrivières* à Nicole. Aussitôt il fit avertir *son escorte, car il ne marchait jamais sans être accompagné de gens armés*, lesquels mirent en fuite les paysans attroupés. *Mais un garde de Nicole, enflambé d'une grande colère*, etc. »

Admirez le respect pour la *vérité historique*. Tout change sous la plume de M. Melleville. C'est à Liesse que la scène se passe, c'est un catholique, un garde de Nicole, qui veut tuer le père de la Motte... Laissez donc, de grâce, la calomnie à M. le ministre protestant... Quant à lui, nous sommes tout disposé à lui pardonner cette assurance avec laquelle il dit que « la raison pour laquelle on conduisit Nicole Obry à Pierrepont et à Liesse, c'était parce qu'il y avait là des protestants à tourmenter sous prétexte de les convertir ».

Et plus loin : « Nicole eût été certainement brûlée *comme démoniaque*, si le clergé n'eût vu qu'il pouvait tirer un grand parti de ce démon bien instruit, qui parlait sans cesse contre les protestants, et se laissait toujours *dompter par l'hostie.* » Nous prions M. Douen, de bien relire l'*Histoire de l'Église*, il y verra que jamais le clergé catholique n'a fait brûler un seul démoniaque... Au contraire, il les a toujours guéris et délivrés. Ce que n'ont jamais fait et ce que ne pourront jamais faire, au nom de Jésus-Christ, les ministres de la réforme; car ce n'est pas à eux que Notre-Seigneur a dit : *Dæmones ejicite*, chassez les démons. (Matthieu, x, 8.)

Qu'on lise les deux traits suivants, on aura la mesure de leur charité envers leurs possédés.

« On lit dans la *Chronologie sacrée* du docteur Génébrard, archevêque d'Aix, l'un des plus savants hommes de son siècle, dit Feller, qu'un jour on amène à Macmegnuc, ministre protestant de Chaulnes, un possédé pour qu'il le guérît. C'était précisément à l'époque de la possession de Nicole de Vervins. Savez-vous ce que fit M. le ministre pour guérir cet infortuné? Il le fit enfermer *dans un sac avec de grosses pierres et le fit jeter à la rivière.* »

Le second trait est beaucoup plus récent, il se passait dans un petit village de la Lithuanie, le jour même de Pâques de l'année 1853.

« Un paysan vient confier au pasteur protestant qu'il est possédé du démon. La congrégation se trouvant rassemblée à l'heure des offices, le pasteur lui fit connaître le mal dont cet homme se plaignait, et bientôt après commença, dans la sacristie, l'acte solennel de son exorcisme *par des coups de bâton*, qu'il souffrit sans se plaindre, étant attaché fortement au mur par un carcan. Les coups furent si nombreux, si violents, et la résistance de Satan si grande, que le malheureux mourut pendant l'exorcisme. Mais le pasteur s'imagina qu'il dormait, et il ne fut détrompé que lorsque la police, informée du fait, se transporta sur les lieux pour le constater et s'emparer des coupables. Le pasteur n'éprouva pas même le moindre trouble en se voyant entre les mains des gendarmes, car, disait-il, dans quelques heures l'exorcisé devait se réveiller complétement guéri de son ancien mal, lui-même serait mis en liberté avec les plus grands témoignages de considération! » (Le *Catholicisme en présence des sectes dissidentes*, par Eyzaguire, t. Ier, p. 436.)

M. Douen peut apprécier, et tout le monde avec lui, la différence entre l'exorcisme catholique et le *procédé protestant*. Mais afin qu'il sache que ce ne sont point là des faits exceptionnels, nous lui transcrivons ces lignes d'une célèbre revue *protestante*, citée par M. de Mirville à la page 124 de son deuxième et si remarquable mémoire aux académies.

« La réforme, qui détruisit tant d'erreurs, sembla confirmer cette fatale aberration de l'esprit humain (la pratique de la magie). Avant elle, ces croyances populaires troublaient à peine la paix publique; on punissait de mort quelques scélérats pour crime prétendu de magie, mais on n'avait pas encore songé à les *exorciser par le feu.* »

C'était, d'ailleurs, la même cruauté partout où les princes, usurpant le pouvoir spirituel, s'étaient attribué la connaissance de ces sortes de crimes. Mais M. Douen ignore-t-il que ce fut un jésuite, le P. Frédéric Spée, qui éleva le premier la voix contre ces excès? N'a-t-il donc pas lu l'admirable instruction qui parut à Rome sur ce sujet, en 1657, dans l'imprimerie de la chambre apostolique? Il y trouvera l'esprit de l'Église. (Görres, tome V, pages 409, 439, 452.)

LIVRE TROISIÈME.

LAON, DU 24 JANVIER AU 8 FÉVRIER 1566.

CHAPITRE PREMIER.

Un mot sur le chanoine Despinois. — Délibération du chapitre de Laon pour arrêter le logement de Nicole. — Arrivée de l'énergumène à Laon. — Réflexions de M. Dupeuty sur les exorcismes transportés à la ville épiscopale.

Despinois était un des plus jeunes chanoines du chapitre de Laon; il pouvait avoir alors trente ans. Il était actif, intelligent, doué d'une excellente mémoire, plein de zèle pour la gloire de Dieu et l'honneur de l'état ecclésiastique. A peine Nicole fut-elle arrivée à Laon, qu'il voulut la voir. Dès le soir même, il interrogea sa mère, son mari, sur les causes de cette étrange affection; il suivit avec le plus vif intérêt toutes les phases de la maladie; et après s'être bien assuré de la possession, il offrit ses services à la famille pour administrer à la malade les secours spirituels. Bien plus, il devint l'un de ses gardes assidus. Aussi, les souverains pontifes, saint Pie V et Grégoire XIII, son successeur, exigèrent-ils son serment et celui de l'évêque de Laon, comme dernière preuve de la vérité des faits, avant d'autoriser la publication de ce miracle du saint Sacrement.

Despinois, dans sa narration, a le laisser-aller d'une

lettre, et, disons-le, tout le charme d'un roman. Comme il a tout vu, tout entendu, il entre dans les plus petits détails. On pénètre avec lui dans tous les secrets de la famille, et on aime à l'y suivre. Aussi est-ce lui qui fera désormais presque tous les frais de cette nouvelle histoire. Nous laisserons là, très-souvent, les autres historiens, *Boulèse* et *de Héricourt*, pour nous attacher à la narration de Despinois.

Reprenons notre récit.

A peine arrivé à Laon, le jeune inconnu avait remis au chanoine Boileau les lettres de la Motte, avec prière de transmettre immédiatement à l'évêque celle qui était à son adresse.

Le révérend père évêque, après avoir pris connaissance de sa dépêche, l'envoie au doyen du chapitre, maître Christophe de Héricourt, son grand vicaire, pour délibérer en chapitre du lieu où l'on mettrait Nicole. Mais celui-ci ne put réunir ses confrères qu'après l'office du soir. « Le jeudi donc, 24 janvier 1566, à la fin des vespres, dit le *chanoine Despinois*, je vis M. de Héricourt, notre doyen et quelques-uns de messieurs mes confrères chanoines, lesquels communiquaient ensemble; je les approchai; j'ouïs qu'ils conféraient d'une lettre que M. de Motta avait écrite à monsieur notre évêque, laquelle il renvoya audit sieur doyen pour y être pourvu par le chapitre, parce que ledit de Motta mandait que, bien que vingt-six diables eussent été déchassés à Liesse, la patiente cependant n'était point encore délivrée et que pour toutes les conjurations qu'il avait faites, il n'avait pu tirer autre chose de l'esprit malin, sinon qu'il était *besoin l'amener à Laon*, où il craignait fort d'aller et qu'il y arriverait le soir : dont mesdits sieurs chanoines étaient en grand émoi pour savoir où ils logeraient ladite patiente.

» Les uns disaient qu'il fallait la loger en une petite maison au bout de l'église, où anciennement il y avait une chambre en laquelle (selon que l'on a ouï dire aux anciens) on mettait les frénétiques, troublés de leurs cerveaux et gens possédés du diable, où ils recouvraient guérison. Et ce se trouve par écrit entre les miracles anciennement faits en notre église. Mais le lieu fut trouvé incommode.

» Aucuns advisèrent la mettre au logis de notre maire (aujourd'hui le suisse) qui seul marié demeure dans le cloître, mais sa femme déclara quitter la place si le diable lui était admené, et puis que les petits enfants en seraient épouvantés. On renonça encore à ce projet.

» D'autres proposèrent la mettre en l'une des chapelles de notre église où anciennement, comme le portent nos écrits, étaient logés gens de cette espèce. De là est une petite fenêtre, d'où l'on voit droitement l'autel de la chapelle vulgairement appelée *le beau Dieu*. Ce lieu fut encore trouvé incommode.

» Enfin l'on advisa la loger en la maison de Saint-Corneille, où l'on dit qu'autrefois tous les treize curés de cette ville demeuraient et vivaient en communauté, comme on voit encore par les vestiges, et qu'il y a chapelle en laquelle on estimait faire la conjuration pour la délivrance de la patiente. Ce projet resta encore sans résultat. »

Cinq heures venaient de sonner. Le chapitre délibérait encore lorsqu'on annonce l'arrivée de Nicole. La

charrette en effet venait de s'arrêter sous les fenêtres de
Saint-Corneille, mais outre que rien n'était préparé,
cette maison tombait de vétusté. A la nouvelle de l'arrivée de la démoniacle de Vervins, tous barricadent leurs
portes, car ils craignent de loger le diable ; d'autres au
contraire, poussés par la curiosité, se précipitent en foule
autour de Nicole; il fallut éloigner ces imprudents curieux
et s'occuper à l'instant du logement de ces pauvres gens.
« Ce fut à grand'peine, par prières et argent et aidé
d'aucuns bons chanoines qu'on fit loger la patiente en
l'hôtellerie des Pourcelets. Je crois bien, ajoute le naïf
historien, que si tous eussent su la démoniacle si près,
qu'avec l'heure qu'il était, ils lui eussent fermé les
portes de la ville : parce que l'on tenait tout résolu
que le diable disait tout le mal que faisaient les personnes. »

RÉFLEXIONS DE M. DUPEUTY SUR L'ARRIVÉE DE NICOLE A LAON.

« Pourquoi l'évêque de Laon va-t-il délivrer la démoniaque dans sa ville épiscopale par ses exorcismes et par
la vertu du saint Sacrement, tandis que la même autorité
et les mêmes moyens n'ont pu en venir à bout à Vervins ? C'est le secret de Dieu, qu'il n'appartient pas à
l'homme de chercher à découvrir. — Cependant si on
veut souffrir que j'expose ici mes faibles conjectures, je
dirai que Dieu ayant dessein de faire servir la délivrance
de la démoniaque à ramener dans le sein de l'Église
ceux qui s'en étaient nouvellement séparés, et affermir
dans la foi orthodoxe ceux qui n'avaient pas encore apos-
tasié, il *était à propos de représenter cette tragédie
sur un grand théâtre et de donner à tous ceux qui*

seraient soigneux de leur salut le temps de se rendre à Laon, pour y être spectateurs d'une action si merveilleuse et de ce grand triomphe du saint Sacrement sur le démon.

» Voilà, ce me semble, ce qui se peut dire et pour le temps et pour le lieu. — Ne pourrait-on pas encore ajouter une autre raison, c'est qu'il était de la dernière *importance de vérifier cette possession et de la rendre incontestable*; puisque les huguenots devaient un jour la traiter de prestiges. Ce premier point admis, il ne restait plus alors aucun lieu de douter que cette énergumène n'ait été véritablement et réellement délivrée par le saint Sacrement de l'autel, et que par ce moyen les novateurs n'eussent plus de prétexte de faire un *sacrement de figure* de celui qui contient réellement le corps et le sang de Jésus-Christ.

» Or, pour bien vérifier cette possession, rien n'était plus propre que de mettre la patiente entre les mains *des gens du roi, qui ordonnèrent que toutes les expériences nécessaires fussent faites par des médecins et par des chirurgiens nommés d'office et choisis dans les deux religions afin qu'il n'y ait aucune suspicion dans leurs rapports.* Tout cela se fit selon le bon ordre.

» Ainsi paraît-il que la divine Providence a gouverné et conduit toute cette affaire selon ses desseins pour la confirmation des catholiques dans la foi orthodoxe et pour la conversion de ceux que la corruption du siècle avait mis dans le mauvais chemin. — *Attingit a fine usque ad finem fortiter, et disponit omnia suaviter.* (Sag., VIII, 1.) »

CHAPITRE DEUXIÈME.

Première conjuration à Laon.

« Pour commencer donc à Laon, dit l'historien Boulèse, il faut entendre que notre révérend père en Dieu, messire Jean de Bours, évêque de Laon, second pair de France, comte d'Anisy-le-Châtel, etc., par jeûnes, oraisons et peines, s'affligeant l'âme et le corps en continuelle patience et douceur, pour chasser Béelzébub, a fait très-grand devoir de bon et vrai pasteur, pendant toutes les conjurations et fut bien secondé par vénérable maître Christophe de Héricourt, doyen du chapitre et par gens de la ville et par autres catholiques.

» Le lendemain, 25 janvier, Nicole fut portée en la grande église par son mari, deux de ses oncles et autres gardes. En sortant des Pourcelets, elle fut possédée, comme toujours au départ du logis. Dès lors, dit Despinois, je l'ouïs chanter plusieurs commencements de chansons, siffler, appeler par leurs noms des personnes qu'elle n'avait jamais vues, principalement les laquais et serviteurs qui étaient autour d'elle. A l'un, elle disait : « Toi, tu as été battu pour n'avoir point nettoyé les souliers de ton maître. » A un autre : « Toi, tu as été grondé, parce que tu as cassé un voarre (un verre). » Et c'était vrai. — Elle découvrit dès le premier jour à aucuns, choses secrètes qu'ils croyaient bien cachées, accusait le méfait de chacun, dont on était tout honteux et bienheureux pensait être celui qui n'en était offensé. Pendant qu'elle parlait ainsi, elle avait la langue tirée d'un demi-pied hors de sa bouche, et la tête toujours branlante. Je ne m'émerveillais trop de la voir en cet état, estimant qu'elle fût folle ou insensée ; mais, quand je la vis devant le grand autel, assise sur ses oreillers, les jambes étendues, tenue par la tête, par les bras, par les jambes, par tout le corps à l'aide de sept à huit hommes robustes, et qu'à l'*élévation du précieux corps et sang de Notre-Seigneur*, je la vis entrer en grande furie, avec horribles défigurations, se rehausser toute droite, et retomber un instant après sur le pavé, pour s'agiter avec une nouvelle rage *à la seconde élévation : Omnis honor et gloria*, je commençai à changer d'avis.

» Enfin quand l'évêque en vint aux conjurations, entendant cette femme répondre si à propos à toutes les questions en français et en latin [1], je fus forcé de croire que c'était le diable qui parlait par la bouche de cette pauvre créature.

» J'ai noté et retenu qu'alors l'évêque lui dit :

— Combien êtes-vous dans ce corps ?

— Trois.

— Comment ont-ils nom ?

— Béelzébub, Cerberus, Astaroth.

— Combien y en a-t-il eu en ce corps ?

— Trente.

— Que sont devenus les autres ?

— Vingt-six sont partis à trois lieues d'ici.

— Où est-ce que tu dis ?

— Où cette vilaine a couché.

— Pourquoi ne l'appelles-tu pas Liesse ?

[1] « Il n'y a là rien de surprenant, dit M. le ministre Douen ; depuis deux mois on avait eu le temps de faire l'éducation du démon, qui se mit à parler latin. Nous avons peu de peine à le croire, en voyant les jolies choses qu'on lui avait apprises. »

— Ah! c'est que ce n'est pas ma liesse (ma joie).

— Quand je fus à Vervins, tu me dis que tu n'étais que vingt.

— Je te l'ai dit; mais parce que toi et tes méchants papaux vous vous fortifiez contre moi, je me suis aussi fortifié contre toi.

— Qui a fait sortir les autres?

— Ah! ah! ils y ont été contraints.

— Qui les a contraints?

» Le diable en frémissant : *Celui que tu tiens en ta main,* sur ce *volet* (ainsi nommait-il la patène sur laquelle était la sainte hostie).

— Comment appelait-on ceux qui sont sortis à Liesse?

— Va y voir. De quoi te soucies-tu? C'était de mes mâtins, de mes diablotins qui n'ont point encore de nom. Celui qui est sorti à Pierrepont s'appelle *Legio.*

— Dis-moi qui c'est qui parle?

— C'est Béelzébub, le prince des diables.

— Fais parler à moi les deux autres?

— Non feront (ils ne parleront point).

» L'évêque commande qu'Astaroth et Cerberus parlent.

— Tu te romps la tête, et tu perds ta peine, car ils ne parleront point devant moi. Où je suis, ils sont mes sujets et serviteurs. Je suis leur prince. Où as-tu vu que le varlet parle devant son maître?

— Je les ferai bien parler, ils obéiront à Dieu.

— Oui, ils obéiront à Dieu, mais ils ne sont point en ce corps pour parler, il n'y a que moi. Je te rendrai bien ton change, ne te soucie, » — c'est-à-dire, ne t'inquiète point, je parlerai plus que tu ne voudras.

— Dis-moi quand tu sortiras?

— Astaroth sortira dimanche.

» L'évêque lui commande de sortir à l'instant et le *presse bien fort*.

— Je ne sortirai pas.

» L'évêque prend la sainte hostie et le menace de plus près. Satan se tourmente horriblement et répète plusieurs fois : « Je sortirai, mais je rentrerai, et tu le » verras bien. »

» L'énergumène à l'instant tombe sans mouvement, sans connaissance, roide comme une pièce de bois. On ne peut lui faire plier ni les bras, ni les jambes, pas même un doigt de la main. Un des gardes la prend par le bras et la dresse debout, elle reste immobile comme une statue.

» A peine Nicole fut-elle étendue à terre que le bon et pieux évêque, se prosternant à genoux, dépose la sainte hostie sur ses lèvres. Tout à coup, la malade sort de cette étonnante léthargie, comme Lazare de son tombeau, à la voix du Seigneur Jésus. Elle fait de sa main droite le signe de la croix, rend grâces à Dieu ; une angélique beauté brille sur son visage, et fait dire aux spectateurs de tant de merveilles : Oui, *le doigt de Dieu est là*.

» Alors un seul homme, le mari ordinairement, prend la malade dans ses bras, et la reporte à son hôtel. »

CHAPITRE TROISIÈME.

Visite du chanoine Despinois aux Pourcelets. — Interrogatoire qu'il fait subir à la mère de Nicole.

« Ce même jour, j'allai aux Pourcelets pour voir Nicole et m'informer amplement de sa maladie, parce que l'on en devisait en plusieurs manières. Mais tant de gens y abordaient que je n'eus le moyen de ce faire. Je demandai seulement à la mère depuis quel temps sa fille était possédée.

— Depuis environ trois mois, me répond-elle.

— C'est dommage, car à voir Nicole, on ne dirait point qu'elle est travaillée de telle maladie.

» La patiente était alors assise auprès du feu, saine d'esprit et de corps, lisant en ses heures et répondant sagement à plusieurs femmes qui l'interrogeaient. — Je suis bien étonnée, dit alors la mère, de ce que ma fille n'a point été possédée depuis la conjuration du matin ; avant notre arrivée en cette ville, le démon ne la quittait presque ni jour ni nuit. — Là dessus je m'en retournai à mon logis qui est près des Pourcelets.

» Je revins le soir afin d'en savoir davantage. Je trouvai Nicole saine et me répondant sagement. Elle me dit ne sentir aucun mal, sinon qu'elle avait le bras gauche perclus, que cette main était aussi plus longue que la droite. Je la pris, et la mesurai contre la dextre ; je trouvai les doigts plus longs, et surtout le pouce. Je parlai à la mère, au mari, à l'oncle, qui me racontèrent tout ce qui leur était advenu, depuis le commencement de la possession.

» Je dis alors à la mère : — La maladie de votre fille est supernaturelle, il est besoin avoir patience et beaucoup prier Dieu, lequel par adventure a permis cette maladie pour magnifier son nom et honneur ; et néanmoins, parce que Dieu ne veut être servi et honoré par mensonges ni abus, s'il n'y a point de ruses en vous ni en votre fille, vous êtes en une ville où vous trouverez gens de bien et secourables qui ne vous délaisseront pas au besoin ni dans le danger. Mais, au contraire, s'il y a tant soit peu abus en vous, sachez qu'il y a justice spirituelle et civile pour vous punir si grièvement qu'à jamais il en sera mémoire.

— Je serais bien marrie, me répond la mère, de commettre abus quelconque. A Vrevin, ma fille a été maintes fois visitée par plusieurs et divers gens, même par les ministres huguenots qui ont vu, interrogé et parlé au diable, dont ils ont eu grand'peur. — Puis la mère se mit à raconter leur conjuration, ce qui me fit beaucoup rire [1]. Enfin, elle ajouta : — Si vous connaissiez mon mari et toute notre parenté, vous ne diriez pas tels propos, parce que tous sont gens de bien et bien vivants en leur état de marchandise. Depuis le commencement de la maladie de ma fille, il nous coûte beaucoup; il nous a fallu laisser notre marchandise pour assister notre fille, que nous n'abandonnerons pas jusqu'à ce qu'elle soit guérie ou morte; et quand il faudrait y dépenser tout notre bien, nous ne demandons rien à personne, et grâce à Dieu, quoique je sois logée en une hôtellerie, moi cinquième, sans compter les chevaux, nous avons moyen de payer notre dépense. Si je suis venue en cette ville, c'est pour implorer aide et secours de monsieur de Laon, par les mains duquel j'espère que ma fille recevra santé; sinon, je la ramènerai.

» Ayant ce ouï et vu les gestes, maintien et façon de faire de la mère, de la fille, du mari et de l'oncle, je fus ému et induit à les croire; d'autant qu'ils me semblaient gens de bonne sorte et dignes d'être crus. Dès ce mo-

[1] Voir page 94.

ment j'ai voulu partager leur malheur, et contribuer en tout à leur soulagement. »

CHAPITRE QUATRIÈME.

Nouvelle visite du chanoine Despinois à l'hôtel. — Il trouve Nicole en léthargie et lui donne la sainte hostie. — Conjuration à l'église. — Son résultat.

« Le lendemain samedi, après les matines de notre église, je visitai Nicole; il était six heures du matin. En entrant au logis, j'appris de l'hôtelier que la veille, aussitôt après mon départ, l'esprit malin s'empara de Nicole, et se mit à nommer tous mes parents avec réflexions sur chacun d'eux, disant leurs mœurs et qualité, s'arrêtant particulièrement sur l'un de mes frères, le conseiller du roi, qui s'était fait huguenot, de quoi je fus fort émerveillé, et en même temps bien marri de ce que je n'avais pu voir et ouïr causer le diable. Je monte à la chambre, je dis bonjour à la mère, je lui demande comment se porte sa fille.

— Je ne sais, répond-elle, car depuis une demi-heure elle est assoupie.

» Elle veut l'éveiller; mais elle la trouve roide et dure comme une bûche.

— Venez la voir, me dit-elle, touchez-la, vous verrez quelle maladie.

» Ses bras, ses jambes, sa tête, tout était perclus.

— Quel remède y apporter? demandai-je.

— Nul autre, monsieur, que le saint Sacrement. Êtes-vous prêtre?

— Oui, répondis-je.

— De grâce, monsieur, veuillez lui bailler la sainte hostie.

» Je me préparai pour ce faire, et parce que je ne savais s'il la lui fallait administrer de fait, ou seulement la lui montrer, j'approchai du lit, me mis à genoux, ayant la sainte hostie en ma main. Je la présentai devant les yeux de la pis que morte; elle remue les paupières, je l'approche de sa bouche qu'elle ouvre quelque peu, et je dis : « Nicole, ouvrez vos yeux, adorez notre Dieu que voici, recevez-le dévotement. » Elle ne disait mot; je regarde la mère et l'oncle qui étaient aussi à genoux, et leur dis :

— Je ne sais que faire; faut-il mettre l'hostie en sa bouche, vu qu'elle est encore comme évanouie?

— Oui, répond la mère qui pleurait; il faut la lui mettre, car on a coutume de faire ainsi.

» Ce que je fis. L'hostie eut à peine touché les lèvres que la patiente ouvrit les yeux, fit le signe de la croix, et dit :

— Ah! mon Dieu, Père créateur, que j'ai de mal, je suis tuée!

— Qu'avez-vous donc, Nicole?

— Je ne sais; je sens une chose qui me tue, qui m'étouffe, et tout soudain que j'ai reçu le saint Sacrement, je ne sens plus rien et me porte bien.

» La mère alors la fait lever et l'accoustre (l'habille).

» A huit heures, j'étais encore en la chambre, lorsque les gardes dirent à la patiente : — Nicole, allons-nous promener. — On la menait à l'église, mais on craignait de prononcer ce mot; car toujours l'esprit malin s'emparait d'elle en ce moment. — Je ne puis marcher,

POSSESSION ET DÉLIVRANCE.

répond-elle. — Eh bien, nous vous aiderons. — Elle dit : Allons. — A peine fut-elle sur le premier degré de la montée que le diable la possède avec une telle furie qu'elle me donne si grand coup de pied qu'elle me fait adosser contre la muraille, et le diable furieux dit avec son jurement accoutumé : — Et par le sang-bieu (pour sang de Dieu, mot adorable qu'il ne prononcera presque jamais), elle n'ira point! — Les gardes au nombre de huit ne la peuvent tenir; il en arrive trois autres qui lui saisissent les jambes et la portent à grand'-peine à l'église.

» Après la messe, monsieur notre évêque, encore revêtu de ses ornements, s'avança dans le chœur vers la patiente; il était précédé de ses deux chapelains, dont l'un portait la crosse et l'autre la chandelle bénite; il commença la conjuration par ces mots :

» ℣. *Adjutorium nostrum in nomine Domini.*

» ℟. *Qui fecit cœlum et terram*, etc.

» Puis il jette de l'eau bénite sur l'énergumène.

— Fi donc, vilain papaud, avec ton eau salée! dit le démon en Nicole, puis il grimaçait et crachotait dessus.

» Puis l'évêque commençait l'Évangile :

» ✝ *Initium sancti Evangelii*, etc.

» ℟. *Gloria tibi, Domine.*

» Pendant cette lecture le diable était forcé de courber la tête, il se moquait, il grignotait, il contrefaisait l'évêque, disant les mots avant ou après lui, comme il fit toujours pour contrecarrer les prières de la sainte Église.

» Lors l'évêque dit :

— Où as-tu été cette nuit?

— J'ai fait plusieurs tours de ma façon; j'ai visité plusieurs maisons et même ton évêché.

» Ce qu'il disait était quelquefois trouvé vrai, quelquefois non.

» Après ces interrogatoires, un prêtre apportait révéremment la sainte hostie sur la patène, car toujours, pendant tout le temps de la conjuration, on en consacrait deux à la messe. L'évêque la prenait entre ses doigts, l'approchait tout près de la face de l'énergumène, qui se débattait horriblement, ou plutôt le diable en icelle, et disait :

— Je te commande par le Dieu vivant, et par la présence du corps de Jésus-Christ, que voici au saint Sacrement de l'autel, de sortir présentement du corps de cette créature de Dieu, sans plus y rentrer, et que tu t'en ailles aux enfers, sans faire mal à personne.

— Non, non, répond Satan, je ne sortirai point, mon heure n'est point encore venue.

— Moi, je te dis que tu sortiras. *Sors, maudit de Dieu, sors.*

» L'évêque approchait de si près la sainte hostie de la face de la démoniacle que le démon était forcé de s'écrier : — *Laisse, laisse.* Oui, je sortirai!..... mais j'y rentrerai.

» Une vapeur noire, comme une bouffée de vent, s'échappe tout à coup de la bouche de l'énergumène, au milieu d'horribles convulsions, que nous ne voulons plus décrire. C'est le signe de la victoire du corps de Dieu sur le démon. Nicole tombe en léthargie, on lui donne la communion, et un seul homme la reporte à son logis. »

Ainsi se termineront toutes les conjurations jusqu'à la délivrance entière de Nicole.

CHAPITRE CINQUIÈME.

Réflexions du doyen de Héricourt sur les accusations et les ruses du démon.

« Le propre du démon, dit-il, est de médire, d'accuser et d'accuser toujours, aussi est-il appelé *accusator fratrum suorum*. Comme son bonheur est d'induire les hommes dans l'erreur, il dira, lorsque notre bon Dieu lui permet de se faire entendre, comme jadis à notre première mère Ève, cent paroles fausses pour une vraie : il est si méchant qu'il n'épargne personne. Ne lisons-nous pas en saint Matthieu, ch. VIII, ⅴ. 28, que personne n'osait passer par la rue des Géraséniens, où habitaient les diables ? il n'en exclut ni bon ni mauvais, tant chacun les craignait, et plus les bons que les pervers. Le diable en effet n'est-il pas dit *le père du mensonge et de la calomnie ?* A-t-il pardonné à quelqu'un, même à notre Créateur ? C'est le propre du détracteur de n'épargner personne, soit sage, soit fol, soit son ami, soit son ennemi, vivant ni trépassé. Il ne faut donc pas s'arrêter à telles folies ; nous le voyons y avoir recours à toutes les conjurations, quand il se voit trop pressé par prières publiques. Il faut alors le mépriser lui et ses dires, car il n'a d'autre but que de convertir chacun à son regard, pour distraire de la dévotion... On le voit même à chaque conjuration, quand le peuple est plus attentif à la prière, se servir de la pauvre Nicole pour mignarder et faire le métier de courtisane. Car de quelle astuce n'est point capable un esprit aussi malin et aussi dégradé! Je ne m'arrêterai donc point à ses actions ni paroles dans cette histoire miraculeuse, autrement on remplirait un bien gros volume de choses superflues.

» Toutefois, pour contenter les plus curieux, je ne célerai une chose entre plusieurs qui est véritable.

» Aucuns de mes amis soupaient avec moi le soir même de l'arrivée du diable en cette ville, lesquels exprès m'étaient venus voir. Au commencement du repas survint un bruit, comme la chute d'une grosse pierre. A quoi ne prenions point grand égard, estimants telle chose provenir des chats, qui pouvaient courir sur le paviment d'en haut. Toutefois, nous étions aux écoutes, nous déméfiant, à juste raison, du nouveau pèlerin. Il ne tarda guère qu'il ne donnât deux coups bien aigus et intelligibles sur un bassin d'airain qui se trouvait encore au milieu de la chambre, où nous venions de laver nos mains. Lors nous fûmes assurés de ce qui en était, et entrâmes en propos de ce diable qui nous seconda bien. Car tout le temps du souper il ne cessa de siffler, de manière à être bien entendu au circuit de la maison. Un autre jour, sur l'heure du coucher, il print son ébat à virer les roues de mon horloge, avec rupture de l'une des cordes. A minuit, il tira hors de mon foyer deux petits flambeaux, si ardents qu'ils rendaient clarté par toute la chambre, et toutefois n'y avait matière disposée pour ce faire.

» A l'abbaye de Saint-Vincent, il a empêché le serviteur de l'abbé d'allumer du feu le matin quand il en demandait. Une autre fois, il a tourmenté les chevaux en l'étable, sous les yeux des serviteurs qui, saisis de crainte, ne pouvaient ni crier, ni se mouvoir pour y porter secours. Une autre fois encore, on trouva un cheval, dans une maison de la ville, qui était attaché par la queue à son ratelier; le serviteur avait à sa ceinture les clefs de son écurie. Un jour encore, vers le soir, le diable s'étant déguisé en pauvre, alla demander l'aumône à l'abbaye de Saint-Vincent et disparut en ricanant aussitôt qu'il l'eut reçue. Le pareil est advenu en d'autres lieux, comme on me l'a raconté, et n'en a été exempte la maison épiscopale. Je n'alléguerais ceci et volontiers m'en fusse tu, si ce n'était que plusieurs veulent faire croire que ce n'était un diable arrivé à Laon. Si tel joueur de passe-passe se rencontrait, faisant ce qui est contenu en cette histoire, nous en pourrions demourer en doute; mais cependant en le croyant ici, nous ne croyons que pure vérité. »

CHAPITRE SIXIÈME.

Effets des conjurations sur les catholiques et sur les huguenots. — L'évêque consent à faire veiller Nicole par des médecins des deux religions. — Nicole est possédée en leur présence. — Miracle du saint Sacrement. — Rapport du docteur catholique.

La nouvelle des conjurations faites à la ville épiscopale se répandit bientôt au delà du diocèse. On parlait partout de l'énergumène de Laon. On se racontait avec enthousiasme *le miracle du saint Sacrement*. Mais ce miracle, on voulait le voir de ses yeux. De toutes parts donc, dès le second jour, on accourut en foule à Laon. Notre cathédrale pouvait encore s'appeler à bon droit *Notre-Dame des Miracles*, *Nostra Domina Miraculorum*, titre auguste dont elle fut décorée au douzième siècle, à cause des prodiges qui éclatèrent à sa construction. « Il ne courait en ce pays, dit Despinois, autre bruit que de la patiente, et ne se tenait au loin autre propos que des faits admirables que l'on voyait en icelle. »

Dès le second jour, il ne fut plus possible de resserrer les conjurations dans l'enceinte du sanctuaire, car la foule, toujours croissante, en avait forcé et même brisé les grilles de fer. Il fallut donc transporter ailleurs la conjuration. On éleva sous le dôme, devant le jubé, une estrade pour y mettre Nicole et ses gardes. On livra au public, sans distinction de religion, les deux tribunes du transept et nos magnifiques galeries.

Était-ce seulement pour *favoriser la curiosité* et *frapper un coup d'éclat,* comme se plaisent à le répéter nos historiens laonnois, que le clergé de Laon avait adopté cette mesure? Qu'on lise cette histoire avec attention et sans préjugé, et l'on sera bientôt convaincu que l'on n'obéissait jamais qu'à une impérieuse nécessité. Dieu, dont les secrets sont impénétrables, menait et catholiques et protestants, à leur insu et comme malgré eux, à l'accomplissement de son œuvre, à une véritable régénération dans le clergé et dans le peuple. Cette possession était évidemment une digue que la Providence opposait aux envahissements du protestantisme.

Aussi, à la vue de ce concours immense, on établit en quelque sorte une mission permanente. Deux fois le jour, immédiatement avant la conjuration, un homme de Dieu, puissant en œuvres et en paroles, un pieux et savant cordelier, docteur en théologie, que les historiens appellent *notre maître Fariers,* faisait tomber sur cette masse d'auditeurs catholiques et protestants, qui s'élevait ordinairement au nombre de quinze à vingt mille, les paroles de la vie éternelle. Ses discours roulaient sur la puissance, les ravages de l'enfer en ces temps malheureux, sur la malice et la rage des démons. Il développait à cet auditoire sans cesse renouvelé tous nos dogmes sacrés. C'étaient pour le peuple de véritables traités de théologie sur l'Église et sur les sacrements ; et quelque temps après, ce peuple avait sous les yeux, pour fortifier sa foi, des miracles évidents, palpables, qui lui rendaient comme sensibles nos dogmes consolateurs. Aussi que de conversions ! que d'abjurations ! que de familles de notre pieuse Picardie, dont je pourrais citer les noms, ont dû à ce prodige leur retour à la foi de leurs pères ! « En effet, disent les historiens de cette époque, aucuns se mettaient en grande dévotion, hantaient et fréquentaient les églises plus souvent que de coutume ; beaucoup abjuraient la huguenoterie. »

« Dès le second jour, dit Boulèse, on fut obligé de dresser un échafaud en la grande église, pour faire la conjuration devant la multitude, voire, pour une heure, *plus de vingt mille* assistants, par grandes bandes de tous côtés, venant à la file et se plaignant ne pouvoir autrement voir *le grand miracle du corps de Dieu*... Et plusieurs à chaque jour, matin et soir, et quasi continuellement, avant et après la conjuration, et en grand nombre, devant que de plus près approcher, premièrement en confession auriculaire et sacramentelle se confessaient, accusant leurs péchés aux prêtres revêtus de surpliz, et étant assis à chacun des piliers de la grande nef de l'église. Ce que les hommes faisaient de peur que le diable publiquement les accusât, comme il en accusait d'autres qui n'étaient pas confessés; car tous savaient, et l'expérience de la conjuration, maintes fois, l'avait montré, que le démon ne sait plus les péchés confessés. »

C'était donc, pendant quinze jours, vingt ou trente confesseurs en permanence dans la cathédrale. Que se passait-il dans les autres églises et communautés religieuses, si nombreuses alors? Il est facile de le deviner : clercs et laïques, chacun mettait ordre aux affaires de sa conscience.

Les protestants, au contraire, devenaient furieux. La seule pensée des *miracles du saint Sacrement*, qu'ils ne pouvaient nier, les rendait comme forcenés. « Ils cherchèrent, par tous les moyens, à persuader aux simples, et même aux plus fins et rusés, que tout cela n'était qu'abus, chose apportée et faite par art magique, ou potions, drogues et breuvages; bref, que c'était fait par M. de Motta, et continué par moi, disant que j'étais écolier de de Motta; bien plus, qu'ils se faisaient forts de prouver ce qu'ils avançaient. Ils allèrent donc en parler à la justice. Je ne sais trop ce qu'ils donnèrent à entendre. Trop bien sais-je que le lieutenant civil, maître Claude du Mange, s'en alla, en compagnie de plusieurs, parler à notre évêque, et lui remontrèrent ce que dessus : partant qu'il était bon expérimenter Nicole, afin de savoir si l'on faisait de nuit ou de jour quelque chose à ladite femme pour l'exciter ou émouvoir à dire ou à faire tout ce qui arrivait aux conjurations. « Je réponds, dit le
» seigneur évêque, que rien ne lui est fait ni donné;
» c'est la première chose de quoi je me suis informé, et
» j'en ai tant de rapports de gens de bien que je réponds
» pour ma personne que rien n'y est fait que la *seule*

» *volonté de Dieu*. Toutefois, pour contenter chacun,
» et pour plus grande approbation du fait, je suis bien
» d'avis que, soit de jour, soit de nuit, il y ait gens tant
» d'une religion que de l'autre, qui surveillent Nicole,
» pourvu cependant qu'il y ait un ou deux prêtres, et
» qu'il n'en coûte rien aux parents. »

» Messieurs de la justice furent fort réjouis d'avoir avis
et consentement du sieur évêque ; ils s'occupèrent tout
de suite, avec les huguenots, à penser quels gens seraient
choisis pour ladite garde. Ils choisirent pour les prêtres
deux hommes de bien de mes confrères. Aussitôt acte
de justice leur fut adressé pour s'y rendre, et ils accep-
tèrent.

» Vers les sept heures du soir, je me rendis aux
Pourcelets, comme j'en étais convenu avec l'hôte, pour
connaître ce qui adviendrait. Je vis bientôt arriver mes
dits sieurs chanoines Rasse et Pelletier, puis maître
Quentin Lemoine, médecin huguenot, maître Loys de
la Heue, médecin catholique, fort homme de bien, et
Claude Cotte, marchand et prévôt fermier de la ville de
Laon ; puis les deux varlets de la ville et autres catholiques ; enfin, Hubert Duchemin, Nicolas Étienne, greffier de la prévôté de Laon, huguenots, avec d'autres religionnaires. Quand tous furent arrivés, mes confrères
chanoines prièrent me laisser en leur compagnie, ce que
l'on ne voulut accorder, parce que ledit Duchemin disait
que j'étais *trop séditieux, que je ne pouvais être sans
dispute avec ceux de sa religion*. Partant, je sortis et
m'en allai coucher à mon logis. »

A huit heures, les médecins commencèrent à expérimenter Nicole, qui fut trouvée saine d'esprit et de corps :

à l'exception du bras gauche, qui était paralysé. « Pour s'en bien assurer, on fit expérience par feu, fer, et autrement; on lui enfonça des épingles sous les ongles : elle y fut insensible. Or, il est à remarquer que ce bras était celui qui donnait aux gardes le plus de peine dans les convulsions, tant il tapait *dru et menu* sur tous ceux qui se présentaient. Comme bientôt ils en eurent expérience.

» Après longues épreuves et interrogations, tant à la mère qu'à la fille, on fit coucher Nicole sur un bon lit pour donner repos à nature. Il était neuf heures du soir. Ici, il ne faut omettre que, comme les prétendus réformés ne cessaient de calomnier le clergé, disant que Nicole était recordée à dire et à faire ce qu'elle faisait au temps des conjurations, on s'enquit particulièrement de la mère si sa fille, étant petite, avait *subtil* esprit et bonne retentive (mémoire). A quoi nous a fait cette réponse, que sa fille avait été et était encore d'assez *lourd esprit*. Et sur ce s'arrêtèrent longuement les docteurs, à raison qu'on voyait Nicole, au temps des conjurations, en l'église, dire choses admirables et ressentantes un esprit grand et divin. De fait l'un des médecins, pour mieux sonder son doute, s'arrêta longuement à lui faire référer plusieurs vers, comme on chante à l'église : prose et hymnes du saint Sacrement. Lesquels toutefois la patiente ne pouvait dire non plus qu'un enfant. »

Nicole reposa paisiblement jusqu'à deux heures du matin, il y avait trois mois qu'elle n'avait si bien dormi. Vers deux heures, elle parut un peu inquiète; elle dit avoir grand'soif : on lui donna à boire. Vers quatre heures, comme rien de nouveau ne s'annonçait, de la

Heue, Leroi et quelques autres catholiques partirent pour assister à la première messe de la cathédrale, dite messe d'*hocquellus* (messe du chant du coq). « Ils étaient à peine sortis que la patiente entra en furie, se jetant de plein saut jusqu'au milieu de la chambre, non sans grand effroi de l'assistance, de quelque religion qu'elle fût. C'est avec grand'peine qu'on parvint à la dompter. Elle s'affaiblit au bout de quelque temps et tomba en léthargie. En ce moment, les catholiques revinrent de l'église et trouvèrent Nicole *en stupeur*, c'est-à-dire *froide, grave, pesante, sans mouvement* ni *sentiment quelconque*. Le paroxysme dura près d'une heure, pendant laquelle furent faites frictions dures avec gros linges chauds, fortes ligatures aux bras et aux jambes, baillé pain mouillé dans le vin; aspersion d'eau froide au visage, frottez âprement le nez, les oreilles, les tempes; la langue vainement tirée avec pincettes, qui jeta une goutte de sang; puis finalement agitation, concussion véhémentes de tout le corps, sans toutefois tirer aucun signe de sentiment.

» Cependant, l'un des médecins huguenots mit en avant qu'il fallait bailler à la patiente *un pain eucharistique non sacré* pour voir si ce que faisaient les ecclésiastiques n'était point une couverture (prétexte) pour maintenir leur manière de faire à la messe. De fait, il pria le médecin catholique de l'expérimenter. « Pour tel fait, vous vous adressez mal à moi, lui fut-il répondu; faites-en l'expérience vous-même. — Nous n'oserions, reprend le réformé, nous *serions pollus*. » Ce sont ses paroles. Comme les médecins étaient à bout de moyens pour arracher Nicole à sa mystérieuse léthargie, on envoya chercher le lieutenant civil, M. du Mange, pour être témoin de ce paroxysme. Après avoir bien constaté le fait, il dit aux médecins : « Eh bien, messieurs, avez-vous remède pour secourir la patiente? — Pour l'heure, nous n'y pouvons rien, » répondirent-ils. La mère alors, qui souffrait de voir sa fille si longtemps tenue, s'éplorait et conjurait qu'on voulût bien permettre qu'on lui baillât le *sacrement de l'autel*, seul remède efficace à tel inconvénient. Ce que le lieutenant permit. Soudain le chanoine Pelletier, en présence de toute la compagnie, fit dire le *Confiteor; Ave, salus*, se prosterna à genoux, mit l'*Eucharistie sur les lèvres de la malade*, qui ouvrit à l'*instant les yeux*, leva la tête, fit le signe de la croix en s'écriant : « Mon Dieu! mon Dieu! que j'ai de mal! Pourquoi donc m'a-t-on laissée si longtemps souffrir? » A cette vue, ledit Pelletier s'écria : « *Videte, videte, miraculum*. Voyez, voyez le miracle! » Puis, se tournant vers ceux de la religion, il dit : « Que voulez-vous dire maintenant, pauvres gens abusés? Vous êtes bien obstinés de nier la puissance et vertu du saint Sacrement!

» Les catholiques furent bien réjouis et les protestants bien humiliés; tous alors se séparèrent. Maître Quentin Lemoine, médecin des réformés, qui avait eu si grand'peur lors de la possession, se mit à publier, plus haut même que les catholiques, que *Nicole était vraiment possédée du diable*, et que *l'Eucharistie seule avait pu la rendre en santé*. (Ce miracle opéra sa conversion.)

» Le lendemain, maître Loys de Heue, médecin catholique, fut appelé à la chambre du conseil pour rendre compte de ce qu'il avait vu et fait avec les autres médecins. Requis par le lieutenant du roi et autres gens de la justice de parler sur la maladie de Nicole Obry, commença par faire longs discours sur toutes les expériences qui avaient été faites; puis il ajouta qu'en ladite maladie il reconnaissait diverses affections outre-naturelles (extra-naturelles); que le commencement ressemblait à une manie furieuse outre-naturelle qui ne procédait nullement d'intempérie ou corruption d'humeurs; et 2° que cette furie se terminait par une autre maladie toute diverse, appelée *caros, stupeur* ou *extase*, qui était aussi outre-naturelle, et, ce qui était plus admirable, à son avis, c'était *que lorsqu'on présentait, pendant la furie, l'Eucharistie à la patiente,* elle devenait *plus furieuse encore,* et qu'étant dans sa stupeur, elle ne pouvait en être délivrée que *par la manducation de l'Eucharistie,* comme l'avaient vu le sieur lieutenant et tous les autres témoins. Ajoutant n'avoir ouï ni lu aux auteurs grecs, latins, arabiques, anciens, *l'Eucharistie par sa sympathie ou antipathie, société ou inimitié, troubler ou apaiser les humeurs;* dit de plus que *du pain imbibé en vin n'avait pu la faire revenir à soi;* et, ce qui était encore à considérer, c'était que ladite patiente demeurait *grasse et vermeille* quasi sans boire ni manger; enfin, ledit de Heue, ne voulant sitôt conclure, dit à ses confrères, les gens du roi, qu'il croyait utile et nécessaire de faire garder et sonder Nicole par d'autres médecins et d'autres assistants, et qu'il en conférerait alors plus amplement avec les délégués, selon la médiocrité de son esprit et érudition : *Ce que dessus certifie être véritable, témoin mon seing cy-mis. Signé : maître de la Heue, docteur en médecine.* »

II.

CHAPITRE SEPTIÈME.

Joie des catholiques. — Procession d'actions de grâces. — Conjuration à l'église.

« Le dimanche 27, à l'issue des matines de notre église, j'entendis que Dieu avait montré son miracle et que les huguenots étaient bien marris de l'expérience. Ceux qui étaient de bonne foi étaient contraints de confesser que le fait venait de la puissance de Dieu, et qu'il n'y avait ni ruse ni malice de la part du corps ecclésiastique.

» L'évêque, après s'être entendu avec son chapitre, ordonna une procession générale qui fut signifiée, selon la coutume, à son de trompe et à carillon, pour davantage exciter les catholiques à dévotion et rendre grâces à Dieu d'un si évident miracle, et implorer l'assistance divine pour la délivrance et santé de la pauvre malade. Après la procession, on apporta Nicole à la cathédrale; après la messe, l'évêque, toujours revêtu de ses ornements pontificaux, monte sur le théâtre, jette l'eau bénite contre laquelle l'énergumène crache à plusieurs fois; le diable alors tempête, maudit le sieur évêque, qu'il appelle par dérision *ma coquille*, à cause de la forme de la mitre, qui ressemble assez à une coquille d'œuf ou de noix dont on aurait coupé le gros bout.

» Je te commande, dit l'évêque, par le Dieu vivant, de me dire vérité sur ce que je vais te demander.

— Dy, je te répondrai.

— Qui es-tu, toi, qui parles?

— C'est moi.

— Quel nom as-tu?

— Béelzébub, je te l'ai dit tant de fois.

— Qui est avec toi?

— Astaroth et Cerberus.

— Tu es un menteur : ils n'y sont pas; que ne les fais-tu parler à moi?

— Ils ne parleront point.

— Pourquoi?

— Parce que ce sont mes varlets; ils ne parleront point devant moi.

— Quand sortiras-tu?

— Je ne suis pas encore prêt. Astaroth sortira aujourd'hui; son heure est marquée.

— Quel signe donnera-t-il?

— Tu le verras bien; il sortira par une verrière et en emportera un carreau et demi.

— Où ira-t-il?

— Avec le capitaine Dandelot (protestant), qui voudrait bien avoir des soldats pour venir en cette ville, mais il n'en aura point; quant aux autres diables, ils sont allés à Genève.

— Pourquoi possèdes-tu ce corps?

— C'est pour *endurcir ou convertir mes huguenots*, et par le sangbieu *je les ferai tout un.* »

Pendant ce colloque, l'abbé de Saint-Vincent écrit sur des billets les noms de Béelzébub, Astaroth et Cerberus; l'évêque les brûle à la chandelle bénite, disant : « O malins esprits, maudits de Dieu! les noms qui sont écrits en ces papiers, en signe de malédiction et supplices éternels à vous préparés seront ici présentement brûlés au feu de la chandelle sainte, et tant serez tourmentés que vous sortirez incontinent. »

Pendant que ces billets brûlent, le corps de l'énergu-

mène paraît plus horriblement tourmenté que quand on
lui montre la sainte hostie. Le feu qui consume ces
noms semble pénétrer tous les membres de la patiente ;
elle est dans des transports indescriptibles ; trois cris
différents et bien distincts sortent en même temps de sa
gorge, qui est démesurément enflée : la voix d'un taureau, d'un chien et d'un pourceau. Chacun est épou-
vanté. « Les gardes, au nombre de huit ou neuf, y suent
à grosses gouttes. » Nicole, au contraire, semble ne ressentir aucune fatigue : ses membres n'éprouvent qu'une
chaleur ordinaire. L'évêque cependant poursuit l'esprit
malin avec la sainte hostie ; un cri aigu domine les autres ;
une vapeur noire s'échappe de la bouche de Nicole ; un
des trois démons, Astaroth, venait de quitter tout de
bon la place. Il sortit par une vitre de l'église, « *avec
rupture d'un carreau et demi*, lesquels se trouvèrent
défaillir à ladite vitre. » Nicole venait de retomber sans
mouvement dans les bras de ses gardes, qui la déposent
sur le théâtre ; l'évêque se met à genoux, place la
sainte hostie sur les lèvres de la malade, qui, à l'instant
même, ouvre les yeux, fait le signe de la croix et bénit
le Seigneur de l'avoir encore une fois délivrée de la puissance d'un de ses ennemis. Le peuple est dans l'admiration, pendant qu'un seul homme reporte Nicole à son
hôtellerie.

« Elle était à peine rentrée aux Pourcelets que plusieurs
gens notables l'allèrent visiter, interrogèrent la mère et
ses parents. Ils voulaient savoir comment était arrivé tel
accident ; pourquoi le démon possédait cette créature ;
quel propos avait dit le diable ; quand il sortirait. Auxquels la mère répondit qu'elle ne savait pour quelle cause

sa fille était possédée et que le diable ne l'avait encore déclaré, sinon que c'était pour *convertir ou endurcir les huguenots*, et qu'il avait dit qu'à telle heure qu'il avait commencé à la posséder, qui était sur les trois heures après midi, qu'à semblable heure il sortirait. »

CHAPITRE HUITIÈME.

Menées des protestants. — Nicole est enlevée furtivement et renfermée dans la tour du roi. — Incidents de cet enlèvement. — Réclamations de l'évêque, de l'official et du doyen. — Nouveaux témoins. — Nouvel examen.

Quoique la réalité de la possession ne fût plus un doute pour personne, même pour les protestants de bonne foi, les meneurs de la secte, l'apostat *Pierre Cauchon de Maupas*, abbé de Saint-Jean, et maître Jean Carlier, médecin calviniste, exigèrent du lieutenant de la ville une nouvelle expérience sur Nicole. Leur but avéré n'était pas de l'expérimenter, mais de la faire mourir. « Ils espéraient par là, » dit l'historien, « éteindre et étouffer le *miracle du saint Sacrement* qui s'éclaircissait de plus en plus, et qui se divulguait partout. Ils obtinrent donc du sieur Claude du Mange la permission de faire mettre Nicole en prison, de la séparer de sa mère, afin d'avoir plus facile moyen de la gehenner et de lui faire tous les maux desquels ils se fussent advisez. Et pour ce, ledit Carlier avait fait faire une pomme de bois percée avec un fil de fer pour la lui mettre en la bouche pour, par ce stratagème, avoir l'air de la faire parler; il avait de plus préparé mixtion et drogueries pour les lui faire avaler. » Mais Dieu, qui veillait sur sa servante et qui voulait par son moyen confondre les protestants et consoler les catholiques, permit que leur malignité fût découverte. Une des domestiques de la demoiselle de Sissonne, forcenée huguenote, chez laquelle se réunissaient tous les nouveaux sectaires, les entendit conférer sur les moyens d'empoisonner Nicole. Là se trouvaient le renégat de Saint-Jean, l'abbé de Maupas, Carlier et d'autres affidés. Ils composèrent ensemble une espèce de médecine qu'on devait donner à la malade pendant l'expérience. — A la prochaine conjuration, l'esprit malin se chargera lui-même de nous dire de quoi était composée cette médecine, pour qui elle fut préparée, chez qui et dans quel but. — « Oh! mes amis, dit la demoiselle de Sissonne à Carlier et à l'abbé de Saint-Jean, je vous prie, ne lui en donnez point tant; elle en mourrait subitement. — Non, non, dit Carlier, elle n'en mourra pas tout de suite, mais ça viendra à point. » La domestique (je ne sais si elle était catholique), ne voulut taire le secret, qui se répandit rapidement par toute la ville. Les honnêtes gens et surtout le clergé furent sur leurs gardes.

Sur les six heures du soir, le lieutenant, accompagné de deux conseillers, se rendit aux Pourcelets. Ils y trouvèrent Nicole, avec sa mère, son mari, son oncle et le voiturier qui les avait amenés à Laon.

Là, commença un nouvel interrogatoire que raconte ainsi Despinois :

« Pourquoi êtes-vous venus à Laon? demanda maître du Mange. Est-ce que Dieu n'est point aussi puissant pour chasser le diable à Vervins qu'ici? Est-ce l'évêque qui vous a mandez ou invitez à faire ceci? Vous êtes cause d'émouvoir le peuple et de faire sédition en la ville.

— Je ne sais, répond tranquillement la mère, quelle est la volonté de Dieu touchant la maladie de ma fille. L'évêque est venu une fois à Vervins, et le diable n'est point sorti. Voyant qu'elle n'était délivrée par chose que je fisse, je suis venue en cette ville pour voir si le dit sieur évêque la pourra aider par ses prières et conjurations. Je ne pense guère à émouvoir le peuple ni faire sédition; je ne demande rien à personne; je suis logée en une hôtellerie, vivant à mon argent, même que j'ai retenu le charretier pour retourner à Vervins, au cas que ma fille ne soit délivrée et guarie.

— Vous n'êtes pas bien logée, reprit le lieutenant, trop de gens viennent voir votre fille, partant, elle n'a pas bon repos. Je la veux mettre en une bonne chambre où elle ne despensera rien, et personne ne la verra.

— Grand merci, dit la mère, j'ai moyen de payer ma dépense et celle de ma fille. Je ne veux point changer de logis; d'autant que je trouve l'hôte et l'hôtesse et ceux de la maison gens de bien.

— Mais, monsieur de Laon a dit qu'il serait bon qu'elle changeât de logis et qu'elle ne fût plus en l'hôtellerie.

— Si vraiment monsieur de Laon l'a dit, je suis prête à obéir.

» Là-dessus le lieutenant commanda à Loys Pierret, mari de Nicole, de porter sa femme où on lui dirait, et défendit à la mère, à l'oncle et au charretier de sortir de la chambre où ils étaient, dont Nicole et sa mère s'éplorèrent bien fort. La mère demanda avec larmes et grands cris de suivre sa fille, mais on ne voulut point accéder à sa prière. Les protestants l'avaient fait passer pour *sor-*

cière. Sur un signe impérieux du lieutenant, Loys prit sa femme dans ses bras et partit.

» L'hôte des Pourcelets vint en toute hâte à mon logis et m'annonça ce que dessus. Je me retirai promptement chez notre évêque et lui racontai la machination ; il n'en voulut rien croire. « Jamais, dit-il, le lieutenant n'agirait ainsi sans m'en avertir. » Toutefois fit donner avis à notre doyen et à l'official pour savoir du lieutenant lui-même le but d'une telle entreprise. Pour moi, je partis promptement pour aller à la recherche de Nicole. Je rencontrai bientôt mon frère le conseiller et un garçon portant lanterne, marchant bien loin devant, puis Loys portant sa femme.

— Où portez-vous cette femme, criai-je, à cette heure, sans chandelle?

» Loys ne répond pas, il en avait la consigne. Mon frère, que je ne connaissais pas à cause de la nuit sombre, dit :

— *Marche, marche.*

— Qui dit *marche?* repris-je.

— C'est la justice, répond le conseiller.

» A la voix, je reconnus mondit frère

— Vous n'êtes pas justice vous seul, peut-être, mais seulement un membre. Vous n'allez point en justicier, n'ayant point de chandelle ni clarté à telle heure que maintenant. Où est le procès-verbal pour le transport de cette femme?

— Ne vous souciez, on le fera.

— Comment le ferez-vous? vous n'avez point de greffier ; vous ne passerez point outre. Il nous faut acte de ce que vous faites.

— Oui-da, vous en aurez acte.

» Alors plusieurs protestants m'empoignent et me détournent, pendant qu'on emporte Nicole.

— Soyez sans crainte, me disent-ils, on ne lui fera point de mal. Voulez-vous empêcher qu'on ne connaisse la vérité qu'entre vous autres prêtres voulez cacher et commettre abus?

— Ce sont vos ministres qui abusent et non pas nous. Quant au fait de Nicole, il n'y a point abus, et je prie Dieu que la vérité en soit bien connue. Je crois qu'elle le sera, et vous serez contraints la confesser.

» On me lâche; je me diligente pour ratteindre Nicole; je la trouve à la porte de la cour du roi. Lors, je demande à mon frère :

— Est-ce ici acte de justice de mettre en prison une innocente qui n'a en rien offensé? Qui vous meut de ce faire? Avez-vous plainte contre elle?

— Oui-da! qui se fait partie? Où sont vos informations?

» Il ne répond rien et se hâte de faire entrer Nicole en prison.

» Comme on la portait en une chambre où se tient le plaidoyer des élus, je dis :

— Vous savez bien que quand cette femme est malade, il n'y a point moyen de la secourir que par la *sainte hostie*, et que personne ne peut la lui donner qu'un prêtre; toutefois, je n'en vois point ici.

— Vous y serez si vous voulez, répond-il.

— Je le veux bien, que je dis.

» Je fus donc enfermé dans la prison avec Nicole, son mari et un petit garçon, serviteur du lieutenant. Alors je regarde par une fenêtre sur la cour du roi, j'y vois grande multitude murmurant fort haut du tort fait à Nicole, à ses gens et à moi. Je prends la parole, et je remontre que nous étions enfermés sans chandelle, ni bois, ni feu; et prie l'assistance nous en vouloir apporter et que je le payerai. Le lieutenant, informé de ma plainte, fit incontinent apporter des grosses chandelles, beaucoup de bois et fagots, et lui-même vint en ladite prison.

» Tôt après, je vis arriver monsieur maître Nicaise Pesé, official et conseiller du roi en cette ville, lequel dit au lieutenant qu'il était envoyé de la part de monsieur l'évêque pour lui remontrer qu'à tort et sans cause ni raison il avait fait transporter Nicole en prison; que l'évêque prenait cela de mauvaise part, attendu qu'il est pair de France, et que Nicole est en sa protection et justice. « Ce n'est point pour contemner (mépriser) l'évêque ni son autorité que j'ai agi de la sorte, répond-il, mais par l'advis et délibération de messieurs les conseillers.

— Quand avez-vous assemblé la chambre, répond l'official. Vous ne pouviez le faire, puisque *c'est dimanche*; puis, en ma qualité de *conseiller*, je devais y être appelé. Si j'eusse été présent, j'aurais assuré la compagnie de la vérité de la possession de Nicole; j'aurais répondu aux calomnies des religionnaires.

— Enfin, reprend le lieutenant d'un ton irrité, nous voulons découvrir l'abus que commettent Nicole et ses parents.

— Je réponds encore une fois qu'il n'y a point abus; la possession est véritable, vous-même en avez été témoin aux Pourcelets.

— Aux Pourcelets je n'ai pu faire suffisante expérience comme je veux la sonder cette nuitée. Je vous réponds qu'avec le médecin Carlier la chose sera découverte avant vingt-quatre heures. J'ai commis gens

POSSESSION ET DÉLIVRANCE. 173

idoines et capables pour panser et garder Nicole.

» L'official et moi voulûmes voir ceux qu'on avait commis à la garde de la patiente. Nous vîmes que c'étaient pauvres gens clocqmans (sonneurs de cloche) de notre église. Nous remontrâmes que tels gens n'étaient pas propres à telle besogne ; que leur témoignage ne serait pas reçu ; qu'ils verraient que tout est miracle du saint Sacrement, et que les huguenots diront : « Ces gens n'oseraient parler contre les prêtres, ils sont leurs salariés. » La chose mérite bien qu'on y commette des plus apparents et fameux de la ville. Sur ce, le lieutenant se retira chez le conseiller Marquette. Notre official comprit bien que tout ceci n'était que conspiration faite par ceux de la justice à la requête de l'abbé de Saint-Jean, dans le but d'occire Nicole et de faire scandale à notre état ecclésiastique.

» Nous délibérâmes alors d'aller informer notre doyen de ce que dessus. Il en fut ému de grand'pitié, et quittant son souper, il s'en alla incontinent, accompagné de l'official, vers le lieutenant, qui soupait chez le conseiller Marquette. Pour moi, je m'en allai chez le sieur Claude Cheveau, capitaine de la ville, lui demander main-forte. Ledit capitaine vint avec nous chez le lieutenant, auquel notre doyen, déjà arrivé, demanda pour sa part raison de l'emprisonnement de Nicole. M. du Mange répéta les raisons que dessus. Notre doyen répondit : « Pendant trois mois à Vervins, on a expérimenté Nicole ; il y a possession et nul abus. Jamais le clergé de Laon, dont je suis le *second chef*, n'endurerait abus être commis. Que d'ailleurs pour en connaître, ce n'était affaire à la justice laye (laïque), mais à l'ecclésiastique ; que cela dépendait de *la foi*, et que *la foi* devait *être tenue des prêtres et ecclésiastiques.* » Ce que confessa le lieutenant. Lors le doyen ajouta : « Si vous voulez véritablement connaître la vérité, il faut que *vous-même* avec gens honorables, tant de la justice que du clergé, soient présents. » Et partant, il lui fit, par le droit de sa charge, sommation de se transporter en ladite prison avec gens de bien, et que lui-même l'accompagnerait, et que s'il s'y refusait, il le rendrait personnellement responsable du mal qui arriverait à Nicole. Le lieutenant, un peu piqué, s'y refusa d'abord, mais le doyen était à peine parti que le lieutenant alla tout soudain à la tour du roi; il fit appeler avec lui maître Nicole *Boschet*, l'un des avocats du roi, maître Pierre Doulcet, bailly du duché de Laon, Ledoux, avocat, Devaux, théologien, et autres chanoines, Pierre Muyau, médecin catholique; et de tous états y en arriva plusieurs, même qu'ils furent empêchés par le geôlier. Ce néanmoins y entrèrent plus de vingt-cinq personnes, tous gens notables qui passèrent la nuit en la prison. — Avant l'arrivée d'iceux, Nicole avait été diligemment visitée par maître Carlier, médecin huguenot; lequel regarda dedans les habillements, sous les aisselles, aux narines, aux oreilles, en la bouche et partout, pour y trouver chose qui seût émouvoir ladite Nicole pour se débattre comme elle faisait quand elle était possédée. Il n'y trouva rien. On coucha la patiente dans un bon lit. Alors nous impétrâmes du magistrat la présence du mari et de la mère pour donner assurance aux gardes et leur dire ce qu'il fallait faire en cas de maladie. On les fit venir et ils passèrent la nuit avec nous. Nicole dormit paisiblement toute la nuit. »

CHAPITRE NEUVIÈME.

Nicole possédée. — Lutte entre l'énergumène et le médecin Carlier. — Carlier empoisonne Nicole. — Miracle du saint Sacrement. — Conversion de deux protestants. — Nicole se plaint de ce qu'on lui a donné pendant sa léthargie. — Joie des catholiques. — Nicole libérée.

« Le lundi 28 janvier, vers les six heures du matin, Nicole entre tout à coup en possession; d'un plein saut elle vole au milieu de la chambre, puis revient sur le médecin huguenot, se jette sur lui ; tous deux entrent en une furieuse lutte. Ils se battent à grands coups de poing. Pendant le conflit, les plus hardis se retirent dans les coins et laissent tout le fait à Carlier. Ledit Carlier frappait à droite et à gauche, criant : « *J'en ai bien vu d'autres.* » Il fut pourtant horriblement maltraité, car l'énergumène frappait des pieds et des mains et ne manquait jamais son coup; bien écheut que cette lutte dura peu. Cette fois, ledit médecin fut bien forcé de croire que c'était vraiment un diable qui possédait Nicole. Quant au lieutenant, il approchait, il reculait, il levait les mains et criait en faisant le signe de la croix : « Jésus ! Maria ! oui, c'est Satan ! Arrière, arrière ! » et semblait le repousser.

Dans les intervalles de la lutte, Nicole, recourbée comme un cercle, semblait marcher sur sa tête ; tout en elle offrait l'aspect d'un épouvantable démon. « Alors je m'approchai de la pauvre infortunée, dit Despinois, je tirai son corps ainsi possédé sur le chevet du lit; à l'instant elle tomba sans mouvement et resta la bouche ouverte. Ce qui ne lui arrivait jamais, car, les autres fois, il fallait une pincette pour lui desserrer les dents. »

Pourquoi Dieu permettait-il cet incident nouveau? Nous allons le voir.

« Ledit Carlier, saisissant cette opportunité, tire de sa gibecière ladite médecine préparée chez la demoiselle de Sissonne, et, sans rien dire à personne de la compagnie, pas même aux médecins, la jette dans cette bouche béante. Cette liqueur, presque noire, était si puante, que je mis promptement ma main dextre en avant, criant : « Fi donc! notre maître Carlier, que lui baillez-vous là? » Et il n'en put jeter davantage. Ma main fut tellement tachée et puante que, pendant trois jours, je mangeai avec la senextre. A l'instant Nicole *tombe évanouie*, dont ledit Carlier fut fort étonné; il prit alors une autre fiole pleine de liqueur blanche pour la lui administrer, mais je l'en empêchai, car, tous, nous savions de quoi il était capable; les autres lui demandent à quelle occasion il voulait lui donner cette nouvelle drogue : « C'est pour la faire revenir à soi, » répondit-il. Il en versa tant soit peu; puis, pensant faire autant et plus que Dieu *avec son sacrement*, il remua bien fort le corps de la patiente, lui frotta âprement les mains, les battit l'une contre l'autre, criant : « Nicole, Nicole, il faut boire! » Mais Nicole ne répondit point.

» Tout d'un coup, au milieu de ces expériences, on vit courir sur le chevet du lit une bête noire telle qu'une *escarbote*, dont chacun eut grand'peur, et principalement moi, parce qu'elle marcha sur ma main, à l'endroit de ladite puante liqueur.

« Bah! c'est une ordure tombée du ciel de lit, » dit Carlier.

Il secoua les rideaux pour en faire tomber d'autres, mais ce fut en vain.

« C'est une escarbote, disent tous les assistants; nous l'avons bien vue.

» Je dis alors à maître Carlier :

— Eh bien, avez-vous assez expérimenté Nicole? Elle est encore à votre commandement : regardez quelle chose vous pouvez lui bailler pour l'exciter.

— Mais, je ne lui ai rien donné jusqu'alors.

— Si, si, reprend toute l'assistance, nous l'avons bien vu.

» Il ne répondit rien; ne voulant pas être témoin du reste, il prit une chandelle et sortit, et oncque depuise se représenta. »

« Alors, dit le doyen de Héricourt, le médecin catholique Muyau fut par nous requis de pourvoir à l'allégement de la patiente. Il fit réponse bien pertinente, présent toute la compagnie, que c'était un *labeur mal colloqué*, avec perte de temps et indignation de Dieu que de travailler à l'empêchement des *effets de sa volonté*, par moyens humains, ou à l'investigation de la profondité (profondeur) de ses secrets. Qu'il assistait pour témoigner de la vérité des choses advenues et non pour l'exercice de son art en *une maladie à lui inconnue* et *surpassant toute connaissance naturelle*. »

Alors tous s'approchent du lit, expérimentent Nicole pendant une heure, et tous déclarent qu'il n'y a moyen humain de la tirer de sa léthargie.

« Eh bien, messieurs, dit alors le doyen, ayons recours au seul remède efficace : donnons-lui l'Eucharistie. »

Les catholiques se mettent à genoux, les huguenots

restent debout. « Un de la compagnie récite le *Confiteor*, *Ave*, *salus*, et le vénérable doyen, orné de l'étole, donne l'absolution, met la *sainte hostie sur les lèvres de la patiente*. Elle ouvre à l'instant les yeux, reçoit Notre-Seigneur [1]; mais, en avalant la sainte hostie, elle avale en même temps ladite liqueur qui était restée dans sa bouche, et s'écrie à plusieurs reprises : « Jésus! Maria! qu'est-ce qu'on m'a donné? Je brûle! je brûle! » Elle veut vomir; je présente une écuelle profonde qui se trouvait là; je jette le vomissement au feu. Et quoiqu'elle vomît trois fois, on ne s'avisa pas, dit Despinois, de garder le vomissement pour connaître la composition de ladite liqueur; seulement on s'assura qu'elle n'avait pas vomi la sainte hostie. » Circonstance que les catholiques regardèrent comme miraculeuse.

« La pauvre femme, après, en son vomissement,
Ne rendit le corps saint reçu, mais seulement
La plus grand'part de la poison; »

dit un poëte du temps.

Parmi les assistants se trouvaient deux huguenots, l'un nommé Quentin de Martigny, l'autre Delaplace, frère de la geôlière; tous deux, à la vue de ces merveilles, s'écrièrent : « *Je le crois, car je l'ai vu. Je ne serai plus huguenot.* » C'était le cri d'un saint Thomas : *Dominus meus, et Deus meus! Vous êtes mon Seigneur et mon Dieu!* Et tous deux se convertirent.

« Le lieutenant et toute l'assistance, bien émerveillés, ne purent que rendre grâces à Dieu d'avoir vu un aussi

---

[1] Il advint que *vix exciderat sacramentum primis labris puellæ laborantis, ea mox in instanti cœpit Deum laudare et signare se signaculo crucis*. (Rapport au pape.)

beau miracle. A l'instant, je dis à M. du Mange : « Eh bien, monsieur, que dites-vous maintenant des accusations dressées contre nous? Avez-vous assez de preuves du fait? y a-t-il abus? Vous tenez Nicole, sa mère, son mari à l'appétit et requête des méchants et des incrédules; que vous en semble? Sommes-nous donc abuseurs, comme vous le disiez encore hier?

— Je ne vous ai point dit que vous étiez abuseurs; ce que j'ai fait a été pour le bien. Je ne demande plus rien à Nicole, ni à sa mère, ni à son mari; je les mets en liberté; ils peuvent retourner aux Pourcelets.

« Sur ce, je fis habiller Nicole et j'aidai à la reporter aux Pourcelets, dont tous les gens de bien furent fort joyeux, et les protestants incrédules fort marris. Le tout fut à l'instant signifié à Monsieur de Laon, qui ordonna, de l'avis de son chapitre, des supplications générales et processions solennelles, ce jour-là même, par la cité, et il voulut que Nicole y fût portée. Les cloches de la grande église, sonnées à carillon, annoncèrent à la ville et bien loin aux environs *le triomphe du saint Sacrement*. Dans toute la ville, il y eut joie et enthousiasme général. Ainsi, encore une fois par la volonté de Dieu, les huguenots furent bien humiliés de cette nouvelle expérience qu'ils avaient si impérieusement réclamée. »

CHAPITRE DIXIÈME.

Ordre de la procession.

« Et afin que vous puissiez savoir et entendre l'ordre qu'on tenait en la procession, dit Despinois, je vous en ferai ici un petit rescrit.

12

» Premièrement marchaient les enfans d'école ; chacun en son ordre et rang, suivis de leurs maîtres et précepteurs. Puis les cordeliers, les religieux du prieuré de Saint-Nicolas, ordre du Val-des-Écoliers ; les religieux de Saint-Martin, de l'ordre des Prémontrés ; les religieux de Saint-Vincent, de l'ordre de Saint-Benoît, lesquels étaient suivis de leur abbé ; les religieux de Saint-Jean, aussi de l'ordre de Saint-Benoît ; puis après la croix, les curés et chapellains des églises paroissiales de la ville et des faubourgs. Venaient ensuite les chanoines des églises collégiales de Saint-Julien, de Saint-Jean au Bourg, de Saint-Pierre au Marché, de Sainte-Geneviève ; puis les enfants de chœur, vicaires, chapellains et messieurs les chanoines, dignitaires et doyen de notre église. Au milieu d'eux était portée la châsse dite de Notre-Dame, grandement honorée pour les miracles anciens. Après eux marchait M. le commandeur de Puisieux, portant l'aumuse épiscopale, précédant ledit sieur évêque de Laon, qui portait le saint Sacrement sous un dais ou ciel de satin rouge et blanc broché par endroits de fils d'or et d'argent enrichis de figures d'hosties et *Agnus Dei* en fil d'argent et de plusieurs armoiries aux quatre coins. Ce dais, soutenu de quatre bâtons, était porté par quatre chanoines revêtus et ornés de riches et somptueux vêtements, comme ceux qui les précédaient. La patiente était portée derrière ledit dais et le diable en icelle, lequel disait merveille aux uns et aux autres, même aux gens de village qu'il nommait par nom et surnom. Ce qui émerveillait tout le monde, même messieurs de la justice, auxquels aussi le diable disait beaucoup de choses. La procession fut faite autour de la cité à la manière accoutumée ; elle sortit par la porte de l'église du côté du cloître, sortit aussi par la porte dudit cloître jusqu'à la porte dite et appelée *Mortée*, tourna vers la tour du Roi par le grand marché, revint par la rue du Bloc, où eut lieu un petit incident que je ne veux oublier de dire. Une jeune femme, veuve de feu Paquot, étant mal disposée au logis de son feu père, nommé Thomas de Blois, regarda par la fenêtre pour voir passer la patiente. Le diable commença à crier après elle : « *Eh quoi ! pimbèche, vous voilà, et vous ne faites point le deuil ; il n'y a que trois semaines que votre mari est mort. Allez, allez, que vous êtes vilaine !* » Je dis à ceux qui étaient près de moi qu'ils eussent mémoire de ce propos, afin de montrer aux calomniateurs qu'on n'avait pas dressé le diable à dire ces propos, non plus qu'à dire les autres propos qu'il tenait. La procession passa par la rue *du Change*, où je fus bien émerveillé quand il me dit, à l'endroit de la maison d'un brodeur : « *Aga ! voilà une chasuble que ta mère a achetée cent sous avec une boîte à mettre des doublets (c'était un corporalier).* » Ce qui était vrai.

» La procession rentra à l'église par le grand portail, et la patiente fut portée et déposée derrière le chœur, dans le cloîtreau. »

CHAPITRE ONZIÈME.

Conjuration du matin.

« Après la procession, maître Favier, cordelier, fit la prédication qu'il a toujours continuée tant que la patiente a été tourmentée, et même après sa délivrance, à cause de quoi les huguenots lui ont voulu mal le plus qu'il est possible de dire. Néanmoins, les prédications continuèrent constamment. Pendant le sermon, le diable dit : « *Ah! voilà mon prédicateur en besogne ; allons l'écouter.* » Et il laissa Nicole immobile, sourde, muette et aveugle. J'en avertis l'évêque, qui vint la voir ; comme il commençait *Adjutorium nostrum in nomine Domini*, le diable aussitôt rentre dans la patiente et dit :

— Eh bien, ma coquille, penses-tu que je ne t'ai pas vu venir ?

» Ledit sieur évêque ne répondit rien et s'en retourna écouter la prédication.

— Puisque tu t'en vas, aussi ferai-je, dit le diable.

» Et il laissa Nicole comme auparavant.

» Après la prédication et la messe, commença la conjuration.

— Où as-tu été cette nuit, dit l'évêque.

— Ne le sais-tu pas bien? J'ai été en la prison du roi, en la chambre des élus, où était le lieutenant : il s'en souviendra longtemps. Combien de fois n'a-t-il pas dit : « Nésus! (pour Jésus, qu'il ne veut pas prononcer) » Maria! c'est Satan, arrière, arrière. » Et puis maître Jean Carlier, qui a donné une médecine à cette méchante. C'est moi, vois-tu, qui l'ai aidé à la faire chez la demoiselle de Sissonne.

— De quoi était composée cette médecine?

— Ah! il y avait de quoi empoisonner plus de vingt personnes. Mais Nicole n'a point tout pris. C'est de la faute de ce chanoine (il me montrait alors du doigt, dit Despinois) ; c'est lui qui a rompu l'entreprise dudit Carlier.

— Dis donc, de quoi était composée cette médecine ?

— Il y avait huit grains d'antimoine, qui n'avait été ni lavé ni broyé, de l'eau d'hysope, de l'eau-de-vie, de l'eau de romarin, de l'huile de pétrolle qui vient de Rome. »

Puis contrefaisant, selon sa coutume, quand il rapportait les paroles de quelqu'un, la voix et les gestes de la demoiselle de Sissonne, il dit, comme parlant à Carlier et à son abbé :

« Eh ! mon ami, il ne lui en faut pas tant donner, ce serait pour la tuer incontinent.

— Oh ! je vois que tu es un menteur. »

L'évêque parla ainsi pour montrer 1° qu'il n'accepte point comme preuves d'un fait les dires de l'énergumène ; et 2° pour prouver aux huguenots qu'il savait repousser la calomnie.

« Oui, je suis menteur, reprend l'esprit malin, mais souvent je dis la vérité.

— Quand dis-tu la vérité ?

— Quand il m'est commandé et que j'y suis forcé, comme aujourd'hui ; et quand je dis la vérité, je l'emprunte. »

L'évêque, pour lui imposer silence, prend la sainte hostie, la présente à la face de l'énergumène. Satan rugit, et, en partant, il laisse sa victime immobile ; mais la sainte communion la rend à la vie.

CHAPITRE DOUZIÈME.

Nicole chez le commandeur de Puisieux.

Les protestants étaient pris dans leurs propres filets. Les aveux de l'énergumène étaient tellement d'accord avec les bruits qui couraient en ville, et aussi avec les expériences de la nuit, qu'il était évident pour tous que les huguenots avaient juré de se débarrasser de Nicole. C'était grande rumeur dans la cité. Le lieutenant, craignant un coup de main, se rendit auprès de l'évêque pour le conjurer 1° de ne plus porter Nicole à la procession, et 2° de faire la conjuration dans une chapelle secrète. L'évêque, toujours ami de la paix, consent à tout; bien plus, il offre son palais, sa chapelle, pour les conjurations.

Mais c'eût été donner prise aux accusations des protestants : il importait de rendre tout public.

« En effet, dit le doyen de Héricourt, Dieu sait comment les ecclésiastiques étaient contuméliéusement traitez et de quelle façon étaient interprétez leurs exorcismes et sacrifices. Mais qu'eussent-ils dit si Obry et ses parents eussent été cachés en l'évêché, et si, d'autre part, les prêtres eussent fait quelque profit de tel spectacle? Ils ne voyaient que piété et charité, jeûnes et oraisons, sacrifices et supplications, fâcheries et horreur : et toutefois le tout était, de leur côté, tiré à mauvaise part, comme si nous n'eussions eu, en telle sainte action, autre but que mieux faire valoir le métier, et, pour parler proprement à leur guise, pour *mieux vendre nos messes*. Mais par tel dire ne profitant en rien, prirent la voie de tirer d'abord Nicole hors des mains de l'Église;

ce pourquoi ils la mirent en prison ; mais forcés de la relâcher, ils voulurent au moins étouffer la conjuration. Pour leur condescendre, notre évêque offrit donc son palais : ce que le lieutenant lui-même ne trouva pas expédient. »

On chercha donc un lieu plus convenable. La maison du commandeur de Puisieux, vieillard de soixante-quatorze ans, militaire chargé de mérites et d'années, fut jugée favorable, « car elle était fermée de murs, et il y avait église ou chapelle » (chapelle actuelle des frères). Un exprès est donc envoyé au commandeur de la part de l'évêque et du lieutenant pour lui demander de recevoir la démoniaque en son logis. Avant de répondre, le bon vieillard demande quelques heures pour consulter le gouverneur de sa maison : c'était maître Nicolas Renier. Il va donc le trouver, lui exprime le désir de l'évêque et ajoute : « Vous comprendrez que c'est grand'charge ; que cela ne se peut faire sans grands frais ; qu'on est mal payé de ceux qui doivent de l'argent ; qu'il y a danger, vu les menaces des huguenots, encore que ma maison soit bien close ; donnez-m'en votre avis. »

Le bon *maire* répondit :

« Monsieur, de fait vous démontrez que vous êtes vraiment chrétien, votre femme aussi ; et toute votre petite famille sont gens de bien. Puisque votre propre est d'être hospitalier (il était chevalier de l'ordre de Saint-Jean de Jérusalem), plus belle aumône ne sauriez faire.

— Eh bien, si vous savez que j'aie la commodité, je m'en rapporte à vous.

— Monsieur, vous l'avez, et quand vous ne l'auriez

pas, pour telle œuvre Notre-Seigneur vous la donnera. »

Là-dessus, le commandeur fait préparer la salle basse pour recevoir Nicole et, retournant chez le révérend père évêque, lui dit :

« Monsieur l'évêque, je ferai tout ce que je pourrai pour l'honneur de Dieu ; quant à ma sûreté, je m'en rapporte à M. le lieutenant.

— Rassurez-vous, répond celui-ci, il ne vous adviendra aucun mal ; je réponds de votre corps, de votre vie et de votre maison. »

« Ayant su ces résolutions, continue Despinois, je fus fort réjoui, d'autant que ledit commandeur m'est bon seigneur et ami, et duquel je suis commensal. J'allai donc voir Nicole l'après-midi ; je conseillai à la mère de renvoyer le chartier, et nous portons la malade en la maison de M. de Puisieux, qui la reçut fort humainement. Nicole fut logée en la grande salle. Là, elle fut aussitôt visitée par plusieurs gens de la ville, et même des plus notables, qui offrirent de la secourir en ce qu'elle aurait besoin. — Il n'est besoin de lui envoyer ni viande ni vin, dit le commandeur, j'en fournirai tant pour elle que pour ses parents ; mais si vous voulez envoyer bois et chandelles, ce sera pour veiller la patiente. »

Nicole ne quittera plus cette maison ; elle y sera en sûreté sous la double protection de la justice ecclésiastique et civile, jusqu'à son départ de Laon, 2 avril.

« Ce qui n'a été sans grands frais et coutanges, continue Despinois ; mais ledit commandeur a tout fait pour l'honneur de Dieu ; il me pria vouloir assister la patiente chez lui, ce que je lui accordai bien volontiers ; et, à la même heure, j'y fis porter une paillasse et un lit, et j'y couchai, accompagné de plusieurs gens de bien de la ville.

» Ce même jour, après midi, notre trésorier, croyant n'avoir plus besoin de l'échafaud en la grande église, le fit démonter. »

« On le démolit, dit de Héricourt, pour faire cesser toute occasion de mal dire, ou pour éviter sédition, à cause du bruit qui s'en semait de la part de ceux qui se disent réformés, lesquels voyant par tel miracle la cheutte et ruine de leur supposée Église, et la nôtre de plus en plus se renforcer, trouvèrent moyen de faire cesser les conjurations en la grande église [1]. »

CHAPITRE TREIZIÈME.

Conjuration dans la chapelle du commandeur. — Reprise des conjurations dans la cathédrale.

« Le mardi 29 janvier, Monsieur de Laon vint à la maison de Puisieux, dit la messe *In pontificalibus*, pendant laquelle l'esprit malin raconta merveille, selon sa coutume. Puis commença la conjuration :

— Qui es-tu ?
— Béelzébub.

---

[1] « L'autorité civile, prévoyant des désordres sérieux, dit M. Piette, essaya de les prévenir. Claude Dumange, lieutenant de la ville, alla trouver l'évêque, lui représenta le danger qui pouvait résulter de la continuation des exorcismes et des processions et l'engagea à les faire cesser ou à leur donner moins d'éclat et de publicité. *L'évêque ne voulut point tenir compte de ces observations, et il continua les conjurations.* »

Où est encore ici la vérité historique? A chaque page, *à chaque alinéa*, nous aurions à faire les mêmes réflexions sur le récit de MM. Devisme et Melleville.

— Es-tu seul?

— Non, Cerberus est encore avec moi.

— Quand sortiras-tu?

— Tu as beau faire, je ne sortirai point *ici*. Penses-tu cacher *ce que Dieu veut être manifesté partout et connu de tout le monde?* Ah! je le vois, toi aussi, évêque, tu veux obéir plutôt aux hommes qu'à Dieu. Je t'assure que je ne sortirai point ici, ni moi ni d'autres. Bien plus, à cause de ta trop grande complaisance, mes jours sont prolongés au corps de cette créature.

— Tu me penses abuser de tes propos; mais je ne les croirai pas, et tu sortiras *ici*.

— *Par le sanbieu!* non ferai; et je te le répète, que mes jours y sont prolongés. Ainsi, je ne sortirai point au jour que je t'avais dit.

— Où est-ce donc que tu sortiras?

— En ce grand b...... (ô blasphème! ainsi les huguenots et lui appelaient-ils notre église et saint temple de Dieu), et dessus ces planches qu'on a fait défaire, et *par le sangbieu!* on les refera. Veuille-le, ne le veuille pas, tu feras là-dedans ce qu'il plaît à Dieu. Je suis bien maudit et méchant de te dire ce que tu as à faire contre moi; mais j'y suis forcé.

— Quand sortira Cerberus?

— Si on porte cette misérable où je t'ai dit, il sortira samedi.

— Et toi?

— Mardi. Mais, auparavant, crois-moi, fais ôter de ton église toutes les images et statues, ce n'est qu'idole et singerie.

» Il voudrait voir disparaître de nos temples et de nos

maisons les images des saints et même la croix de Jésus-Christ, qui sont, dit le vieil historien, mémoire pour ensuivre (imiter) la vertu des bons et des saints, et nous faire perdre aussi toute souvenance de notre devoir et de la sacrée passion de Notre-Seigneur Jésus-Christ. C'est où le diable tend. »

L'évêque alors, pour mettre fin à ses discours, lui montre la sainte hostie. Satan sort furieux, laisse Nicole en léthargie; l'évêque la communie, et elle reprend connaissance.

Les catholiques cependant murmuraient tout haut de la décision prise par l'évêque. « Pourquoi nous priver de la vue des prodiges que Dieu opère par le saint Sacrement? s'écriait tout à la fois cette foule immense, accourue de tout le diocèse et des pays étrangers. Nous voulons voir *cette victoire de Dieu*, et assister aux exorcismes. » Et puis on se répétait les paroles de l'énergumène dans la dernière conjuration. C'étaient deux camps en présence. L'évêché, d'un côté, l'hôtel du lieutenant, de l'autre, étaient sans cesse assiégés par des demandes en sens contraire. Comment satisfaire à la fois et catholiques et protestants? Enfin, l'énergumène était là, hurlant à tous les passants : « *Bon gré, mal gré, vous retournerez dans ce grand b......., ou je ne partirai point.* » De tous les ennemis, c'était le plus terrible et certes le plus embarrassant; aussi fallut-il plier sous sa menace.

« Les propos du diable, » dit l'historien Boulèse, « joints aux plaintes que faisaient les étrangers qui, de fort loin de tous les côtés, en grandes tourbes arrivaient à la file pour voir les merveilles de Dieu, forcèrent l'évêque et le lieutenant à recommencer les conjurations en la grande église, en sorte que, vers midi, vingt-neuvième jour de janvier, l'échafaut fut redressé, mais plus haut et plus large que le premier et fermé de planches tout à l'entour; parce que mauvaises gens se mettaient dessous le premier, et avec canivets et longs poinçons et épingles piquaient ceux de dessus. »

Cette nouvelle estrade comprenait tout l'espace qui est entre les deux piliers de l'arc triomphal du chœur ; elle était appuyée contre le jubé et fermait la grande porte; elle cachait en partie l'autel de saint Sébastien qui était à gauche, mais laissait libre l'autel de la sainte Vierge, appelé l'*autel de l'Image*. C'est là que l'évêque dira la messe pendant tout le temps des conjurations. Cet échafaud fut dressé, dit Boulèse, « afin que la grande multitude, comme dit est, voire pour une heure quelquefois plus de vingt mille étans tant en la nef, tout jusqu'au bout, que sur le pupitre (jubé) et les voultes d'alentour, puissent mieux voir la souveraine victoire de Notre-Seigneur Jésus-Christ, vestu des accidents du pain aussi bien que du vin au très-saint Sacrement. »

Nous remarquerons ici avec QUELLE MINUTIEUSE ATTENTION les historiens du temps décrivent JUSQU'AUX MOINDRES CIRCONSTANCES de cet événement. Ils semblaient prévoir et en même temps réfuter à l'avance toutes les objections que pourrait soulever cette histoire dans la suite des siècles.

CHAPITRE QUATORZIÈME.

Piété des gardes de Nicole sous la direction du chanoine Despinois.

Le mercredi 30 janvier, il y eut conjuration le matin à l'église cathédrale. Mais pour ne pas irriter les protestants, il n'y eut pas de procession. Bien plus, l'évêque, se résolut dès ce jour à faire *debout* toutes les conjurations, qu'il présidait *assis* les jours précédents, « parce que les huguenots disaient qu'il était *un cadet délicat* ». C'était un nouveau sacrifice ajouté à tant d'autres que s'imposait notre pieux évêque, par amour de la paix.

Dans cette conjuration l'esprit malin, après avoir répété en plein théâtre les scènes de la prison, à la tour du roi, ajouta que : « quant à la petite escarbote qu'on avait vue courir sur le lit de Nicole, on saurait le lieu de sa retraite avant trois ans, pendant lesquels ledit esprit malin et mensonger se promettait de faire encore de beaux manéges en la ville. »

Cette conjuration se termina comme à l'ordinaire par le miracle du saint Sacrement.

« Dès le soir de ce jour, vers neuf heures, dit Despinois, je trouvai dans la salle où couchait Nicole plusieurs personnes qui venaient s'offrir pour passer la nuit et soulager les gardes. Je leur remontrai que la maladie de la patiente étant surnaturelle, comme tout le monde le voyait, il fallait aussi s'armer des armes spirituelles pour combattre ce terrible démon ; et l'expérience que nous avons sous les yeux nous apprend qu'il n'en est point de plus redoutable au démon que le *saint Sacrement de l'autel*, duquel, avec l'aide et la grâce de Dieu, j'espère m'armer chaque jour : « Qui de vous, » leur dis-je, « veut faire de même? » Dix répondent librement à mon appel, et tous ajoutent que, sauf maladie, ils n'abandonneront jamais la patiente, et que pour la sauver ils y mettront leur vie.

» De ce nombre étaient deux prêtres : maître Ferry de Guynes, l'un des vicaires de notre église; l'autre, maître Adrien Cotte, chanoine de Sainte-Geneviève, et chapelain de notre église. Ces deux bons confrères promirent de m'aider à soigner la malade et à entendre les confessions; ils s'engagèrent de plus à dire chaque jour la messe à notre chapelle. Les autres étaient Loys Pierret, mari de Nicole; Augustin, son oncle; Pierre Arnaut, neveu du prévôt des maréchaux; Antoine Vallier, tailleur; Robert Antoine; David Gandon et autres. Tous me promirent penser à leur conscience et se préparer à recevoir notre Créateur le lendemain. Ce soir même, je commençai à faire les prières avec eux, savoir : les sept Psalmes. Je disais un verset, toute l'assistance, qui était quelquefois grande, disait l'autre; puis la letanie des Saints avec oraisons, et quelques versets que nous répétions trois fois, comme : *Pro hac orabit omnis sanctus,* — *Cor mundum crea in me, Deus,* — *Tibi soli peccavi,* — et autres.

» Comme Nicole se plaignait que la nuit, quand elle tombait en *stupeur*, elle était grandement tourmentée; qu'elle voyait un spectre hideux qui de ses grandes mains sèches la voulait étrangler, et qu'elle n'était délivrée de ce fantôme que par la sainte Eucharistie, j'avertis les gardes de la réveiller d'heure en heure, et de la faire parler. Ce qu'ils firent. Le plus souvent elle était trouvée roide. Un prêtre aussitôt lui administrait le saint Sacrement et la délivrait de son ennemi.

» Ce soir-là, avant le coucher, je demandai à Nicole si ce laid homme lui parlait.

— Oui, me répond-elle.

— Eh bien, prenez bien garde à retenir ce qu'il vous dira pour me le répéter ensuite.

Elle me le promit.

Après la première extase, qui ne tarda pas, je lui dis :

— Avez-vous vu quelque chose ?

— Oui, répond-elle.

— A-t-il parlé à vous ?

— Oui.

— Qu'est-ce qu'il vous a dit ? dites-moi les propres mots :

— Tais-toi, tais-toi, m'a-t-il dit (parce que je priais Dieu de me venir en aide), tu n'es pas quitte de moi. Je t'accoustrerai bien avant que je te laisse, car *on ne fait point la volonté de Dieu. On ne te porte point en procession, et c'est sur toi que ma colère retombera.*

Je ne lui demandai plus rien. »

CHAPITRE QUINZIÈME.

L'évêque et le chapitre ordonnent des processions solennelles pour trois jours, — requièrent un notaire pour dresser procès-verbal de chaque conjuration, en présence de la foule. — Départ de Nicole pour la cathédrale. — Ses causeries pendant le trajet et le sermon.

« Le jeudi, dernier jour de janvier, dit Despinois, sur les quatre heures du matin, je fis éveiller la patiente. On la trouva dans sa léthargie. Nous chantons le *Veni Creator*, l'*Ave maris Stella*, avec versets et oraisons, puis je lui administre la sainte hostie. Revenue à elle, Nicole demande ses heures et prie longtemps avec ferveur.

» Pour nous, nous allons à la chapelle, nous entendons les gardes en confession, nous disons nos messes, à la fin desquelles je les communie.

» Vers les six heures, après nos matines, je prie Monsieur de Laon et messieurs du chapitre, vouloir faire processions pour la délivrance de la patiente, laquelle devait y être portée, parce que le démon les redoutait fort et qu'il avait menacé, la nuit, de torturer davantage encore la malade si on ne l'y portait. Après m'avoir ouï, ils me l'accordent et font annoncer aussitôt, à son de trompe et à carillon, processions extérieures et solennelles pour jeudi, vendredi et samedi.

» Mais, parce que les huguenots ne cessaient de mal dire et de détracter ce qui se faisait, et qu'ils continuaient à faire accroire à aucuns du peuple que tant aux processions que sur l'échafaud, il y avait toujours quelqu'un qui recordait la patiente, et lui faisait dire ce que le diable disait par sa bouche, il fut advisé que pour obvier à telles maledisences, qu'on appellerait maître Guillaume Gorret, notaire royal, pour assister et être près de la patiente, pour attester et mettre par mémoire ce que le diable dirait et ferait en elle, et pour connaître si elle était recordée, et si la difformité qu'elle avait était appostée.

Rapportons ici l'incident ordinaire de chaque matinée.

« Elle donc, après son lever, toute saine d'esprit et de corps, excepté le bras gauche paralysé, était assise sur un sac plein de paille auprès du feu et lisait en ses heures jusqu'à neuf heures. A ce moment, quelqu'un des gardes lui disait, comme de coutume : « Nicole, allons nous promener... » Le reste comme aux Pourcelets. Soudain qu'elle mettait un pied sur l'un des quarreaux du pavé de la cour, elle était saisie du diable, sautait en l'air, jetait souliers d'un côté, chausses de l'autre, et commençait à être démoniacle, pesant fort et faisant grande résistance. Les gardes à grand'peine la portaient à l'église; sur le chemin elle caquetait, et disait d'un gros ton : « *Fi, les vilains crapeaux de papaux, ils ont mangé Jean le blanc au matin.* » Elle nommait les étrangers par noms et surnoms, leur disait la cause de leur voyage ; nommait les uns huguenots, les autres papaux, avec la demeure d'un chacun, dont on s'émerveillait d'autant, que la patiente n'était jamais venue en cette ville et n'y connaissait personne. »

Après la procession, Nicole fut portée derrière le grand autel. On l'éloignait ainsi afin de ne pas troubler le prédicateur par ses causeries.

« Allons, » dit l'esprit malin, « je m'en vais ouïr mon prêcheur. »

Il laisse la patiente en léthargie.

« Alors un homme d'église, maître Nicole Hardi, ayant sur lui une forme de conjuration, la lit sur la patiente. Elle ne bouge. Moi, je prends les mains d'icelle et les pose sur la châsse Notre-Dame. Incontinent le diable revient en elle et retire vitement ses mains, me regarde et me menace, m'appelant *méchant*, fils de *ribaulde*. Ainsi nommait-il chacun. Regarde aussi ledit Hardy et lui dit :

13.

« Eh bien, Hardy, leur homme. Quoi! tu as dit ta conjuration? Tu me pensais bien faire revenir. Mais ce n'est pas à toi qu'il me faut obéir. Tu n'es pas évêque. Aussi ne t'ai-je pas répondu. »

» Après la prédication et la messe, commence la conjuration.

— Je te commande, dit l'évêque au démon, après l'avoir adjuré, de me répondre. Dy-moi, qu'est-ce que Jean Carlier t'a donné?

— Rien.

— Je te demande qu'est-ce que le médecin Carlier a donné à Nicole en la prison.

— De la poison.

— De quoi était-elle composée?

» Il énumère comme lundi dernier, parquoi je ne l'ai écrit ici.

— Tu vas sortir, esprit maudit de Dieu!

— Non, je ne sortirai point, mon heure n'est point encore venue; tu n'as pas encore eu assez de mal.

— Je n'ai point de mal. Ce que je fais, c'est pour l'honneur de Dieu. Mais je t'en ferai tant que tu sortiras et ta compagnie aussi, si tu en as. »

On brûle les noms de Béelzébub, de Cerberus. L'énergumène se débat et pousse des clameurs hideuses. La sainte hostie chasse le démon. Après la possession, Nicole tombe en léthargie; on la dépose sur le théâtre horriblement défigurée. Le peuple demande à la voir, on la présente aux regards de la multitude. Enfin on communie Nicole, et on la reporte guérie chez le commandeur.

« A ladite conjuration y avait par estimation plus de vingt mille personnes, et par chacun jour y en arrivait de toutes parts, même de cent lieues, tant le bruit de la conjuration était grand par toute la France. Dont les huguenots pensèrent enrager et n'avaient plus de moyen de calomnier ni d'empêcher la publication et divulgation de ce tant beau et excellent miracle. »

Nota. — « Maître Pierre Cauchon, protonotaire, abbé commendataire de Saint-Jean de cette ville, s'efforçait de dire et faire dire par ses gens que tout ce qui se faisait en notre église n'était qu'abus; et que, s'il y était présent, il aurait bientôt découvert la ruse. Ces propos furent redits à Monsieur de Laon, et à notre chapitre. Il fut avisé que ledit abbé serait mandé. Ce qui fut fait. Toutesfois, il ne s'y voulut trouver, quoique par trois fois il fût cité avec menaces de peines et comminations. »

Lui et les huguenots ses amis ont pu voir au moins qu'on ne redoutait pas leur examen.

CHAPITRE SEIZIÈME.

Le notaire Gorret.

Nous avons maintenant dans maître Gorret, notaire royal, un nouvel historien laïque, très-digne de foi; il écrit sous les yeux de la foule ce que tous voient, ce que tous entendent, et remet, jour par jour, chacun de ses procès-verbaux au doyen du chapitre, qui les fait déposer à l'instant dans les archives de la cathédrale pour servir de preuves authentiques.

Nous ne relaterons son procès-verbal que lorsqu'il renfermera quelques détails échappés aux autres écrivains ecclésiastiques, de Héricourt et Despinois, qui, eux aussi, notaient chaque jour ce qui arrivait non-seulement à l'église, mais au dehors…

Pour mettre le lecteur à même de juger de la véracité des différents rapports, nous allons mettre sous ses yeux le premier procès-verbal de Guillaume Gorret. Il commence ainsi :

« † Au nom du Père, du Fils et du benoît Saint-Esprit, un seul Dieu. Amen.

» L'an de grâce en Nostre-Seigneur Jésus-Christ mil cinq cent soixante-cinq, le jeudi dernier jour du mois de janvier, Je, Guillaume Gorret, notaire du roi, notre sire, au bailliage du Vermandois, demourant à Laon, fus requis par M. René Gemelly, chanoine et butillier (trésorier) de l'église cathédrade de Nostre-Dame de Laon, me vouloir transporter en ladicte église, pour mettre par escript ce qu'il se feroit aux conjurations que vouloit faire révérend père en Dieu messire Jean de Bours, évesque, duc de Laon, pair de France et comte d'Anisi, d'une jeune femme de Vrevin, aagée de quinze à seize ans, nommée Nicole Obry, fille de Pierre Obry et de Catherine Willot. Ladicte Nicole, mariée à Loys Pierret, demourant audict Vrevin. Laquelle Nicole estoit possédée du diable; afin de tout rediger pour escript à la vérité. Condescendant à laquelle requeste, et à l'honneur de Dieu, me serois transporté en ladicte église, et monté sur un grand eschaffault de bois, estant entre l'autel Nostre-Dame et l'autel Saint-Sebastien. Sur lequel eschaffault ladicte femme auroit esté apportée, assise et tenue par sept ou huit hommes, ses gardes. Et auroit ledict sieur évesque chanté et célébré la messe et consacré deux hosties. Durant laquelle messe ladicte femme ainsi possédée, ayant la langue jusqu'au menton, parloit toujours et nommoit les personnes, tant de la ville de Laon que d'austres lieux. Et quand ledict sieur évesque montroit la saincte et sacrée hostie, et le calice, ladicte femme s'élevoit en l'air, quasi hors des mains de ses gardes; laquelle femme avoit de grands yeulx, jectant une grande langue rouge et noire hors de sa bouche. Et quand ledict sieur évesque monstroit l'hostie pour la seconde fois, disant : *Omnis honor et gloria*, ladicte femme s'élevoit comme dessus. Dont le peuple en nombre de douze à quinze mille personnes s'esmerveilloit. Et après ladicte messe célébrée, ledict sieur évesque, ayant ses habits pastoraux, est monté sur l'eschaffault, où il a esté accompaigné de ses deux chapellains, desquels l'un portoit la crosse d'argent doré, et l'autre le cierge bénist ardant; et d'autres aussi, desquels l'un portoit l'eaue beniste et l'autre le calice et la platine, ou corporallier sur lequel reposoit le *Corpus Domini*, aussi y estoit la croix. Sur ledict eschaffault donc, ledict sieur évesque auroit adjuré ledict esprit malin, au nom de Dieu vivant en la saincte Trinité de Paradis, de luy dire combien il y avoit de diables dedans le corps de ladicte femme. Qui y auroit dit à haulte voix qu'ils estoient encores deux, assavoir : Béelzébub et Cerberus.

» Puis, après ledict seigneur évesque l'auroit adjuré lui dire présentement quelles drogues maistre Jean Carlier, médecin, demourant à Laon, avoit baillé à ladicte Nicole, lors que les gens de justice l'avoient mise ès prisons de Laon.

» A dict à haulte voix, que ledict Carlier luy bailla un bruvage noir, et estant dedans une petite bouteille, où y avoit huit grains d'antimoine. Mais ladicte Nicole ne print toute ladicte médecine. Et si luy bailla de l'eaue d'ysoppe, de l'eaue de romarin, et de l'huille rouge de pétrole qui vient de Rome. Ledict sieur évesque lui auroit demandé qui auroit incité ledict maistre Carlier à ce faire? Auroit faict responce que ce avoit esté monsieur de Saint-Jean, mademoiselle de Sissonne, Nicolas Estienne, Anthoine Estienne, Nicolas Maigret. Et que, à la composition de ladicte medecine, ledict esprit malin y estoit present avec eux; et disoit ladicte damoiselle de Sissonne audict abbé de Sainct-Jehan, ces mots : « Hé! » mon amy, il ne luy en faut tant bailler, ce seroit pour » la faire mourir. Il luy en faut seulement bailler cinq » grains. ».... Et si tost que ledict Carlier luy eut baillé ledict breuvage, il s'en alla au logis du geôlier desdictes prisons, qui est de ses huguenots, comme ledict Carlier. Ledict sieur évesque tenant le livre en ses mains auroit fait les conjurations, et jetté de l'eaue beniste à ladicte femme possédée. Laquelle crachoit contre l'eau beniste.

» Ce fait, il auroit commandé audict maling esprit, au nom de Dieu le Père, du Fils, et du benoist Sainct-Esprit, la saincte Trinité de Paradis, de sortir hors du corps de ceste femme. Qui auroit dict, qu'il ne sortiroit point encore. Ce voyant, ledict seigneur évesque auroit prins huit billets où estoient escripts les noms de Béelzébub et Cerberus, qu'il auroit bruslés au feu de la chandelle beniste. De quoy l'esprit maling estoit fasché, faisant grands criz, comme les criz d'un bœuf et chien ou autre beste, se jettant en l'air, environ de la hauteur d'un homme. De sorte que les gardes estoient fort empeschez à la tenir. Et disoit l'esprit maling que l'évesque avoit mangé *Jean le blanc* à la messe. Alors monsieur l'abbé de Sainct-Vincent de Laon luy auroit dit que c'estoit le corps de Jésus-Christ son maistre, et qu'il le feroit bien sortir. A quoy l'esprit maling fit ceste response... qu'il y a *hoc*, et auroit recité ces paroles par deux fois.

» En après, le sieur évesque auroit prins le *Corpus Domini*, le monstrant à l'esprit maling, luy commandant, au nom du précieux corps de Jésus-Christ présent, de sortir hors du corps de la pauvre femme. Alors la femme auroit faict de terribles yeux, jettant une grande langue noire, rouge et bleue, hors de la bouche, et se tordant de façon que ses gardes estoient fort empeschez à la tenir. Et en un instant seroit sorty, delaissant ladicte femme, qui seroit tombée comme morte, sans ouye, ayant la bouche fermée, les yeux cloz, le corps, les bras, les jambes roides, les doigts tortuz l'un sur l'autre et les pieds aussi tortuz, ne remuant rien, estant toute pasle. Laquelle femme, ledict sieur évesque auroit faict monstrer aux gens de justice qui estoient au pulpitre (jubé), et au peuple : qui l'auroient regardée. Et incontinent luy auroit baillé l'absolution et ladicte hostie. Et si tost que l'hostie auroit esté sur ses levres, elle auroit ouvert les yeux, parlant et oyant, faisant le signe de la croix de la main dextre par plusieurs fois. Et quant à la main senestre, elle en estoit impotente. Dont le peuple s'esmerveilloit fort de veoir un tel miracle faict en vertu du précieux corps de Jésus-Christ.

Temoings.

» Et à ce que dessus estoyent presens sur ledict éschaffault les temoings cy-après nommez.

Premiers :

» Réverendissime père en Dieu, frère Geoffroy de Billy, abbé de Saint-Vincent de Laon.

» Maistre Nicole Despinois.

» Maistre Charles Poullain.

» Maistre Jehan de Contay, chanoine.

» Messire Georges Trouvé, prestre.

» François d'Allonville, escuyer, seigneur d'Oizonville en Beaulse, beau-frère dudict sieur abbé de Saint-Vincent.

» Anthoine d'Allonville, escuyer, seigneur du Plessis en Beaulse, aussi beau-frère dudict seigneur abbé.

» Charles du Chesne, praticien.

» Gilles d'Annoys, escuyer.

» Anthoine Wallier.

» Simon Charlet.

Autres tesmoings estans près l'autel Nostre-Dame, joignant ledict échaffault.

» Noble et scientifique personne maistre Christophe de Héricourt, doyen et chanoine de l'église cathédrale Nostre-Dame de Laon.

» Vénérable et scientifique personne maistre Nicaise Pézé, official de Laon et conseiller du roi notre sire, audict Laon.

» Maistre Fremin Normant, chanoine et seigneur de Tronville.

» Maistre René Gemelly, chanoine et butillier de ladicte église.

» Noble et religieuse personne, frère Pierre Spifame, chevalier de l'ordre de Sainct-Jehan de Hierusalem, commandeur de Puisieulx et Castillon-le-Temple.

POSSESSION ET DÉLIVRANCE.

bien là, fieu de ribaulde. » (Grossière insulte qu'il jetait dans son dépit à la face de tous ceux qui l'importunaient, nous ne répéterons plus cette remarque).

« Qu'est-ce que tu écris? Je te ferai bien arrêter. »

L'abbé cependant se hâtait d'écrire ses billets.

« Hé! hé! mon abbé, tu as failly : tu as fait un *h* pour un *b*. »

Ce qui fut trouvé véritable. L'évêque brûle ces noms; l'esprit en est horriblement tourmenté. Puis on lui présente la croix, que l'évêque place devant la face de la patiente, disant :

« Voici le signe de la croix, où Jésus-Christ a souffert mort et passion pour nous. Je te commande, au nom d'icelui, de sortir hors de ce corps.

— Je ne sortirai point encore.

— Sors, esprit malin, ou bien je te ferai telles conjurations, qu'elles t'enverront au plus profond des enfers. »

Le diable détournait la face de la patiente le plus qu'il pouvait en criant :

« *Otez-moi ce gibet de là* (la croix). Non, je ne sortirai point encore. Mon heure n'est pas venue. »

A la fin, le révérend père dit :

« Puisque pour évangile, oraisons, conjurations, brûlure de ton nom, la vraie croix, tu ne veux sortir; il faut te montrer ton maître, en la vertu duquel présentement je te ferai bien sortir.

— Qui? qui? demande le diable d'une grande rage; qui? ton *Jean le blanc*?

— Pourquoi l'appelles-tu ainsi? C'est ton maître; celui auquel tu es forcé de rendre obéissance. Qui t'a appris à l'appeler ainsi?

— C'est moi qui ai appris à mes huguenots à l'appeler ainsi.

— Si tu n'y reconnais ni divinité, ni supériorité, pourquoi le crains-tu tant, quand je te le montre? Puisque tu l'as en tel mépris, pourquoi te fait-il déplacer à sa venue? pourquoi ne tiens-tu bon? pourquoi bouges-tu de ton fort? Si ce n'est rien, pourquoi *te chasse-t-il* enfin?

— Ah! ah! tu ne dis pas tout. C'est... c'est parce qu'il y a HOC : c'est HOC qui me chasse. »

Ce qu'il répétait par plusieurs fois; et les assistants étaient dans le saisissement de l'admiration.

Hoc est la première des paroles de la consécration, en vertu desquelles s'opère immédiatement la transsubstantiation, c'est-à-dire changement subit, complet, entier du pain eucharistique en la chair vivante, palpable de Jésus-Christ au très-saint Sacrement.

Quelle étrange profession de foi de la part de l'esprit malin! Elle rappelle cette autre parole d'un autre énergumène à Jésus-Christ qui le conjurait : « *Je sais qui tu es : tu es le saint de Dieu!* Viens-tu pour nous perdre? *Scio quis sis, Sanctus Dei.* (Luc, ch. iv[1].)

Bientôt après, Nicole tomba en léthargie. Trois protestants, qui avaient vu les tortures de la patiente et ses horribles difformités, demandèrent à la visiter; ils montent sur l'échafaud; ils palpent ses bras, ses mains, ses pieds horriblement crispés; ils n'en peuvent croire à leurs yeux. C'est un cadavre qu'ils ont entre les mains. Puis bientôt l'évêque, en leur présence, se met à

---

[1] Lire les *Com.* de Corn. a Lap. sur ce chap. Ils conviennent à notre énergumène sous tous les rapports.

genoux, dépose la sainte Eucharistie sur les lèvres de Nicole. Incontinent elle ouvre les yeux, fait le signe de la croix et dit : « Mon Dieu, mon père et créateur, *je vous prie merci!* » (c'est-à-dire je vous demande grâce).

Le nombre des spectateurs s'élevait à plus de quinze mille.

Quand Nicole fut reportée chez le commandeur, elle pria sa mère de la visiter; car elle se plaignait de douleurs dans le dos et aux bras. Celle-ci en retira quatre épingles qu'on y avait enfoncées pendant la possession ou pendant la léthargie.

« Je lui demande, dit Despinois, s'il y avait longtemps qu'elle les sentait. — Depuis que M. l'évêque m'a donné le saint Sacrement, » répond-elle. Ce n'était pas la première fois qu'elle avait été victime de ces expériences. Ce jour même, on retira de son bras paralysé plusieurs épingles oxydées. C'était presque toujours à ce prix qu'elle était expérimentée.

Maître Gorret ajoute :

« Quand ledit sieur évêque dit à Satan :

— Où as-tu été cette nuit ?

» Il répond :

— J'ai été voir des gendarmes, au nombre de dix ou douze, logés chez un vieil homme.

» Et les montre du doigt dans l'église, disant :

— Tenez, les voilà.

» A dit aussi qu'il avait été voir un chanoine de Soissons dont le père est boulanger à Reims, lequel était venu à Laon pour assister à la conjuration, et avait couché en la maison du chapelain. »

Parlant des trois protestants qui étaient montés sur l'échafaud, Gorret ajoute :

» — Par permission de l'évêque, ils ont touché et regardé aux yeux de ladite femme, pensant les faire ouvrir; ils ont pareillement touché aux lèvres, mais la patiente avait les dents serrées; puis, après, ils ont pris les bras, les doigts, pour les plier, ce qu'ils n'ont pu, se disant bien estonnez de voir telle chose. »

Les trois huguenots étaient :

» *François Santerre*, demeurant à Bucy-les-Pierrepont;

» Christophe Pasquot, frère de feu Nicolas Pasquot, demourant à la cense de Couhayon;

» Et Gratien de la Roche, fils de maître Jean de la Roche, médecin, demourant à Laon. — « Ce jeune homme était, dit Despinois, bien expert en médecine. »

» Puis il cite vingt-quatre témoins. »

CHAPITRE DIX-HUITIÈME.

Samedi 2 février, Purification de Notre-Dame. — Les gardes communient de grand matin. — Causeries du diable pendant le trajet. — Apparition du diable à Carlier. — Sortie de Cerberus. — Preuves de son départ.

De Héricourt :

« Si Béelzébub doit être cru, Cerberus sortit ce matin, fête de la Purification de Notre-Dame. De fait fut trouvé à l'un des clochiers, suivant sa déclaration, une pièce de plomb arrachée et consumée, comme fondue. »

Despinois :

« Le samedi deuxième de février, jour de la Purification Notre-Dame, à trois heures du matin, maître Adrien Cotte dit ses heures, alla en la chapelle de Puisieux dire messe, durant laquelle lui et les assistants ouïrent quelque chose siffler et voler, sans rien voir cependant. Après la messe, les deux chapelains entendirent la confession des gardes, que je communiai à la fin de ma messe, avec la mère de la patiente. »

A neuf heures, on porte Nicole à l'église. Pendant le trajet, elle répète avec grimaces :

« Fi! fi! les vilains crapauds de papaulx! ils ont encore mangé *Jean le blanc*.

Je lui dis :

— Tu en as menti, ce n'est pas *Jean le blanc*, mais *le vrai corps de Jésus-Christ caché sous les voiles du Sacrement*.

— Eh bien, de quoi te soucies-tu? Si je veux l'appeler ainsi, moi! Ne te soucie; il y en a bien d'autres qui l'appellent ainsi. C'est moi, vois-tu, qui ai soufflé ce nom à mes huguenots de France et des Allemagnes.

Puis il regarde Cotte et dit :

— Eh bien, Cotte, Cottelin, quand tu as été dire messe, n'as-tu point ouï siffler, voler? Je t'eusse bien voulu faire faillir, mais je n'ai su.

» A la procession, l'énergumène jasa comme de coutume. Pendant la messe pontificale, qui se chanta au grand autel, à cause de la fête, elle se moqua des chandelles de cire allumées qu'on tenait à la main, et qu'elle nommait des *carottes*, parce que ces cierges, faits de cire jaune, en avaient la forme et la couleur.

» Puis, il se mit à raconter en riant le tour qu'il avait joué la veille au médecin Carlier.

— Ah! disait-il, j'ai bien accoustré mon Carlier, qui me pensait empoisonner en la prison.

— Que lui as-tu fait?

— Je me suis mis en l'oreille de son cheval, comme il voulait aller aux champs. Je l'ai fait dresser et ruer. Oh! que de fois je lui ai fait dire: Seigneur Dieu! Seigneur Dieu! Quand il a été dessus son cheval, je l'ai fait ruer et piétiner, si bien qu'il a rué mon Carlier sur le pavé, et un grand coup sur le dos. Il a fallu qu'il descendît le mont à pied. Pourtant je l'ai laissé remonter jusqu'au Sauvoir. Pendant la route, je me suis apparu à lui en forme de laquais, avec des chausses violettes et un beau chapeau. Je lui disais que j'étais huguenot, qu'il pouvait bien se fier à moi. Alors je disputai avec lui, et finis par lui dire qu'il fallait faire mourir cette ribaulde, cette méchante, cette papaude (Nicole), qui faisait tant de dommage à notre religion. — Taisez-vous, mon ami, taisez-vous; elle a son cas. Croyez-moi, elle ne la fera pas longue. » Là-dessus, incontinent je m'évanouis. Et je t'assure qu'il eut belle peur! Ledit Carlier cependant continua son chemin jusqu'auprès de l'abbaye de Sauvoir, qui est au-dessous de Laon, tourna malgré lui trois tours à l'entour d'une potence sur laquelle pendait un homme roué et exécuté par justice, le jour d'auparavant. Voulant passer oultre, il piquait son cheval; mais le cheval, se dressant sur ses pieds de derrière, ne voulut avancer; alors ledit Carlier fut forcé de s'en aller chez son beau-frère Innocent Locqueneux, et s'en retourna à Laon, ne pouvant aller à Reims, où il avait délibéré aller aux noces (p. 164, 344.)

» Plusieurs gens m'ont assuré avoir vu ledit Carlier

près du Sauvoir avec un étranger, et qu'en un instant ils avaient perdu de vue ledit homme; puis, que Carlier avait tourné trois fois autour du pendu, et que ne pouvant passer outre, il fut contraint de retourner à la ville.

Pendant la messe, le diable ne cessait de crier après l'un, après l'autre.

— Mais, te tairas-tu! lui dis-je plusieurs fois d'un ton irrité.

— Non, je n'en ferai rien.

— Si tu ne te tais, je te donne un coup de poing.

— Frappe, frappe, répondit-il en tendant la joue.

» Je ferme le poing, je fais semblant de frapper bien fort, mais je lui fais seulement le signe de la croix au front avec les doigts sacrés. »

Le diable, qui ne comptait que sur un soufflet, se tourmente bien fort et secoue la tête en colère. Les témoins de cette scène en furent fort étonnés : un soufflet l'eût fait rire, un signe de croix le fit beugler.

A l'*Hanc igitur*, l'énergumène se tut. L'approche des divins mystères l'opprimait à l'avance. Il en sera de même à toutes les conjurations. C'était un signal pour les gardes de se saisir de sa personne.

A peine l'évêque avait-il prononcé les paroles sacramentelles : Hoc est corpus meum; cette parole si redoutable à l'enfer; cet hoc qui, de l'aveu de Satan, rend présent sur le saint autel le *Vainqueur des démons*, qu'aussitôt l'énergumène s'agitait convulsivement, soulevait douze à quinze hommes robustes à six pieds de terre, puis détournant la face de l'autel, arrêtait sur le peuple à genoux des regards de colère, comme pour lui reprocher cet acte d'adoration ; elle restait en cet état, suspendue entre le ciel et la terre, jusqu'à ce que l'évêque eût déposé le calice sur l'autel : alors aussi elle retombait abattue sur ses oreillers, recommençait à jaser comme auparavant, pour entrer dans de nouveaux transports à la seconde élévation : *Omnis honor et gloria*. L'évêque, qui savait les tortures que le démon éprouvait alors, se prosternait à deux genoux, tenait longtemps et bien haut la sainte hostie élevée sur le calice... (Voir le tableau des conjurations). Le plus grand silence régnait alors par toute la vaste basilique. La foule, prosternée le front contre terre, adorait et priait avec ferveur. Quelques protestants seulement restaient debout et quelquefois la tête couverte. Les autres qui n'étaient *protestants que de nom* se laissaient entraîner au mouvement des catholiques.

Cet imposant spectacle se renouvelait chaque jour aux yeux d'une foule immense, à la messe d'abord, puis aux exorcismes faits avec la sainte hostie, enfin une troisième fois à la communion de Nicole. C'était donc à chaque conjuration un triple miracle, une triple victoire remportée sur l'esprit de ténèbres par la présence réelle de Jésus-Christ au très-saint Sacrement.

Des vieillards nous racontaient avoir entendu dire à leurs pères que souvent, pour tromper le démon, on avait déposé sur la tête de l'énergumène des ciboires renfermant des hosties non consacrées, mais que le démon s'en moquait, tandis qu'il hurlait à l'approche d'un autre ciboire contenant la sainte Eucharistie. Ce trait nous ne l'avons trouvé nulle part dans la grande histoire de Boulèse. Mais nous avons pu voir plusieurs fois que des médecins protestants déposèrent sur les lèvres de Nicole tombée en léthargie du pain trempé dans le vin, afin d'essayer si, entre leurs mains, les symboles eucharistiques pourraient la tirer de son mystérieux sommeil; mais cet essai tourna toujours à leur confusion.

Jésus-Christ était donc au milieu de nous, comme autrefois dans la Judée, guérissant les malades, chassant les démons, ressuscitant les morts et confondant par des miracles sans cesse renouvelés l'opiniâtre endurcissement des nouveaux pharisiens.

Après la messe la conjuration fut faite à l'ordinaire.

« L'évêque demande :

— Qui es-tu ?

— Béelzébub.

— Combien êtes-vous dans ce corps ?

— Deux, Béelzébub et Cerberus la grosse tête.

— Quand sortira Cerberus ?

— Aujourd'hui.

— Quel signe donnera-t-il ?

— Il emportera un carreau de verrière, et le fera encore apparaître au plomb du clocher.

— Où as-tu été cette nuit ?

— J'ai été voir mes huguenots, mes gens qui sont à moi. (Gorret.)

— Tu es menteur.

— Je t'ai dit que je ne serais point *un diable, si je ne mentais point*. Je te répète que j'ai été avec mes huguenots, qui avaient conclu d'aller au logis du commandeur de Puisieux où est cette femme, de tuer ledit commandeur, tous ceux qui sont en la maison, et même le capitaine Cheveaux, bien qu'il se soit vanté d'y mettre plus de deux cents hommes. Qu'il soit sur ses gardes; car *son cas est marchandé.*

— Tu es un menteur, reprend vivement l'évêque.

— Et moi je te répète que la chose est conclue entre mes huguenots : maître Jean Carlier, le prédicant de Laon, Antoine Étienne, sont les conducteurs de cette affaire. Tous les gens de M. de Saint-Jean y étaient, comme aussi le prédicant de la Fère, nommé Tournevelles. (Ce dernier s'était déjà présenté à Vervins.) Je le sais bien, j'ai été toute la nuit avec eux; c'est moi qui les ai conseillés. »

« Après les exorcismes ordinaires, le seigneur évêque prend la sainte hostie, l'approche de l'énergumène, disant : « O esprit malin, ennemi mortel de Dieu, je te » commande au nom du précieux corps de Jésus-Christ, » ici présent, de sortir à l'instant de cette pauvre femme, » et t'en va au profond des enfers pour y être tour- » menté. »

L'esprit, horriblement torturé par la sainte Eucharistie, réduit Nicole à un état épouvantable. Le peuple, au nombre de vingt mille, n'ose la regarder, tant son aspect est effrayant. L'évêque, cependant, continue d'attaquer le démon avec la sainte hostie; l'énergumène fait de vains efforts pour se soustraire à sa vue. Enfin une vapeur noire s'échappe avec un profond soupir de la bouche de la malade : Cerberus venait de sortir en brisant un carreau de verrière. Nicole reste étendue, sans mouvement, sans apparence de vie sur l'échafaud.

« Alors encore un huguenot, nommé Marquette, fils du sieur de Thoully, près Laon, ne voulant croire telle chose, se serait, par la permission du seigneur évêque, approché de ladite femme, l'aurait prise par le bras, par les mains, pensant la faire remouvoir. Puis après se serait efforcé lui ouvrir les yeux et la bouche; mais en vain. De quoi ledit huguenot et les autres religionnaires qui étaient dans l'église furent bien étonnés. » Au même instant, et en leur présence, Nicole revint à elle par le saint Sacrement, à la grande joie du peuple catholique. Puis l'évêque demanda à Nicole comment elle se portait : « Je me porte bien, monsieur, et j'en remercie Dieu. » L'évêque en partant lui donne sa bénédiction.

« Toujours dans le trajet, dit Despinois, soit en allant, soit en revenant, les rues de côté et d'autre étaient tendues et comme tapissées de gens, tant y en avait; et tout un chacun était émerveillé de la voir possédée en allant, et toute gentille et gracieuse en retournant. Pour Nicole, elle n'osait lever les yeux, tant était honteuse de voir tant de gens. »

Suivent les noms de vingt-cinq témoins.

CHAPITRE DIX-NEUVIÈME.

Conjuration de l'après-midi 2 février. — Hostie rompue, bouillie et jetée aux chiens par les huguenots. — Après la conjuration, Nicole assiste aux vêpres de la fête.

« La démoniacle arrivée, l'évêque revêtu de son rochet, d'une étole, d'une chape, ayant sa mitre et sa crosse, dit :

— Quel nom as-tu ?

— Béelzébub.

— Es-tu seul ?

— Oui, Cerberus est sorti ce matin, par une grande verrière du côté du chœur de l'église. Tu le verras bien, il y a deux carreaux de rompus entre deux fers [et le montrait au côté senextre (gauche) de l'évêché].

— Et toi, quand sortiras-tu ?
— Point avant mardi.
— Où as-tu été depuis le matin ?
— J'ai été à ton dîner. Tu avais deux huguenots à ta table : ils ont disputé contre toi.
— C'est vrai, » dit l'évêque.

Puis l'esprit malin s'est mis à raconter avec toutes les circonstances les plus révoltantes un horrible sacrilége que les huguenots avaient commis la nuit précédente.

« Nicolas Étienne, dit-il, Antoine Étienne, Nicolas Maigret et Hubert Duchemin, mes huguenots obstinés, ont dérobé une hostie qu'ils ont emportée au logis de Duchemin; ils l'ont partagée en trois, en ont pris chacun une partie et l'ont fait bouillir dans l'eau, puis après l'ont présentée aux chats et aux chiens qui n'en ont point voulu manger. Avec iceux étaient maître Jean Carlier, maître Quentin Lemoine et Benjamin Pottier, qui sont mes huguenots les plus obstinez.

— Tu en as menti, répond l'évêque indigné. Tel crime n'a pas été commis.
— Tu en as menti toi-même, ma coquille, je le sais bien : j'y étais.
— Pourquoi lesdits huguenots ont-ils brisé et brûlé la sainte hostie ?

» Sans répondre à cette question, il ajoute :
— S'il y eût eu dessus *une telle chose* que *celle-là* (il montre de la main *le crucifix*, en haut du jubé, qu'il ne veut pas nommer), ils l'eussent brûlée et bouillie en

l'huile, mais il n'y avait que trois lettres à savoir un I, une H et une S. IHS (c'est l'abréviation de *Iesus Hominum Salvator*, Jésus Sauveur des Hommes). C'est pourquoi ils se sont contentés de la faire bouillir en l'eau. Oh! si encore aujourd'hui, dit le diable, Il (Jésus-Christ) cheminait sur terre, je (moi) avec mes huguenots obstinez lui ferais bien plus de mal que les Juifs [1].

— Tu n'es qu'un séducteur, un menteur et un séditieux, lui répond l'évêque.

— *Je ne serais pas un démon si je n'étais menteur; oui, le mensonge m'est propre* (Satan a menti dès le commencement et mentira jusqu'à la fin), mais encore une fois, je dis quelquefois la vérité, c'est quand mon maître m'y contraint, comme aujourd'hui.

— Quel est ce maître?

— Ne le sais-tu pas bien?

» A Vervins, il avait dit avoir deux maîtres : celui *d'en haut* et celui *d'en bas*, Lucifer, qu'il appelait le grand escarmailler d'enfer. (Boulèse.)

— En quel lieu ont-ils brisé et bouilli ladite hostie?

— En la maison de Hubert Duchemin, demeurant vers les murailles; moi, j'étais présent avec les susdits, mais les femmes n'y étaient pas, parce qu'elles caquettent trop volontiers.

— Pourquoi donc, toi, leur complice et leur maître, les accuses-tu ainsi?

---

[1] Sous le poids de telles accusations, faites en présence de vingt mille spectateurs, on comprend l'indignation des protestants. Pour se justifier, ils n'avaient qu'un seul moyen, c'était, *non pas de chercher à se débarrasser de Nicole*, mais de prouver qu'elle jouait la comédie! Ils ne cesseront de le répéter, mais les faits seront toujours là pour leur donner un solennel démenti.

— Parce que j'y suis forcé. »

Enfin la conjuration se termina par le double miracle du saint Sacrement.

Suivent les noms de vingt-deux témoins. — Douze à quinze mille spectateurs...

« Après la conjuration, Nicole demanda qu'on voulût bien la laisser assister aux vespres de la fête, qu'on allait chanter. On transporta ses oreillers dans le chœur, et on l'y plaça ; elle demanda ses heures, et pria tout le temps avec ferveur. Après les complies, elle regarda avec une admiration qui tenait du ravissement la rose et les éblouissantes verrières qui décorent le chevet du sanctuaire :

» O mon Dieu ! que c'est beau, s'écrie-t-elle, on dirait qu'on est dans le ciel !

» Je lui dis, présent chacun :

— Mais est-ce que vous n'avez pas encore vu ce chœur ?

— Non, jamais, répond-elle.

— Mais, on vous y a apportée, plus d'une fois.

— Je ne pense pas y avoir jamais été.

— Où allez-vous donc quand vous sortez de chez M. le commandeur ?

— Je ne sais, car aussitôt que je suis en la cour, je n'y vois plus goutte ; je ne sais plus ce que je deviens ; je n'ai sentiment quelconque, jusqu'à ce qu'on me donne la sainte hostie en ma bouche à l'église. Alors je ne vois que beaucoup de gens dont je suis si honteuse, que je n'ose lever les yeux. » (Despinois).

CHAPITRE VINGTIÈME.

Dimanche 3 février. — Lettres de M. de Montmorency, gouverneur de l'Ile de France, au lieutenant de la ville et à l'évêque, pour empêcher les processions et les conjurations solennelles. Le démon découvre l'imposture. — Examen de ces lettres.

Les odieuses révélations de l'énergumène, quoique insaisissables à la justice ecclésiastique ou civile, ne laissaient pas de noircir de plus en plus les religionnaires et de dépriser leur culte. Aussi les huguenots vont-ils tenter un dernier effort pour mettre fin à ce qu'ils appellent toujours la *farce des papistes*. Le poison, la cabale, les menaces ne leur ont point réussi, ils vont avoir recours à la fourberie... Ils font circuler dans la ville qu'on vient de recevoir de M. de Montmorency « lettres prohibitives défendant toute assemblée publique tant aux conjurations qu'aux processions ». Ces lettres que j'ai extraites du greffe du bailliage de cette ville et que j'ai insérées ici, dit Despinois, étaient ainsi conçues :

« A messieurs les lieutenant général, particulier, con-
» seillers, procureurs et advocats et officiers du roy au
» siége présidial de Laon.

» Messieurs,

» Après que j'ay entendu la plaincte que l'on m'a
» faicte d'une jeune femme de Vrevin, que l'on dict estre
» possédée des malings esprits, qui a esté envoyée de-
» puis cinq ou six jours en vostre ville de Laon : où je
» sçay que l'on vous a faict remonstrance de la grande
» apparence qu'il y a que ce soit quelque farce ou jeu
» industrieux qui se joue, pour ce que, à toutes heures,
» parmy ces démonstrations de fureur, elle mesle des

» brocards contre les présents et contre les absents. Chose
» qui pourroit bien tendre à quelque conséquence perni-
» cieuse. Et ayant esté bien adverty de la connivence
» et de la négligence dont vous avez usé sur les remons-
» trances qu'on vous a faictes, je vous ay bien voulu faire
» la présente et vous dire que vous ayez à vous employer
» si bien chacun endroict soy et selon sa charge, à main-
» tenir le repos que vous savez que le roy a estably entre
» tous ses subjects, que par telles mines et mystères il
» n'arrive aucun trouble en vostre dicte ville. Dont en
» ce cas vous pouvez vous assurer *de me demeurer res-*
» *pondans, et m'en prendray si bien à vous que*
» *d'autres y prendront exemple.* Ce n'est la façon de
» guérir ceux qui sont malades de furie de les mettre
» en spectacle à tout le monde : mais de les mettre en
» lieu de repos, et user sainctement des conjurations en
» tel cas accoustumées. J'en escris à monsieur de Laon,
» qui, comme je m'asseure, s'y emploiera diligem-
» ment, comme je vous prie faire chacun de vous en ce
» qui est de vos charges. Et tenir la main à ce que tous
» ceux de vostre dicte ville puissent vivre en paix sui-
» vant l'intention du roy. A tant, je supplie le Créateur
» qu'il vous ayt, messieurs, en sa saincte et digne garde.
» De Paris, le dernier jour de janvier 1566.
» Vostre entièrement bon amy,
» F. DE MONTMORENCY. »

Voici celle de l'évêque, elle porte la date du 1er février :
« Lettre du maréchal de Montmorency à M. l'évêque
» de Laon.

» Monsieur de Laon,
» L'on m'a fait plainte d'une jeune femme que l'on

» dit être possédée des malings esprits depuis deux mois
» en çà, et après avoir été publiée telle par un jacobin
» et menée à Pierrepont, puis à Liesse, l'a enfin, depuis
» cinq à six jours, emmenée vers vous, à Laon, où c'est
» que j'entends qu'avec grand accueil et parade elle a
» été mise sur un échafaud au milieu de l'église, en spec-
» tacle à tout le monde et menée en procession ainsi à
» la vue d'un chacun, où elle n'oublie, parmi ses furieuses
» apparences, de mêler des brocards contre les présents et
» contre les absents, comme elle a toujours fait, ainsi que
» j'ai entendu, depuis qu'elle est possédée de ses malings
» esprits ; qui me fait penser qu'ils ne sont du tout diabo-
» liques et que ce pourrait être quelque jeu industrieux
» pour convoquer le peuple à ce spectacle et l'émouvoir ;
» et sachant davantage que les propos qu'elle tient ne
» tendent qu'à sédition, dont la conséquence ne peut être
» que pernicieuse, comme vous savez ; je vous ai bien
» voulu faire la présente, pour vous prier, monsieur,
» que vous vouliez donner ordre de la faire ôter ainsi de
» la vue du monde et qu'elle ne soit pourmenée et sonnée
» de la façon que j'entends qu'elle a été, d'autant que
» cela n'est d'aucune édification ; mais, s'il vous plaît, la
» faire mettre en quelque lieu à part et paisible, et de lui
» faire remédier en usant sagement des conjurations dont
» nos anciens pères évêques ont coutume d'user en telles
» choses. Et n'était, monsieur, que je m'assure que dou-
» cement et dignement vous saurez bien remédier à cela,
» suivant ce que je vous en écris, et connaissant que la
» fin de telle tragédie ne peut être que mauvaise pour le
» bien du service du roy et repos que Sa Majesté a établi
» entre ses sujets, je ne faudrais d'user de l'autorité

» que Sadite Majesté m'a donnée en ce gouvernement,
» pour y donner l'ordre que j'aviserai bien. Vous pré-
» sentant en cet endroit mes recommandations à vos
» bonnes grâces, je supplie le Créateur de vous donner,
» monsieur de Laon, en santé bonne et longue vie. De
» Paris, le premier jour de février 1566.

» Votre plus affectionné et meilleur amy,

» DE MONTMORENCY. »

Bonne fortune pour nos historiens laonnois! Rejetant *a priori* la réalité de la possession que leur propre récit suffirait à établir, ils vont essayer de faire servir ces lettres à la claire démonstration de la fourberie. Leur argument est plus ancien que solide. On le connaît dans l'école sous la rubrique : *Post hoc, ergo propter hoc.* Ces lettres ont précédé la délivrance de Nicole, *donc* elles ont *accéléré, déterminé* cette délivrance.

Donnons-leur la parole.

« Cette lettre, — dit M. Devisme, — *accéléra* l'ex-
» pulsion de Béelzébub, qui, depuis six jours, se défen-
» dait tout seul. »

« Cette lettre, — dit M. Melleville, — *détermina*
» la délivrance de Nicole, et le diable annonça qu'il la
» quitterait enfin le 8 février. »

« L'autorité, — dit M. Piette, — commençait à
» craindre des troubles sérieux. Le clergé, de son côté,
» prévoyant qu'il ne lui serait bientôt plus permis de con-
» tinuer, *prit enfin le parti d'en finir*. L'évêque,
» après avoir recueilli l'avis de gens capables, » — où M. Piette a-t-il trouvé cela? — « *fixa* au vendredi
» 8 février son dernier exorcisme. »

Une si nette affirmation sur un point de telle conséquence nous impose encore une fois le pénible devoir de le déclarer à ces messieurs et à tous nos lecteurs : c'est précisément *le contraire* de ces assertions qui est la vérité.

Non, il n'est pas vrai que l'évêque, effrayé de ces menaces, ait lui-même *fixé* le jour qui mettrait fin aux exorcismes.

Non, il n'est pas vrai que ces lettres aient *accéléré*, encore moins *déterminé*, la délivrance de Nicole.

Au contraire, cette délivrance, si longtemps poursuivie, déjà auparavant en partie obtenue, sans le concours menaçant du gouverneur, fut, par cet incident, retardée de quelques jours.

Car, avant qu'il fût question de ces lettres [1], l'esprit malin avait annoncé son départ pour le mardi 5 février.

Qu'on accepte ou non la possession, cette déclaration n'en subsiste pas moins. Or, avouez-le, messieurs, c'était là, pour l'évêque, une belle occasion, si la délivrance dépendait de lui, de se soustraire aux menaces du gouverneur et de sauver son honneur et celui du clergé, en paraissant simplement accomplir les desseins de Dieu.

Néanmoins, au mépris de cette prédiction, le mardi se passera et Nicole ne sera pas délivrée. Ce triomphe sera retardé de trois jours ; et cependant, comme nous le verrons bientôt, on multipliera les infractions à ces ordres si impérieux.

Quelle maladresse dans un clergé que vous faites si habile ! Quelle audace, au lieu de la timidité que vous lui supposez !

Ainsi parlent les faits ; et voilà comment l'intervention

[1] Voir page 246.

du gouverneur *accéléra, détermina* la délivrance de Nicole.

Mais cette intervention est-elle bien réelle? En d'autres termes, les lettres qu'on vient de lire émanaient-elles de Montmorency? — Nous entendrons tout à l'heure le démon, par la bouche de Nicole, leur assigner une tout autre origine. Mais, honni soit le témoignage du *père du mensonge!* — Appuyé sur des preuves plus solides, qui ressortent des faits mêmes et de la forme défectueuse de ces pièces, nous les déclarons hautement *supposées et apocryphes*.

Nous avons examiné la dernière de ces deux lettres, que l'on conserve à la bibliothèque de la ville de Laon [1]. Nous l'avons comparée à une autre pièce, portant la signature *très-authentique* du même F. de Montmorency. Afin de mieux assurer notre jugement, nous nous étions fait accompagner d'un de nos confrères, et voici le résultat de notre examen : 1° le papier n'est ni de la qualité, ni de la forme usitée, requise même dans les rapports d'un haut officier de la couronne avec un évêque, duc et pair de France ; — 2° il y manque précisément les deux choses qui peuvent constituer l'authenticité d'une pièce officielle de ce genre, savoir : le *sceau* du gouverneur et le *contre-seing* de son secrétaire ; — 3° enfin, la signature, comparée à celle de l'autre pièce dûment reconnue, offre les indices certains d'une évidente contrefaçon.

Ajoutons que la teneur même de la lettre est une flagrante contradiction aux sentiments bien connus de

---

[1] Nous regrettons que l'on n'ait pu nous représenter la première, ni à la *Bibliothèque*, ni aux *Archives*.

F. de Montmorency, digne fils d'un père qui, selon Feller, s'honorait du titre de « *premier catholique de France* », et dont la devise était « Dieu et le Roi ».

Ces messieurs oublient donc qu'un mois auparavant, Mgr de Bours, précédemment aumônier de Charles IX, prêtait serment de fidélité entre les mains du roi, qui, par une marque de haute confiance, venait de le nommer, après une vacance de quatre années, à l'évêché de Laon, siége si important, *surtout à cette époque*. Ils oublient qu'avant son élévation à cette dignité, il n'était bruit, depuis *deux mois,* dans *le diocèse* et dans *toute la province,* que de la possédée de Vervins, près de laquelle il se rendait huit jours après son retour de Paris. Ils oublient les rapports intimes qui existaient entre le gouverneur de la province et l'évêque honoré de la faveur du roi. Comment supposer que Montmorency lui écrive, sitôt après, sur ce ton acerbe et menaçant?...

Mais la preuve par les faits a encore plus de force. Il est évident, en effet, que si ces lettres sont vraies, il doit nécessairement arriver de deux choses l'une :

Ou bien le clergé, sans accepter les accusations dont on le charge, va remettre à Dieu le soin de poursuivre et de couronner son œuvre; pour prévenir un plus grand mal, il cèdera devant les menaces d'une autorité armée de la force; il devra enfin, suivant les prescriptions signifiées au vénérable évêque :

1° Cesser de faire « *pourmener* et *sonner* » la possédée, — ce qui doit s'entendre des processions publiques auxquelles on la portait;

2° Cesser de la « *produire à la vue du public* », c'est-à-dire de la conjurer dans la cathédrale ;

3° « La placer en *quelque lieu à part et paisible* », en un mot, la cloîtrer en quelque maison particulière.

Ou bien, sous l'empire de je ne sais quelle démence, le clergé va persévérer dans la voie qui lui est si rigoureusement interdite. MAIS ALORS les *protestants*, trop heureux de cette infraction, se soulèveront, s'armeront des défenses du gouverneur et appelleront sur leurs imprudents adversaires toutes les vengeances de son autorité méconnue, méprisée ; les *officiers royaux*, menacés eux-mêmes, devront s'opposer par la force à ces cérémonies tumultueuses et prohibées ; — sinon le gouverneur « *s'en prendra si bien à eux que d'autres y prendront exemple* ».

Évidemment si les lettres sont vraies, il n'y a place que pour l'une ou l'autre de ces deux alternatives.

Mais si c'est le contraire qui arrive, si les processions publiques continuent avec la pompe ordinaire ; si elles se déroulent paisiblement à travers les rues de la cité, et jusque sous les murs de cette tour menaçante qui, la rébellion supposée, eût servi de prison à l'évêque, aux membres les plus distingués du clergé, aux officiers du roi ; si ces faits se renouvellent tous les jours, au milieu d'une affluence de vingt mille spectateurs de l'une et de l'autre religion ; si l'évêque préside, comme de coutume, les conjurations dans la cathédrale ; si, à côté de lui, continuent de siéger des *gens de justice*, des *protestants*, des *officiers du roi* et le *lieutenant* en personne ; si, malgré tout cela, les protestants se taisent, s'abstiennent de réclamer et de recourir au gouverneur ;

s'ils négligent enfin cette occasion unique, tant désirée, d'accabler les catholiques : nous le demandons à tout homme de bonne foi et à ceux mêmes que nous sommes forcés de combattre, que faudra-t-il conclure?... Sinon que ces lettres étaient non-seulement supposées, inventées, mais encore notoirement reconnues telles.

Ces prémisses posées, nous laissons aux faits leur simple et victorieuse éloquence. On va voir que l'illusion sur ces lettres, si tant est qu'elle ait existé, ne dura guère.

« A quoi, dit le doyen de Héricourt, il fut obtempéré par notre clergé, resserrant les supplications dans l'intérieur de l'église, afin de faire cesser *les menaces des huguenots*. Mais il fut impossible, à cause du grand mécontentement du peuple, d'empêcher la conjuration sur l'échaffaut, vu, comme déjà dict est, que faite dans le chœur, elle avait aporté grand dommage par rupture des portes de fer, démolition de plusieurs lieux, outre que le pupitre (jubé) commençait à se fendre et rompre pour la multitude qui s'y retirait [1]. »

« Ainsi donc, dit Despinois, quand la patiente fut portée à l'église, la procession cette fois sortit encore de la cathédrale, mais M. de Laon *deffendit bien expressément* la porter au dehors, et commanda qu'elle fût gardée à l'église. Ce qui fut fait. »

Après la prédication et la messe pontificale, on amena l'énergumène sur le théâtre, et l'évêque commença ses interrogations.

[1] A la suite des conjurations, on s'aperçut que le jubé menaçait ruine. On en reconstruisit un autre quelques années après. Il ne faut donc pas s'étonner de ne pas retrouver dans notre gravure le jubé de 1793.

15.

— Quand sortiras-tu ?

— Ce ne sera pas encore aujourd'hui. Bien plus, depuis ce matin mes jours y sont prolongés. O ma coquille! tu crois bien du léger (tu ajoutes foi trop légèrement), et puisque tu as plutôt voulu obéir aux hommes qu'à Dieu, je t'avais dit que je sortirais mardi, mais j'ai gagné deux jours et ne sortirai que jeudi.

— Pourquoi ?

— Ah! je vais te le dire : tu as cru à de fausses lettres : qui ont été fabriquées en la tour du roi par le geôlier et autres. Je t'ai bien soufflé ce matin aux oreilles, pour te faire croire que M. de Montmorency les avait faites.

— Cesse tes propos, menteur; je te ferai bien sortir en vertu du précieux corps de Jésus-Christ.

— De qui? de ton Jean le blanc?

— Cesse donc tes blasphèmes, esprit malin. C'est ton maître; sa vue seule te met en fuite.

Et chaque fois il répétait :

— Oui, oui, c'est vrai. Tu ne dis mie tout : c'est parce qu'il y a HOC.

« Et aurait récité ces propos trois ou quatre fois, dit Gorret. Dont le peuple s'émerveillait fort, et mêmes aucuns huguenots. »

Puis advint la victoire du saint Sacrement. — Vingt mille spectateurs.

Écoutons encore le chanoine Rollet, s'adressant aux protestants :

« *En vous baillant alors un peu de passe-droit* [1],
Combien qu'on ne le dut, mêmes en cet endroit

[1] Le chanoine Rollet n'est ici que l'écho de la rumeur publique.

Qui concernait l'honneur de Dieu et de l'Église,
Avons à votre gré, votre requête admise,
Cessants faire en public telle procession.....
L'avons toujours après tellement redoublée,
Que chaque jour suivant le clergé et commun (le peuple)
Le soir et le matin assemblé tout en un
Deux fois elle a été solennellement ordonnée,
Tout à l'entour du chœur, pour la femme amenée.
Au semblable a été faite adjuration
Du prélat révérend en grand'dévotion, » etc.

CHAPITRE VINGT ET UNIÈME.

Lundi 4 février. — Des fausses lettres. — Railleries du démon pendant la conjuration.

« Le lundi quatrième de février, Nicole, ayant été portée derrière le chœur pendant la prédication, se mit à jaser beaucoup. Le seigneur évêque en fut averti et vint trouver l'énergumène.

— Hier, lui dit-il, tu m'as raconté bien des merveilles, mais tu n'es qu'un menteur.

— Oui, menteur tant que tu voudras; hé! hé! ma coquille, si je ne mentais je ne serais point un diable, et quand je dis vrai, voilà cent fois que je te le répète; j'emprunte la vérité, et alors il m'est expressément commandé de la dire, comme aussi quand tu m'y contrains.

» Puis après, raconte Gorret, ledit esprit malin dit qu'on aurait apporté des lettres à Laon, même audit sieur évêque, qui avaient été composées par MM. Bayart, Antoine Étienne, Nicolas Étienne, le geôlier des prisons, et un qui se tenait à la cour du roi, et auraient été longtemps à contrefaire le seing (signature) de Mgr de Montmorency, et que le nom du secrétaire n'était point esdictes lettres. Le seigneur évêque aurait demandé à l'esprit malin le nom de celui qui lui avait apporté lesdites lettres, et par où il était venu.

» A dit que c'avait été Bayard, le plus méchant huguenot après Antoine Étienne; et que ledit Bayard s'était botté en sa maison sans sortir de la ville, et aurait brouillé ses bottes de mortier, pour dire qu'il venait des champs; et que ledit Bayard était entré en la chambre du seigneur évêque par la chambre de son secrétaire, environ six à sept heures du matin. Ce que le seigneur évêque aurait confessé et avoué que ledit Bayard lui avait apporté les lettres à ladite heure.

» Alors, le seigneur évêque adjura l'esprit malin lui dire qui avait écrit ces lettres.

» Aux précédents, il ajouta maître Jean Carlier; et que les huguenots avaient retenu un cachet de M. de Montmorency, d'après lequel ils ont contrefait la signature dudit seigneur. Mais à la missive le seing du secrétaire n'y était point.

» Et à ce que dessus étaient présents derrière le chœur, avec moi, notaire du roi notre sire, les témoins qui s'en suivent.

Premiers :

M. l'abbé de Saint-Vincent;
M. d'Annois, escuyer;
Maître Girard Barbaise, chanoine;
Maître Jean de Contay, chanoine;
Messire Loys l'Héritier, prestre;
Jean l'Ami le Jeune, greffier des esleuz de Laon;
Claude Courtier, contrôleur;
Isambert de Planques, escuyer, neveu du seigneur évêque;

Jean Herbin ;

Maître Thomas Bertrand, neveu de M. l'archidiacre Bertrand ;

Et plusieurs notables personnages, avec les gardes de ladite femme. »

Après le sermon, et la messe, commença la conjuration :

— Ton nom ?

— Béelzébub.

— Quand sortiras-tu ?

— Point mardi, car j'ai gagné deux jours, parce qu'on ne m'a point porté à la procession.

« Et en dansait de joie, » dit Gorret.

— Tu sortiras !

— Je ne sortirai point, tu as beau faire. Ah ! ah ! j'ai gagné deux jours.

Le seigneur évêque lui fait un signe de croix sur le front ; il en est courroucé et se jette en arrière ; pendant qu'on brûle son nom, il pousse d'horribles cris, comme d'un taureau furieux ; il se dresse tout droit, grince des dents, et regardant l'évêque, il lui crie :

— Ah ! mâtin d'évêque, je t'accoustrerai bien !

— Va, va, je ne te crains pas.

— O la méchante coquille ! je saurai bien te rejoindre !

« Il est incroyable, dit Despinois, quelle astuce et malice cet esprit pervers montra dans cette conjuration. Lorsque M. de Laon, conformément au rituel, lisait les saints évangiles, le diable baissait la tête, grignotait, contrefaisant la voix et geste de l'évêque, répétant les mots après lui : surtout quand il venait à prononcer *les hauts noms de Dieu*, que saint Jérôme appelle les noms très-saints de Dieu : *Sanctissima nomina : Jehova, Adonaï, Emmanuel, Alpha* et *Oméga, Tetragrammaton,* que l'exorciste accompagne d'un signe de croix [1].

» L'évêque venait-il à prononcer la malédiction contre le diable, à rappeler ses titres à la haine des enfants de Dieu, il relevait la tête, riait et applaudissait bien haut. A ces mots : *Ergo, maledicte diabole, da honorem Deo vivo*. Il répondait : « Non ferai, car il n'a que faire de mon honneur. Pour toi, rends-lui si tu veux, c'est ton devoir. » A ces mots : *Maledicte diabole, damnate atque damnande*, il disait : « Pourquoi le répètes-tu ? Je le sais bien. » A ces autres, *Recognosce sententiam tuam :* « Ne t'en soucie point, elle est toute reconnue. » Si l'évêque venait à se tromper, à déplacer un mot, par exemple : *Magister dæmonum* pour *Dæmonum magister,* le diable reprenait à l'instant : « O ma coquille ! tu t'abuses : il y a *Dæmonum magister.* Regardes-y de plus près et prends tes lunettes. » A ces mots : *Dux furum, bonorum insidiator*, et autres semblables, on l'entendait par toute l'église rire aux grands éclats, devancer l'évêque et s'écrier : « Ah ! que tu me fais content quand tu me dis mes titres d'honneur ! »

« Alors, continue Gorret, le seigneur évêque print le

---

[1] M. Douen, ministre protestant, dit que dans les exorcismes on employait *comme formules magiques* les hauts noms de Dieu. Nous pardonnons à M. le ministre de ne rien comprendre aux exorcismes de la sainte Eglise ; mais s'il veut connaître le sens de ces mots sacrés, qu'il lise dans saint Jérôme l'épître *Ad Marcellam.*

Corpus Domini, disant : « Je te commande, en vertu du précieux corps de Dieu ici présent, de sortir et de t'en aller aux enfers, sans plus retourner au corps de cette créature de Dieu. » A cette vue, Satan cesse de jaser et rend l'énergumène horrible à voir, et s'échappe au milieu d'un grand soupir, comme une bouffée de vent. »

Nicole tombe évanouie. L'évêque la communie et la rend à la santé. Comme elle était épuisée, il lui fait donner à boire dans le calice, « qu'elle prend bien humblement ». En partant, il lui donne encore sa bénédiction. — C'est ainsi que la sainte Église sait traiter les pauvres énergumènes.

Vingt témoins sur l'échafaud, vingt à côté, quinze mille spectateurs. (Gorret.)

CHAPITRE VINGT-DEUXIÈME.

Mardi 5 février. — Le barbier de Saint-Jean. — La procession de l'après-midi. — Insultes aux protestants.

« Le mardi suivant, 5 février, dit de Héricourt, il fut advisé par notre chapitre qu'il serait très-bon prier M. de Laon faire les processions et conjurations deux fois le jour. Ce qui fut fait dans l'église, où l'on portait, comme toujours auparavant, le saint Sacrement sous un dais, ensemble la vraie croix et châsse Notre-Dame, fort renommée par les miracles anciens. Y assistaient tous les colléges et abbayes, étant la démoniacle portée par ses gardes.

» Pendant la prédication, Nicole fut portée au cloîtreau : avec elle étaient plusieurs personnes, entre autres le barbier de l'abbé de Saint-Jean. Celui-ci, ayant vu Nicole dans son état de stupeur, lui prit une main, puis une autre, qu'il ouvrit et ferma à volonté, au grand étonnement de la compagnie. Les catholiques voulurent en essayer aussi. »

Mais pour eux Nicole était une statue de marbre. Il y avait là un mystère que le démon va expliquer sur l'échafaud.

« Eh bien, mon glorieux barbier, petit huguenoteau, lui dit-il en le regardant malignement, as-tu assez tenu le bras de cette ribaulde? Que t'en semble, petit coquin? Ne sais-tu point que quand tu tenais un bras j'étais dans l'autre? Je me pourmène en ce corps comme je veux. Es-tu content que je t'aye fait cet honneur?

Puis commence la conjuration de l'évêque :

— Quand sortiras-tu ?

— Jeudi; mais, par le *sangbieu!* j'emporterai deux nez, et ne m'en irai sans dégât.

— Lesquels?

— Celui du petit bailli de Vrevin et celui de Nicolas Maigret.

— Tu ne les auras pas. Je te défends d'y toucher, parce que ces hommes ont été baptisés.

— Oui, je le sais, ils m'ont renoncé au baptême, mais, après, ils s'y sont redonnés, et m'ont donné leur nez [1].

---

[1] Cette singulière imprécation : *Que le diable emporte mon nez!* était alors en usage. Il y a donc de l'imprudence à répéter, même par légèreté, ces imprécations si fréquentes de nos jours : *Que le diable t'emporte! Va-t'en au diable!* etc. Elles peuvent produire les effets les plus funestes, car l'ennemi est toujours là qui rôde autour de nous pour nous dévorer.

— Tu ne les auras pas.

— Me veux-tu ôter ce qui m'appartient? Et si toi-même m'avais donné ta tête, par le *sangbieu!* je l'aurais. »

La conjuration se termina par le miracle du saint Sacrement, que Despinois analyse ainsi : « Ledit sieur évêque prend la sainte hostie, la montre; le corps de la femme est tourmenté, ses gardes sont enlevés; elle tombe roide : elle est montrée au peuple. La sainte hostie lui est administrée; elle revient en santé; elle est reportée en la maison... »

Conjuration de l'après-midi.

« Cedit jour, après midi, les vêpres furent sonnées plus tôt que de coutume, à la fin desquelles la patiente fut portée à l'église. Or, il est à remarquer que les autres jours, après la conjuration du matin, Nicole restait saine ordinairement jusqu'au lendemain; mais ce jour-là elle fut possédée au premier pas qu'on fit dans la cour de Puisieux; étant portée à la procession, elle se moquait et disait :

— Hé! hé! que pensez-vous faire? Les processions sont-elles bonnes après dîner?

» Je lui réponds :

— On te le fera bien sentir.

» Il me fait la moue et me crache au visage. La procession se fait de trois tours à l'environ des piliers de la nef et du chœur de notre église. Au premier tour, le diable se moquait de l'un, de l'autre, sifflait, chantait, contrefaisait les enfants de chœur qui chantaient la *Litanie*. Au second tour, il commence à s'appesantir, grincer des dents, crache à notre face, nous veut égratigner, mordre, se tempête, crie après le maire de notre chapitre, qui précédait la croix, et dit :

— Maire, retourne, tu seras bon garçon. Ne va pas plus avant.

» Le maire cependant continue, et comme il commence le troisième tour, le diable lui crie :

— Maire, maire, méchant maire, retourne donc... B..... de maire, tu me fais enrager; ne retourneras-tu point?... Que tous les mille millions de diables et de diablotins puissent emporter le maire et la mairesse, puisqu'il me fait tant enrager!

» Il criait aussi après les enfants de chœur, qui portaient des torches ardentes devant le saint Sacrement :

— Éteindrez-vous ces torches, fils de ribauldes? J'enrage, j'enrage!

» Il se tempêtait si fort qu'il nous échappait presque des mains, — dit Despinois, — si bien que, usés par les efforts, nous fûmes obligés de changer de mains et d'appeler du secours... Cependant tout le monde priait, et priait d'autant mieux que le démon était plus courroucé. Le démon enrageait bien fort de voir sur tout le passage du saint Sacrement tant de peuple dévotement à genoux. »

A l'entendre, le menteur, les processions ne valent rien l'après-midi. Il eût bien voulu échapper à ces nouvelles tortures que lui infligent les prières et les cérémonies de la sainte Église!

A la conjuration, le diable nomma à Monsieur de Laon les convives qui avaient dîné avec lui, et chacun des mets qui avaient été servis.

— Dis-moi maintenant quand tu sortiras?

— Jeudi prochain, trois heures après midi; mais je ne quitterai point cette ville, entends-tu bien? Je m'en irai avec maître Jean Carlier.

— Tu n'iras point avec maître Jean Carlier.

— Tu en as menti : car Carlier et tous les huguenots sont à moi, et je te le répète, si Jésus-Christ était encore sur la terre, les huguenots et moi nous lui ferions plus de mal que ne lui en firent les Juifs.

C'est pour la seconde fois qu'il vomit de pareils blasphèmes. Plus, il appelait Carlier et son frère Locqueneux, vendeurs d'épingles, c'est-à-dire *vrais charlatans*.

— Pourquoi donc dis-tu telles paroles?

— Je les dis parce que les huguenots sont fort obstinez, et je les rendrai encore plus obstinez.

Comme on brûlait son nom, il jeta sur l'évêque des regards horribles, le maudit et dit :

— Que le ciel et la foudre tombent sur l'évêque, sur le doyen et sur l'abbé de Saint-Vincent!

« Il est à remarquer, dit Gorret, qu'à mesure que l'esprit malin approchait de son départ, il devenait plus furieux et plus insolent. »

Au miracle du saint Sacrement, on remarqua qu'il fixait des yeux étincelants sur les voussures, ne pouvant supporter la vue de la sainte hostie.

Vingt témoins, une grande multitude de peuple de plusieurs et divers lieux.

Nota. Le lecteur pourra remarquer certaines répétitions. Nous avons dû en subir la nécessité, pour demeurer fidèle à la vérité historique.

CHAPITRE VINGT-TROISIÈME.

Mercredi matin 6 février. — Nombre des démons. — La pièce de monnaie. — Conjuration de l'après-midi. — La croix d'or. — Insulte à mademoiselle d'Hervillon. — Le diable donne un coup de pied à l'ecclésiastique qui veut absoudre Nicole.

« Le mercredi, de grand matin, continue Despinois, je donnai ordre de faire confesser et communier les gardes de la patiente, ce qu'ils firent tous à la fin de la messe.

» Au lever de Nicole, nous chantâmes, comme aux jours précédents, *Veni Creator, Ave maris Stella*, avec collectes, suffrages et aspersion d'eau bénite sur la malade, sur les gardes, et par toute la chambre.

» A l'heure accoutumée, nous portons la patiente à la procession. Après la messe pontificale, M. de Laon commence ainsi sa conjuration :

— Quand sortiras-tu ?

— Demain, à trois heures après midi.

— De là, où iras-tu ?

— Je te l'ai déjà dit, à Saint-Nicolas aux Bois, pour entrer dans le corps d'une femme, où il y a deux diables qui se battent pour l'avoir, car quand nous sommes chassés d'un côté, nous nous logeons autre part. (Voir saint Matth., ch. xii, ⅴ. 43, etc.)

— Qui sont-ils ?

— Cerberus et un petit diablotin, un petit chiennot, un petit mâtin qui n'a point encore de nom.

— De quelle légion est-il ?

— De la légion de Cerberus.

— Il y a donc bien des diables.

— Plus qu'il n'y a en l'air de papillons (flocons) de neige quand il neige bien fort.

» A ces effrayantes paroles, un long soupir s'échappe subitement de toutes les poitrines.

— Esprit malin, je te commande, au nom de la très-sainte Trinité, de sortir du corps de cette femme, et que tu t'en ailles aux enfers.

— Oh, oh! il n'est pas encore temps que j'aille aux enfers. Je ferai bien du mal encore auparavant.

— Oh! que je te ferai bien sortir.

— Oui, je le sais, il me faut sortir, mais ce n'est pas aujourd'hui, ce sera demain. Auparavant il faut qu'on me rende la pièce que j'ai baillée à mon petit moine à Vrevin; et par le sangbieu, je ne sortirai point que je ne l'aie.

» Il faut entendre que ce petit moine, c'est M. de Motta, qui avait fait les conjurations à Vervins. Alors le diable lui remit une pièce d'*onze sous*. Où l'avait-il prise? on ne sait, toujours est-il qu'en la lui donnant, il lui dit : « Tiens, mon petit prêcheur, garde cette » pièce, quand je voudrai partir de ce corps, je te la » redemanderai. » (Cette pièce était de bas or, ayant un saint Étienne d'un côté, et un petit écusson de l'autre.) M. de Saint-Vincent entendit ces propos, je le priai pour lors d'envoyer un de ses laquais à Velly; ce qu'il fit. Comme ce serviteur paraissait craindre, attendu que le diable venait de lui crier :

— Hé! fils de ribaulde, laquais de mon abbé de Saint-Vincent, je te vois bien, par le sangbieu, si tu vas à Velly, je te ratteindrai en chemin, et t'accoustrerai de la belle manière.

— Ne craignez rien, dis-je au laquais, et lui pendis une croix d'or au cou.

» Il disparaît, part pour Velly, à cinq lieues de là, et revient au gîte à Saint-Vincent; l'esprit malin n'avait pu l'attaquer, après la conjuration, parce que le laquais, pendant sa route, était défendu par la croix et son bon ange, auquel je lui dis de se recommander.

» L'évêque cependant poursuivait sa conjuration, et l'esprit malin rendait cette pauvre femme épouvantable à voir ; plus il approchait de son départ, plus il écumait de rage ; le peuple en pleurait de pitié, et criait : *Miséricorde!* C'était pour lui comme une innocente qu'on mettait à la torture. « *Bon Dieu! Père saint!* » criait-on de toutes parts, « faites-lui miséricorde, et délivrez-la » des mains de son ennemi. » Des larmes de compassion coulaient de tous les yeux et même de ceux de notre bon évêque. La sainte Eucharistie chassa enfin ce cruel ennemi du genre humain. »

Mais la victoire n'était point encore complète.

Conjuration de l'après-midi.

« Après vespres et complies, continue Despinois, on apporta la patiente en notre église. Advint alors qu'un homme de village donna pour la patiente une croix d'or, en laquelle il y avait des reliques. Je la pendis au col de la pauvre femme, et la lui mis en la bouche alors horriblement ouverte : elle la ferme, se tient coi, machotte ladite croix, qu'elle tente vainement de rejeter, dont chacun s'en émerveille.

» Pendant la procession, le diable, à qui l'on avait ôté la croix pour le laisser parler, dit à mademoiselle d'Hervillon, qui suivait le cortége :

— O vieille papaulde, comme vous servez Dieu par compte (elle disait son chapelet), vous êtes une pauvre bête ! Vous ne savez ce que vous dites ; vous ne faites que barboter. »

L'esprit malin, n'ayant rien à lui reprocher, insulte à sa piété : quand il ne peut mordre, il aboie.

» Après la procession, l'évêque interroge :

— Es-tu seul ?

— Oui, je suis seul.

— Ton nom ?

— Béelzébub.

— Quand sortiras-tu ?

— Demain, après midi, sur les trois heures. Mais ne fais point hâter l'horloge ; car je sais bien mon heure... Eh bien, mon abbé de Saint-Vincent, — il le regarde avec mépris, — tu as envoyé à Velly ? Par le sangbieu ! si l'on ne me rapporte ma pièce, je ne sortirai point, car je l'ai donnée à cette condition.

— Où as-tu été depuis ce matin ?

— J'ai été à la Hùre (hôtellerie de Laon), où se trouvaient des damoiselles avec madame de Hervillon, — et les montrait du doigt dans l'église. — J'ai été voir maître Quentin Lemoine, en habit noir.

— Tu n'es qu'un menteur.

— Ah ! si, ma coquille, je te dis vérité, car on m'y oblige. Quand tu m'interroges, je suis contraint de te répondre, tu as pouvoir sur moi. »

La conjuration se termine par le miracle du saint Sacrement.

Gorret nomme plus de quarante témoins.

« Ce soir, environ neuf heures, continue Despinois,

nous fîmes les prières accoutumées; puis maître Ferry de Guynes prend les heures de Nicole, les lui présente en disant : « Nicole, lisez cela. » C'était le *Confiteor*. Elle avait dit : *C'est ma coulpe, c'est ma coulpe* (c'est ma faute) deux fois, s'était frappé la poitrine à l'ordinaire des catholiques; le prêtre se préparait à lui donner l'absolution, lorsque tout à coup le diable, revenu en icelle bien tranquillement couchée et bien couverte, fait bondir la pauvre créature du lit sans déranger la couverture, et donne ferme un bon soufflet et un coup de pied audit de Guynes, criant tout courroucé : « Ha, ha! » te penses-tu plus fin que moi? Je t'ai bien vu ! tu la » veux absoudre, et moi je ne veux pas. Va, va, il t'en » faut remonstrer. » Toute l'assistance fut saisie de voir cette incrédible agilité dans un corps impotent. » Combien est puissant cet esprit malin! Combien il serait terrible, si Dieu ne mettait des bornes à sa malice ! « Le diable incontinent la laisse roide. On rendit la santé à Nicole par la sainte Eucharistie, laquelle il fallut lui administrer, même souvent cette nuit, car le démon continuait d'augmenter en rage et en fureur à mesure qu'il sentait approcher l'heure de son entière défaite. »

CHAPITRE VINGT-QUATRIÈME.

Jeudi 7 février. — Conjuration du matin. — Reproches et menaces à l'évêque. — Coupeurs de bourses dans l'église. — Le démon donne les raisons de son entrée en Nicole. — Admirable réponse de l'évêque.

« Dès le matin, dit Despinois, on confessa tous les gardes, et tous communièrent après nos messes; puis nous chantâmes nos prières accoutumées.

POSSESSION ET DÉLIVRANCE.

» Après la procession à laquelle assistèrent, dit Gorret, les doyen, chanoines et chapitre de Notre-Dame de Laon; les doyen, chanoines et chapitre de l'église de Saint-Jean au Bourg » (dont était abbé commendataire le renégat Cauchon de Maupas); « les religieux des trois abbayes de Laon; les cordeliers, les religieux de Saint-Nicolas du Val et autres curés des paroisses de la ville avec leur clergé; la prédication fut faite par maître Favier, cordelier docteur, où assista une grande multitude de peuple. »

Après la messe pontificale, commença la conjuration par cette interrogation :

— Quand sortiras-tu?

— Tantôt, après midi, à l'heure que j'y suis entré. O ma coquille, ma coquille! je t'ai bien fait courroucer contre tes serviteurs!... Je t'ai vu hier, et les autres jours : tu ne soupes point. Mais ce n'est point tout. Je te ferai encore bien du mal avant mon départ.

« Pour le faire taire, je lui mets la petite croix d'or en la bouche, dit Despinois, il se débat que c'était merveille. Il voulait la jeter dehors, et ne le pouvait; il ne pouvait même tirer la langue. L'évêque la lui ôta pour continuer la conjuration.

» Alors M. de Saint-Vincent lui montra la pièce d'or qu'il avait donnée, à Vervins, à M. de Motta. L'esprit malin la regarde, fait la grimace et dit : « Ce n'est pas » ma pièce. » C'était cependant bien la même, mais peu importe au démon de mentir. On ne la lui rendit pas. Tout à coup il lève bien haut la tête, et dit : « Tiens, » tiens, il y a un sorcier dans l'église et des coupeurs de » bourse. » Il fixe pendant quelque temps un individu

de la foule, qu'on ne put reconnaître et s'écrie : « C'est
» fait, elle est coupée! » Puis il crache contre le notaire
Gorret : « Tu as bien de la besogne, n'est-ce pas,
» notaire, depuis quelques jours? »

» L'évêque reprend la conjuration :

— Quel signe donneras-tu de ta sortie?

— Je rendrai sain le bras gauche de Nicole; elle
s'en aidera comme auparavant. N'est-ce pas un beau
miracle? De plus, on le verra bien au plomb du clochier.

— Qu'as-tu gagné en ce pays? lui dit alors l'évêque;
beaucoup de gens se sont convertis, en voyant ce miracle
du saint Sacrement. Il faut maintenant que tu sortes; on
te connaît trop; tout le monde a horreur de toi.

— Je le sais, dit Satan, il s'en est converti, mais il
en reste bien des obstinez; et puis, il faut que je fasse
mon office, selon qu'il m'est commandé.

— Dis-nous donc alors pourquoi tu es entré au corps
de cette jeune femme catholique, droite, simple, et qui
jamais n'a fait folie de son corps?

— J'y suis entré *par le commandement de Dieu,
à cause des péchés du peuple; pour montrer à mes
huguenots qu'il y a des diables qui peuvent posséder
les corps quand Dieu le permet, ce qu'ils ne veulent
croire. Mais je leur montrerai bien que je suis un
diable.*

« J'y suis entré pour les convertir ou pour les endurcir : pour faire tous les hommes *ou tout un ou tout
autre.* » (*C'est-à-dire, tous catholiques ou tous hérétiques*). « Et par le sangbieu! — jura-t-il d'une grande
rage, — il faut que je fasse mon métier et mon office :
oui, je les rendrai *tout un.* »

Cette réponse fit frémir tous les spectateurs.

A l'instant même, l'évêque reprend avec force et dignité :

« Oui, Dieu fera les hommes *tout un*. Comme il n'y a qu'un seul Dieu, il n'y a qu'une seule religion ; car la tienne que les huguenots pratiquent est pure dérision ; laquelle pour tout certain tombera. Mais la religion de Notre-Seigneur Jésus-Christ, qui est la seule vraie, demeurera éternellement, gagnera, et, selon icelle, sera faite par tout l'universel monde *une seule bergerie* de toutes les ouailles humaines, sous un seul pasteur qui est non pas toi, mais Notre-Seigneur Jésus-Christ, fondateur et chef invisible de notre Mère sainte Église catholique, apostolique, romaine, avec son chef visible, Pierre, *premier* dans la dignité et *éternel fondement* de toute son Église, ou république chrétienne de l'universel monde. » (Jean, 10 et 17.)

Le diable se tut, il était confondu en présence de l'immense multitude. Il fut chassé à l'instant par la sainte hostie.

Les catholiques étaient ivres de joie ; ils versaient des larmes d'attendrissement. Comme la conjuration avait été longue et que Nicole était épuisée, l'évêque lui fit encore donner à boire dans le calice d'or et partit en lui donnant sa bénédiction.

Quarante témoins.

CHAPITRE VINGT-CINQUIÈME.

Conjuration de l'après-midi. — Jeûne nécessaire. — Confession même des fautes vénielles exigée dans l'exorciste. — Le démon requiert toutes les autorités civiles et ecclésiastiques pour sa sortie. — Après la conjuration, on fait rentrer Nicole à l'église pour s'assurer de sa délivrance.

« Cedit jour, à trois heures, dit le chanoine Despinois, il y eut procession et prédication, comme le matin. Pendant la procession à laquelle Nicole fut portée, le diable jasa contre l'un, contre l'autre, selon sa coutume; puis me regardant (car j'aidais toujours les gardes), il me dit : « Hé! hé! tu es bien abusé. Ce n'est pas ce » que tu penses. Chasse-t-on le diable après dîner? Je » n'avais garde de dire à ma coquille ni à vous aussi » que vous ne *dinissiez* point (*sic*)[1], car, il m'eût fallu » déloger aujourd'hui. Pour cela, j'ai gagné un jour. » Il y a des démons, dit Notre-Seigneur, qu'on ne peut chasser que par le jeûne et la prière. (Marc, IX, 28.) « Et » lors sifflait, chantait, houppait, répétant : Hou, hou, » hou! Ha, ha! Hé, hé! j'ai gagné un jour. Encore » suis-je plus malin que vous, et que ma coquille aussi. » Vous ne savez point les Écritures. »

» La procession faite, monsieur de Laon, commença la conjuration :

— Or çà! il te faut sortir enfin.

— Oui-da, si tu n'avais point dîné. Et viens çà, ma

---

[1] Cet esprit mauvais ne se plaît que dans le désordre : il aime à violer toutes les règles, même celles de la langue. Les *esprits des tables* frappent du même *sceau révélateur* leurs funestes communications.

coquille, ne sais-tu pas bien qu'on ne chasse point un prince de diables comme moi après dîner ?

— Je n'ai point tant dîné que je ne te fasse bien sortir.

— Si, si as ; tu as dîné assez, je t'ai bien vu, et ceux qui étaient avec toi.

» Lesquels il nomma.

— Tu ne m'abuseras point de tes propos : tu n'es qu'un menteur. Je te ferai bien sortir.

— Oui, je suis menteur. Mais je ne sortirai point : car tu n'es pas confessé. »

Nous avons fait remarquer que, pendant toutes les conjurations, l'évêque et les autres prêtres, et beaucoup de fidèles admis à la communion de tous les jours, se confessaient chaque matin. On donnait même à Nicole plusieurs absolutions chaque jour à cause de ses communions si multipliées. Car l'expérience venait de prouver que plus on était pur et exempt de toute attache au péché, plus on était redoutable au démon.

« Tu en as menti, répond énergiquement l'évêque. Je me suis confessé.

— Quelle confession as-tu faite ? elle n'était que générale. Tu n'as pas dit que tu t'es courroucé contre tes serviteurs et contre mon Poulain (c'était le chapelain d'honneur). *Si tu t'en étais confessé, je n'en saurais plus rien, et n'en aurais mémoire...* »

L'historien ajoute qu'un long murmure d'étonnement suivit cette déclaration.

Puis le diable dit encore :

« Viens çà, ma coquille, me penses-tu ainsi chasser ? Tu n'es pas accompagné comme un évêque pour me chasser, moi qui suis prince des diables. »

» Il se mit alors à nommer les dignités et offices de notre église, disant :

« Où est le doyen, et ton archidiacre ? Penses-tu qu'il ne soit pas grand bruit de ceci ? Où est la justice du roi, où est le lieutenant particulier qui eut si peur en la tour du roi ? (à la deuxième expérience exigée par les huguenots. V. page 19). Que ne vient-il répéter comme là : « Nésus, Sathan ! » Où est le procureur du roi ? où sont les avocats du roi ? où sont les conseillers ? » (et les nommait-il par leurs noms). « Où est le greffier ? Je ne sortirai point, si toute la justice n'est assemblée. Et viens çà ! Si je sortais maintenant, quelle raison rendrais-tu au roi de ce que tu fais ? Penses-tu que tu sois cru si facilement ? Nenni, nenni ! il y a bien à dire. Ces gens de village et ces habitants que voilà en iront-ils répondre ? Il me fait bien mal qu'il faille que je t'apprenne ta leçon, et comment tu dois faire. Ce poise moi (cela me pèse), mais j'y suis contraint. Que maudite soit l'heure quand jamais j'entrai au corps de cette ribaulde ! » (Ainsi à tort et faussement nommait-il Nicole).

L'évêque réplique :

— Je ne m'amuserai pas à tes propos ; il faut que tu sortes. Il n'est pas besoin de tous ceux que tu nommes ; il y a ici assez de témoins, et Gorret, notaire royal, servira de greffier. Tu sortiras, afin que la gloire de Dieu soit manifestée, et t'en va aux enfers.

— Je le ferai, en effet, mais ce ne sera pas aujourd'hui. Je sais bien qu'il me faut sortir, ma sentence est rendue. C'est la *danse macabre veuille ne daigne, riboribène*. J'y suis contraint ; mais avant de sortir, tu jeûneras encore davantage : tu n'es pas encore maigre assez.

— Je ne prends pas garde à tes *babuses* (contes). Je te ferai sortir par la puissance de Dieu, et par la vertu du précieux corps de Jésus-Christ.

— Oui, je sortirai; je suis bien fâché qu'il faut que je te fasse cet honneur! Il y a douze cents ans qu'évêque n'a chassé prince des diables que toi!

— Tu es un menteur : tous les jours la sainte Église romaine triomphe de toi et de tous les démons d'enfer.

— Tu as menti aussi, ma coquille. On a bien fait sortir de petits diables qui n'ont point encore de noms, mais, de prince! on n'en a point fait sortir.

» L'évêque brûle le nom de Béelzébub. Le diable, cette fois, s'en moque et ne bouge.

— O ma coquille! tu ne brûles que du papier et de l'encre.

» Dont grandement on s'étonna, vu qu'auparavant la combustion des bulletins rendait le corps de la démoniacle tant agité et difforme que rien plus.

— Je vois bien, dit l'évêque, que tu ne te soucies plus des conjurations ni du brûlement de ton nom. Je vois bien qu'il faut te montrer ton maître.

— Qui? ton Jean le blanc? (Avec ses autres blasphèmes.)

» L'évêque le poursuit ; il crie :

— Je sortirai, mais j'y rentrerai encore, car mon heure n'est point arrivée !

» La conjuration se termina par le miracle du saint Sacrement. »

On était donc arrivé à ce jeudi tant de fois annoncé et si ardemment désiré. La conjuration de l'après-midi avait été longue et solennelle. L'heure fixée depuis plus de deux mois par l'esprit malin lui-même comme le moment de son expulsion définitive était expirée. Satan venait bien de céder encore une fois, aux yeux de la foule impatiente, la victoire à la sainte Eucharistie; mais cette victoire était-elle une délivrance complète et sans retour? On en doutait, car le bras gauche de l'énergumène restait encore paralysé. On voulut donc en faire l'expérience.

« Il fut advisé, dit Despinois, que la patiente serait portée en la rue du Cloître, et de là rapportée en l'église; et que, si elle rentrait saine, c'était signe de délivrance. Advint, comme on la rapportait à l'église, que le diable la reposséda, et disait en chantant :

— Ah! ah! je ne suis point encore dehors!

» Et le répéta plusieurs fois, se moquant de tout ce qui avait été fait après dîner.

— Vous vous abusez bien tous, criait-il; on ne chasse pas un tel diable que moi après dîner.

» On reporte donc la patiente dans le chœur, et non sur l'échafaud. L'évêque conjure et dit :

— Pourquoi n'es-tu pas sorti? C'est ton jour, ton heure.

— Parce que tu n'es pas à jeun; parce que tu n'es pas confessé; parce que tu n'as pas suffisant témoignage.

» Notre doyen fait descendre le ciboire, apporte une hostie, la présente à M. l'évêque, qui conjure aussitôt.

» Le diable, torturé par la présence de son maître, recommence ses blasphèmes :

— Que mille millions de diables puissent emporter le doyen et ma coquille, puisqu'ils me font tant souffrir!

» Avec la sainte hostie, la patiente revient à sa

pristine santé, et telle, est reportée en la maison de Puisieux. ».

Gorret cite plus de quarante témoins près de l'énergumène aux différentes conjurations.

CHAPITRE VINGT-SIXIÈME.

Réflexions sur l'insuccès des conjurations du jeudi. — Colloque de Despinois, du commandeur, des gardes avec la mère de Nicole.

L'insuccès de ces conjurations faisait grande rumeur dans la ville. Le clergé en était vivement affligé. La pauvre Nicole surtout, sa mère et ses parents, en étaient dans la désolation. La foule ne tarissait point en réflexions de toute espèce. Les huguenots, de leur côté, éclataient en murmures à cause des accusations sans cesse renouvelées contre eux, et cependant ils paraissaient triomphants.

Écoutons le naïf et intéressant Despinois.

« Il n'est possible de croire, dit-il, combien ce jour il était venu de peuple en cette ville pour voir la délivrance et déchassement de cet ennemi de nature. En voyant qu'il n'était sorti, chacun menait un grand deuil et ennuy. Les uns disaient qu'il ne sortirait point par l'évêque, et qu'il le fallait mener à l'archevêque de Rheims, qui est notre métropolitain, et même qu'il le fallait mener au pape. Les autres disaient qu'il sortirait, mais que ce ne serait encore, et qu'il serait besoing le mener au roi et à la cour du Parlement à Paris. Ces propos furent répétés à la mère de la patiente. Laquelle, combien que auparavant elle était fort constante et patiente, démenait grand deuil et pleurait fort amèrement.

Et ainsi faisaient les oncles, le mary, et principalement la patiente, en sorte que chacun en avait grande pitié et compassion.

» Quand je les vis ainsi pleurer et se complaindre, et qu'il n'y avait plus que les gardes en la salle, je commençai à les consoler le mieux qu'il me fut possible, et leur dis que telles pleurs ne leur pouvaient pas beaucoup aider, et qu'il me semblait que par icelles ils offensaient Dieu, ne prenant patiemment les adversités qu'il lui plaisait leur envoyer. Et que ce n'était le moyen pour acquérir la grâce de Dieu de se tourmenter et désoler de telle façon. Mais qu'il était besoing prier Dieu de bon cœur, avec contrition et repentance de l'avoir offensé, et proposition ferme d'amender sa vie, et le louer et remercier de tout ce qui lui plaît nous envoyer en ce monde, soit prospérité, soit adversité. Car nous sommes tous à lui, non-seulement nos biens et nos corps, mais aussi nos âmes, et qu'il sait ce qu'il doit faire de nous. Partant nous devons imiter et ensuivre le bon Job et ne point murmurer, et tout prendre en patience avec actions de grâces.

» Incontinent la mère et la patiente me répondent :

— Hélas! monsieur, il ne nous est point nouveau d'avoir du mal : il y a longtemps que nous l'avons accoutumé, la grâce à Dieu! Nous sommes prêts endurer tout ce qu'il plaira à Dieu nous envoyer, moyennant sa grâce. Mais d'autant qu'il y a longtemps que notre proufit et traficque de marchandise cesse, que j'ai abandonné notre maison (disait la mère), ai laissé mes petits enfants, desquels l'un est encore à la mamelle. Et aussi que nous sommes ici en maison étrange où nous coûtons beaucoup à M. le commandeur, qui fait grande dépense à recevoir beaucoup de seigneurs et de damoiselles qui ne viennent que pour voir ma fille. Aussi, je crains que M. l'évêque, qui est un tant doux et béning prélat, ne se hode (se fatigue) et fâche de tant de peine et travail qu'il prend pour la délivrance de ma fille. Je le voy tant piteux, parce qu'il y a déjà longtemps qu'il jeûne tous les jours et n'est possible qu'il n'ait du mal beaucoup à se préparer à célébrer tous les jours la messe, et faire deux fois procession et conjuration. Et aussi il fait grande dépense à recevoir et traiter beaucoup de gens. Et d'autant que la longueur fâche les personnes, nous craignons qu'il nous abandonne et que n'ayons point allégeance et délivrance. Et davantage je vois les peines et travaux que vous avez prins avec ces gens de bien icy (parlant de ses gardes), lesquels ne nous connaissent point. Ce néanmoins ont prins tant de peine à veiller et endurer froid et n'ont été dépouillés (n'ont point quitté leurs vêtements) depuis que nous sommes céans, et si ce n'était d'eux et de vous, je ne sais ce que nous eussions fait. Car s'il nous les fallait nourrir et payer, nous serions ruinez. Nous sommes bien tenus à eux et à vous, d'autant que chacun nous secourt à ses dépens. Toutefois, monsieur, je vous promets qu'il nous en coûte beaucoup, car quoique nous ne dépensions rien en cette ville, si est-ce que les voyages que fait mon mary et mes frères pour nous visiter ne se font sans dépense. Hélas! quelle pitié sera-ce, s'il nous faut partir de cette ville sans délivrance et avec tel ennuy que nous avons! Où irons-nous? que deviendrons-nous? On ne nous voudra point laisser entrer dedans les villes; et si les huguenots nous rencontrent, ils ne manqueront point de nous faire outrage, car ils ont déjà commencé de nous vouloir tuer à Pierrepont. Si Dieu n'a pitié de nous, nous sommes pauvres gens !

» Après avoir ce ouï, je la reconfortai et lui dis :

— Il me semble que vous n'avez encore occasion vous tourmenter ni de penser ce que vous dites. Vous n'en avez point encore vu d'apparence. Je crois que si M. de Laon a bien fait pour vous jusqu'à présent, qu'il s'efforcera de continuer et principalement, d'autant que ce méchant et malheureux diable ne s'excuse sur d'autre chose, sinon que ledit sieur évêque n'est point encore assez préparé ni assisté d'assez grand témoignage pour le chasser. Partant n'aurait ledit évêque honneur de désister, si le diable n'allègue autre fait nouveau. Et quant à M. le commandeur, il y a si longtemps que je le connais être de tant bonne et libérale volonté que, si Dieu voulait que votre fille ne fût guérie de trois mois d'ici, il ne vous plaindrait ni épargnerait son bien, non plus qu'il fait.

» A ces propos survint ledit commandeur, et, après les avoir entendus, dit :

— Ma mie, il semble que vous vous défiez de moi ! En avez-vous occasion ? Vous savez que depuis que Dieu m'a fait ce bien, que vous et votre fille êtes logées céans, ni de jour ni de nuit les portes de ma maison n'ont été fermées que de par vous ? Ne vous ai-je pas abandonné mon bien ? Croyez-moi que je suis joyeux que votre fille n'est point encore délivrée, *et crois que Dieu le veut et permet ainsi* pour plus grande approbation du fait à son honneur. Car tant plus elle sera possédée, et tant plus de gens verront ce beau miracle. Ne voyez-vous pas qu'il en vient de toutes parts, et de plus de *cent lieues* d'ici? Et que chacun connaît et sait que le diable NE VOUS ACCUSE NI VOTRE FILLE ET DIT LA POSSÉDER et être mis en son corps *pour les péchés du peuple, et pour convertir ou endurcir les huguenots?* Ayez espérance en Dieu pour sa miséricorde, et ne vous deffiez de moi ni de mes biens, car je vous les donne, et à meilleure œuvre ne les saurais employer. Je crois que ces gens de bien icy (parlant des gardes), ne vous abandonneront point.

» Iceux tout d'une voix dirent :

— Monsieur, nous n'en avons point volonté. Nous n'y sommes point venus si librement pour la délaisser, que Dieu n'y ait fait sa volonté.

» Tous ces propos donnèrent grande joie et consolation aux pauvres gens déconfortez, qui rendirent grâces à Dieu et aux hommes.

» Après le souper, tous les gardes, nous trois prêtres et les autres serviteurs et servantes dudit sieur commandeur, nous nous retirâmes plus tôt que de coutume en la chambre de la patiente, où nous fîmes les oraisons et prières, telles que nous avions fait auparavant; et auxquelles assista M. le commandeur, comme il faisait le plus souvent, malgré son grand âge de soixante-quinze ans. Icelles prières achevées, j'exhortai les gardes et la mère de la patiente de se mettre en dévotion, penser à leur conscience, faire pleine et entière confession, se préparer à jeûne, espérer en Dieu, le prier instamment pour la délivrance de cette pauvre créature, et que, moyennant la grâce de Dieu, nous aurions le lendemain victoire contre cet ennemi de nature ; et qu'au cas qu'elle ne fût le lendemain délivrée, qu'il ne fallait désister : car qui ne continuera jusqu'à la fin n'aura point de rétribution. Ils me répondirent, les uns après les autres, qu'il leur semblait qu'il n'y avait qu'un jour, voire une heure qu'ils étaient autour de la patiente; laquelle ils ne voulaient ni entendaient abandonner qu'elle ne fût guérie, même que s'il était besoing d'aller à Rome, qu'ils iraient et tiendraient compagnie jusque-là et au retour, et qu'ils exposeraient leur vie pour icelle. Et ne voulaient aucune rétribution que la grâce de Dieu et les prières de la *patiente* et de ses parents. Tous alors vouèrent et promirent ne boire ni manger le lendemain que la seconde conjuration ne fût faite.

» Je fis allumer deux cierges toute la nuit sur la table, et durant laquelle nous trois prêtres dîmes le psautier, continuant l'un après l'autre, et les autres gardes ce pendant priaient Dieu. Nous dîmes plusieurs fois les sept psaumes, auxquels répondaient les gardes : et ainsi passâmes la nuit en prières. »

Après un exposé aussi naïf et aussi droit, ne pouvons-nous pas demander encore une fois à nos adversaires si c'est ainsi que se joue la comédie ?

CHAPITRE VINGT-SEPTIÈME.

Conjuration du vendredi matin 8 février. — On se prépare à la dernière conjuration par le jeûne, la confession et la communion. — Solennité de cette procession. — Colloque de Satan avec un Allemand huguenot qui se convertit. — Aveux de Satan sur sa prochaine sortie.

La veille au soir, le clergé et tous les catholiques de la ville avaient regagné leur demeure le cœur triste, sans doute, et l'esprit inquiet; mais personne n'était abattu, ni découragé. Le chrétien fidèle sait trop bien que Dieu, dans les grandes épreuves, n'abandonne jamais des enfants qui se confient en sa bonté paternelle. De toutes parts on eut recours à la prière. Ce que le bon et fervent Despinois avait organisé chez le commandeur, le zèle de la gloire de Dieu le suggéra dans un grand nombre de pieuses familles de la ville et dans toutes les communautés religieuses... On passa une partie de la nuit en prières, on se confessa et on communia de grand matin afin d'attirer les grâces de Dieu sur la conjuration de l'après-midi. On peut dire que cette affaire était l'unique et grande affaire du clergé laonnois, de toute la ville et de tout le diocèse. Monsieur de Laon, de son côté, ne négligea aucun des moyens qui pouvaient contribuer au succès de cette lutte prodigieuse. L'esprit malin nous dira bientôt lui-même que, dès trois heures du matin, ce pieux évêque vaquait à la prière.

Tout le clergé, toutes les communautés religieuses d'hommes furent invités aux exercices de la conjuration. L'évêque, en sa qualité de pair de France et duc de Laon, fit convoquer à domicile toute la justice du roi et jusqu'au lieutenant civil.

Dès le matin, la procession fut annoncée, selon la coutume aux grandes cérémonies, à son de trompe et avec carillon.

A neuf heures précises, commença la procession, dans l'intérieur de la cathédrale. Le clergé y déploya toute la pompe et la richesse des plus belles solennités de l'Église. Ce jour, en effet, devait être un des jours mémorables de *Notre-Dame des Miracles*. « Monsieur l'évêque portait une chape d'or de Cypre par-dessus ses tuniques et dalmatiques. M. le doyen avait aussi une chape d'or de Cypre; pareillement, maître Noël Bertrand, archidiacre de Thiérache, et aussi M. Boileau, vicaire du grand archidiacre. Devant eux, marchaient les deux chapelains de l'évêque, maître Poulain, chapelain d'honneur, et messire Jean le Grand, prêtre, portant la crosse d'argent doré, et tous les chanoines de ladicte église Notre-Dame de Laon, précédés des religieux des trois abbayes de Saint-Vincent, de Saint-Martin, de Saint-Jean, les cordeliers, les religieux de Saint-Nicolas du Val. Quant à l'abbé de Saint-Jean de Laon, il n'y est jamais venu. Après le dais ou ciel de velours sous lequel l'évêque portait toujours le saint Sacrement, venait la patiente, soutenue sur les bras de huit à dix hommes; derrière elle marchaient toute la justice et la multitude, qui s'élevait au nombre de quinze à vingt mille. Les gens de justice présents à cette procession étaient : Maître Jean Maynon, conseiller; maître Antoine Ledoux, conseiller; maître Jean Génaille, conseiller; maître Guillaume Lorisse, avocat du roi; quant au procureur du roi, il n'y était. M. de Flavigny, M. Despinois, M. Robert, M. Marquette, conseiller, etc. »

« Après le sermon, Nicole fut portée à grand'peine

sur l'échafaud, puis l'évêque chanta la messe à l'autel Notre-Dame. A peine placée sur l'estrade, l'énergumène se met à regarder au jubé. C'est là qu'étaient messieurs de la justice; elle les nomma tous l'un après l'autre, quoiqu'elle ne les eût jamais vus.

» Il n'y a que des papaux, s'écrie le démon, — car les huguenots n'y étaient pas. — « Ah! ah! fit-il, bon! toute la justice n'y est pas encore; je le vois bien... Où est le lieutenant du Mange? que ne vient-il crier encore, comme en la prison : Hé, Satan! hé, Satan! va-t'en arrière!... M. Boschet, l'avocat du roi, n'est point là, ni le grand archidiacre... Je ne sortirai point encore; car je veux sortir présent tout le monde; et par le sang-bieu, j'aurai raison! »

» Je ne veux oublier, mettre ici, dit Despinois, qu'un Allemand, Étienne de Vosque, demeurant au village de Cessières, appartenant au roi de Navarre, à cause de la châtellenie de la Fère, étant à la procession, s'entendit appeler par l'énergumène en allemand. Il approche pour répondre; je lui dis :

« Attendez que le diable réitère son propos. »

» Ce qu'il fit. Lors l'Allemand parla dans sa langue, et le diable dit :

« Ha, ha! tu voudrais bien que je parlasse allemand, mais je n'y parlerai point. Si j'étais en ton pays je parlerais mieux que toi; on voit que tu n'as point été nourri aux Allemagnes. » Ce qui était vrai. « Ici je ne parle autre langage que le commun, afin que tous ces gens me comprennent. Toi, parle allemand, et je te répondrai en langue du pays. »

» Ils causèrent ensemble pendant une demi-heure :

l'un en allemand, l'autre en français, en sorte que ceux à qui Étienne de Vosque traduisait ses demandes étaient étonnés d'entendre les réponses. Arrivés à l'église, je fis monter l'Allemand sur le théâtre; il continuait encore sa conversation, lorsque arrive le moment de l'élévation; il dit alors à l'énergumène :

« Attends, attends, on va te montrer *Jean le blanc*.

— Oui, oui, c'est mon *Jean le blanc*, ainsi l'ai-je fait appeler à ceux de ton pays, où il y a beaucoup de mes écoliers, et de mes subjets, comme en France. »

Tout à coup, la patiente se lève, s'élance jusqu'à la hauteur de six pieds, s'arrache presque des mains de ses gardes, retombe bientôt, et se débat de nouveau quand on élève le calice, puis se calme et s'assied, l'esprit malin criant par sa bouche avec grande rage :

« Vertu, non pas de Dieu! Évêque, ma coquille, si je te tenais je t'accoustrerais de la belle manière, pour me torturer ainsi! » (On sait que l'évêque prolongeait exprès le temps de l'élévation.)

Et sitôt qu'il prit pour la seconde fois le *corpus Domini*, et qu'il l'éleva avec le calice, la démoniaque se redressa soudain, emporta tous ses gardes jusqu'à six pieds [1] et retomba sans mouvement sur le pavé. De quoi tout le peuple était dans l'admiration. — L'Allemand aussi venait de tomber à genoux. Des larmes coulaient de ses yeux; il était converti.

« Je crois maintenant, cria-t-il, que c'est le diable qui possède cette pauvre créature, et que c'est le vrai corps de Jésus-Christ qui le chasse du corps de la pauvre patiente. Je crois et ne serai plus huguenot... »

[1] Voir Boulèse, p. 487.

» Quand la messe fut achevée, M. de Laon, avec MM. le doyen et Boyleau, tous avec chape et étole, montèrent sur l'échafaud. Avant tout exorcisme le diable se mit à dire :

« Ha, ha! ma coquille, tu t'es bien confessé cejourd'hui matin à ce doyen : je t'ai bien vu, mais je ne t'ai point entendu. Tu lui en as bien compté! »

» Après les exorcismes, l'évêque dit :

— Or çà, il te faut sortir.

— C'est vrai, mais ce ne sera encore tout de suite : Je ne sortirai qu'à l'heure que j'y suis entré, tantôt, vers trois heures. Oh! que maudite soit-elle! Ne fais point hâter l'horloge; je la sais bien! car la sentence est rendue.

» Le diable ne cessait alors de tourner çà et là la tête de la patiente. Il sembla qu'il voulût s'assurer par lui-même si ses ordres étaient bien exécutés!

— Il manque encore tels et tels, dit-il, je ne sortirai point.

— Malgré leur absence, tu vas sortir, lui répond l'évêque. Quel signe donneras-tu de ta sortie, afin que la gloire de Dieu soit manifestée?

— Ne te soucies, tu en auras assez pour le croire : je rendrai à Nicole l'usage de son bras gauche, dont elle n'a pu se servir depuis trois mois parce que j'y étais (et disait que c'était un beau signe, attendu que tous les médecins n'y avaient trouvé remède). Et toi, ma coquille, tu auras aussi ton signe, car tu n'eus jamais si peur au siége de Saint-Quentin que je t'en ferai à ma sortie [1].

---

[1] Mgr de Bours, avant son élection au siége de Laon, était doyen de la collégiale de Saint-Quentin. Il fut donc témoin de la

— Où as-tu été cette nuit?

— J'ai été au logis de M. le lieutenant criminel, et en ton évêché. Je t'ai bien vu : aujourd'hui tu t'es levé à trois heures après minuit pour faire tes prières. Je sais bien que tes prières servent quelque peu à ma sortie. J'ai été aussi voir maître Robert de May.

» C'était un conseiller, qu'il accusa publiquement de vice. Puis se tournant aussitôt vers Lancelot de May, marchand à Laon, qui tenait la patiente, il lui dit :

— Par le sangbieu, c'est vrai, quoique ce soit ton frère.

» Puis fixant son regard sur une femme qui était dans la foule, il se mit à crier :

— Thoinon, Thoinon, ce Robert est ton fils, mais c'est un vicieux.

» Puis, cria encore :

— Hé, Marguerite! femme de Lancelot de May, ton mari a perdu cette nuit deux testons (environ deux francs), M. de Nesle les a gagnés.

» De quoi ledit Lancelot fut bien honteux, et tout ensemble bien émerveillé que le diable le seut, parce que personne n'était présent. Puis il dit encore à haute voix :

— Antoine Étienne, Nicolas Étienne, Hubert du Chemin, Nicolas Maigret, maître Jean Carlier, et le libraire sont des miens. Je les aime bien mes huguenots.

» Puis disait :

— M. Despinois (frère du chanoine, historien de Nicole), le conseiller, n'est pas ici. Ah! que ne vient-il

---

prise de cette ville par les Espagnols, en 1557. C'est à ce trait que le démon fait ici allusion. D'après cette menace, on devait s'attendre prochainement à une perturbation effroyable.

répéter (contrefaisant sa voix) : « *Vous en aurez acte. Marche, marche!...*

» Paroles qu'il dit à son frère le chanoine quand on portait Nicole en prison. Puis encore, regardant mademoiselle de Hervillon, qui était toujours près de l'échafaud :

— Va, je te connais bien, vieille papaulde, il n'y a que quinze ou seize maisons à ta seigneurie d'Hervillon (aujourd'hui Révillon, village de 92 habitants).

» Cependant l'évêque poursuivait toujours la conjuration, mais cette fois, ni l'eau bénite, ni les évangiles, ni la combustion de son nom ne paraissant lui faire impression, il prit la sainte hostie :

— Je te commande, dit-il, au nom de l'adorable Trinité, Père, Fils et Saint-Esprit, au nom du précieux corps de Jésus-Christ ici présent, que tu aies à sortir.

— Par qui? par ton *Jean le blanc?*

A chaque conjuration, il répète les mêmes imprécations et aussi la même profession de foi... Dieu veut que cette immense multitude accourue de tous les points du diocèse, et des pays lointains, emporte avec elle la même conviction.

— Maudit, reprend avec indignation l'évêque, qui t'a appris à blasphémer ainsi ?

— C'est moi qui l'ai enseigné à mes huguenots, qui font si bien mes volontés.

— C'est cependant ton maître : c'est le précieux corps de Jésus-Christ, il faut que tu sortes par sa puissance.

— Oui, c'est vrai, répond-il; oui, c'est vrai, c'est le CORPS DE DIEU. Il faut que je le confesse, car j'y suis contrainct. Il me fasche bien de le confesser. Il n'y a remède : quand je dis vray, j'y suis contrainct. La vérité ne vient de moy, mais de mon maître. Je pensois beaucoup gaigner à me mettre dedans ce corps. Je vois bien qu'il s'en faudra beaucoup. J'ai esté envoyé dedans de par Dieu. » (Boulèse, p. 443, Gorret, p. 457 du même recueil.)

Puis l'évêque prend le *corpus Domini*, et se prosterne à deux genoux. L'énergumène est horriblement tourmentée. Elle se dresse, elle retombe, elle se plie en arrière pour échapper à la sainte hostie. Enfin, elle tombe évanouie. « Une bouffée de vapeur noire sortie » de sa bouche » annonce le départ de l'ennemi. La sainte hostie rend, comme de coutume, l'énergumène à la vie. Comme elle est épuisée, l'évêque lui fait donner du vin dans le calice, qu'elle prend avec reconnaissance aux yeux de la foule émerveillée, « dont chacun criait » miracle et glorifiait Dieu en cette œuvre admirable ».

La victoire cependant n'est pas encore complète, car le bras gauche reste paralysé. On reporte Nicole chez le commandeur. Au dîner, on la presse de manger pour réparer ses forces épuisées par les tortures qu'elle a endurées dans la matinée. Elle s'y refuse d'abord, alléguant qu'elle n'a point d'appétit. Mais enfin, cédant aux instances de la compagnie, elle accepte deux cuillerées de potage et le quart d'un œuf. « Tous les gardes et » nous autres prêtres, nous ne mangeâmes point avant » la seconde conjuration. Plus de cent vingt personnes de » la ville en firent autant, parce qu'elles avaient entendu » dire au diable qu'on ne chassait point un tel démon » après dîner. »

CHAPITRE VINGT-HUITIÈME.

Puérile précaution des protestants.

« Les huguenots de cette ville, dit Despinois, prévoyant que leur conducteur, Satan, serait aujourd'hui déchassé à leur honte et destruction de leur fausse religion, n'étans contents de toutes les machinations et impostures qu'ils avaient faites et dites, voulurent faire encore une dernière expérience. Ayant par adventure entendu dire ou songé que le diable avait répété que pour signe de son département (départ), il soufflerait un cierge qui, ordinairement, est ardent (brûle) devant l'image du crucifix au-dessus du pupitre (jubé) pendant le service divin, ils furent fort diligents d'aller trouver les gens du roi et messieurs du conseil, et de leur dire ce que gens de bon esprit peuvent conclure de l'acte qui en a été fait, duquel j'ai ici copie extraite du registre du greffier de ce bailliage.

« Acte, pour faire ôter le cierge de devant le crucifix :

» Le huitième jour de février, l'an mil cinq cent
» soixante-cinq, seroit comparu, en la chambre du con-
» seil de la court du Roi notre sire, à Laon, pardevant
» Claude du Mange, licencié ès loix, lieutenant parti-
» culier, civil et criminel au bailliage du Vermandois, et
» les tenans le siége présidial de Laon : Maître Jacques
» Fautrez, advocat audit Laon, assisté de plusieurs
» autres de la religion prétendue réformée, qui aurait
» exposé, qu'il avait entendu dire que le diable, que l'on
» disait être au corps d'une jeune femme de Vrevin,
» estant en cette ville, aux conjurations à luy faites par

» monsieur l'évesque dudit Laon, que l'on disoit avoir
» dit qu'il sortiroit ledit jour. Et que pour le signe de
» son département, il devoit souffler un cierge qui estoit
» en un bassin au pied de l'image du crucifix de Nostre-
» Dame dudit Laon. Et pour ce que par cy-devant s'es-
» toit commis tel abus, même en la ville de Meisières,
» que par un cierge industrieux y avoit apparence de
» miracle : qui fut néantmoins descouvert, ayant été
» ledict cierge visité, dénonçoit partant que l'on eust à
» visiter ledict cierge, étant au-dessoubs dudict crucifix.
» A quoy auroit été obéy par ledit sieur lieutenant et
» gens tenans ledit siége présidial. Qui auroient commis
» à ceste affaire M. Maynon, l'un desdits conseillers,
» M. Lorisse, advocat du roi, et le greffier dudit bail-
» liage : qui se seroient à l'instant transportez vers mon-
» sieur l'évesque dudit Laon ; auquel ils auroient exposé
» ce que dessus. Lequel l'auroit pris de bonne part, et
» pour contenter ceux de ladite prétendue religion réfor-
» mée, et pour leur ôter tout scrupule, incontinent, se
» seroit avec les susdicts transporté en ladite église. En
» laquelle il auroit commandé au maire du chappitre d'i-
» celle de bailler ledit cierge audit greffier. Ce qu'il au-
» roit fait audict instant. Et lui auroit baillé deux cierges
» estant dedans un même bassin, au-dessous dudit cru-
» cifix : l'un desquels auroit accoutumé d'estre allumé
» durant les conjurations. Qui les auroit portez en la
» chambre du conseil, pour iceux visiter. Et de fait en
» plain auditoire, au rapport desdicts Maynon et Lorisse,
» auroit été ordonné par ledit sieur lieutenant et gens
» tenans le siége présidial, qu'il seroit prins un autre
» cierge de la chappelle de ladite court du roi, lequel

» seroit porté audit bassin. Et pour assister auxdictes
» conjurations et processions, y furent commis lesdicts
» Maynon, messieurs Ledoux et Genaille, conseiller, et
» ledict Lorisse. Qui y furent et assistèrent. Et durant
» lesdictes conjurations avec M. le lieutenant criminel
» et ledict greffier, furent au pulpitre de ladicte église,
» et y fut mis ledict cierge, qui y fut allumé ledict jour
» au matin. Et en portant ledict cierge ledict greffier
» rencontra plusieurs de ladicte prétendue religion qui
» en estoient fort contents : Ains luy dirent qu'il falloit
» que l'un d'eux fût durant les conjurations sur une
» échelle auprès dudict cierge pour garder qu'aucun luy
» soufflât. Et à l'après-dînée se trouvèrent en l'Église
» ledict sieur lieutenant particulier, plusieurs conseillers
» et advocats du roi, qui furent présens, quand ladicte
» femme fut délivrée, en quoi faisant virent les signes
» que ledict ennemi avoit dit le matin qu'il feroit à son
» partement [1]. »

[1] Gardons-nous de rire des graves préoccupations de MM. les réformés dans cette affaire : leur cierge restera allumé parce que jamais il n'a été prédit qu'il serait soufflé ; tandis que le démon, évidemment pour les narguer, soufflera celui de l'évêque.
Quelle pitié! Hier, c'était maître Carlier, — DOCTEUR EN MÉDECINE, — qui, dans l'espoir de déjouer *les ruses du clergé*, essaye de faire de Nicole une *ventriloque*, au moyen d'une *pomme de bois creuse*, munie d'un ressort, qu'il lui met dans la bouche. Sans doute aussi qu'*à l'aide de cette machine*, il espérait la faire parler à son gré, comme aux conjurations, français, latin, allemand et flamand!
Aujourd'hui, c'est un autre protestant, — UN AVOCAT, — Jacques Fautrez, qui n'a point honte de requérir l'autorité de la justice et du lieutenant, pour forcer l'évêque à livrer ce fameux cierge qu'il prétend être *industrieux*, et à le remplacer par un autre de son choix..... C'est bien dommage vraiment qu'il n'ait point plu à Satan d'opérer *ce petit miracle*, — de souffler seulement un cierge, — ils se seraient tous à l'instant convertis. Quant aux milliers de

CHAPITRE VINGT-NEUVIÈME.

Procession de l'après-midi. — Propos de Satan. — Ses efforts prodigieux. — Nombreuse assistance. — Triple conjuration. — Expulsion définitive de Béelzébub. — Actions de grâces.

L'heure solennelle qui devait être marquée par la victoire entière du sacrement auguste de nos autels sur les puissances de l'enfer allait enfin sonner. Le clergé, les fidèles, tous l'attendaient avec confiance de la bonté de Dieu. Les espérances, cette fois, ne seront pas trompées.

« Ce dict jour, dit Despinois, les vêpres de notre église furent chantées à une heure. A la fin d'icelles, la procession faite toute semblable qu'au matin. La patiente y fut portée. Le diable se tourmenta fort au commencement. A la fin ne disoit plus mot, sinon en langage du Hainaut et Pays-Bas. Il disoit :

« Je ne sortirai ny ent. »

» Et ce répétoit plusieurs fois. Il crioit aussi :

« Ha! mon évêque, ma coquille, tu n'as point dîné : Tu es bien malade et bien fade. »

» Puis chantoit :

« Il n'a point dîné, ma coquille. Je le savois bien qu'il te falloit jeûner, si tu me voulois chasser hors du corps de cette méchante... »

» La procession faite, on porta la patiente sur l'échaf-

faits surnaturels opérés sous leurs yeux, ce n'était que supercherie, pure jonglerie cléricale. *Oculos habent, et non videbunt.* Que de sottises on éviterait si l'on avait *l'œil de la foi.*

Malheureusement, ils ne sont point encore au bout de leurs soucis. La possession va finir, il est vrai; mais Nicole, ou plutôt Dieu par elle, leur prépare encore, dans toute la suite de cette histoire, un merveilleux qu'ils s'efforceront de combattre, selon leur tactique, par de noires calomnies, mais qui mettra le comble à la joie des catholiques et couvrira d'une éternelle confusion les sectaires de Luther et de Calvin, grands ravageurs de tout surnaturel...

fault. Mais il vous faut entendre que le corps d'icelle faisoit telle résistance et tourmentoit de telle sorte, qu'au lieu de dix hommes qui l'avoient portée à la procession, il en falloit plus de quinze pour la mettre sur ledict échaffault, encore n'y pouvoient parvenir. Ce néanmoins, pour toutes les agitations dudit corps, il ne fut oncques échauffé. Chose contre nature. « Ces quinze hommes, dit aussi Gorret, étaient fort empêchés la tenir. » (Page 461.)

(Boulèse). « Comme donc à la conjuration du matin, aussi à celle du soir, tant par mandement épiscopal aux dignitez de son église et gens du roi, que par l'ordonnance de la justice entre les justiciers, à l'appétit des prétendus réformés, pour la plupart se trouvèrent en l'église, les dignitaires ecclésiastiques revêtus de chapes sur l'échaffault, et les magistrats de la justice sur le pupitre. Et fut le cierge par le greffier apporté allumé au bassin des pieds du crucifix.

» Après que ladicte patiente fut sur l'eschaffault, monsieur de Laon y monta. »

Soudain, « ce serpent, dit de Héricourt (page 433), fichant sa vue sur nous, nous demanda si tant désirions sa dépulsion (départ). Or, sans nous arrêter à son dire, prononcions ces vers en latin :

« Seigneur Dieu, jusques à quand l'ennemi s'élèvera-t-il par-dessus nous? Regardez de votre œil pitoyable notre affliction. Considérez et exaucez notre requeste, que l'ennemi ne puisse dire avoir emporté la victoire sur votre peuple. Vous êtes le Très-Fort, débellez-le (terrassez-le). Car nous n'avons autre propugnateur (défenseur) que vous! »

» Nous ajoutions encore autre discours en latin, beaucoup plus brief que ne peut porter le françois. Nous l'appelions « maudit ».

— Comment le savez-vous? dit-il.

» A quoi fismes réponse :

— Tu as offensé notre Dieu irréconciliablement. Tu es destitué de charité, et ensemble de toute espérance, n'ayant d'autre attente que la damnation éternelle : ton jugement est porté pour jamais.

» A ces paroles se tut et détourna de nous ses regards. »

« Lors donc, continue Boulèse, le révérend père évêque, à jeun, confessé, et ainsi assisté, sur les trois heures après midi, commença, continua et paracheva cette vingt et unième et dernière conjuration. Durant laquelle la démoniacle fort grosse, jetant la langue hors de la bouche, » jusqu'au menton, est-il dit en plusieurs endroits, et, « à son accoutumé, parlant quand même, disoit à l'évêque :

« Tu n'as point dîné, ma coquille ; tu es bien foible. »

» Et ce répétoit plusieurs fois.

(Gorret). « Puis, regardant au pupitre (jubé) de ladicte église, elle dit tels mots :

« Te voilà, l'advocat Boschet, advocat du roi? Tu n'y étois point au matin. »

» Ce qui étoit vrai. Et toujours parloit et nommoit les personnes étans dedans l'église par noms et surnoms.

» Puis, voyant que le révérend père évêque prenoit trois billets pour brûler, le diable dit :

« Ils ne sont pas bien escripts. Il y a un *b* et une *h* qui ne sont pas bien faits. C'est Gorret qui les a escripts. »

» Ledict Gorret étoit au bout de l'eschaffault où il les avoit escripts, et n'étoit possible que la patiente l'eust sçeu veoir naturellement. Messieurs de la justice, oyant ce, furent fort esmerveillés, comme ils disoient. Puis souffla le cierge bénit (de l'évêque)[1], qui étoit sur l'eschaffault fort loin de lui, se moquant et disant :

« On aura la peine de le ralumer. Et que vous êtes sots de brûler le jour comme vous faites avec ce cierge ! » (Il vouloit par là déprécier les coutumes de la sainte Église.)

» Le cierge fut rallumé bien vite, pour brûler lesdicts billets : de quoi toutesfois il ne se tourmenta.

» Le diable donc, par les évangiles, oraisons, conjurations, brûlure de son nom et ostension de la vraie croix, adjuré de sortir, répondit à la première fois qu'il ne sortiroit pas encore.

— Je ne te demanderai plus, dit l'évêque, quand tu sortiras, mais je te ferai bien sortir présentement par la puissance du Dieu vivant, et du précieux corps de Jésus-Christ son cher Fils, ici présent.

— Oui, je le confesse, *c'est ici vraiment* LE FILS DE DIEU : *C'est mon maître.* Je suis fort fâché de le confesser, mais j'y suis contraint.

» Et il répéta avec rage, au grand étonnement de l'immense multitude :

— Oui vraiment, *je sortirai présentement en vertu d'iceluy* CORPS DE DIEU. *Il faut que je sorte. Je suis bien fâché de sortir sitôt et de confesser cette vérité,*

---

[1] L'autre cierge qui avait mis les protestants en émoi s'élevait auprès du crucifix, sur une poutre sculptée qui reliait, au-dessus du jubé, les deux gros piliers de l'arc triomphal.

qui ne vient pas de moi, mais de mon maître qui m'a envoyé, et qui me commande et me contraint de la dire.

» Il répéta cela plusieurs fois.

— Toutesfois, ajouta-t-il, je ne partirai point les mains vuides ; par le sangbieu, j'aurai ma proie, le nez du petit bailly de Vervins, et celui de Nicolas Maigret. Le corps et l'âme de tels et tels, mes obstinés huguenots, ne les puis-je pas bien emporter, puisqu'ils sont à moi ? Veux-tu plus bel héritage que le don ? Donne-moi un peu ta tête, pour voir si je ne l'emporteray pas ?

— Non feray, lui dit l'évêque, je m'en engarderay bien. Mais quand tu sortiras, tu n'auras rien ; car ils sont baptisez, et ne te sçauroient donner aucune chose.

— Mais ils se sont donnez à moi après leur baptême : auquel même ils ont renoncé. D'où ils sont à moi.

— Je te défends, au nom du Dieu vivant, de leur nuire, comme aussi de faire tort à aucune créature.

» Puis, sur la platine du calice d'or, prenant l'Eucharistie et la tenant élevée, l'évêque dit :

— O maling esprit Béelzébub, mortel ennemi de Dieu, regarde, voilà le précieux corps de Notre-Seigneur Jésus-Christ, ton maître. Je te commande au nom et en la vertu du corps de notre Sauveur et Seigneur JÉSUS-CHRIST, vrai DIEU et vrai HOMME, ici présent, que voilà, de sortir présentement du corps de cette pauvre créature de Dieu, sans jamais plus y retourner, et sans faire tort à aucune créature que ce soit, et t'en vas au profond des enfers pour y être tourmenté. — Sors, esprit maling, sors, voilà ton maistre, sors[1] ! »

---

[1] L'exorciste, dit le rituel, doit poursuivre la conjuration *devote, attente, constanter et intrepide*. Plus le démon est opiniâtre et méchant, plus il faut d'énergie pour le combattre.

L'énergumène s'agitait d'une manière effrayante. « Ses os cracquoient plus que nulle de toutes les autres fois à la grand'peine et sueur de douze ou quinze personnes, qui à la maistriser chancelloient çà et là, tant elle reculoit la vue de devant la sainte hostie, que le R. P. évêque lui mettoit toujours devant les yeux, de quelque côté qu'elle les tournast. Davantage avoit la bouche démesurément ouverte, la langue pendante, la face énormément gonflée, passant par toutes les couleurs jaune, verte, grise et bleue. Tellement qu'elle n'avoit aucune figure de créature humaine, mais seulement du grand diable qui ainsi au vif en elle se représentoit.

» Le peuple, d'autre costé, esmerveillé et effrayé de la veoir et ouïr ainsi horriblement mugler, « car la voix » sortoit comme le muglement d'un gros taureau », (p. 186), le peuple crioit, voire les uns avec grosses larmes, redoublans : *Jésus! miséricorde!* »

L'évêque cependant le pressait vivement. *Il sortit enfin,* et Nicole tomba évanouie entre les bras de ses gardes. En cet état, elle avait conservé son horrible difformité. On la montra à la justice et au peuple : tous furent saisis d'épouvante. « Elle était comme une boule, comme un hérisson retiré en sa peau. On la déposa sur ses aureillers sans que personne la tînt plus. »

Le R. P. évêque s'approche d'elle, et, selon sa coutume, s'agenouille pour présenter l'Eucharistie à la patiente, « laquelle on ne tenoit, parce qu'elle estoit comme morte ». Voilà soudain que le diable rentre en furieux, et, « avec la main d'icelle, s'efforce de prendre le bras duquel l'évêque tenoit la sainte hostie, et de prendre mesme la sainte hostie. » (Boulèse.) « Puis se seroit eslevé en l'air, quasi hors des mains des gardes et autres gens. » (Gorret.) L'évêque recule saisi d'épouvante, se relève pâle comme un cadavre. (« Qui aussi n'auroit eu grand'paour? » demande l'historien.) A l'instant il reprend ses sens et poursuit de toutes parts le démon, qui renverse ses gardes pour échapper à ce glaive qui le poursuit. Le peuple, témoin de ce spectacle, pousse des soupirs et des cris, tombe à genoux, prie avec larmes et gémissements. Satan s'échappe une seconde fois, faisant « un grand bruit et foudre comme tonnerre[1] », dit le notaire Gorret. Mais il rentre aussitôt, et, se dressant avec fureur, il fixe un regard effrayant sur l'argentier du prince de Condé et autres huguenots qui étaient là debout et la tête couverte. On eût dit que Satan voulait leur parler dans sa colère et leur reprocher tant d'audace et d'incrédulité. Le peuple crie : « *A genoux et la tête découverte! A genoux devant le précieux corps de notre sauveur et seigneur Jésus-Christ!* » D'autres voix font entendre le cri : « *A l'arme! à l'arme!* » En un instant le tumulte devint effroyable. « Les catholiques pensent que les huguenots les veulent surprendre et saccager en l'église, et que pour cela ils sont armés. » Le peuple se précipite. « Bientôt escabelles sont renversées et rompues, les personnes jetées à terre. Chacun aux abois court éperdu vers les portes. Les huys, trouvés fermés, sont rompus. Le magnanime abbé de Saint-Vincent saute de dessus l'eschaffault, court à l'évêché, et promptement en apporte et fait apporter sur l'eschaffault plusieurs pistoles et harquebuttes pour de franc cœur et courage, comme vaillant Macabée, attendre les ennemis, s'ils osent

[1] Gorret, p. 467.

se présenter. Les huguenots, de leur costé, entendant le bruit et voyant la foule s'agiter au milieu des rues, pensoient être morts. Donc les uns s'enfuirent à la porte de la ville pour sortir; mais ils la trouvèrent fermée. Les autres soudainement se rembarrèrent et baclèrent leurs maisons. Ainsi survint ceste grande émotion que les catholiques pensoient être massacrez en l'église par les hérétiques, et les hérétiques par les catholiques, sans qu'aucun seut qui l'émouvoit.

» L'évêque cependant, sans quitter son poste, tenant toujours le *corpus Domini*, fermement disoit au peuple :

— Mes amis, ne bougez pas; voici le vrai et précieux corps de Notre-Seigneur Jésus-Christ présent, qui nous aidera. Cessez ce tumulte; mettez-vous à genoux et en oraisons. Je vous prie au nom de Dieu, ne vous faites tort l'un à l'autre.

» Incontinent après ces paroles, le peuple se rassemble, se met à genoux et prie Dieu pour la pauvre femme. Puis, toujours armé de la sainte et sacrée hostie comme d'un bouclier sacré, il continue de poursuivre son ennemi. « Tant que le diable, vaincu par la puissance et com-
» mandement de notre Rédempteur, s'échappe avec
» fumée, éclairs et deux coups de tonnerre, comme
» fidèlement ont attesté plusieurs qui estoient hors de
» l'église, et autres des champs s'acheminants à la ville. »
(De Héricourt, p. 435[1].) Ainsi laissa-t-il le corps de cette pauvre Nicole pour la troisième et dernière fois, vers les trois heures après midi, « au jour de vendredi,
» environ l'heure que Notre-Seigneur triompha de l'enfer
» par sa glorieuse et à nous très-fructueuse mort ».

[1] « Il est bon de remarquer, dit M. Douen, que Jovet lui-même

» Cette fois la victoire était complète. Ce que l'on connut parce que Nicole, jetant le bras gauche en l'air, comme Béelzébub, pour signe de sa totale issue, l'avait dit, se trouva délivrée de sa paralysie, et, se jetant à genoux, fit pour marque de sa délivrance le signe de la croix à plusieurs reprises de sa main gauche. Puis, joignant les deux mains, elle les leva en l'air, les frappa l'une contre l'autre pour applaudir à sa guérison; puis on l'entendit remercier Dieu et l'évêque dévotement et humblement; alors elle jeta sur le peuple, qui pleurait de joie, qui criait au miracle, qui chantait victoire, des yeux beaux, clairs et modestes, avec une face vermeille, le sourire de la reconnaissance et de la piété sur les lèvres. »

« Je m'approchai de Nicole, dit Despinois, laquelle j'entendis dire à nostre évêque :

— Monsieur, je vous remercie humblement du grand bien que Dieu m'a fait par vous, et de la peine qu'il vous a plu prendre pour moi. Jamais je ne l'oublierai et prierai toujours Dieu pour vous.

» L'évêque alors lui bailla la vraie croix, qu'elle tint étroitement embrassée à deux bras et baisa tant, si souvent, et toujours de plus en plus, d'un si bon courage remerciant Dieu, que les catholiques en fondaient en larmes de joie, dévotement aussi remerciants Dieu d'un

---

n'a pas osé pousser le miracle jusque-là. » Jovet, monsieur le ministre, omet nécessairement bien d'autres particularités, dans une brochure in-32 de moins de deux cents pages. Despinois aussi se tait sur ce point. Est-ce un motif pour accuser de mensonge le doyen de Héricourt et le notaire Gorret? Au reste, le dernier chapitre de cette première partie devra, si vous le voulez, vous aguerrir contre les coups de tonnerre.

si haut, si évident miracle faict en la vertu de son précieux corps et de sa puissance infinie.

» Le R. P. évêque, après avoir reprins la vraie croix des mains de Nicole, lui bailla la sainte hostie, celle-là même qui venait de chasser le démon de son corps, qu'elle reçut bien humblement. Mais elle était si faible, et devint tout à coup si débile, qu'elle ne pouvait quasi se remuer (aussi avait-elle enduré fameux tourments). On l'enveloppe dans un manteau qui se trouvait là, puis l'évêque et le clergé entrent au chœur, où ils chantent le *Veni Creator,* qui fut suivi de la procession du saint Sacrement en l'église. Nicole y fut portée, mais on s'arrêta à l'endroit des portes pour la faire respirer. Enfin on rentra au chœur, où la malade fut visitée par les médecins et reconfortée avec du vinaigre; puis soudainement, par le conseil de ces mêmes docteurs qui l'estimaient morte, rapportée par quatre hommes au logis du commandeur.

» Cependant en grande dévotion l'on rendait grâces à Dieu. Les chantres chantaient en musique le *Te Deum,* les orgues résonnaient, les cloches sonnaient à carillon : mélodie était ouïe, joie demenée. Le peuple avec larmes fondait en dévotion. Tous louaient Dieu, tous magnifiaient Dieu, tous remerciaient Dieu. »

« Ici il ne faut passer une chose fort admirable, et qui prouve bien l'assistance divine, dit Boulèse, c'est qu'en cette grande émotion que les uns passaient sur les autres, aucun des tombez ni autres n'a par après été connu se plaindre d'aucun mal, comme je le sais de ceux qui m'ont dit y avoir été tombez et en avoir vu d'autres, et avoir été, tant par le visage, poitrine, estomac que ventre, foulez des pieds de plusieurs : tellement qu'ils ne s'attendaient jamais en relever en vie. Mais qu'étant relevés, comme le charitable commandeur qui est fort gros, ainsi que la femme du maire, ils ne sentirent onc aucun mal, pas même une égratignure. O bonté de Dieu! »

CHAPITRE TRENTIÈME.
Réflexions du peuple après la délivrance de Nicole.

Comme on reportait Nicole chez le commandeur, après la dernière conjuration, on entendait de toutes parts le peuple faire éclater les sentiments de sa joie, que le doyen de Héricourt reproduit ainsi :

« On entendait les uns dire et répéter sans cesse : « O mon Dieu! quel beau miracle! » les autres : « Oh! que je suis émerveillé et joyeux de ce que j'ai vu! Dieu en soit loué! Et qui ne croira que vraiment Notre-Seigneur Jésus-Christ ne soit au saint Sacrement? » Les autres, voire de signalés gentilshommes, révoquans en mémoire la doctrine des catholiques, disaient : « Je m'en croy, car je l'ay veu! Je ne serai plus huguenot. Maudits soient ceux qui m'avaient trompé. Oh! que je connais bien maintenant que la messe est bonne!

» Peu importe qu'il y ait des prêtres vicieux, ils sont hommes comme nous; mais ils ont l'autorité et dignité de Dieu, et à cause qu'ils pèchent en leurs personnes aussi vont-ils à confesse et crois qu'ils font pénitence. Que l'on m'en dise maintenant ce que l'on voudra, je confesse et veux soutenir jusqu'à la mort que *notre Créateur* Jésus-Christ est en la sainte hostie par le prestre consacrée en la messe ; et que les mœurs ou manières de vivre de l'homme d'église soit vicieuse ou vertueuse, peu importe à son ministère : son vice n'attaque ni l'ordre, ni l'autorité, ni dignité de prestrise qui vient de Dieu, quoique cette autorité s'exerce par le ministère des hommes. Aussi Dieu gouverne-t-il les hommes par les hommes. Et comment, s'il en était autrement, saurions-nous la volonté de Dieu pour la faire ? Il faudrait donc que les anges ou lui-même nous la révélât toujours. Si nous attendions les anges, nous serions toujours en danger d'estre trompez du diable, qui se déguise en ange de lumière [1]. Comme le diable Béelzébub faisant dire des messes, donner des aumônes, aller en pèlerinage, qui aussi commandait à Nicole de recommencer sa confession et de bien obéir au religieux. Mais depuis qu'il a été découvert, voyez ce que c'est. Qui soubz l'ombre de ces bonnes œuvres et enseignements ne serait trompé ?

» Si nous attendions que ce fût Dieu lui-même qui nous révélât sa volonté sainte, de quoi serviraient les saintes Écritures, laissées à l'interprétation des hommes ? attendu qu'il est escrit : *Habent Mosem et prophetas, audiant illos,* c'est-à-dire : Ils ont Moyse et les prophètes, qu'ils les oyent (écoutent). (Luc., ch. XVI.) Bien plus, ne serions-nous pas au même danger, sachant par mille exemples que le diable ne désire rien tant que de se faire reconnaître, estimer et adorer au lieu et comme Dieu ? » Est-ce qu'il n'a point osé dire à notre Sauveur et

---

[1] Ainsi bien souvent feint-il d'être l'âme d'un mort. — Avis à nos modernes magiciens et magiciennes ! Les *ignorants* de cette époque si *crédule*, dit-on, ne s'y laissaient pas prendre..... Ils savaient d'ailleurs que l'Église défend ces mystères de ténèbres.

Seigneur Jésus-Christ sur la montagne : *Hæc omnia tibi dabo, si cadens adoraveris me! (Je te donnerai toutes ces choses, si tombant à mes pieds tu m'adores!)* (Matth., ch. IV.) Il ment d'abord, puis pousse à l'idolâtrie! Tel a toujours été le démon, tel il sera jusqu'à la consommation des siècles [1].

« Puis encore nous voudrions, chétifs humains, la majesté divine trop nous estre asservie. » A chaque instant nous voudrions que Dieu nous parlât, qu'il se découvrît à nous, qu'il fût toujours à notre commodité.

» Donc plusieurs des huguenots revinrent au sein de nostre mère sainte Église catholique et apostolique romaine. Les autres demeurant obstinés et opiniâtrement disant : que tout cela s'était fait par art magique; que c'était de Motta qui était le premier enchanteur; que Despinois était son disciple; que la mère était sorcière; que les soubresaults de Nicole s'étaient faits avec des outils et instruments de fer; que par ce moyen les prêtres voulaient mieux vendre leurs messes et faire valoir le métier.

» Ainsi ont-ils toujours continué de dire, malgré les mille expériences faites par leurs médecins et par eux-mêmes, tant en la prison, aux Pourcelets et même en l'église sur l'échaffaud, devant quinze et vingt mille spectateurs. Ainsi firent les scribes et les pharisiens à la vue des miracles de Notre-Seigneur Jésus-Christ. »

« Ainsi se termina, dit Boulèse, cette longue et mémorable possession.

[1] Ajoutons, tel il se montre surtout aujourd'hui, dans les révélations des médium, des tables tournantes, etc..... Mentir pour tromper, et arriver par là à obscurcir les vérités de la foi, à les détruire même en ceux qu'il trouve plus dociles.

» De vingt-neuf diables dont s'était fortifié Béelzébub, le religieux de Motta, avec la sainte hostie, et par l'intercession de la sainte Vierge, en chassa vingt-six en l'église de Notre-Dame de Liesse, le mercredi vingt-troisième jour de janvier, et le lendemain jeudi, vingt-quatrième, un autre à Pierrepont, nommé Legio, par la vertu des saintes reliques.

» A Laon, le R. P. évêque a chassé, à la troisième conjuration, le pourceau Astaroth, par la vertu de la sainte hostie, le dimanche vingt-septième dudit janvier. Et à la neuvième conjuration, le chien à grosse tête, *Cerberus*, le jour de la Purification, le samedi 2 février.

» Et finalement, à la vingt et unième conjuration, au bout de quinze jours, il a chassé le maître des diables, le prince de ce monde, Béelzébub, le dieu des Mouches, adoré par les Accaronites, qui ainsi se sentit forcé, et tout à fait vaincu; avec tous ses malicieux effets détruits par le Fils de Dieu, notre Sauveur et Seigneur Jésus-Christ au saint Sacrement de l'autel, le vendredi, huitième de février mil cinq cent soixante et six, environ vers les trois heures de l'après-midi. »

« Et au même instant furent les clochiers de l'église du tout obténébrez comme d'un épais brouillard, et furent vus plusieurs éclairs, et ouïs deux coups de tonnerre, comme fidèlement l'ont attesté, dit le doyen de Héricourt, plusieurs qui estoient hors de l'église et autres aux champs, s'acheminans à la ville. Et pourtant le ciel était clair, bien serein et sans nuages. » Ainsi parlent les historiens, témoins oculaires.

Gorret cite plus de cent cinquante témoins, tant au

jubé que sur l'estrade où se faisait la conjuration ; dans l'église, quinze mille spectateurs.

Le lendemain, de grand matin, on vit affichés aux portes de la cathédrale les vers suivants :

> « De louer Dieu en ses merveilleux faits,
> Peuple chrétien, jamais ne te faut taire :
> Ains lui criant merci de tes méfaits,
> Dois adorer *l'hostie très-salutaire*.
> C'est le vrai corps, ô peuple débonnaire,
> Qui a chassé par évident miracle
> Devant tes yeux ce Satan adversaire,
> En délivrant cette démoniacle.
> En son église ici doncque te retire
> Pour l'honorer au nombre des chrétiens ;
> Car hors de ce lieu, tu ne te peux dire
> Suivre ton chef, ni te compter des siens.
> C'est là le lieu où nos pères anciens
> D'un cœur fidèle ont prins ce pain de vie :
> C'est en ce lieu, hors d'horribles liens
> Que cette femme est sortie guérie. »

Quoique les preuves de cette possession surabondent, nous ne pouvons cependant laisser dans l'oubli un testament, en forme de protestation contre les clameurs des hérétiques. Nous retrouverons là le type de la foi robuste de nos vieux pères.

Le docteur de la Roche, qui avait prodigué ses soins à Nicole pendant sa maladie, apprenant, sur son lit de mort, que les huguenots continuaient à calomnier ce miracle, jugea que son sentiment pourrait être de quelque poids devant la postérité. Il fait donc venir deux notaires royaux et leur dicte, sous forme de testament, sa croyance à ce sujet.

« Pardevant nous, Regnault de Mouchy et Antoine de Cloistre, notaires du roi nostre sire, au bailliage de Vermandoys, demourants à Laon, est comparu honorable

POSSESSION ET DÉLIVRANCE.

et scientifique personne, maistre Jehan de la Roche, docteur en médecine, demourant audict Laon, aagé de quatre-vingts ans ou environ : lequel a *dict, attesté et certifié, et pour vérité affermé de sa loyauté et conscience, dira, attestera et pour vérité affermera* partout et quand besoin sera, que dès quarante ans ou environ il a exercé l'estat de médecine, en quoy faisant il a veu, visité, pansé et médicamenté plusieurs personnes malades de plusieurs et diverses maladies contagieuses et autres incognues aux hommes. Mesme a veu et visité une nommée Nicole, jeune femme du bourg de Vrevin, laquelle estoit détenue en grande et extrême maladie à luy incognue. A laquelle, avec et par l'advis d'aucuns autres médecins de ceste ville de Laon, il a commandé, comme chef du corps médical de ladicte ville, plusieurs médecins et chyrurgiens pour la panser, luy ayder et donner à l'ayde de Dieu santé et guérison. Et à elle ordonné plusieurs saignées et médecines, données en sa présence et de ses compagnons médecins. Ce néantmoins tout ce que lui et ses compagnons ont fait bailler ne luy a aucunement servi ni prouffité ; attendu qu'elle estoit agitée d'une maladie à luy incognue, et n'estant de sa science et cognoissance et estoit une *maladie supernaturelle*. Et a dict qu'il croit fermement ladicte Nicole *avoir esté possédée d'un diable* par les signes et paroles qu'il luy a ouï dire, et par les mines faites par son corps. *Et voudrait endurer mort sur ces propos*. Et que tous les médicaments qui lui ont esté baillés ne lui ont de rien servy, ne jamais peu donner confort. Ains seulement, après avoir célébré la sainte messe, et après la consécration d'icelle, estant ladicte Nicole *attouchée de la très-saincte et très-sacrée hostie* que tenait le prestre, *elle revenait en bon sens, mémoire et entendement* et en convalescence, comme si jamais elle n'eust esté possédée du diable ny détenue en maladie. Et a ledict attestant, pour ces causes, *affirmé que ladicte Nicole a esté possédée du diable.* Nous requérant vouloir faire acte de la présente attestation pour servir ce que de raison. Ce que luy avons accordé.

» Faict à Laon sous nos seings cy mis, le vingt-deuxième jour de mars l'an mil cinq cens soixante-cinq.

» Signé : De Cloistre et de Mouchy. »

Ce bon vieillard mourut quelques jours après, à l'âge de quatre-vingts ans.

(*Histoire de Boulèse*, page 583.)

CHAPITRE TRENTE ET UNIÈME.

CONCLUSION DE LA PREMIÈRE PARTIE.

Courtes réflexions. — Témoignage d'Ambroise Paré et de Fernel. — Une possession décrite par ce dernier. — Antiquité, universalité de la croyance aux possessions. — Opposition de la science moderne. — Raisons, origines de cette opposition. — Hautes exceptions philosophiques et médicales perpétuant la tradition. — Un dernier vœu.

Nos lecteurs viennent d'entendre cette solennelle attestation que, du seuil même de l'éternité, nous adresse un témoin oculaire, un homme de bien, un docteur, placé par son mérite à la tête du corps médical de la ville. Sa conviction, d'ailleurs, était celle de tous les médecins catholiques, ses confrères, dont nos pages ont enregistré les dépositions. Et l'on n'a pas oublié que même un médecin protestant, Quentin Lemoine, à la suite d'expériences infructueuses tentées sur Nicole, et à la vue du triomphe éclatant, subit de la sainte Eucharistie, sortit en proclamant plus haut que personne la vérité de la possession et du miracle du saint Sacrement. N'était-ce donc pas assez d'une telle garantie, — surtout si l'on y ajoute la publicité des conjurations, la surveillance continuelle et jalouse des protestants, — pour interdire à la plus sévère critique ces ridicules ou odieuses accusations d'ignorance et de fourberie?

Toutefois ces autorités de second ordre pourraient paraître insuffisantes à des esprits imbus des préjugés de notre époque à l'endroit du merveilleux, et surtout du merveilleux diabolique : préjugés régnant encore aujourd'hui, malgré leur visible décadence. Soit! nous ne leur refuserons pas la satisfaction d'entendre sur des faits de même nature le témoignage imposant des grands maîtres de la science médicale au seizième siècle.

Écoutons d'abord Ambroise Paré (1569-1592)[1], « le père et la gloire de la chirurgie française » :

« Paré (voyez ses œuvres, p. 1040), après avoir passé en revue toutes les maladies *simulées* et fait preuve de la plus grande *finesse* en les découvrant, comme de la plus grande fermeté en les livrant à la justice... », Paré en arrive à parler des sorciers, des enchanteurs qu'il nomme « possédés ».

Nous conserverons son expression, en faisant remarquer que la possession peut être *volontaire* et résul-

[1] Nous empruntons les citations suivantes au savant mémoire de M. de Mirville, t. II, p. 180 et suivantes. — C'est dans cet ouvrage et dans ceux de M. des Mousseaux que nous puiserons presque entièrement la matière de ces réflexions.

ter d'un pacte. C'est en ce sens que le nom de possédés convient aux sorciers, enchanteurs, magiciens, etc., c'est-à-dire aux victimes volontaires du pacte satanique. Ou bien la possession est *involontaire*, sans pacte, permise de Dieu, dans un dessein de justice ou de miséricorde (comme en Nicole). « Ceux qui sont *possédés*, dit
» Paré, parlent diverses langues inconnues; ils font trem-
» bler la terre, tonner, éclairer, venter, déracinent les
» arbres tant gros et forts soient-ils; ils fascinent les yeux,
» peuvent faire voir ce qui n'est pas, et TOUT CELA, J'AT-
» TESTE L'AVOIR VU FAIRE à un sorcier en présence du
» défunt roi Charles IX, et autres grands seigneurs [1]. »
(Ces prodiges et de plus grands encore, tout Paris les voyait éclore naguère à l'ordre d'un médium ou magicien moderne, le trop fameux Hume [2].)

« Quant aux démons..., ils remuent bancs, tables,
» livres, argent; on les *voit* se promener par les chambres,
» ouvrir portes et fenêtres, jeter la vaisselle par terre,
» casser les pots et les verres et se livrer à tout le va-
» carme possible...

» Tout cela est supernaturel, incompréhensible, pas-
» sant l'esprit qui ne saurait en rendre raison. MAIS
» QUAND on ne peut découvrir UNE CAUSE, IL SUFFIT
» QU'ON EN VOIT LES EFFETS. Il ne faut donc pas s'opi-
» niâtrer plus longtemps, ains confesser la faiblesse de
» notre esprit. » (De Mirville, t. II, p. 183.)

Voilà une modestie qui siérait bien aux successeurs de ce grand homme.

[1] M. Douen ne récusera peut-être pas ce témoignage d'un médecin fameux, fidèlement attaché au protestantisme.
[2] Voir le *Monde magique*, du chevalier des Mousseaux, p. 49 à 52.

Entendons maintenant Fernel (1485 à 1558), « l'une des gloires de notre ancienne médecine ».

Un auteur cité par Feller dit de lui : « Fernel n'a-
» vait pas cet entêtement philosophique déterminé plutôt
» à nier des choses *constatées* qu'à convenir de l'impos-
» sibilité de les expliquer sans recourir aux vérités reli-
» gieuses. »

C'est un éloge bien mérité : nous allons nous en convaincre.

« Ce grand homme, dit M. de Mirville, après avoir fait montre d'une érudition immense sur « les causes » occultes des maladies », et fait comparaître à sa barre toute l'antiquité, aborde au livre II celles dont nous nous occupons. »

« Parmi ces causes occultes, dit-il, les unes sont in-
» trinsèques et nous souillent dès notre naissance, les
» autres sont extrinsèques et tiennent aux virus étran-
» gers ; d'autres nous viennent de l'air atmosphérique,
» d'autres enfin des *démons*... Et c'est ce qu'on appelle
» les maladies *transnaturelles*, c'est-à-dire dont les
» causes TRANSNATURELLES ne cèdent qu'à des REMÈDES
» DE MÊME NATURE [1].

» Ces causes, nous les retrouverons, *quand nous le
» voudrons,* dans les aveux des oracles... Mais MOI J'AI
» VU, par la force de certaines paroles, des spectres se
» montrer dans un miroir et exprimer ce que l'on sou-
» haitait ou par des mots ou par des images, de telle
» sorte que *tous les assistants les percevaient en même
» temps.* Au milieu des paroles sacrées prononcées par

[1] Cette définition ne semble-t-elle pas formulée tout exprès pour caractériser spécialement notre possession ?

» le magicien, on entendait çà et là des mots *obscènes* et
» des noms *horribles*[1].

» Ces maladies transnaturelles exigent donc un traite-
» ment de même nature. Mais ici voici venir une nou-
» velle distinction. Il y a d'abord les remèdes magiques.
» Ainsi, *j'ai vu* en une nuit une maladie de foie dispa-
» raître complétement au moyen d'un papier suspendu
» au cou du malade, des fièvres et une *hémorrhagie*
» *générale* arrêtées *subitement* au murmure de quelques
» paroles : fausses guérisons simulées par les démons
» pour s'attirer des hommages et qui s'évanouissaient
» plus tard en laissant revenir le mal plus intense et plus
» acharné que jamais. Les autres remèdes transnaturels
» sont *les prières*, *les bonnes œuvres* et LES EXOR-
» CISMES. »

« Et tout de suite Fernel en choisit dans sa *propre*
clinique la démonstration expérimentale. »

« Un jeune homme de bonne famille était atteint,
» *depuis plusieurs années*, de convulsions intermit-
» tentes et terribles, qu'on aurait pu appeler un secoue-
» ment général de tout le corps; quatre hommes vigou-
» reux pouvaient à peine maintenir le malade. Dix fois
» par jour il entrait dans cet épouvantable état, pendant
» lequel toutefois la tête restait parfaitement saine, les
» sens intacts et la langue tout à fait libre; sans cela,
» c'eût été une véritable épilepsie. Les médecins les plus
» habiles, appelés autour de lui, pensèrent que le point
» de départ de cette convulsion *épileptiforme* (finitimam

---

[1] Les spirites sont gratifiés de semblables grossièretés par les esprits maudits qu'évoque leur lamentable superstition. — Nous préférons ne pas indiquer les livres de leurs chefs où se trouve exposée, à côté de ces aveux, leur doctrine *antichrétienne*.

» epilepsiæ) devait se trouver dans l'épine dorsale, d'où
» l'irradiation fluidique passait dans tous les centres ner-
» veux, à l'exception de ceux qui communiquent avec
» le cerveau. Les médecines, les fumigations, les onctions,
» les emplâtres, les bains, les sudorifications furent em-
» ployés tour à tour *pendant des années*, sans amener
» le moindre bienfait.

» On était à bout de ressources, lorsqu'un beau jour
» une voix très-singulière, s'exprimant en *termes latins*
» et *grecs* par la bouche de ce jeune homme qui n'*avait
» jamais su le premier mot* de ces langues, s'avisa de
» se déclarer l'auteur de tout le mal. Et tout de suite ce
» *démon* se mit à révéler les *secrets* de tous les assis-
» tants et principalement des médecins, les gouaillant
» de toute la peine qu'il leur avait causée pendant si long-
» temps, et de l'*excellent* effet de toutes leurs *jugula-
» tions* pharmaceutiques appliquées à ce malheureux
» corps. On en vint donc aux remèdes *sacrés*.

» Lorsque, par exemple, on approchait du malade
» une image de saint Michel, lorsqu'on lisait ou pronon-
» çait de saintes paroles, l'intensité des accès doublait et
» remplissait d'horreur tous les assistants. Cependant,
» dans les moments de rémission qu'amenait toujours la
» cessation des prières, le démon se plaignait que l'em-
» ploi des cérémonies et des exorcismes le *forcerait à
» partir*. Il se disait *esprit pur* et n'acceptait pas la
» qualification de damné. Interrogé sur l'origine et le
» mode de sa possession, il déclarait avoir été jeté dans
» ce corps par un individu dont il ne voulait pas dire le
» nom; il ajoutait qu'il était entré par les pieds et qu'il
» sortirait par les pieds au jour fixé pour son départ;

» qu'il avait beaucoup de retraites différentes en ce corps,
» et que, lorsque le malade était tranquille, cela tenait
» à ce qu'il *en allait trouver d'autres*. Il nous donnait
» ensuite tout le détail des perturbations humorales qu'il
» excitait, des organes principaux qu'il occupait, des
» lésions qu'il effectuait et des obstructions qu'il amenait
» dans les veines et dans les nerfs; puis enfin, de l'in-
» nombrable série des maladies diverses causées par ses
» pareils. »

M. de Mirville ajoute à ce récit les réflexions suivantes qui s'appliquent parfaitement à notre histoire.

« Nous demanderons, dit-il, si, dans une expertise de ce genre, qui dure plusieurs mois, il peut se glisser la moindre méprise, et enfin, si lorsque, après toutes ces prédictions *grecques* et *latines* faites par un *ignorant*, la guérison arrive au jour fixé, un grand médecin doit être accusé d'ignorance pour avoir attribué cette délivrance au prophète qui l'avait si bien promise à sa victime.

» Qu'on y fasse attention, il ne s'agit ici ni d'un art en enfance, ni des progrès de *la science* et de *la raison*. Non, quand Ambroise Paré, quand Fernel disent : « Nous » AVONS VU » ou bien encore « l'esprit sortit en disant »; etc.; pour peu que l'on se permette de sourire, on fait de tous ces grands hommes, non pas des *arriérés*, mais des *idiots*, des *fous*, ou, ce qui serait bien pis encore, des *imposteurs;* pas de milieu possible. »

Encore, si cette révoltante condamnation ne frappait que ces deux noms, si chers à la science! Mais quoi! il faudrait en faire rejaillir la honte sur tout ce que l'humanité, jusqu'au dix-septième siècle, a produit d'hommes illustres en *médecine*, en *philosophie*, en *théologie*. Car avant cette époque ce fut, chez tous les peuples, un accord unanime des plus beaux génies sur cette thèse capitale de l'existence des esprits et de leur action dans notre monde physique et sur l'homme. Saint Paul, Tertullien, Origène, saint Augustin, saint Grégoire, saint Thomas, tous les Pères de l'Église se rencontrent sur ce terrain avec les médecins et les philosophes païens : Hippocrate, Galien, Socrate, Platon, Pythagore, Plutarque, toute l'école alexandrine, etc... Les rituels pontificaux de l'ancienne Rome font écho à la Bible. Entre l'orthodoxie et les faux cultes, il n'y a ici de différence que dans les détails et dans l'application : l'une maudissant tout commerce avec ces démons, auxquels, sous le nom de de dieux, mânes, lares, etc., le paganisme offre l'encens et dévoue ses victimes. C'est donc la *raison humaine*, dans ses convictions les plus universelles, dans ses représentants les plus fameux qu'il faut taxer de *folie*; c'est la *sainteté*, c'est-à-dire la vertu dans son expression la plus pure et la plus sublime, qu'il faut accuser et condamner d'*imposture*.

Et qui se charge de prononcer ce jugement? des savants, nous dit-on. Oui, des savants très-recommandables, sans doute, mais qui se sont eux-mêmes privés d'un sens, ou qui ont puisé à des sources corrompues une science de négation, non moins opposée à la *raison* qu'à la *doctrine catholique*. Nous avons le droit de parler ainsi, malgré le sentiment de notre nullité scientifique. Car, soit qu'ils le veuillent ou non, ils sont justiciables de notre foi et du sens commun. On ne saurait justement s'appuyer de la *raison* contre la *foi* : toutes deux ont en Dieu leur source unique, et la sagesse infinie d'où elles émanent ne peut être opposée à elle-même. Il n'y a pas non plus de science véritable contre le sens commun. Or, cette science compte pour son plus insigne exploit d'avoir renversé — elle se le persuade — le surnaturel, le merveilleux, le miracle, dont la croyance enfonce si profondément ses racines dans la révélation, dans le sens intime, dans la tradition universelle du genre humain.

L'un des représentants de cette école, M. Figuier, a écrit un livre qu'il a intitulé « *Histoire du merveilleux* »; « mais auquel, dit M. de Mirville (t. II, p. 47, Introd.), conviendrait mieux cet autre titre : « *Histoire incomplète du merveilleux, ou le Merveilleux inexpliqué.* » En effet, que dit M. Figuier? « La science *rend par-* » *faitement compte aujourd'hui* de tous ces prétendus » prodiges. » Et encore : « Il est certain que la *physique* » *moderne* nous donne les moyens de *répéter les miracles* » *des anciens.* » (*Monde magique*, du chevalier des Mousseaux, p. 250.) Et l'explication *naturelle* qu'il donne de ces prodiges est si satisfaisante qu'un de ses amis, adversaire déclaré du surnaturel, porte sur son livre ce curieux jugement : « Maintenant, un livre reste à faire » sur *les causes* de ces faits merveilleux... M. Figuier a » fait un *récit*, un *répertoire* charmant comme un » *roman*... Mais un traité reste à faire. Quand il craint » de dire *trop*, il plaisante, il *pirouette*... mais l'énigme » reste intacte. » (*Revue de la critique française*, 15 juin 1861, p. 157. Cité par M. de Mirville, t. II, Introd., p. 74.)

Une plaisanterie! Voilà donc le dernier mot de l'un

de ces savants sur l'autorité desquels on nie le merveilleux, c'est-à-dire, en fin de compte, la vérité des Évangiles et la divinité de Jésus-Christ. Car, dit un autre livre, fruit d'un protestantisme éhonté : « on a le droit de nier, *sans examen,* toute intervention merveilleuse. Seule, elle suffit à créer un obstacle à la réception de l'Évangile ». Aussi, les récits évangéliques inscrivant le miracle presque à chaque ligne, la conclusion très-naturelle et fort nette de l'ouvrage est celle-ci : « L'inspiration plénière étant incompatible avec la moindre erreur, l'INFAILLIBILITÉ DE LA BIBLE A CESSÉ D'EXISTER [1]. »

Tel est l'incroyable, mais impuissant acharnement de cette science contre le surnaturel, contre le merveilleux de tout ordre. Tel est son mépris pour nos livres sacrés dépositaires du dogme catholique [2].

[1] Cette profession publique d'incrédulité, nous la devons à l'Église anglicane officielle : l'un des auteurs de ce livre est M. Temple, chapelain ordinaire de la reine et futur évêque de Londres.

[2] « Un homme de mérite et de valeur, » dit M. des Mousseaux, à qui nous ferons encore cet emprunt (*Monde magique,* p. 247), « M. Alfred Maury, « membre de l'Institut », va nous donner la mesure de cette impuissance des explications scientifiques appliquées aux miracles de Jésus-Christ. Celui que M. Maury essaye de détruire en le *naturalisant* est précisément la guérison d'un *possédé.*

« Un de ces insensés, dit-il, attribuait ses paroles au démon. » Interrogé par le Christ, il répondit qu'il s'appelait Légion ; et, » *calmé à sa vue,* il rentra dans son bon sens. *L'ascendant moral* » du Sauveur avait opéré ce miracle. On sait quelle est la puis- » sance de cet ascendant chez certains médecins ; on l'observe » *tous les jours* dans nos asiles..... C'est là TOUT LE SECRET DE » L'EXORCISME, et l'explication NATURELLE des faits relatifs *aux* » *possédés* que nous fournissent *à chaque page* les livres saints. »

Que nos lecteurs daignent, par la pensée, replacer nos médecins laonnois en présence de Nicole, *sourde, muette, aveugle,* essayant la puissance de leur *ascendant moral* contre cette triple infirmité.

Le sens commun n'a pas moins à souffrir des hardiesses de nos savants. Et déjà n'est-ce pas évidemment le blesser que de s'insurger, comme ils font, contre la science et l'expérience de tous les siècles passés ? Est-il sage de prétendre avoir raison contre tout le genre humain ? D'ailleurs, à les en croire, ils se sont rendus maîtres de tous les secrets et de toutes les forces de la nature ; et cependant ils se font gloire de méconnaître, dans l'organisation de l'univers, tout un règne, tout un ordre de forces supérieures : l'ordre des substances purement spirituelles. D'autres, en revanche, pressentent ou même proclament la nécessité de revenir, sur ce point, à la doctrine ancienne. (Voir M. de Mirville, t. II, ch. 1er. *Importance cosmologique du dogme des Esprits.*)

Par l'existence reconnue des esprits, la science ancienne donnait, et la vraie science, aujourd'hui comme toujours d'accord avec la théologie, donne encore une solution *simple*, *claire*, *satisfaisante* aux phénomènes les plus merveilleux. Rejetant loin d'elle au contraire cette précieuse *clef* qui seule ouvre tous les secrets, — comme le dit si justement M. de Mirville, — la science moderne se condamne, en présence de ces faits, aux

« *Tout en eût été mieux,* » assurément ! Quelle belle *occasion perdue* de s'immortaliser par un magnifique triomphe ! Mais ces ignorants se sont bornés à l'expérimenter « *par fer et par feu* ». Expériences sans succès ! Heureusement la sainte hostie guérissait tous ces maux, et, — nous le disons sérieusement cette fois, — *l'ascendant divin*, la puissance divine du Sauveur opérait ce miracle.

Quant au médecin huguenot Carlier, il est particulièrement fâcheux pour lui qu'il n'ait pas eu le secret de *son ascendant moral*. Son honneur et ses épaules eussent été sauvés de cette humiliante correction que lui infligea dans la prison notre énergumène. (Voir page 176.)

explications les plus absurdes, aux plus choquantes contradictions.

Que dit-elle en effet de ces prodiges les mieux constatés par l'histoire? Que dit-elle en particulier des possessions démoniaques qui sont plus spécialement de notre sujet? Naguère elle niait; tantôt encore elle nie les faits eux-mêmes; et, en ébranlant sur ce point l'autorité du témoignage, elle détruit du coup toute certitude historique. Tantôt elle les attribue à la jonglerie, à la supercherie. Plus généreuse par instants, elle les accepte, purs de toute imposture, non pas à titre de miracles, mais comme ayant paru tels à ceux qui s'en portent garants. Elle essaye même d'en rendre compte. Mais, hélas! c'est alors que surgissent des explications plus prodigieuses que les prodiges niés; c'est alors que les maladies *merveilleuses* viennent remplacer les merveilles si rationnelles de l'action angélique : car les explications de la pathologie sondent avec une égale facilité les mystères de l'illumination, de l'extase divine et les ténèbres de l'extase diabolique. C'est le moment des grandes surprises. Écoutons.

S'agit-il du transport et de la suspension dans l'espace? Rappelons-nous l'explication du docteur Michéa, par les trois filets nerveux; explication si habilement réfutée par M. le chevalier des Mousseaux (voir sa lettre-préface, p. 12 et 13, en tête de ce livre); et ainsi du reste. La maladie (l'hystérie, l'épilepsie et généralement toute maladie nerveuse), la maladie décuple les forces physiques; elle développe presque à l'infini les facultés spirituelles. La maladie vous fait pénétrer, *ou peu s'en faut*, la pensée d'autrui; la maladie vous fait comprendre et parler *avec élégance* des langues étrangères dont vous savez à peine les premiers mots (il serait plus exact de dire dont on ignore le premier mot) ; la maladie vous donne la connaissance des choses cachées, éloignées et même des événements futurs [1], etc.

Puis, cette clef ne suffisant pas pour expliquer tous les phénomènes, on allègue l'hallucination : hallucination du malade, hallucination des médecins examinateurs, hallucination collective des témoins, fussent-ils des milliers. Et cela est tout à fait philosophique, car un philosophe célèbre par son incrédulité, David Hume, a dit : « L'incrédibilité d'un fait qui ne découle d'aucune loi est plus forte que la crédibilité du témoignage. » Rejetons donc, en dépit du témoignage, tous ces faits opposés aux lois de la nature. — Mais le moyen de supposer l'imposture concertée de milliers de témoins et des plus honorables ? — Eh bien, non, ils n'en imposent point ; cela répugne à la raison, à la dignité de la nature humaine. Mais ils sont hallucinés [2]. (*Monde magique*, ch. vii et suivants.)

Vous l'entendez, messieurs, qui prétendiez trouver dans un trouble maladif, dans une crise nerveuse, la cause effective de ces prodiges. Ces prodiges mêmes n'existent pas : le malade et les témoins sont, étaient *hallu-*

---

[1] Nous venons de donner le résumé de l'article de M. Michéa, déjà indiqué. O la rare et *merveilleuse* maladie ! C'est à faire désirer d'en goûter, pour le plaisir de se trouver un instant si richement doué. Que pourrait-on craindre ? Ce n'est qu'une *folie* passagère. Quand il en sera temps, on trouvera toujours bien quelque médecin d'aliénés dont l'*ascendant moral* saura nous délivrer. A la rigueur, s'il fallait un miracle, notre guérison n'en serait pas moins assurée, M. Figuier nous ayant attesté que « la physique donne le moyen de répéter les miracles des anciens. »

[2] M. Brierre de Boismont et M. Calmeil. Voir M. de Mirville, t. I, p. 114 et sa note. — *Idem, ibidem*, p. 177.

cinés. Des savants, vos confrères, vous le disent. N'est-ce pas avouer que si ces prodiges étaient reconnus vrais, il faudrait y chercher une cause autre que l'imagination, autre que les nerfs ?... etc. Ce parti extrême, cette condamnation en masse ne signifie-t-elle pas clairement ceci : Des faits si merveilleux ne sauraient avoir pour cause que des esprits supérieurs et étrangers à l'âme humaine ; or, *ces esprits n'existent pas*, donc les faits sont impossibles et conséquemment faux et controuvés. — A la bonne heure ! D'autres vous prouveront l'existence *de ces esprits.* — Mais, de grâce, au nom même de la science, n'essayez plus de nous alléguer ces prodigieuses ressources de la maladie. Ah ! si vous nous parliez avec nos livres saints des « *esprits de maladie, spiritus infirmitatis !* » cela expliquerait tout, et la maladie et les facultés transcendantes qui déroutent votre physique. Mais ce *spiritus* est votre épouvantail..., et vous avez mérité qu'une revue célèbre [1], organe et soutien de vos principes, sinon de vos explications, vous donnât, en la personne de l'un des vôtres, cette leçon de logique : « M. Figuier a *tenté*, dit-elle, d'expliquer des faits qui » sont *inexplicables* et qu'il eût été plus *raisonnable* » de nier. » Mais plutôt acceptez ce conseil de l'auteur du grand ouvrage sur les « *Religions de l'antiquité* ». Entendez Creuzer, le protestant, le rationaliste Creuzer, triomphant, par la seule force d'une haute intelligence, de ses préjugés philosophiques, vous crier : « Décidé- » ment, et AVANT TOUT, il nous FAUT revenir à la doc- » trine des GÉNIES, comme les comprenaient les anciens :

---

[1] La *Revue des Deux-Mondes* du 15 janvier 1862, et encore, pour une semblable appréciation, le *Journal des Débats* du 7 juin 1861.

» doctrine SANS LAQUELLE ON NE PEUT ABSOLUMENT
» RIEN S'EXPLIQUER DE CE QUI TOUCHE AUX MYS-
» TÈRES [1]. » (M. de Mirville, t. II, page 65.)

[1] Ce serait ici le lieu de répondre à une objection que croiront sans doute pouvoir nous opposer les sectateurs de l'hypnotisme, du magnétisme, du spiritisme. Ils nous diront : « Nous n'avons et ne voulons avoir aucun rapport avec le démon. Toutefois, nos médium produisent à volonté tous les phénomènes décrits par vous et indiqués par l'Église catholique comme signes caractéristiques de la possession démoniaque. Donc, ces signes ne sont rien moins que certains ; donc, vos possessions ne sont qu'un rêve, une illusion, une erreur. »

Nous en sommes bien fâché pour messieurs nos médium, magnétistes et spirites : cette parité qu'ils invoquent ne saurait leur faire honneur. Vraiment ils devraient laisser à d'autres le soin de retrouver, sous leur masque, les traits caractéristiques en effet de ce signalement si ancien et non moins infaillible.

Pour nous, nous n'achèverons pas ici cet examen. L'exposition et la réfutation de ces systèmes, ou, plus probablement, de ce système à triple nom, nous entraîneraient beaucoup au delà des limites auxquelles doit se restreindre une simple conclusion. Nous devons donc écarter ce débat et renvoyer les amis de la vérité aux ouvrages de MM. des Mousseaux et de Mirville. Nous ferons seulement les observations suivantes :

1° Cette objection ne peut se présenter au nom de la science. Car la science académique a jusqu'aujourd'hui rejeté comme chimère le magnétisme, justement suspecté de cacher derrière ses prodigieux effets une cause, une intelligence surhumaine dont on nie, dont on veut pouvoir nier l'existence. (Voir M. de Mirville, t. I, p. 38 et suiv.)

De plus, l'hypnotisme, d'abord patroné, prôné par les savants, grâce à la modestie de ses allures, n'a pas tardé à rejoindre dans son bannissement le magnétisme avec lequel ses protecteurs, devenus ses juges, lui trouvaient une ressemblance trop compromettante. (M. de Mirville, t. II, Introduct.)

Compris dans le même arrêt, nous pouvons donc les étudier sous le même nom. Et quel sera ce nom ?

Rebutés par la science qui nie, tournons-nous vers les adeptes du magnétisme. Interrogeons le plus fameux : M. du Potet. « A mes
» yeux, s'écrie-t-il, il y a de la *magie* jusque dans le plus petit
» fait *magnétique*... Oui, plus de doute, plus d'incertitude, la *magie*
» est retrouvée. » Et bientôt il se demande en tremblant s'il est sage « de réveiller l'esprit de Python, et d'apprendre aux hommes

Mais pourquoi faut-il que des hommes d'un mérite incontestable s'exposent à provoquer le sourire des enfants de nos catéchismes? Comment, devant des faits universellement reconnus, acceptés ou attestés par les plus beaux génies, consacrés par l'infaillible autorité de nos saints livres, si facilement explicables d'ailleurs à la faveur d'une doctrine pure, élevée, digne des grands hommes qui l'ont professée; en face de tels faits, si hautement garantis, comment comprendre l'opiniâtre persistance de nos contemporains à les nier, à les dénaturer, à les torturer par l'application de systèmes impossibles?... On n'y parviendrait pas, si l'on ne se rappelait la puissance des préjugés d'éducation, des préjugés d'*école* sur les savants mêmes, et par cela seul qu'ils se croient moins exposés à cette influence. Dès l'enfance on s'est trouvé imbu de ces idées : le collège n'a fait que les fortifier ; plus tard, devenu docteur, on les a enseignées à son tour. Il en coûte à des hommes que le monde honore comme les

» où il repose..... Un instinct secret, ma conscience, me crie que
» je fais mal de toucher à ces choses. » (M. de Mirville, t. I,
p. 302 et suiv.)

Si tel est le magnétisme, que dirons-nous du spiritisme? Il se déclare lui-même « une doctrine fondée sur l'existence, les *manifestations* et l'*enseignement* des ESPRITS ». — Nous voilà donc en pleine magie!

2° Mais bien loin que l'on puisse tirer du spiritisme et de ses prodiges un argument contre la réalité des possessions démoniaques, c'est au contraire ce qui la constate, puisque c'est la reproduction, par des *esprits* reconnus et avoués, des phénomènes qui caractérisent ces possessions.

3° Ces *esprits* sont des démons. Cela ressort de l'expérience et de l'enseignement des docteurs de l'Église. Ils se donnent, il est vrai, pour les âmes des morts. Peu importe. Dieu parle ainsi au Deutéronome : Qu'il ne se trouve parmi vous personne qui consulte les magiciens ou qui interroge les *morts*... Car j'*exterminerai* les nations qui commettent ces crimes (ch. XVIII.)

pontifes de la science de briser eux-mêmes l'idole au nom de laquelle chaque jour ils reçoivent l'encens. Il en coûte de brûler publiquement ce que l'on a adoré et d'adorer ce que l'on a brûlé. Que cette maligne influence soit l'excuse du plus grand nombre; nous aimons à le penser; car, si nous condamnons leurs doctrines de toute l'énergie d'une conviction appuyée sur la parole divine, nous n'avons pour ceux qui les professent de bonne foi que les sentiments d'une respectueuse et charitable commisération.

Mais le bénéfice de cette excuse ne peut être invoqué en faveur des premiers fauteurs de cette incrédulité, des philosophes du dix-septième et du dix-huitième siècle. Il faut, pour expliquer leur aberration, recourir à d'autres causes.

Malebranche a dit : « Si les hommes avaient quelque intérêt à nier une vérité d'évidence mathématique, et si la fausse géométrie était aussi commode, pour leurs inclinations perverses, que la fausse morale, ils pourraient bien faire des paralogismes aussi absurdes en géométrie qu'en matière de morale, parce que leurs erreurs seraient agréables, et que la vérité ne ferait que les embarrasser, que les étourdir, que les fâcher. » Certes, on ne nous accusera pas de calomnier Bayle et Voltaire, ces deux patriarches de l'incrédulité, si nous rappelons, après leurs biographes, que la licence de leur esprit n'eut d'égale que celle de leurs mœurs [1].

---

[1] Voltaire est assez connu. — Bayle, né dans le protestantisme, l'abjura et se fit catholique; mais ce fut pour apostasier bientôt et devenir..... quoi? Ecoutons-le : « A quelle secte êtes-vous le plus attaché? lui demandait un jour l'abbé de Polignac, depuis cardinal. — Je suis protestant, répondit Bayle. — Mais ce mot est très-vague : Êtes-vous luthérien, calviniste, anglican? — Non, je suis protestant, parce que je proteste contre tout ce qui se dit

Or, il est évident que, pour de tels hommes, nier l'existence du démon était chose de première importance. Car la croyance à un ange déchu, cause lui-même de la chute de l'humanité, est fixée à la base même de la religion, si étroitement qu'on ne peut l'en détacher sans ruiner la base et par elle l'édifice tout entier. Mais pour ces esprits dévoyés, pour ces cœurs pervertis, qu'était-ce que la religion? Un frein, une servitude, une condamnation, une menace.

Aussi n'avaient-ils vis-à-vis d'elle qu'un sentiment, la haine; qu'une prétention, celle de la détruire; et cette prétention n'était au-dessus ni de leur orgueil ni de leur audace. Mais voyons comment ils procèdent. Ils avaient bien compris cette relation de dépendance qui unit la rédemption à la chute. C'est ce qui faisait dire à Bayle : « Un mauvais esprit bien prouvé, et nous vous accordons tous vos dogmes. »

« PAS DE SATAN, PAS DE SAUVEUR, » écrivait Voltaire de cette même plume qui traçait au bas de ses lettres l'exécrable blasphème : « Écrasons l'infâme ! »

et tout ce qui se fait. » Aussi, dès l'apparition de son premier ouvrage, fut-il regardé comme « un sophiste et un pyrrhonien ». La raison ne lui est pas plus sacrée que la révélation; et Leclerc nous apprend que dans ses vieux jours il voulait même « ergoter contre les démonstrations géométriques ». On ne pousse pas plus loin l'indépendance de l'esprit. Quant à ses mœurs, la biographie de Feller, où nous puisons ces renseignements, nous apprend qu'un journal ou revue qu'il publia sous le titre de *Nouvelles de la république des lettres* (mars 1684 à 1687) renfermé quelquefois « des plaisanteries déplacées et des obscénités qui le sont encore plus ». Rien d'étonnant, car ce philosophe « parlait dans les cercles les plus respectables comme les professeurs de chirurgie dans le secret de leurs écoles. Si l'on baissait les yeux, si l'on détournait la tête, il demandait tranquillement s'il lui était échappé quelque indécence. » (Feller, édit. de 1860. Pélagaud.)

De là cette guerre dont nous entendons aujourd'hui les derniers retentissements. Pour arriver, croyaient-ils, à détrôner le Sauveur, ils s'acharnèrent à écraser, à supprimer Satan. C'est par le renversement des prodiges sataniques qu'ils procédaient à la négation, si nettement formulée aujourd'hui, des miracles du Sauveur. Les cœurs étant d'avance corrompus, les esprits étaient mûrs pour l'erreur. A leur premier appel, les chefs trouvèrent une armée.

Ils ne furent que trop bien aidés dans cette œuvre de destruction par le protestantisme. Ce ne fut pas toutefois à son origine, au contraire [1]. Néanmoins, par la proclamation du droit de libre examen, il avait jeté toutes les semences d'erreurs et de discordes que l'avenir devait faire fructifier. Le mauvais levain du doute avait même pénétré, il faut le dire, dans beaucoup d'esprits dont le catholicisme s'était affaibli au contact de ces nouveautés. Par ses soulèvements, il y avait disjoint les solides assises de la foi antique; et l'entendement, obscurci par ses vapeurs, était devenu trop infirme pour apercevoir les conséquences extrêmes et les desseins formés de cette *critique* naissante. C'est ainsi que, sur la foi de ces meneurs, on en vint à rire de tout ce qui, de près ou de

---

[1] Car, d'après le témoignage d'une célèbre revue protestante et incrédule déjà citée ici (p. 137) : « La Réforme, qui détruisit tant d'erreurs, sembla confirmer cette fatale aberration de l'esprit humain. » (*La croyance aux sorciers, aux possédés*.)

« On frémit, en effet, dit M. de Mirville (t. II, p. 124), devant le développement subit de la démonomanie sous l'influence de ces grands redresseurs de torts qui avaient nom Luther, Calvin et Zwingle, etc. On eût dit qu'ils n'avaient plus à s'occuper que de l'enfer; ils *conféraient* avec lui, échangeaient avec lui leurs arguments et leurs injures, et s'accusaient tous mutuellement d'avoir payé de leur vie ces terribles familiarités. »

loin, rappelait le démon, son action dans l'histoire de l'humanité : et cela sans chercher à distinguer le vrai du faux, le certain du douteux, la foi de la superstition; sans voir quelles armes allait donner aux ennemis de l'Église un si déplorable mépris du témoignage humain. Les catholiques vraiment éclairés échappèrent seuls à cette contagion. Bon nombre qui, à tort, s'imaginaient l'être, réservèrent leur foi pour les faits diaboliques contenus dans les Évangiles. C'était passer condamnation pour les faits les mieux attestés de l'histoire ecclésiastique et pour les pratiques observées par l'Église aux plus beaux siècles de sa gloire.

D'un autre côté, le secours venait aux champions de l'incrédulité de ces êtres mêmes dont ils s'efforçaient de démontrer le néant. Ces esprits de malice se conformaient, autant que le permettaient la Providence — et leur propre malignité, — aux doctrines dont ils étaient, après tout, les premiers inspirateurs. Pendant bien longtemps ils n'offrirent à l'œil de leurs dénégateurs aucun ou presque aucun de ces phénomènes merveilleux qui auraient pu, comme autrefois, déceler leur présence. Ainsi tout conspirait au succès de cet infernal complot. SATAN NIÉ, on n'allait pas tarder à NIER LE SAUVEUR. Aussi l'illustre P. Ventura s'écriait-il naguère, avec toute l'autorité de son génie : « Le plus grand art de ces esprits de ténèbres, c'est d'avoir su se faire nier depuis deux siècles[1]. »

Nous venons de dire les causes, l'origine et les progrès de cette guerre ou de cette incroyance au merveil-

[1] Et c'est pourquoi encore, lorsqu'ils reparurent et se manifestèrent publiquement dans les phénomènes des *tables frappantes*, ce grand théologien appela cette apparition : « LE PLUS GRAND ÉVÉNEMENT DU SIÈCLE. »

leux, guerre qui dure encore. De plus, nous en avons indiqué, montré les conséquences. Il ne s'agit de rien moins que de la religion tout entière.

Toutefois, gardons-nous de croire que cette tradition des maîtres de la science orthodoxe soit demeurée interrompue depuis Fernel et Paré jusqu'à nos jours. A travers les flots de cette révolution intellectuelle et morale, la force des vérités qu'elle porte a su lui frayer un courant. Elle n'a point cessé de compter parmi ses défenseurs les plus grands noms de la philosophie et de la médecine. Stolberg, Schlegel, Görres, Sepp, Dollinger, ne croient pas moins que Bossuet, Bourdaloue, Bonald, de Maistre, à l'existence des démons et à leur puissance sur l'organisme humain. C'était un homme du dix-huitième siècle, un protestant, « le célèbre Kant, le philosophe de la raison pure, déiste, recteur de l'université et membre de l'académie de Berlin; c'était lui, incrédule, qui jetait cette prédiction à l'incrédulité de son temps : « On en viendra un jour à démontrer que l'âme humaine vit dans une communauté étroite avec les natures immatérielles du monde des esprits; que *ce monde agit sur le nôtre* et lui communique des impressions profondes dont l'homme n'a pas conscience, aussi longtemps que tout va bien chez lui. » (Cité par M. des Mousseaux, *Monde magique*, p. 182.)

Cet aveu, quoique peu explicite sur la question même des possessions, a néanmoins une valeur immense, sortant d'une telle bouche. Nous avons déjà cité Creuzer. — Ces noms nous paraissent représenter suffisamment la philosophie moderne dans ce grand concert de la science s'harmonisant aux doctrines de la théologie catholique.

La médecine, à son tour, va nous amener de nouveaux concertants.

C'est d'abord André Césalpin, mort en 1603. Homme d'une foi plus que suspecte, il n'en reconnaissait pas moins l'existence des démons et la réalité de leurs rapports avec notre monde. (Feller.) Paul Zacchias, dont le nom va suivre, s'en rapportait au traité de Césalpin sur les moyens de reconnaître les maladies causées par ces esprits.

Paul Zacchias (1584 à 1659). « Ce grand maître traite de l'obsession et des tortures corporelles dont le démon est l'auteur. Ses écrits se distinguent par une vaste érudition, un jugement sûr, une solidité remarquable. » (*Monde magique*, p. 179.)

Frédéric Hoffmann (1660 à 1742) et de Haën, dont nous parlons plus bas, — « les deux plus grandes autorités médicales du dix-huitième siècle », dit M. de Mirville. — « Hoffmann, éminent praticien et professeur à l'université de Halle, se range par son mérite et sa science au nombre des meilleurs auteurs de médecine. Il publie en 1703 son *Traité de la puissance des démons sur les corps*, dans lequel, outre les caractères ordinaires des maladies diaboliques, il en signale un autre : la manie des *blasphèmes* et des *obscénités*. » (*Monde magique*, p. 179.)

De Haën (1704 à 1776) « est connu, dit Feller, dans la république des lettres comme l'un des plus savants et des plus habiles médecins de l'Europe. Ses ouvrages forment dix-sept volumes in-octavo. Dans son *Traité de la magie*, de Haën combat la crédulité du peuple sur ce sujet; mais il maintient, conformément à l'Écriture sainte, aux saints Pères et à l'histoire de tous les siècles, la possibilité de la magie et même sa réalité, quoique dans des cas beaucoup plus rares que le vulgaire ne l'imagine. »

« Henri Stilling, professeur très-distingué de médecine et de chirurgie à Murbourg et à Heidelberg, met au jour à Francfort (en 1808) : *Scènes du royaume des esprits*, et plus tard : *Théorie de leur connaissance*.

» Kerner publie en 1835, à Calsruhe, ses *Possédés des derniers temps*.

» Eschenmayer, son *Apparition du règne le plus ténébreux de la nature, confirmé juridiquement*.

» Le Dr Horner, son *Magikon*. » (Pour ces derniers noms, voir M. de Mirville, t. II, p. 174.)

Ajoutons à ces noms celui d'un savant français, le nom du Dr Coze, doyen de la Faculté de médecine de Strasbourg. — Nous recommandons vivement la lecture de sa lettre adressée à M. de Mirville après réception de son premier mémoire, en tête duquel on la trouvera. Le Dr Coze termine cette lettre très-remarquable en donnant à M. de Mirville congé de la publier, « dans » l'intérêt d'une vérité si bien défendue, et dont le » succès, dit-il, me paraît infaillible ».

Enfin, en Italie, le 10 juin 1850, les docteurs Forni, Vallauri et Bellingeri, de Turin, réunis pour examiner une affection convulsive très-singulière, qui tourmentait horriblement une jeune et vigoureuse femme, ne craignaient point, après un très-mûr et très-savant examen, d'attribuer sa maladie à une possession démoniaque. Il est vrai que la consulte médicale des États sardes, *sans examen*, condamna ensuite ce triple rapport et prétendit que de tous les phénomènes observés et décrits il ne s'en rencontrait pas un seul que la science médicale ne pût expliquer AUJOURD'HUI par l'unique et simple action des causes naturelles. Mais le docteur Forni répondit par un opuscule très-remarquable, « chef-d'œuvre, dit M. de Mirville, de science, d'érudition et de bon sens », et dont M. des Mousseaux interprète ainsi la dernière page[1].

« Oh! s'écrie M. le docteur Forni, comment ne
» point me tourner avec humilité et affection vers mes
» confrères, vers ceux avec qui je partage le soin de
» l'humanité souffrante? Comment ne les point supplier
» *d'ouvrir les yeux*, de voir que *l'essence de toute force*
» *est spirituelle*; de reconnaître qu'à l'esprit seul est
» donné l'empire sur le corps, de se convaincre qu'il est
» véritablement temps pour la médecine de se relever à
» un degré supérieur et de sortir de l'état où elle végète,
» pour avoir commis la faute de nier la puissance et
» l'action de la nature spirituelle?

» Que mes confrères, que les maîtres de la science
» me permettent de déplorer devant eux l'abaissement
» où les notions spéculatives et pratiques de la spiritua-
» lité sont tombées au milieu des docteurs de nos facultés.
» Hé quoi! dix-sept siècles de christianisme pour aboutir
» à une médecine plongée dans la matière, *moins élevée*
» *que celle du paganisme*, et toute *vétérinaire*, c'est-
» à-dire n'envisageant dans l'homme que la bête, et ne
» procédant avec la personne humaine que comme s'il

[1] Voir dans le *Monde magique*, deuxième partie, le chapitre neuvième, entièrement consacré à la discussion très-intéressante de ce fait.

» n'existait rien en elle au delà de ce qui tombe sous
» les sens ! »

Dieu veuille que ces belles paroles soient entendues et comprises non-seulement des médecins à qui elles s'adressent, mais encore de tous ceux à qui il importe de les comprendre !

Nous ne pouvons nous défendre d'offrir ici un nouvel hommage de notre reconnaissance à M. le chevalier des Mousseaux, qui a daigné placer notre œuvre si modeste sous la protection de sa belle et très-légitime renommée.

Ses ouvrages et ceux de M. de Mirville jettent un jour éclatant sur des questions qui intéressent au plus haut degré les sociétés et les individus. Il ne nous appartient pas de louer le talent et la science de ces écrivains. Assez d'autres l'ont fait avec autorité. Les éloges les plus flatteurs, les suffrages les plus illustres, n'ont manqué ni à l'un ni à l'autre.

Ce qu'il nous est permis de dire, c'est la satisfaction que goûtent et l'esprit et le cœur du catholique à la lecture de ces belles pages où les objets de sa foi sont victorieusement vengés de trop longues attaques; c'est l'effusion avec laquelle nous ont remercié des ecclésiastiques à qui nous les avions fait connaître : trop heureux si nous pouvions multiplier de tels résultats.

FIN DE LA PREMIÈRE PARTIE.

SECONDE PARTIE.

DEPUIS LA DÉLIVRANCE DE NICOLE JUSQU'A SON ARRIVÉE A LA FÈRE.

LIVRE PREMIER

DEPUIS SA DÉLIVRANCE JUSQU'A SON DÉPART POUR LE SAUVOIR.

CHAPITRE PREMIER.

Nicole chez le commandeur de Puisieux. — Son état désespéré. — Prière de saint Bernard. — Consultations des médecins. — Extrême-Onction. — Nicole à la procession, à la messe. — Elle communie. — Recouvre la santé. — Passe l'après-midi à se récréer.

Voilà donc Nicole délivrée de son cruel ennemi. Mais, avant de recouvrer sa santé première, il lui faudra subir les ennuis d'une longue et douloureuse convalescence, si toutefois ce nom convient à ses mystérieuses défaillances. Tous les membres de la malade ont été brisés par des tortures diaboliques; ses organes profondément lésés par l'action d'un poison violent, ses chairs meurtries et transpercées dans de longues et brutales expériences faites « *par fer* et *par feu* »; il ne faut donc pas nous étonner de la retrouver le jour même de sa délivrance aux prises avec la mort.

Cependant, si nous consultons l'histoire de tous les possédés depuis Jésus-Christ jusqu'à nos jours, nous voyons partout les douleurs cesser avec la possession, et les malades conserver à peine la trace de leurs horribles souffrances.

Pourquoi n'en est-il pas ainsi de Nicole?

C'est un mystère qui ne tardera pas à se dévoiler.

Suivons avec une religieuse attention toutes les phases de cette étonnante convalescence.

Après la procession et le chant du *Te Deum*, on se hâte de reconduire Nicole chez le commandeur. Le docteur de la Heue, fervent catholique et habile médecin, fait ouvrir toutes les fenêtres de la salle pour donner de l'air à la malade; il essaye de lui faire avaler de la poudre de « licorne dans quelques cuillerées de vin; puis un peu de sirop composé d'eau-de-vie, d'eau rose, et de poudre de diarhodon; mais elle ne peut rien avaler ». A la vue de l'inutilité de ces remèdes, le docteur se retire en offrant ses services pour des moments plus favorables.

Vers six heures du soir, Mgr l'évêque vint visiter Nicole; il était encore à jeun. Les émotions de la journée, et peut-être aussi la crainte de nouveaux assauts de la part du diable ne lui avaient pas permis de prendre son repas. Il trouve donc la malade à l'article de la mort. « Il dit alors avoir leu en saint Bernard une oraison fort propre en tel cas et maladie, laquelle il récita, ayant la main sur la teste de Nicole; laquelle subitement revint en aussi bonne santé, comme si jamais elle n'eût été malade. Et ce fut fait en présence de plus de cinquante témoings, bien émerveillez de ce qu'ils avaient veu. Ledit seigneur évesque lui pendit au col un pappier, où il disait estre ladite oraison. » (On serait heureux de pouvoir assurer que c'était le *Souvenez-vous*, mais rien ne nous permet de l'affirmer.) « Puis l'évêque bénit du pain, du vin, de l'eau et du sel pour la malade, et s'en retourna souper à son logis. »

« Je vous laisse à penser, ajoute l'historien, combien Nicole, son mari, sa mère et son oncle, et nous autres, et même le commandeur, étions joyeux d'avoir vu une telle victoire. » N'était-ce point à penser qu'il fallait se préparer à voir encore dans cette nouvelle maladie de nouvelles merveilles de la part du Seigneur?

Peu de temps après le départ de Mgr de Bours, Nicole prit son repas; elle aurait désiré que M. de Puisieux et ses gardes aussi voulussent souper auprès d'elle. Mais le commandeur s'en excusa, craignant de la fatiguer. Ses gardes se rendirent à son invitation, et elle-même prit son repas d'assez bon appétit. Après le souper, elle se leva, soutenue sur les bras de sa mère, car elle ne pouvait encore marcher; puis, s'étant recouchée, « elle fit ses prières avec nous, dit Despinois; pour nous, ajoute-t-il, nous continuâmes nos oraisons, telles que nous les avions commencées, le mardi vingt-neuvième de janvier. Après nos exercices, j'exhortai les gardes, les assistants, à conserver toujours mémoire de ce qu'ils avaient vu, et les engageai à poursuivre avec moi leurs dévotions jusqu'à pleine et entière guérison. Tous me promirent de communier encore les trois *jours suivants* pour rendre grâce à Dieu » des merveilles dont ils avaient été les heureux témoins.

La mère de Nicole se coucha auprès de sa fille comme de coutume. Les gardes passèrent encore la nuit dans de saintes veilles; mais Nicole reposa doucement jusqu'au matin. On vit alors que le démon l'avait quittée pour toujours. — Il n'en était point de même de la maladie.

Car « le samedi neuvième de février, reprend le narrateur, vers six heures du matin, nous ouïmes Nicole se plaindre d'une voix claire. J'approchai du lit, et la trouvai grièvement malade; je voulus lui parler, mais je ne pus obtenir de réponse. Je crus qu'elle allait mourir. J'envoyai querir bien vite trois des plus savants médecins de cette ville. Ils arrivent sans tarder. C'étaient MM. de la Roche, de Muyau et de la Heue, gens de bien et fort catholiques. Ils tâtent la malade et n'y trouvent point de pouls : ils ordonnent un sirop, mais elle ne peut l'avaler. Ces trois docteurs confèrent ensemble; en présence de notre évêque, que j'avais fait aussi appeler. L'un dit qu'elle est offensée de la poison que maître Jean Carlier lui a donnée en la prison; l'autre, que la maladie provient des grandes agitations et mouvements inestimables que ce corps a soufferts pendant la possession... Après qu'ils eurent conféré et longtemps disputé, ils ne surent que conclure. Alors M. de la Roche, comme le plus expert et le plus ancien, dit à monsieur de Laon :

« Monsieur, je vous assure que nous perdons notre *latin* en cette maladie, et vous promets que nous confessons n'en avoir jamais vu de semblable, et n'y pouvons remédier; car n'est cette maladie escripte en nos livres. Partant, il la faut laisser en la miséricorde de Dieu, et serais d'avis qu'on lui administrât le sacrement d'Onction, si tant est qu'elle puisse vivre jusqu'à ce qu'on ait fait. »

» Alors monsieur de Laon commanda d'administrer la malade. Ce que je fis.

» Or, advint qu'à la dernière oraison la patiente commença à parler et remercier Dieu. Puis ayant ouï sonner les cloches de notre église, elle m'en demanda la cause.

— C'est la procession, lui dis-je.

— Si vous vouliez, monsieur, m'y faire porter, je vous dirais grand merci.

» Sur ce, je tirai son petit lit et la fis porter ainsi à la procession; je marchai devant elle portant le vaisseau de l'huile, dit *Oleum infirmorum*. Un des gardes m'accompagnait avec une torche allumée et une grande multitude suivait Nicole. Or, il est à remarquer que tant plus on approchait de l'église, tant plus la malade redevenait en belle couleur; et sitôt qu'elle fut en l'église, elle commença à regarder le peuple, dont il s'émerveillait, parce que peu auparavant elle était quasi *comme morte*, faisant les soupirs de la mort. On la porta donc à la procession, et quand le seigneur évêque l'aperçut, il lui bailla sa bénédiction. Puis on la déposa avec son lit au milieu du chœur, où elle assista dévotement à la messe pontificale chantée au grand autel. A cette messe assistaient beaucoup de gens de justice. »

« A l'élévation du *corpus Domini*, dit à son tour Gorret, on vit tout à coup cette femme, un chappelet à la main, sortir ses deux bras hors du lit, et adorer et remercier Dieu de bien bon cœur, à mains jointes. La messe dite, maître Nicole Despinois, chanoine, le mari de la femme, sa mère, ses gardes, au nombre de sept à huit, reçurent de la main de l'évesque notre Créateur, comme pareillement icelle Nicole, laquelle dit son *Confiteor* et *Ave salus*, comme font les chrétiens allant se présenter à la table sainte. Et après le divin service, on reporta Nicole à son logis, en bien bonne santé. Durant neuf jours, la malade fut ainsi portée à la procession, assista à la messe, reçut notre Créateur, comme dit est. Toujours le matin elle tombait en syncope, et toujours revenait à elle à la réception de la sainte hostie.

» En témoin de ce, j'ai signé ces présentes de mon seing, les jour et an dessus dicts.

» Signé : GORRET. »

« Ici finist le procès-verbal de maistre Guillaume Gorret, notaire du roi nostre sire, à Laon. »

Despinois ajoute que Nicole, reportée chez le commandeur, passa toute la journée, « ne sentant aucun mal, sinon qu'elle était débile de ses jambes et ne se pouvait soutenir. Plusieurs jeunes femmes et filles vinrent la voir pour la récréer, et jouèrent avec elle assez longtemps dans l'après-midi.

» Sur les huit heures du soir, on coucha Nicole. Elle me pria instamment de l'entendre en confession, disant :

« Jésus ! monsieur, que j'ai été fort malade aujourd'hui matin ! je pensais mourir; craignant qu'il ne m'en advienne encore autant, je veux me confesser... »

» Pour nous, nous fîmes, cette nuit, nos prières accoutumées. »

CHAPITRE DEUXIÈME.

Nicole retombe en léthargie. — Réflexions sur cette mystérieuse maladie. — Inefficacité des remèdes naturels. — Vertu des moyens surnaturels.

« Le dimanche matin 10 février, dit Despinois, Nicole tomba de nouveau en bien grande maladie et pareilles syncopes. »

SA MYSTÉRIEUSE CONVALESCENCE.

Quelle est donc cette étrange maladie qui succède à la possession? Nous ne doutons pas qu'il ne se présente aujourd'hui, à trois cents ans de distance, dix médecins pour un prêts à nous en révéler le nom, la cause et le remède : prêts à redresser l'erreur de leurs *ignares* devanciers. Nous savons aussi que plus d'un, parmi les maîtres du jour, saurait conseiller à nos contemporains de retirer cette épithète, et d'attendre l'avenir, — un avenir prochain, ce semble, — pour juger le passé.

Les médecins d'alors avouèrent ingénument « qu'ils y *perdaient leur latin* ». Ils essayèrent quantité de remèdes, tous furent sans effet. Et cependant, la voix d'un prêtre, le chant d'une hymne sacrée, l'approche du lieu saint, le sacrifice de la messe, la *communion eucharistique* surtout, retiraient subitement la malade des portes du tombeau. Aussi étaient-ils dans l'étonnement, et les premiers ils criaient au miracle : « Car jamais, — disaient-ils, — nous n'avons ouï ou leu aux autheurs grecs, latins, arabiques, anciens, l'Eucharistie par sa sympathie ou antipathie, société ou inimitié, pouvoir troubler ou apaiser les humeurs. »

Ils avaient raison.

Seule, à la vérité, l'inefficacité des remèdes naturels ne prouverait rien que l'insuffisance de la science. Mais l'efficacité constante, exclusive, des remèdes surnaturels nous indique avec certitude qu'il nous faut chercher hors de la nature la cause de cette étrange maladie. Or, si nous ouvrons l'histoire de l'Église, nous trouvons dans l'état des extatiques tous les caractères de la maladie de Nicole :

1° Insensibilité complète; 2° ravissement de l'esprit

dans la contemplation d'un objet divin ; 3° sentiment intime et souvenir des perceptions et des opérations de l'âme plongée dans cet état ; 4° réveil subit de ce mystérieux sommeil à la voix d'un prêtre, surtout du confesseur ou du supérieur, au chant d'une hymne, et toujours infailliblement à la présence de la sainte Eucharistie, etc...

Serait-ce donc témérité d'avancer que Nicole, après sa mystérieuse possession, va passer à un état non moins mystérieux, à cet état bien connu dans les voies de la mystique divine, où Dieu se choisit des âmes privilégiées, qu'il associe aux souffrances de son Fils, pour manifester aux hommes et sa puissance et ses mystères les plus cachés ?

C'est la mystique divine succédant à la mystique diabolique et lui servant de preuve contre des accusations désormais insoutenables.

C'est encore le TRIOMPHE du très-saint Sacrement dans la personne de Nicole, dont les nouvelles souffrances servent si bien à confondre les hérétiques et à fortifier le peuple catholique...

« Le dimanche donc, dit Despinois, Nicole fut si malade qu'il semblait qu'elle *labourât* (souffrît) à la mort. On recourt aussitôt à l'unique remède : on la porte à l'église dans son petit lit. Elle était si pasle qu'on eût dit un mort qu'on portait en terre. Tout le monde en avait pitié... Estant seulement à la porte de l'église, la voilà qui commence à remouvoir les paupières, puis à s'agiter. Pendant la procession elle ouvre les yeux ; à la messe, elle prie de bon cœur ; à la communion, elle parle ; après son action de grâces, on la reporte chez le commandeur en bien bonne santé. L'après-midi, comme c'était le dimanche, elle demanda de pouvoir assister aux vespres; nous l'y portâmes. Le peuple de cette ville, en étant averti, se rendit en foule à notre cathédrale pour y voir Nicole, et en la voyant prier de si bon cœur, ils glorifiaient Dieu à cause des merveilles qu'il opérait dans sa personne...

» Les médecins cependant lui firent prendre du métridat de Montpellier, duquel elle usa fort peu. Ordonnèrent davantage lui donner après minuit du sirop susdit. Sur les deux heures du matin je fais éveiller Nicole et lui présenter les médicaments; elle détourne la tête et refuse, disant n'en avoir point besoin. Pour obéir aux médecins, je luy mets en la bouche. Incontinent elle tombe évanouie. Un instant après nous voyons ledit syrop sortir de sa bouche, d'un jet violent et continu. Elle cependant ne bougeait. Tous nous fûmes bien étonnés, et dîmes : *Nous voyons clairement que Dieu, en cette maladie, ne veut pas qu'on use de remèdes humains... Il n'est donc plus besoin lui bailler autre médecine que la sainte Eucharistie.* Nous la laissons tranquille. Elle parut après reprendre son calme ordinaire. »

L'expérience de trois jours avait déjà suffisamment prouvé que Dieu, dans cette maladie, voulait être reconnu seul pour sauveur de Nicole; ou, pour nous servir de l'expression des auteurs contemporains, qu'il voulait en être seul « *le médecin et la médecine et montrer encore un coup aux yeux des catholiques et des huguenots la vertu de son Sacrement.* »

« Le lundi donc, 11 février, sur les cinq heures et demie du matin, la malade commença à se plaindre, et l'un de ses gardes lui ayant parlé, elle dit : « Ah ! Jésus ! cela que j'ay sur mon estomach me crève le cœur ! Je vous prie, priez Dieu pour moy. Je me meurs! » Ce qui me fut incontinent récité, dit Despinois. Je m'approchai d'elle pour l'émouvoir, et l'inciter d'avoir toujours mémoire du nom de Jésus. Elle me dit : « Je dis adieu à monsieur l'évêque et à vous, je me meurs : Priez Dieu pour moi, je m'en vois mourir. » Puis inclina la tête et ne parla plus. Ce qui nous donna grande tristesse, car elle était comme morte, n'ayant ni pouls ni sentiment. Plusieurs gens de bien et notables personnages la vinrent veoir en cet état; ils n'y estimaient que la mort, même lesdits médecins. Cependant ils ordonnent qu'après la procession et la réception du précieux corps de Jésus-Christ, il serait bon lui administrer lotions internes pour la préserver contre la poison. » La procession, la messe, la sainte Eucharistie, la rendent à la santé. Pendant toute l'après-midi, elle se porte bien, dit ses heures, *l'Office de Notre-Dame*, mange, « et prend récréation avec plusieurs nobles filles qui venaient jouer aux *tables* avec elle ». (C'est le jeu de trictrac.)

Ce même jour, M. de Laon partit pour Paris. Dans ce voyage, il rendit compte au *gouverneur* et au *Parlement* de la possession et de la délivrance de Nicole.

« A son départ il me mande, dit Despinois, me recommande le soin de la malade. Ce que je luy promis et ce que je fis.

» Le mardi 12 février, M. le doyen résolut en chapitre de continuer encore pendant six jours la procession dans l'église, à laquelle Nicole serait portée. A la suite de la procession, je dis chaque jour la messe à l'autel

Notre-Dame, et communiai la patiente, dont chaque jour elle recevait parfaite santé. »

— Qu'on me permette maintenant de raconter dans toute sa naïve simplicité le trait suivant :

« Selon l'ordre des docteurs, dit Despinois, j'envoyai querir à trois heures du matin l'apothicaire pour faire prendre ledit lavement à Nicole : il arrive ; mais quand on veut le lui donner, soudain elle tombe morte et en telles syncopes que c'estait chose incroyable. Ce qui fit croire que Dieu voulait qu'elle print la médecine spirituelle avant la corporelle. On resserre donc le médicament : Nicole dort comme si elle n'avait rien enduré ; mais à six heures et demie les syncopes la reprirent. Dont nous estions fort émerveillez.

» Après la procession, messe et communion, elle revint en santé, libre d'esprit et de corps ; joua aux tables jusqu'à midi, après avoir dit ses heures.

» Ce même jour, à quatre heures après midi, sa mère lui voulut faire prendre ledit médicament qu'elle n'avait su prendre au matin, pour cause de sa maladie ; mais elle s'y refusa, dont sa mère la menaça de me mander, parce que j'avais sur elle puissance de M. l'esvêque, auquel elle devait obéissance. Partant, quand je fus arrivé, la trouvant en bonne santé et jouant aux tables, je fis cesser le jeu et la fis porter bien doucement au lit. Et voilà, comme on la portait, qu'elle tombe morte, sans pouls ni sentiment. Dont je fus fort marry, et tellement étonné que je ne savais ce que je devais dire ne faire. Même plusieurs de la compagnie me tancèrent de ce que je ne l'avais laissée jouer. Voyant qu'elle ne revenait point à elle, je m'advisai d'aller querir en la chapelle du commandeur la sainte et sacrée hostie et la luy présentay, disant ces mots :

« Nicole, voicy le précieux corps de notre Sauveur Jésus-Christ, qui est *votre médecin et votre médecine*. Ouvrez les yeux, regardez-le et l'adorez. » Je répétay ces paroles par trois fois. A la troisième fois, elle ouvrit les yeux, cria mercy et dit : « *O salutaris hostia!* » l'adora quelque peu, puis me dit qu'elle venait d'être fort malade... mais que son mal avait disparu devant la sainte hostie. Je ne lui baillay point le Sacrement ; je le reportay en ladite chapelle. Je fus à peine sorti de la salle, qu'elle appela sa mère parce qu'elle avait besoin de vaquer à ses affaires. De quoi tous furent fort étonnez : il y avait là plus de vingt personnes, et même l'apothicaire, qui, jugeant dès lors ses soins inutiles, s'en retourna en son logis, remportant le médicament.

» Tous les jours suivants jusqu'au 17 février, la procession fut faite par messieurs du chapitre en nostre dite église, à laquelle on portait toujours Nicole, dans son petit lit de bois blanc appelé *tillet*, fait pour ce tout exprès. Après la procession, on chantait la sainte messe dans le chœur, durant laquelle je disais la messe à l'autel Notre-Dame, devant le jubé : à laquelle assistaient Nicole, sa mère, son mary et plus de deux cents personnes, tant de Laon que d'autre part. A l'offertoire de ma messe, j'allais à elle pour lui faire baiser la *platine* (patène), et lors je la trouvais en bonne santé, quoique tous les jours, dès quatre heures du matin, elle était fort malade, comme si elle allait mourir, et telle était encore quand on la portait à l'église. A la fin de la messe je lui administrais le saint Sacrement de l'autel ; et lui

SA MYSTÉRIEUSE CONVALESCENCE.

disais sur la teste l'évangile : *In principio erat Verbum*. Après quoi on la reportait toute saine au logis du commandeur, buvant, mangeant, jouant, comme dit est. Le plus souvent elle se faisait porter aux vespres, y priant Dieu bien dévotement.

» Ainsi finit la neuvaine, après laquelle chacun des gardes se retira en sa maison. Je ne cessai cependant de visiter Nicole, car je désirais beaucoup voir la fin de telle maladie. »

CHAPITRE TROISIÈME.

<small>Arrivée de M. de Genlis, capitaine des gardes. — Complot des protestants. — Ils se rendent en armes à la ville. — Ruse du lieutenant pour leur en imposer.</small>

Si les catholiques louaient Dieu des nouvelles merveilles qu'ils voyaient s'accomplir en Nicole, les huguenots, de leur côté, ne pouvaient souffrir ce qu'ils appelaient *une nouvelle farce*, « et usaient, dit Despinois, de grandes menaces en notre endroit. Le jeudi 14 février, les bons habitants de la ville de Laon furent avertis qu'il circulait des lettres par lesquelles les gentilshommes huguenots se donnaient rendez-vous à Laon, sous prétexte de faire honneur à M. de Genlis, qui était de leur religion, et devaient se munir *le plus qu'ils pourraient de pistoles et d'arquebuses.* » — Le complot n'était que trop réel. — Chacun donc se tint sur ses gardes. « Ce même jour, en effet, vers quatre heures et demie du soir, on vit arriver ledit seigneur en cette ville, accompagné de cent ou six-vingts chevaux, tous esquippez de pistoles, tant devant que derrière. » Ils logèrent à l'ab-

21

baye de Saint-Jean, dont l'abbé, Cauchon de Maupas, s'était fait protestant.

A son arrivée, messieurs du chapitre et les gouverneurs de la ville lui présentèrent du vin qu'il reçut *bénignement*, et en reconnaissance il déclara qu'il était prêt à leur faire plaisir.

« Mais bientôt quelqu'un de sa compagnie vint lui souffler en l'oreille que les chanoines, les prêtres et les habitants de la ville se doutaient de lui, qu'ils étaient en armes tant pour l'assaillir que pour se défendre. De Genlis mande à l'instant le lieutenant particulier et les gens de justice, et les prie de mettre ordre à cette affaire. « Nous n'en avons pas le moyen, » répond le lieutenant, qui savait d'où partait cet avis, « attendu que les prestres sont les plus forts, car il y a ici quatre-vingts chanoines de la grande église, tous garnis de corcelets (espèce de cuirasse), d'arquebuses, pistolles et bâtons ferrés : plus chaque chanoine a en sa maison bon nombre d'hommes, jusqu'à six à sept, tous bien armés pour se défendre. Il faut donc bien vous garder de les attaquer : ils sont là huit cents prêts à vous répondre. » Ce rapport, bien qu'il ne fût véritable, dit l'historien, donna telle frayeur à ces gens, que toute la nuit ils furent sur leurs gardes, comme semblablement nous autres estions sur les nôtres, et fut la paour (peur) réciproque. Toutefois rien n'advint de mauvais, dont Dieu soit loué!

» Dès le lendemain matin, le sieur de Genlis partit sans grand bruit et tous ses gens à sa suite. Les huguenots dirent alors que le sieur de Genlis était venu pour boire du vin de messieurs l'évesque et doyen, mais que par adventure ils étaient absents, et que s'ils eussent été en la ville, on leur eût appris à *jouer des farces*. Ces propos furent tenus en plusieurs lieux, tant à Guise qu'autre part, tant les huguenots étaient offensés de ce nouveau triomphe du Sacrement [1]. »

CHAPITRE QUATRIÈME.

Le commandeur, par prudence, fait entendre la messe à Nicole dans sa chapelle. — Mais les nouveaux accidents de la maladie obligent à la reporter à l'église. — Arrivée à Laon de M. de la Chapelle. — Cabales des protestants. — Leur confusion.

« Le lundi 18 février, je fus averti, dit Despinois, que M. le commandeur, après avoir pris l'avis de plusieurs notables personnes, avait conclu de ne plus faire porter Nicole dans l'église Notre-Dame, afin de faire taire les huguenots; les actes religieux devaient se faire à l'avenir dans sa chapelle. Le matin de ce jour, Nicole tomba, selon l'ordinaire, en grande syncope; à la messe

---

[1] De Genlis était gouverneur de Chauny (huit lieues de Laon). Voilà pourquoi, à son arrivée, le clergé lui offre, selon l'usage, *le vin d'honneur* : *honorem cui honorem*, dit saint Paul. Mais personne ne se trompa sur le but d'une telle visite en ces circonstances.

Les six-vingts cavaliers huguenots « tous armez d'arquebuttes, esquippez de pistoles, tant devant que derrière » disaient assez que ce n'était point au vin de l'évêque et du doyen qu'on en voulait. Aussi chacun se mit-il sur ses gardes.

Les excès dont se rendit coupable le même Genlis quelque temps après à Soissons, à Bruyères, à la Fère, à Saint-Nicolas aux Bois, à Bourg-Fontaine, à Notre-Dame de Liesse, etc., etc. (voir page 35 de cette histoire), nous montrent assez de quoi étaient capables, *même dans leur propre pays*, les premiers apôtres de la secte protestante.

Grâce au zèle de M. de Genlis, notre pieuse et catholique Picardie fut couverte de sang et de ruines. Et M. Douen voudrait nous faire admirer de pareils actes et regretter de pareilles gens!

dite en la chapelle, elle revint en santé et convalescence, et reçut notre Créateur, comme elle faisait auparavant à Notre-Dame; puis on la reporta en la petite salle du commandeur. A dix heures, elle demande à manger, ce qu'elle n'avait jamais fait à pareille heure. On lui présente un potage, qu'elle accepte bien volontiers. Toutefois, à la première cuillerée, elle tombe à la renverse et en maladie plus forte qu'auparavant. Je fus incontinent mandé, et après l'avoir vue, je m'imaginay avec plusieurs notables gens qui étaient là présents qu'il fallait la porter *à l'église Notre-Dame*. Ce qui fut fait. Maître Adrien Cotte, chanoine de Sainte-Geneviève, célébra la messe. Comme on portait Nicole à l'église, elle fut vue et visitée tant par des huguenots que d'autres à qui l'on raconta l'histoire du matin. Tous l'estimaient morte; cependant, à la communion, elle revint en aussi bonne santé qu'auparavant, et telle fut reportée chez le commandeur. Dont les huguenots qui l'avaient vue étaient bien émerveillez; ils furent contraints par là de ne plus murmurer de ce qu'on la portait à l'église.

« Depuis ce jour jusqu'au premier dimanche de carême, 3 mars, Nicole tomba malade chaque matin, et chaque matin aussi on la portait à Notre-Dame, d'où elle revenait en parfaite santé... Ce spectacle, non moins merveilleux que le premier, attirait encore à la ville grande affluence de gens, qui s'en retournaient à leur logis bien étonnés, et racontaient partout les merveilles de Dieu...

» Durant ce temps, M. de la Chapelle-des-Ursins, chevalier de l'ordre du roi et lieutenant de monseigneur de Montmorency, gouverneur de l'Isle-de-France, arriva en cette ville, et logea chez M. Chevallet, chanoine et receveur de nostre église. Aussitôt qu'il y fut arrivé, messieurs les huguenots et principalement messieurs Faultrez, Carlier, Jehu et autres s'empressèrent d'aller le saluer, et ne faillirent, en leur beau, facond et gracieux langage, lui faire leurs doléances de ce qu'en cette ville était fait *un jeu et spectacle* contre l'honneur de Dieu (ainsi disaient-ils), par une femme apostée et bien recordée par les chanoines, laquelle était soutenue, nourrie et alimentée par le commandeur de Puisieux, induicte à ce faire tant par notre évêque et M. de Saint-Vincent que par notre chapitre ; et que *leur religion, conscience et le zèle* qu'ils avaient pour l'honneur de Dieu ne pouvaient telle chose endurer : et suppliaient ledit seigneur de la Chapelle leur vouloir prêter faveur et aide pour deschasser ladite femme et ses parents, même un cordelier, nommé maistre François Faviers, qu'ils nommaient, par moquerie, *le bronzé*, l'accusant ne prescher que sédition et non l'Évangile. Aussitôt le sieur de la Chapelle, sans même leur adresser aucune parole, envoie chercher le commandeur. Les huguenots se chargent de cette mission ; ils trouvent M. de Puisieux à vespres faisant ses oraisons. Comme celui-ci soupçonnait encore là-dessous quelque artifice, il répond qu'aussitôt l'office, il ira saluer ledit seigneur. Le messager s'en retourne et dit tout autrement que n'avait fait le commandeur. Aussitôt les huguenots ne font faute de remontrer que ledit commandeur est désobéissant, qu'il adhère plutôt au chapitre et clergé qu'au roi et à ses officiers, avec plusieurs austres propos. Là-dessus, M. de la Chapelle se prend de grande colère, et fait mettre le commandeur à la tour du roi. A cette nouvelle, beaucoup de gens notables tant de la ville que du chapitre s'en vont le visiter et le consoler dans sa prison ; alors maître Regnier, régisseur de M. de Puisieux, et moi, nous allons vers le sieur de la Chapelle, lui rendons fidèle compte et de Nicole, et de ses parents et du bon devoir d'hospitalité qu'avait fait le commandeur, et aussi des bonnes et saintes prédications du docteur Faviers. Grande fut la surprise du sieur de la Chapelle ! Il ordonne incontinent d'interroger le commandeur, et après cette formalité il le fait relâcher. M. de Puisieux, libéré de prison, va saluer à son tour M. de la Chapelle. Celui-ci, à la vue de ce bon vieillard (il avait soixante-seize ans), fut fort marri de l'avoir fait mettre à la tour du roi, et s'excusa sur les huguenots, ajoutant qu'ils n'étaient dignes de croyance. Alors maître Faviers, qu'on avait fait appeler aussi, reprocha ouvertement aux réformés, » en présence de tous, leurs menées audacieuses, leurs cabales, leurs inventions, leurs projets de ruine et de mort, et le prouva par mille exemples. « Il leur rendit bien leur change, principalement auxdits Faultrez et Carlier. M. de la Chapelle, à son tour, avisant les huguenots, leur dit ces mots que j'ai bien ouïs et entendus : « Messieurs, il me semble que ce que vous dites et faites, vous le faites de bon zèle. Pour moi, je voy et je crois que ce bon père dit la vérité, et n'est nullement séditieux, » et l'exhorta à continuer. Quant aux autres, il leur dit que ce qu'ils lui demandaient excédait sa charge. Se tournant ensuite vers le commandeur, il lui dit qu'il lui savait bon gré de la charité qu'il exerçait à l'endroit de cette pauvre femme, qu'il alla voir en son logis, mais qu'il serait bon la reconduire à Vrevin, aussitôt qu'elle serait guérie et qu'elle pourrait endurer le chemin. Ce que le commandeur promit. »

CHAPITRE CINQUIÈME.

Nicole recouvre entièrement la santé et l'usage de tous ses membres, après avoir entendu trois messes de l'évêque de Laon et avoir communié de sa main.

« Le mardi gras, 26 février, M. de Laon revint de son voyage de Paris. A son arrivée il alla dîner chez le commandeur de Puisieux. Il fut bien étonné de retrouver Nicole en son logis; il vit par lui-même que la malade ne pouvait ni marcher, ni même se soutenir, puis il retourna en son palais épiscopal. « Advint que sur les deux heures après midi Nicole, mangeant du laict avec plusieurs filles et jeunes femmes, tomba tout à coup *en extase* bien grande, dans laquelle elle est restée jusqu'au lendemain, qu'elle fut portée à la messe en notre église, d'où elle revint en bonne santé. Comme nous ne connaissions rien à cette étrange maladie et que tout s'y faisait par volonté de Dieu, et miracle, j'incitai fortement Nicole à prier Dieu lui vouloir déclarer le moyen de sa guérison. Le samedi soir, elle me fait appeler et me dit : « *Je marcherai et serai guérie, si je puis*
» *ouïr, par trois jours de suite, la messe de monsieur*
» *de Laon, et recevoir la sainte hostie de sa main.* Il
» y a longtemps que je désire cette faveur. Veuillez la
» demander pour moi, et croyez que Dieu nous exau-
» cera. » Ces paroles furent dites avec un tel accent de conviction, et un air si extraordinaire, que je n'hésitai

pas d'aller, dès le lendemain matin, trouver notre évesque, et je le priai, *au nom de Dieu*, vouloir administrer Nicole à sa messe qu'il allait commencer. Ce qu'il m'accorda librement. Incontinent je fis diligence pour faire porter Nicole, dans son petit lit, à la chapelle de l'évesché ; parce que mondit seigneur voulait aller à la procession générale qui se faisait ce jour, premier dimanche de caresme. A la fin de la messe, la malade reçut la communion et devint en bonne santé.

» Le soir même, la mère de Nicole, portant coucher sa fille, lui dit :

« Hé ! Nicole, tu n'es pas si lourde que tu as coutume. Ce qui me donne espérance de santé. »

» Comme je devais m'absenter pendant quelques jours, Nicole me pria d'obtenir de M. l'évesque, avant mon départ, la même faveur pour le lundi et mardi suivants, ce que je fis volontiers, et ce que notre bon évêque m'accorda... Je partis plein d'espérance pour notre malade. En effet, aussitôt mon retour, le jeudi 7 mars, j'allai incontinent au logis de M. le commandeur pour voir Nicole. Quelle fut ma joie et en même temps ma surprise de n'y plus trouver la malade ! Elle était allée voir mademoiselle de Monthenault, qui demeurait en cette ville. J'y allai bien vite, et je la trouvai avec sa mère, M. le commandeur et autres personnes. Je la vis marcher fort bien, et me dit que toutes ses douleurs étaient passées. Nous en bénissions Dieu et pleurions de joie. Nicole alors et sa mère me racontèrent que le mardi précédent, après dîner, un religieux de Saint-Martin, nommé frère Anthoine Fournicquet, cousin de Nicole, lui avait apporté des potences (béquilles) pour l'aider à se soutenir et marcher. Ce même jour, après son lever, elle demande ses béquilles pour s'essayer. Tout à coup, elle se trouve si allégée et de bonne sorte qu'elle se met à cheminer toute seule. Je laisse à penser quel fut l'étonnement et de M. de Puisieux et de toute sa maison. Ce bruit fut bientôt divulgué par toute la ville, et chacun vint pour voir Nicole, et quand elle parut par les rues, chacun sortit pour être témoin de pareil miracle, et tous en bénissaient Dieu et magnifiaient la vertu du saint Sacrement.

« Il est admirable, dit le doyen de Héricourt, que nonobstant tous les tourments portés par ladicte femme, et quelque débilité qu'elle ayt eue : n'en est toutesfois amaigrie et attenuée, ny décolorée de visage, combien qu'elle ayt fort peu mangé et peu reposé tout le temps de sa maladie. De laquelle autre raison ne s'est peu cognoistre, si non avoir esté pour manifester *la gloire de Dieu, et vertu du saint Sacrement.* »

CHAPITRE SIXIÈME.

Les huguenots font sortir Nicole de Laon. — Leur requête. — Leurs calomnies. — Réponse du doyen de Héricourt.— Arrivée de Poullet, prévôt des maréchaux. — Emprisonnement d'un prêtre. — Enquêtes et leur inutilité.

Les catholiques étaient heureux de voir Nicole enfin rendue à une parfaite santé. Les premières familles de la ville se faisaient un bonheur de l'appeler à leur table, parce qu'ils révéraient en elle l'instrument des miséricordes du Seigneur; mais il en était bien autrement des protestants. La présence de Nicole au milieu d'eux les couvrait de honte. C'était comme un trophée permanent de leur défaite. « Aussi, dit Despinois, je sais bien qu'ils avaient proposé tuer ladite Nicole et moi-même, si je m'y fusse trouvé, quand elle allait par la ville. »

Ici encore laissons parler les auteurs contemporains :

« Voyans les prétendus réformés, dit de Héricourt, qu'ils n'avaient pu empêcher que la gloire de Dieu n'eût été manifestée à tant d'hommes, se sont efforcés faire déchasser la jeune femme de ce lieu. Elle aurait pourtant bien désiré achever sa vie près de l'église Notre-Dame où elle avait reçu tant de grâces, pour y remercier journellement le Créateur. C'est pourquoi Loys Pierret, son mary, avait loué maison et logis pour y demeurer. Mais lesdits huguenots s'y opposèrent, d'autant que sa présence apportait dommage à leur *supposée religion*, attendu qu'on avait vu en Nicole les effets de la divine bonté, *par la vertu et réalle présence du précieux corps de notre Sauveur au sacrement de l'autel.*

» Et quoique cette histoire ait eu par chaque jour plus de vingt mille spectateurs, la vérité néanmoins en a été si fort assaillie en tous lieux par les réformés, que le bruit commun était à Paris que notre *charme et abus* estait descouvert. Mais Dieu le voulant, telle imposture n'a servi qu'à illustrer et éclaircir de plus en plus cette vérité, et obscurcir la réputation des calomniateurs. Car elle a donné occasion d'entrer plus avant à la preuve. Les faits, du reste, allaient jusqu'à l'évidence. En effet, Nicole Obry n'était âgée que de quinze à seize ans, de bas lieu, gent du peuple, toutefois honnêtement élevée, jointe par mariage à un jeune homme de bonne nature et louable simplicité, amenée en ce lieu à l'insçu de chacun, inconnue à tous, déjà tourmentée du diable depuis près de trois mois, faisant grande dépense, à raison des hommes qu'elle avait pour sa garde ; son mary cependant, comme aussi son père, sa mère ne faisant aucun traficque de leur état. Et voilà qu'en telle anxiété, tel ennuy et telle perte, vous les diffamez comme prestigiateurs ! Où est ici la consolation chrétienne qu'elle devait espérer de vous, » qui vous vantez tant de votre charité pour les malheureux ? « Quel est donc le farceur, le basteleur, l'enchanteur qui se joue ainsi au dépend de sa bourse, et en extrême péril de sa vie ? Il n'est aucun comédien qui ne prétende par son jeu s'attirer quelque prouffit ou plaisir. Or, cette pauvre créature, avec son mary et ses parents, qu'a-t-elle retiré de ces prétendues farces ? Elle a été au contraire percomblée de tous maux ; d'un déplaisir incroyable, d'une affliction inouïe. Et puis encore qui se persuadera qu'une femme tant jeune, n'ayant bougé de ce diocèse, et qui jamais ne fut instruite des langues, ait pu parler latin, comme elle fit plusieurs fois ? Puis, nous l'avons vue un jour étant en tourment (possédée), derrière le chœur de l'église, pendant la prédication qui se faisait en la nef, *cotter* les passages de l'Écriture sainte, *redresser* un chapitre *cinquième* pour un *sixième*, quoiqu'il fût impossible de rien entendre. Mais on lui soufflait ses réponses en l'aureille, dites-vous. De tant de milliers de personnes présentes, » citez-en donc une seule qui puisse assurer *par serment* avoir vu ce que vous dites... Et vous-mêmes, nous avez-vous vus faire le bec à Nicole (c'est-à-dire lui souffler ses réponses) ?

« Lesdits huguenots, dit à son tour Despinois, voyant que leurs machinations n'aboutissaient à rien, que leur poison, piqueures et poinctures, comme aussi les menaces et actes des justiciers n'empêchaient point Nicole d'aller de bien en mieux, qu'elle était appelée et choyée par les gens de bien, eurent recours à une nouvelle manœuvre pour la chasser de Laon, avec sa parenté. Ils avaient beau faire, la gloire de Dieu était manifestée. Ils firent tant cette fois que Poullet, prévôt des mareschaux, demeurant à Senlis, vint en cette ville pour faire enquette, au nom de la court du Parlement de Paris, *ce disait-il*. Il arriva en cette ville le lundi onzième de mars. Tout aussitôt les huguenots l'abordent, se complaignans de M. de Laon, de son clergé, de Nicole, de ses parents et de moi. Ils disaient que le miracle faict par le précieux corps de Jésus-Christ était notre invention. Poullet entendit là-dessus plusieurs témoins. Quelles furent leurs dépositions? personne ne le seut. D'où je conclus qu'elles sont à la confusion des huguenots.

» Ce même lundi, frère Fourniquet invita à dîner son parent Pierre Obry, père de Nicole, sa femme, Loys Pierret et Nicole, M. le commandeur et moi. Nous allâmes tous ensemble à l'abbaye de Saint-Martin et en sortîmes vers les trois heures, reconduisant Nicole chez M. de Puisieux. En passant devant les Cordeliers, nous fûmes rencontrés par les archers et gens dudit Poullet. Ils étaient à la recherche de Nicole. Ils accourent sur nous avec furie, criant : « *Ne bougez, ne bougez, de par le roi.* » Messire Ferry de Guyne, l'un de nos vicaires, leur dit : « Tout beau, messieurs, ne menez point tant de bruit, on croira à sédition. » Incontinent, ces archers, accompagnés de quelques huguenots, veulent soutenir à notre vicaire qu'il a *crié sédition*. Là-dessus, ils nous lâchent, se jettent sur lui et le traînent à Poullet. Celui-ci content de trouver un prêtre en défaut, le fait immédiatement conduire à la tour du roi et le livre à l'appétit du geôlier huguenot et de ses compagnons.

» Aussitôt après ce guet-apens, on voit arriver chez le commandeur le prévôt avec son greffier; il sépare tous les prétendus coupables, interroge Pierre Obry, sa femme, Loys Pierret, Nicole et messire le commandeur, puis retourne à son hôtel du Dauphin, où il entend encore plusieurs témoins.

» L'affaire paraissait devenir sérieuse lorsque M. de Héricourt, notre doyen, informé du brutal emprisonnement d'un membre du clergé, se transporte, accompagné de plusieurs prêtres de notre chapitre, à l'hôtel du Dauphin, réclame le prisonnier et s'efforce de prouver l'innocence de messire de Guynes. Le prévôt reste impassible, et toujours courroucé répond qu'il le fera *pendre*... Toutefois, tant par raisons que par prières, il promit de le mettre le lendemain matin hors de prison.

» Poullet cependant continua le lendemain encore ses informations, et le doyen ses réclamations. Enfin ledit Ferry fut relâché vers les deux heures; il avait passé près de vingt-quatre heures en prison pour satisfaire la haine des prétendus réformés.

» Comme j'appris que j'étais accusé par les huguenots auprès du prévôt des maréchaux d'avoir recordé Nicole pendant sa possession, je lui présentai une requête signée de ma main par laquelle je demandais les noms de tels faux rapporteurs. Dans cette requête je maintenais aussi la vérité de la possession de Nicole, m'offrant à soutenir envers et contre tous ce que j'avançais.

Poullet prit ma requête, et ne voulut me faire réponse. Seulement, il me dit qu'il ne pouvait croire que j'eusse voulu aider à commettre un tel abus. — « Il n'y a point » eu d'abus, » répliquai-je. — « Aussi ne vous dis-je pas » qu'il y ait eu abus. » Là-dessus, je quittai le prévôt, qui monta à cheval pour s'en retourner. » Qu'a-t-il emporté de cette ville ? *Rien*, sinon que les huguenots étaient les *vrais séditieux*; comme on ne le vit que trop dans la suite.

« Le même jour, cependant, vers le soir, on vit encore arriver chez le commandeur un sergent de ville nommé Jean Rabeuf, accompagné d'un huguenot comme lui, ayant en sa main une requête et le décret pour la mettre à exécution. Laquelle me semble digne d'être icy escripte, parce que c'est un fort beau langage, plein de très-mauvaise substance. Si on ne connaissait les huguenots, on serait tenté de croire qu'ils disent vérité, et sont fort gens de bien. »

« A Messieurs les lieutenant et gens du roi au bailliage
» du Vermandois.

» Remonstrent humblement les habitants de la ville
» de Laon, tenans la religion réformée, qu'estant mon-
» sieur de la Chapelle des Ursins, lieutenant pour le
» roi au gouvernement de l'Isle-de-France, venu en ce
» lieu, il auroit dimanche dernier, vingt-quatrième de
» février, pour maintenir la paix et union que ledict sei-
» gneur roi veult estre entre ses subjets et citoyens,
» entre autres choses concernantes le repos et tranquil-
» lité publique des habitants de ceste dicte ville, ordonné
» qu'une nommée Nicole, native de Vrevins, d'illec ad-
» menée par-deça, qu'aucuns ont voulu dire (à tort tou-

» tesfois) avoir esté possédée de malings esprits, sorti-
» roit et seroit menée hors de la ville dedans trois jours.
» Considérant ledict sieur de la Chappelle que par le
» moyen et occasion d'elle y avoit eu altération et chan-
» gement de telles et bonnes volontés, que devoient les
» habitants et citoyens de ceste dicte ville se porter (à
» leur précédent accoustumé) les uns aux autres. Et pré-
» voyant que la demeure et séjour d'icelle ne pouvoit estre
» que périlleux, et apporter dommage aux susdicts habi-
» tants. L'exécution de laquelle ordonnance vous auroit
» esté commise. Et suivant ce auroient entendu les sup-
» pliants que auriez enjoinct à ladicte Nicole, ses parents
» et gardes de se retirer audict Vrevins, ou autre lieu
» dedans ledict temps limité de trois jours, au lieu de
» quoi faire, et obéir au commandement dudict sieur de
» la Chappelle, par vous à eux notiffié : requeste vous
» auroit esté présentée, afin de recevoir ladicte Nicole
» pour bourgeoise et concitoyenne d'icelle ville de Laon.
» Et ce pour cuider (espérer) rendre ledict commande-
» ment vain et frustratif. Ces choses considérées, mes-
» sieurs, comme vous avez esté prompts et diligents, le
» jour même du partement de ceste ville du sieur de la
» Chappelle, d'exécuter son ordonnance touchant l'in-
» terdiction faicte au maistre d'escole et instructeur des
» enfants desdicts suppliants de plus exercer publique-
» ment sa pédagogie [1]. En quoi vous avez esté prompte-
» ment et volontairement par eux obéy, combien que
» telles deffences apportassent à la jeunesse un desplaisir
» et incommodité indicible. Demonstrans par là de com-

[1] On voit ici que le lieutenant général avait fait fermer à Laon une école de protestants.

» bien ils sont prompts et obéissants aux mandements
» du roi duquel ils sont plus fidèles et loyaulx subjects, il
» vous plaise en pareille affaire effectuer l'ordonnance
» du sieur de la Chappelle, touchant la sortie d'icelle
» Nicole. Le séjour et demeure de laquelle en ce lieu ne
» peult que nuire et préjudicier au repos et tranquillité
» publique. Et en ce faisant enjoindre à icelle Nicole, ses
» père et mère, mary et autres gardes n'estants de ceste
» ville, de s'en despartir dedans vingt-quatre heures au
» plus tard, sur telles peines et comminations que advi-
» serez. Et ce sera justice. »

« Cette requête, ajoute Despinois, n'était signée de personne des suppliants, dont je m'émerveillais comment messieurs du conseil l'avaient reçue, et bien plus, avaient donné leur décret sur icelle. »

« Quand le sieur Rabeuf, premier sergent royal, vint signifier au père de Nicole l'ordre de partir, Pierre Obry lui répondit :

— Montrez-moi l'ordre du lieutenant, il me faut le commandement par écrit. Nous voulons savoir pourquoi l'on nous chasse de cette ville, n'ayant offensé personne.

— Je n'ai point d'écrit, répond le sergent, car le lieutenant ne veut pas qu'il en soit donné.

— Votre devoir vous y oblige, répond le père, ou je vous prends à partie. Nous ne sortirons que par un ordre écrit du lieutenant. »

Sur ces injonctions force fut au sergent Rabeuf d'aller faire son exploit, qu'il présenta bientôt après.

Nicole et ses parents durent alors se soumettre et se disposèrent au départ... En cas de refus, il y avait cent livres parisis d'amende.

O tristes suites de toute révolution! La légalité remplace la justice et se pare de son nom. Ainsi qu'il arrive toujours à ces époques de bouleversement, l'audace des méchants qu'on craint de réprimer monte comme les flots d'une mer en courroux et finit par tout envahir. Pour avoir la paix, les bons sont forcés de courber la tête et soupirent en secret après le moment de leur délivrance. Qui ne sait cependant qu'en pareil cas, *céder c'est s'avouer vaincu?*

« Toutesfois, dit de Héricourt, comme les choses pouvaient engendrer quelque débat entre les citoyens, à cause de la diversité de religion. Considéré aussi que ladite Nicole avait par la bonté divine recouvert sa santé, tel mandement devenait en quelque sorte équitable; et chacun y obtempéra. C'est pourquoi ce même jour il fut arrêté chez M. le commandeur que Simon Ruelle, du village d'Ardon, censier dudit seigneur de Puisieux, prêterait ses chevaux, et que madame du Sauvoir prêterait son *chariot branlant,* — voiture suspendue d'alors, — pour reconduire Nicole à Vrevin, et afin qu'elle n'ait rien à redouter dans la route, plusieurs gens s'engagèrent à lui tenir compagnie jusqu'à Liesse, où j'espérais, ajoute Despinois, avec la grâce de Dieu, chanter une messe d'actions de grâces. Avant leur départ Nicole et ses parents allèrent trouver le prédicateur, frère Faviers, pour le prier de remercier en leur nom le peuple chrétien des prières et supplications qu'il avait faites pour la délivrance de la malade; allèrent saluer l'évesque, lui demandèrent une dernière bénédiction, et partirent de cette ville de Laon, le lundi dix-huitième jour de mars, pour retourner à Vervins. »

LIVRE DEUXIÈME.

DEPUIS LE DÉPART DE NICOLE POUR LE SAUVOIR
JUSQU'A SON DÉPART POUR LA FÈRE.

CHAPITRE PREMIER.

Nicole au Sauvoir. — Elle visite le couvent. — Tombe trois fois
en léthargie. — En est tirée trois fois par la vertu du saint
Sacrement. — Inutilité des remèdes de la médecine.

A force d'importunités et de ruses, les protestants étaient donc parvenus à se débarrasser de Nicole. Mais Dieu, dont les secrets sont impénétrables, va la ramener au milieu d'eux, malgré eux. Ils seront forcés d'être témoins de nouveaux miracles opérés par la vertu du très-saint Sacrement. Et afin qu'ils ne puissent calomnier ces prodiges, Dieu, pour leur confusion et la consolation des catholiques, les opérera dans différents centres de population et sous les yeux de la foule ; bien plus, pour satisfaire aux prescriptions de la justice, on sera forcé de dresser dans chaque localité des procès-verbaux, qui resteront comme un témoignage éternel et irrécusable des merveilles de Dieu au milieu de son peuple.

« Il faut considérer ici, dit le doyen de Héricourt, la bonté de notre Dieu, qui, n'ayant été encore cognuë de toutes parts, pendant l'assiégement satanique pris par les huguenots pour un charme, voulait par un autre moyen surnaturel comme le précédent et non sujet à calomnie, attirer un chacun à la vraie foi et profession de son saint Sacrement de l'Eucharistie. »

Suivons Nicole dans son mystérieux voyage, et au milieu des merveilles sans nombre qui vont éclater sous nos yeux, faisons-nous un devoir de mettre en pratique cette maxime de saint Augustin : *Secretum Dei intentos debet facere, non adversos...* Ce n'est point avec le sourire du sceptique, mais avec l'œil de la foi qu'il faut examiner les œuvres de Dieu.

Les pèlerins partirent donc vers quatre heures de la ville et descendirent au Sauvoir, abbaye de religieuses bénédictines, située au bas de la montagne. L'abbesse, noble dame Jacqueline de Châtillon, les reçut fort bien. C'est elle-même qui avait témoigné le désir de voir Nicole avant son départ. Après la collation, Nicole demanda la permission de visiter tout le couvent. Madame la conduisit partout. En parcourant ces longs corridors, ces pauvres cellules, et les différentes pièces du monastère où tout respirait le calme, la prière et l'esprit de pénitence, on entendit souvent la jeune visiteuse s'écrier : « Ah! Jésus! que c'est beau! Comme on est bien ici! on se croirait dans le beau paradis du bon Dieu. » A la chapelle, elle ne se contenta pas d'admirer la richesse et la beauté des décorations, elle resta longtemps prosternée devant le très-saint Sacrement, pour lequel, depuis sa délivrance surtout, elle avait senti s'augmenter sa foi et son amour. Aussi, allons-nous l'entendre répéter souvent, pendant ses mystérieuses extases, cet acte de désir : « *Tôt, tôt, tôt, que l'on me donne mon Dieu!* »

Vers huit heures, l'abbesse introduisit elle-même Nicole dans la chambre qui lui était préparée. Mais à peine celle-ci en a-t-elle franchi le seuil qu'elle tombe évanouie, « privée de tout mouvement et de tout sentiment ». On s'empresse autour d'elle, on lui prodigue tous les soins, rien ne peut la rendre à la vie. Elle demeura dans cet état toute la nuit.

Le mardi, de grand matin, le chanoine Despinois arrive au Sauvoir. En mettant pied à terre, il apprend la maladie de Nicole. Il trouve en effet la patiente étendue sans mouvement sur un lit. Il la fait porter en cet état « sur le *chariot branlant* », dans le dessein de la conduire immédiatement à Notre-Dame de Liesse. Mais craignant de la voir mourir dans le trajet, il fait avertir le doyen et la justice. Aussitôt, le lieutenant du Mange envoie trois docteurs en médecine pour visiter et soigner la malade. Parmi eux était un médecin de la réforme; mais celui-ci refusa cette mission, se contentant de l'expérience qu'il avait eue aux Pourcelets. « Les deux catholiques étaient maître Loys de Heue et maître Pierre de Muyau, avec un chirurgien catholique, maître Claude Leroi. Ils trouvent Nicole en syncope, sans mouvement ni sentiment de toutes ses parties; le corps flexible, impuissant à se soutenir, avec pouls rare, obscur et petit, respiration semblable, chaleur médiocre par tout le corps. Quoiqu'ils se doutassent bien de l'insuccès de leurs remèdes, ils se mirent aussitôt à la médicamenter. On la porte d'abord dans une chambre, on la met sur une table, puis le chirurgien, en présence des médecins et par leur ordre, lie avec d'étroits rubans de soie les jambes, et les bras auprès des jointures, deux ligatures à chaque membre, si étroitement que les rubans disparaissent dans la chair; puis avec gros linge neuf, aspre, rude et chaud il frotte à grand'force et longuement les jambes, qui, au lieu de rougir et d'enfler, blanchissent sans augmenter en grosseur : puis lui tire le nez et les oreilles, frotte les tempes, lui injecte beaucoup de forte moutarde dans la bouche; lui frotte longtemps la langue, le palais et tout l'intérieur de la bouche avec un porreau, d'où distilla quelque humeur crasse et visqueuse; lui souffle dans les narines, à l'aide d'un cornet de papier, de la poudre d'ellébore blanc et de l'euforbe pasle. Ce qui la fit éternuer quatre ou cinq fois violemment, et fit tomber quelques larmes de ses yeux. Plus, lui frotte de nouveau le palais avec de la poudre d'hyère simple, lui jette dans la bouche de l'eau-de-vie simple mêlée de poudre d'hyère, et afin de forcer la malade à avaler, il lui penche fort la tête en arrière et l'agite beaucoup et longtemps. Mais tout s'échappe des lèvres entr'ouvertes lorsqu'il la remet sur son séant. Pendant longtemps aussi il lui tient les paupières ouvertes : on n'aperçoit dans ses yeux aucune apparence de mouvement. Alors il lui tire du sang du bras dextre, lui emplit la bouche de lait nouveau; mais elle n'avale rien. Il ne se rebute pas encore, il prépare une décoction dans du vin avec porreaux, mercuriale et marjolaine qu'il injette dans les narines. » Mais ses soins sont inutiles : la malade ne donne point signe de vie. Tout le monde reste saisi d'étonnement et d'horreur. Les médecins et le chirurgien confessent qu'ils ont épuisé toutes les ressources de leur art.

Alors encore, dit l'historien, il fallut recourir à Celui qui est le « *médecin et la médecine* ». Lui seul en effet triomphera de la maladie. *Medicorum artem vincit morbus et morbum Christus.* On porte donc la malade à l'église. Un prêtre, maître Jacques Godard, envoyé par M. le commandeur, se revêt pour commencer une messe basse... Comme il disait *Confiteor*, Nicole commence à mouvoir les yeux par plusieurs fois, bientôt elle voit; pendant l'évangile, elle soupire;... à l'*Hanc igitur*, elle parle; à l'élévation elle joint les mains et adore. Sa santé revenait de mieux en mieux. Puis à voix basse, elle demande à se confesser audit Despinois. Après la messe on la communie, et toute saine elle retourne seule à sa chambre. Le chirurgien l'interroge : elle répond « qu'elle n'a aucune amertume en la bouche, ni douleur par tout le corps », et assure qu'elle n'a rien senti de tout ce qu'on lui a fait, mais qu'au contraire pendant les quinze à seize heures qu'elle a été sans mouvement ni sentiment, « *elle a été bien aise toute seule à parler à Dieu*[1] ».

Ne serait-ce point là, en un certain degré, l'extase divine elle-même ? L'âme est élevée au-dessus des sens et de toute influence terrestre. L'âme est avec Dieu; elle converse intimement avec lui, tandis que les tortures affligent le corps devenu insensible. Ainsi, par de vives consolations intérieures, Dieu récompense-t-il sa servante de tant de maux endurés pour sa gloire. Et afin de montrer à tous les yeux que Celui-là *seul* est l'auteur de cette apparente maladie, qui *seul* en est le remède, Nicole ne sortira de ce précieux sommeil qu'au pied des autels, au contact des divins mystères. Aussi les auteurs contemporains, ecclésiastiques et laïques, appellent-ils cet état *extase*, *ravissement*. C'est l'expression dont s'est servi

---

[1] Dixit se (Nicolea) nullum amarorem medicinæ in ore, neque dolorem alium per suum corpus sensisse, sed per quindecim aut sexdecim horas *capientem maximam voluptatem in oratione*. (Boulèse, *Rapport au pape*.)

Boulèse dans son rapport au S. Pontife : *A suo* RAPTU *vel* EXTASI *redibat Nicolea per SS. Eucharistiæ sacramentum ;* et les examinateurs romains n'ont rien changé à ces expressions.

A la suite de ce premier miracle, il s'en opérait un autre également incompréhensible. Nicole, à peine sortie de cette mystérieuse léthargie, demandait à manger, car elle se sentait torturée par la faim. Essayait-elle toutefois de porter à la bouche une cuillerée de potage, elle retombait à l'instant dans son premier état, et n'en sortait qu'au chant des hymnes sacrées et à la présence du très-saint Sacrement... Elle ne pourra manger qu'à Laon et plus tard à la Fère. Qui nous expliquera des voies si mystérieuses ?

Revenons à notre malade.

« Nicole cependant, se voyant encore sujette à telle maladie qui l'avait quittée depuis quatorze jours (du 5 mars au 19), se print à plorer, dit Despinois, priant qu'on la recommandât au R. P. évesque et au sieur lieutenant afin qu'ils eussent pitié d'elle. Elle dit davantage qu'elle était contente de retourner à Vrevin si elle ne devenait plus malade ; mais que si elle retombait, elle voulait retourner à Laon. Alors l'on s'advise lui bailler un bouillon, mais la cuiller, touchant à sa lèvre, elle redevint comme auparavant, aveugle, sourde, muette, sans mouvement ne sentiment ; molle toutefois par tout le corps. Sa mère, le mari, les assistants, les religieuses, tout le monde se mit à plorer bien haut.

» Notre doyen, les autres chanoines, médecins, chirurgiens et greffiers remontent à Laon pour dîner : il était près de douze heures.

» Vers les trois heures de l'après-midi, le greffier étant de retour, ainsi que M. le doyen, on reporte Nicole à l'église. Le prêtre, revestu d'habits à chanter messe, hormis la chasuble, print le saint Sacrement de l'autel, se mit à genoux, commença *Veni Creator*, que lui, avec l'assistance, continuèrent en grande dévotion. Nicole, dès le second verset, commença à remouvoir les yeux, et insensiblement à voir, à entendre et à parler. Le doyen lui présente le saint Sacrement : elle revient en bonne santé et l'adore. D'où tout le monde connut qu'il n'y avait que le *corps de Notre-Seigneur Jésus-Christ qui pût la guérir de cette maladie, comme lui seul avait pu chasser le démon de son corps*. La pauvre femme encore se print à plorer; ainsi fit la plupart du grand nombre des assistans; puis se plaignant, elle dit : « Ah! Jésus! qu'ai je donc méfait pour être ainsi chassée de Laon? Je me recommande à l'évêque, au lieutenant, les conjurant d'avoir de moi miséricorde et pitié. » Puis regrettant l'église de Laon, elle demanda à la voir, dont on la sortit : elle voit l'église et pleure, regrettant ne pouvoir y aller. Les assistants de compassion plorèrent aussi. Là encore, le chirurgien, pour nouvelle expérience, lui présente lui-même un bouillon, approche la cuiller de la lèvre. Nicole à l'instant retombe morte comme auparavant. Il fallut donc, pour la troisième fois, la reporter à l'église. Le doyen, tenant Notre-Seigneur, commença *Pange, lingua, gloriosi Corporis mysterium*, répéta par trois fois ce verset : *Tantum ergo Sacramentum*. Lors Nicole ouvre les yeux, revient à elle et en connaissance, et plora si amèrement que chacun en avait grand'pitié. Puis à mains jointes elle pria les assistants d'aller se jeter à deux genoux devant le lieutenant, et de le prier lui faire miséricorde, telle qu'il voulait que Dieu la lui fît : que toute telle miséricorde qu'il lui ferait, telle aussi lui ferait Dieu. Chacun s'émerveillait et disait : *Qui peut ici ne pas voir toute chose divine ?* »

Que nos pieux lecteurs veuillent bien ne point se scandaliser d'entendre parfois Nicole, cette âme privilégiée, se plaindre, se lamenter et presque murmurer; car ces sanglots et ces soupirs, aussi bien que cette faim dévorante qui la torture après sa mystérieuse léthargie, sont nécessaires, dans les vues de Dieu, pour convaincre les hommes de la sincérité de Nicole; pour les forcer à la conduire au prince de Condé, devant lequel nous la verrons bientôt paraître.

CHAPITRE DEUXIÈME.

L'abbesse du Sauvoir et le chanoine Despinois vont se jeter aux genoux du lieutenant pour solliciter la rentrée de Nicole à Laon. — Incidents miraculeux. — Nicole soupe chez le commandeur de Puisieux.

« En entendant telles lamentations, chacun fut ému. L'abbesse et ses religieuses plouraient si tendrement que rien plus. La dame alors s'approchant de Nicole lui dit fort doucement :

— Ma mie, prenez courage, vous êtes en votre maison; je vous traiterai comme ma sœur. Oubliez la ville de Laon. Voulez-vous ne pas retourner à Vrevin? je vous logerai ici.

— Madame, répond Nicole, je vous remercie bien

humblement : vous me faites plus de bien que je n'ai mérité. Je voudrais bien être à Vrevin, pourvu que je ne sois point malade; mais puisque je suis malade, je voudrais bien être en la ville de Laon, laquelle je n'oublierai jamais, à cause des grands biens que Dieu m'a faits en icelle.

— Eh bien, ma mie, je vous y remènerai sur mon chariot, dit la dame.

— Comment m'y remènerez-vous? Vous n'avez pas le congé du lieutenant. Ah! je vous prie me faire ce bien pour l'amour de Dieu, vous aller jeter à genoux devant lui, afin qu'il me laisse rentrer. Priez un homme pour moi, et je prierai Dieu pour vous.

» Nicole, se tournant vers moi, m'en dit autant.

» Tous deux nous touchons en sa main et lui promîmes de ce faire. Incontinent l'abbesse et trois de ses religieuses montent sur un chariot et s'en vont à la ville, et moi je monte sur mon cheval et vas droit au lieutenant : je trouve en sa maison messieurs les médecins qui lui rendent bon compte de leurs opérations.

» Alors arrive aussi madame du Sauvoir, laquelle, fort doucement et humblement, le prie d'avoir pitié de la pauvre Nicole. A quoi le lieutenant ne voulait entendre, alléguant le devoir de sa charge et le commandement de M. de la Chapelle.

— Vous savez, monsieur, aussi bien que moi, lui dis-je, quelle est la volonté de M. de la Chapelle : il a dit qu'il serait bon renvoyer Nicole à Vrevin aussitôt qu'elle serait guérie et qu'elle pourrait supporter le voyage; ce qui ne se peut maintenant.

— Vous savez, me répond-il, que si je lui permettais

de rentrer en la ville, qu'il en viendrait grands inconvénients : que ceux de la religion ne la voyaient pas volontiers à cause des injures qu'elle leur a dites : que déjà j'ai eu de la peine beaucoup à les empêcher de molester Nicole, et ses gardes, et *même vous aussi*.

» De quoi je le remerciai et ajoutai que par là il pouvait connaître que ces gens-là étaient diaboliques ; qu'ils n'avaient en tout que leur fantaisie pour toute raison, et quant aux injures (si toutefois la vérité se peut appeler injure), qu'il savait bien lui-même que ce n'était pas la faute de Nicole, mais l'œuvre du diable qui la possédait. Là-dessus, il se mit à sourire, ajoutant que je disais vérité ; mais que ce n'était pas tout, que si Nicole rentrait en la ville ils feraient sédition.

— Sédition ! repris-je ; exercez votre autorité à leur égard comme à l'endroit de Nicole et de plusieurs autres, et vous verrez qu'ils n'oseront plus menacer, parce que la tour du roi est grande assez pour les loger tous, et je vous assure qu'il s'y trouverait assez de gens pour les y mener. Certes, ajoutai-je encore, si nous n'avions la crainte de Dieu devant nous, pour l'honneur duquel nous sommes les plus patients, il y a longtemps que nous en aurions fait justice : mais justice appartient au roi ! Faut-il pour cela que la pauvre patiente en perde la vie ?

» A ces mots, l'abbesse dit :

— Il faut maintenant, monsieur, que je fasse mon message, comme la pauvre créature m'en a donné charge.

» Et elle se jeta à genoux, joignit les mains, disant :

— Monsieur le lieutenant, je vous prie, au nom de Dieu et pour l'honneur de sa saincte passion, ayez pitié de cette pauvre créature Nicole, laquelle se recommande à vous et vous supplie la laisser rentrer en la ville, afin qu'elle ait la vie sauve, car elle se meurt en nostre maison. Je vous assure que si vous la voyiez, à moins que votre cœur ne soit plus dur que marbre, vous en auriez grande pitié et plus tôt la rameneriez en cette ville.

— Madame, vous m'humiliez de venir en ma maison, reprit le lieutenant (car l'abbesse était de haut lignage), et de vous agenouiller devant moi; si vous m'eussiez mandé, je me serais transporté par devers vous.

— C'est, répond la dame, pour l'honneur de Dieu que je l'ai fait, et pour sauver la vie à une pauvre innocente.

— Oh! reprend le lieutenant, elle n'aura garde de mourir : elle n'est point si fort malade.

— Je m'émerveille, monsieur, comment vous usez toujours de tels propos, répond Despinois; voici les médecins : ils disent que jamais ils n'ont vu telle maladie et qu'ils n'y peuvent remédier.

— Monsieur, dit à son tour maître de Muyau, je ne veux point être homicide; mais selon la connaissance que Dieu m'a donnée en l'art de médecine, cette femme ne peut naturellement porter la maladie qu'elle a jusqu'à demain matin. Je m'en descharge totalement sur vous; faites-en ce qu'il vous plaira.

» Puis il sort de la maison. Comme le lieutenant hésitait encore, j'ajoutai :

— Je vous assure que si Nicole meurt, d'autant que vous craignez offenser les huguenots, il vous en prendra mal, car je ne manquerai pas d'amener demain à votre porte les petits enfants, qui crieront après vous : *Au meurtre!*

» Alors, je me jetai à genoux devant lui, et le priai au nom de Dieu d'avoir pitié de cette pauvre créature.

— Vous vous faites tort de vous agenouiller devant moi, reprend le lieutenant.

— Je le sais, répondis-je, mais c'est pour vous mettre dans votre tort, au cas que vous nous refusiez notre demande et que la mort n'advienne à cette femme.

— Quel intérêt avez-vous donc à la vie de cette femme?

— Un très-grand, *celui de l'honneur de Dieu et de notre état ecclésiastique*. Ignorez-vous donc que les huguenots triompheraient s'ils voyaient mourir Nicole? Ils ont dit que *quand nos farces seraient finies, nous la ferions mourir afin qu'elle ne pût découvrir nos ruses et impostures*. Grâce à Dieu, elle vit encore, et nous demandons à Dieu de la faire vivre pour la confusion des hérétiques...

» Ce dit, je me départis de la maison, et laissai monsieur notre doyen avec maître du Mange et l'avocat Boschet. J'appris bientôt qu'ils avaient conclu ensemble que Nicole serait ramenée en cette ville, mais le plus secrètement possible. Je ne tardai guère à aller au Sauvoir et y fis mener mon cheval. A mon arrivée, je trouvai la malade étendue sur une couchette, assistée de deux religieuses et de maître Adrien Cotte. Je l'appelai plusieurs fois à l'oreille: *Nicole, Nicole!* Je lui tordis le nez, pressai les doigts, tirai les cheveux des tempes, et tout cela ne la put faire mouvoir. Je lui dis alors, présent la compagnie:

— *Nicole, levez-vous, au nom de Dieu, je vous l'ordonne.* Je viens vous quérir sans mentir pour vous remener à Laon: j'en ai l'ordre de M. le lieutenant.

» Incontinent elle lève la tête, attache sa poitrine, descend du lit, chausse ses souliers, remercie les religieuses de leurs bons soins, demande madame pour lui faire ses adieux. On lui répond qu'elle est à Laon vers M. le lieutenant.

— Mon Dieu, répond-elle avec un profond soupir, qu'un mauvais homme fait de mal à beaucoup de gens de bien! Dites à madame que je me recommande à elle et la remercie de bien bon cœur.

» Les religieuses la prient vouloir prendre du pain, du vin avant son départ.

— Grand merci, dit-elle, vous savez que je ne le pourrais.

» Elle me prie alors de la conduire; ce que je fis avec maître Adrien Cotte. En sortant du Sauvoir, nous trouvons mon serviteur tenant mon cheval, sur lequel elle monte toute seule. Quoiqu'elle fût assez lourde et que mon cheval fût assez fâcheux, ne voulant endurer le monter, elle se tient seule à cheval, étant sur la selle à chevaulchons comme un homme. De cette sorte, elle monte le mont, arrive chez le commandeur vers sept heures du soir, le salue et toute la compagnie, lave ses mains et, sur l'invitation du maître du logis, elle prend place à table auprès de lui, se signe du signe de la croix, mange, boit à moi, soupe très-bien, se montre très-gaie avec la compagnie. Je m'en retourne alors chez moi tout émerveillé de ce que j'ai vu. Après mon repas, je vais la revoir et lui demande ce qu'elle a fait au Sauvoir.

— J'ai prié Dieu de bien bon cœur, répond-elle.

— Avez-vous mal quelque part?

— Nullement; seulement on m'a *tenu* (serré) le bras dextre trop fort : il me fait encore quelque mal.

» Elle ignorait qu'elle eût été saignée. Voyant du sang sur sa manche, elle demande ce que c'est.

— Eh bien, lui dis-je en souriant, c'est qu'au Sauvoir on a sans doute accoustré près de vous quelque poisson encore sanglant, et qu'il aura sauté sur votre manche.

» Elle le crut. Je lui dis bonsoir et m'en retourne.

» Le lendemain 20°, j'allai lui donner le bonjour. Je la trouve avec sa mère. Me voyant, elle se prend à rire et m'appelle menteur.

— Pourquoi donc? demandai-je.

— Hier, vous m'avez dit qu'un poisson m'avait ensanglanté ma manche; ce qui n'était pas. C'est un *barbier* (le chirurgien) qui m'a lié très-fort le bras. Il est venu le délier ce matin : partant, je n'ai plus mal.

— Vous n'avez donc pas vu ce barbier qui vous a tant tourmentée hier pour vous faire revenir?

— Je ne sais rien, répond-elle; je me souviens seulement que pendant quinze à seize heures *j'ai bien prié Dieu toute seule*, à dire mes *patenôtres*. »

Telle sera toujours sa réponse.

CHAPITRE TROISIÈME.

Nicole est forcée de sortir une seconde fois de la ville après y avoir séjourné treize jours. — Son voyage à Marle, à Vervins, à Pierrepont, à Notre-Dame de Liesse, raconté et certifié par actes authentiques.

Nicole, poussée par une main invisible dont l'action divine ne pouvait échapper aux esprits sérieux de l'époque, venait donc de rentrer dans la ville.

Elle y avait retrouvé la joie, et en même temps la santé de l'esprit et du corps. Elle passait ses journées dans le travail et la prière. On la voyait tous les jours vaquant à l'oraison dans l'église Notre-Dame. « Elle y remerciait Dieu bien dévotement et la glorieuse Vierge Marie, » au grand contentement de tous les bons catholiques. Son mari eut encore un instant l'espoir de pouvoir se fixer à Laon.

« Mais autant la rentrée de Nicole nous avait causé de joie, dit l'historien, autant elle causa de tristesse et de rage aux prétendus réformés. Ils firent tant, qu'au bout de treize jours ils obtinrent de nouveau son éloignement. Sommation fut donc faite à Nicole de quitter la ville. Son mari, se voyant contraint de sortir présentement, par ordre du magistrat, requit gens de justice pour l'accompagner à son retour. Le lieutenant leur donna Regnault Lefebvre, Olivier Poussin, tous deux sergents, et Bertrand de Cloistre, greffier. Puis, le mardi second jour d'avril, sur les onze heures du matin, ils partirent pour Vrevin.

» Entendez maintenant ce qui advint dans la route.

« *Procès-verbal du retour de Nicole à Vrevin, conduite par gens de justice.*

» Sachent tous que ce jourd'hui, deuxième jour d'apvril l'an mil cinq cens soixante-cinq, avant Pâques, nous, Regnault Lefebvre et Olivier Poussin, sergents royaux au bailliage de Vermandoys, et Bertrand de Cloistre, greffier d'iceluy bailliage à Laon, suivant la commission à nous adressante, donnée par M. le lieutenant particulier de Vermandoys, nous sommes partis de cette ville de Laon sur les onze heures du matin pour remener en la ville de Vrevin une jeune femme nommée Nicole Obry, native de Vrevin, femme de Loys Pierret. Et aurions icelle trouvée au village de Vaulx, faulbourg dudit Laon, en l'hôtel de l'Ange, montée sur une charette appartenante à Loys Garde, demeurant audit Laon. A laquelle, à notre arrivée, lui aurions dit qu'il fallait partir pour retourner à Vrevin. En demonstrant face joyeuse, comme si elle eût été joyeuse d'y retourner, s'y serait accordée. A l'instant tous ensemble nous serions acheminez. Et était conducteur de ladite charette ledit Loys Garde. Or, étant environ une lieue et demie loing, près d'un monticule appelé *la Motte de Puisieux*, ladite Nicole serait tombée en telle maladie qu'elle était sourde, muette et aveugle, comme par plusieurs fois l'avions vue en cette ville de Laon : nonobstant quoi l'aurions conduite jusqu'en la ville de Marle, où nous serions demeurés au giste, au logis où pend pour enseigne l'image *Saint-Martin*. Toutesfois, avant le soupper, aurions fait transporter ladite Nicole en l'église dudit lieu, où aurions fait chanter *Veni, Creator Spiritus*. Et quoiqu'elle eût été sourde, muette et aveugle, comme dit est, ce néanmoins en chantant ces mots : *Accende lumen sensibus*, elle aurait débattu les yeux par plusieurs fois. Et quand on aurait avallé (descendu) le saint Sacrement de l'autel, elle se serait prinse à ouvrir ses yeux et à plorer et soupirer. Et aurait-on chanté *O salutaris hostia*, et lui aurait été présenté ledit saint Sacrement, lequel elle aurait vu, et à l'instant se serait prinse à parler disant : « Mon Dieu ! mon Dieu ! mon Père Créateur, je te prie mercy et à tout le monde ! » plorant amèrement, comme faisaient aussi plusieurs des assistants en grand nombre. Alors Jehan de Tupigny, lieutenant de M. le bailly de Marle, lui aurait présenté d'un bouillon que lui-même aurait fait faire, et sitôt que la cueiller toucha contre sa bouche, serait récidivée en telle maladie que devant. Quoi voyant, aurions fait chanter *Pange, lingua, gloriosi Corporis mysterium*, et en disant la seconde fois *Tantum ergo Sacramentum*, aurait commencé à débattre les yeux; et le chantant *la tierce fois*, à parler, priant de nouveau à Dieu merci et à tout le monde. Après quoi étant revenue en santé, l'aurions fait rapporter au logis de Saint-Martin, où peu après serait encore retournée en ladite maladie et resta ainsi toute la nuit.

» Et le lendemain, poursuivant l'exécution de ladite commission, l'aurions fait mener audit Vrevin, et l'aurions fait descendre devant l'église dudit lieu pour la faire porter dedans, afin d'ouïr messe. Laquelle, ayant ouï le *Confiteor*, aurait commencé à débattre ses yeux; à l'évangile, à soupirer, plourer et parler, répétant qu'elle priait mercy à Dieu et à tout le monde, même à M. le lieutenant de Laon. Après la messe aurait reçu son Créateur, et, ce fait, lui aurait été présenté un bouillon par Jehan Hutin, lieutenant en la justice de Vrevin. Et aussitôt, à l'attouchement de l'écuelle à sa bouche, serait retournée en ladite maladie; et alors il lui fut de rechef présenté le saint Sacrement et serait revenue à elle, et a été transportée au logis de Pierre Maigret, hôtelier dudit lieu, où elle resta depuis neuf heures du matin jusqu'au lendemain six heures du matin, toujours détenue en pareille maladie. A six heures, lui avons fait apporter le saint Sacrement, et l'a reçu, après être revenue à elle à la présence d'icelui, et se serait même efforcée de manger une rôtie qu'elle print dedans une couppe d'argent. Ce qu'elle n'aurait pu, et serait retombée malade. Ce voyant, nous serions départis de Vrevin, laissant Nicole en la puissance de son mari.

» Et certiffions que depuis le départ de Nicole de la ville de Laon jusqu'à notre départ de la ville de Vrevin, elle n'a beu ni mangé autre chose que le saint Sacrement. Et de tout ce que dessus en sauront parler plusieurs gens et en grand nombre, même un nommé Jehan Roullier, praticien dudit Laon, qui à tout ce que dessus a été présent, et ce que dessus certifions être vrai.

» Fait les jours et an dessus dicts.

» Signé : Lefebvre, de Cloistre,
» Poussin et Roullier. »

« Semblable rapport de tel accident et de totale abstinence de viande, à la même façon que les précédentes, a été fait par les justiciers de Pierrepont et de Liesse, dit de Héricourt, mais je les ai omis pour brièveté. »

Ces rapports se trouvent dans la grande histoire de Boulèse. Nous les donnerons comme preuves authentiques; nous les abrégerons seulement pour éviter des longueurs.

« Après que les susdits officiers furent partis de Vrevin pour revenir en cette ville de Laon, dit Despinois, Loys Pierret et Catherine Willot, mère de Nicole, voyant que la malade était toujours dans le même état, consultèrent leurs parents et amis, savoir ce qu'il serait bon de faire. Tous furent d'opinion qu'il fallait la rame-

23.

ner à Laon; que par adventure le lieutenant et autres pourraient en avoir pitié. Comme il fut conclud, ainsi fut-il fait. Les voilà donc encore une fois partis de Vrevin cherchant, à la grâce de Dieu, santé pour leur pauvre malade. Le jeudi 4 avril, ils vont coucher au giste au bourg de Pierrepont.

» Or, pour montrer qu'ils n'étaient point gens à en imposer, ils furent par devant le maire Bertrand Boucquin, qui s'étant transporté en l'hôtel de Nicolas Remy, prévôt de Pierrepont, a vu la jeune femme couchée sur un lit, ne remouvant membre qu'elle eût. A l'heure même est venu le curé dudit lieu, qui lui a présenté la sainte hostie. Aussitôt la malade parla et dit :

— Ay! my Jésus! (Ah! mon Jésus!) aurai-je donc toujours tant de mal?

» Puis elle reçut le saint Sacrement.

— Ne voulez-vous donc point manger? lui fut-il dit.

— Mais ouy; je meurs de faim.

» On lui présente une rôtie dans du vin : elle la porte à la bouche et incontinent elle est cheute comme morte et sans parole.

» En foi de quoi ont signé :

» B. BOUCQIN, LONGIS DOLE, NICOLAS REMY. »

« Le lendemain matin, les pèlerins s'acheminent vers Liesse. Aussitôt leur arrivée, on porte Nicole à l'église pour assister à une messe célébrée à leur intention devant l'image et remembrance de la Vierge Marie, étant au grand autel. Durant la messe, la malade reposait sur les bras de deux hommes qui lui tenaient la tête haute. Au *Confiteor*, elle fait plusieurs mouvements des yeux, sans les ouvrir; à l'évangile, elle les ouvre; à la consécration du corps de Notre-Seigneur Jésus-Christ, elle dit ces mots :

— Mon Dieu! qu'est-ce ceci? Demourerai-je toujours en cet état? Hélas! mon Dieu, je vous prie mercy et à tout le monde aussi!

— D'où venez-vous? lui fut-il demandé.

— Je viens de Pierrepont, et je suis en l'église Notre-Dame de Liesse; il y a trois fois vingt-quatre heures que je suis partie de la ville de Laon, sans depuis avoir pris aucune nourriture. Oh! que je mangerais bien!

— Que voulez-vous manger?

— Il ne me soucie : je meurs de faim.

» Alors Antoine Lefebvre alla quérir un potage de purée de pois. Avant de le prendre, Nicole demande de l'eau pour se laver la bouche, car elle désire communier. On lui en donne; elle lave sa bouche par trois fois et rejette cette eau dans une gadelette ou escuelle à aurillons, et après la messe dite, le prêtre lui administra la sainte hostie, qu'elle reçut bien dévotement. Puis on lui donne du vin dans une couppe de verre qu'elle boit presque tout entier. Elle veut ensuite manger de la purée : la voilà de rechef étendue sans mouvement dans les bras de ses gardiens. On chante un salut devant ladite image Notre-Dame, avec une antienne du saint Sacement, *Tantum ergo*. Et, ce fait, le trésorier va quérir le ciboire, présente une hostie à Nicole : elle ouvre les yeux et recommence à crier mercy à Dieu. On lui demande :

— Mais étant à Laon, mangiez-vous bien?

— A Laon, dit-elle, j'ai toujours été de bonne sorte. Ah! Vierge Marie! s'écrie-t-elle en regardant l'image,

de la belle Dame, n'aurez-vous pas pitié de moi? »
Et ainsi fut reportée au logis de Saint-Martin où on
l'avait descendue.

» En tesmoing de quoi avons signé cette présente de
notre seing manuel, cy mis les jours et an dessus dits
(5 avril 1565, avant Pâques).

» C. Fléchie, échevin en la justice du bourg de Liesse
et Marchais ; Jehan de Marcheron, notaire
royal au bailliage de Vermandois, et Jehan
d'Aoust, procureur d'office auxdits lieux. »

CHAPITRE QUATRIÈME.

Arrivée à Vaux. — Acte des justiciers.

Il fallut donc penser à regagner Laon. Les voyageurs arrivèrent à Vaux vers le soir. Avant de descendre la malade de la charrette, Loys, mari de Nicole, monte à la ville et va conjurer le lieutenant d'avoir pitié de sa femme. Celui-ci répond par un refus formel ; bien plus, il envoie un de ses sergents à Vaux faire défense à tout hôtelier, sous peine de soixante livres parisis d'amende, de loger Nicole et sa suite. Le bruit du retour de Nicole à Vaux et du refus qu'on oppose à sa rentrée dans la ville court bientôt partout. « Alors beaucoup de gens notables, entre autres M. le doyen, plusieurs de notre chapitre, au nombre de plus de trois cents, nous descendîmes la montagne. Nous trouvâmes Nicole et ses parents dans la cour de l'hôtel de l'Ange : personne n'osait les loger. Chacun prenait d'eux grande pitié, qui n'était sans grand murmure tant contre le lieutenant que contre les justiciers. Le magistrat importuné fit réponse qu'il avait commandement exprès d'agir ainsi, et qu'il ne pouvait faillir à son devoir. »

« Sans doute, dit à cette occasion le doyen de Héricourt, il y avait eu commandement ; mais cet ordre ne devait être mis à exécution que dans le cas où Nicole aurait guérison. Aussi était-elle partie une première fois ; mais étant retombée malade, il y avait lieu à commisération. Mais ceux qui la pourchassaient avaient si peu d'affection humaine, qu'ils l'eussent exclue de tout le monde s'il eût été en leur pouvoir. Sans doute l'intérêt public l'emporte sur l'intérêt privé ; mais quel mal pouvait faire Nicole Obry, simple femmelette qui n'entrait là que pour boire et manger ? De plus, il eût fallu considérer le jugement de Dieu en cette affaire, qui surpasse notre capacité. Il y avait, dites-vous, charme ou magie ! Cherchez donc le premier magicien du monde qui fasse pareille expérience pendant cinq jours, aux dépens de sa santé et de sa vie... car, au rapport des justiciers qui l'ont bien examinée, elle est restée à jeun depuis le mardi matin jusqu'au vendredi soir. »

« Voyant, dit Despinois, que personne ne la voulait loger, il fut advisé qu'elle serait menée en l'église de Vaux, et que tout ce qui s'y ferait serait escript et attesté par deux notaires royaux, afin de s'en servir en temps et lieu avec les actes précédents. De laquelle attestation j'ai ici transcrit la copie telle qu'elle s'ensuit :

« Acte de ce qui fut fait en Vaulx sous Laon, le cinquième jour d'apvril.

» Le vendredi cinquième jour d'apvril 1565, avant Pâques, nous Regnault Courteffois et Guillaume Gorret, notaires du roi notre sire....., nous serions transportés à Vaux. Y étant arrivés, avons trouvé en la court de l'hôtel de l'Ange une charette couverte d'un drap blanc, en laquelle était Nicole, et derrière elle sa mère, Catherine Villot, qui la tenait entre ses bras. La voyant comme morte, les yeux ouverts sans les remouvoir, ni les paupières, ne parlant et n'entendant, avons décidé qu'il fallait la porter en l'église : ce qui fut fait. On la dépose sur les quarreaux dans le chœur, au devant du grand autel. Alors noble et scientifique personne maître Christophe de Héricourt, doyen de l'église cathédrale de Notre-Dame de Laon, print un surpelis, l'estolle au col, et se mit en oraison à genoux devant le grand autel, et fit descendre le ciboire, où il print la sainte et sacrée hostie. A raison de quoi plusieurs gens d'église et autres habitants de Laon et de Vaux se mirent aussi à genoux et en oraison, et aurait-on chanté *Tantum ergo Sacramentum*. Durant lequel temps Nicole avait toujours les yeux ouverts sans les mouvoir ni les palpèbres ou paupières aussi : et incontinent que ledit de Héricourt, doyen, aurait montré la sainte hostie, aussitôt Nicole clignotte les yeux, remue les palpèbres, pleure et soupire grandement. De quoi les assistants s'émerveillaient.

» De rechef le doyen montre la sainte hostie. Nicole aussitôt parle et dit :

— Mon Dieu! mon Créateur! je te prie mercy! Hélas! n'aura-t-on point pitié de moi? On a bien pitié d'un chien ; qu'on me fasse ce qu'on voudra, on ne me saurait pis faire qu'on m'a fait!

» Ce voyant, le doyen approche de la malade et lui dit à haute voix :

SA MYSTÉRIEUSE CONVALESCENCE.

— Ma mie, croyez-vous pas que voilà le précieux corps de Jésus-Christ qui vous a délivrée des tourments où vous avez été par cy devant?

— Oui, je le crois, répond-elle à haulte voix.

— Ce n'est pas assez de le croire, ma fille; il le faut remercier.

— Oh! de tout mon cœur! je le remercie et demande miséricorde à Dieu et à tout le monde.

» Puis elle demande avec vivacité à recevoir la sainte hostie.

— Dieu seul est ma vie! s'écrie-t-elle; il y a cinq jours que je n'ai pris autre nourriture que la sainte hostie.

» Le doyen cependant différait la lui bailler, parce qu'il avait su qu'elle l'avait déjà reçue une fois.

— Ah! donnez-moi mon Dieu, je vous prie; il y a quatre jours que je n'ai ny beu ny mangé : qu'on me baille mon Dieu, je le veux recevoir. Je veux avoir de l'eau pour laver ma bouche.

» On lui baille de l'eau nette; elle se lave la bouche par trois fois. Ce fait, ledit doyen tenant la sainte hostie s'approche de Nicole, lui fait dire *Misereatur nostri omnipotens Deus*, puis son *Confiteor*, *Ave salus mundi*. Ce fait, lui donne l'absolution, et après, la sainte hostie qu'elle reçut bien humblement.

» Quelque temps après, elle demande à manger; le doyen lui présente lui-même du vin dans une petite tasse d'argent que lui passe un nommé Symon Charlet, tonnelier de Laon, avec du pain bis. Nicole accepte en rendant grâces, porte le morceau trempé à sa bouche et tombe roide morte, les yeux ouverts sans les remouvoir, comme si elle eût regardé les gens.

— Il faut la remener à Laon, disent à la fois tous les assistants, puisque là seulement elle peut boire et manger, aller et parler.

— On ne peut, dit le doyen, il y a défense sous peine de la vie.

» De sorte qu'on la laissa dans l'église.

» Ce voyans, nous, notaires dessus nommés, retournâmes à Laon, et tout ce certifions être vrai, etc.

» Et à tout ce que dessus étaient les personnes cy après nommées. »

Suivent les noms de plus de cinquante personnes : chanoines, prêtres, magistrats, marchands, ouvriers; parmi eux deux pourvoyeurs du prince de Condé, l'un nommé Denys et l'autre Vandosme.

CHAPITRE CINQUIÈME.

Nouvelles syncopes de Nicole. — Elle revient chaque fois à la présence du saint Sacrement. — Son ardent désir de la communion. — Elle monte à la ville. — Trouvant la porte fermée, elle redescend à Vaux.

Après ces rudes et mystérieuses épreuves, « le sieur doyen et nous autres chanoines, dit Despinois, nous retournâmes à la ville accompagnés d'un grand nombre d'habitants, devisant du tort que les justiciers faisaient à la pauvre femme et à ses parents. Les uns disaient que le lieutenant était trop adhérant aux huguenots; d'autres qu'il avait défense par grands seigneurs, même par le prince de Condé, pour lors à la Fère, de ne la laisser rentrer en ville; qui cependant, s'il avait vu ladite malade, il était prince d'un si bon sang qu'il en croirait la vérité et serait joyeux de la voir, comme en l'église de Vaux l'avaient dit deux pourvoyeurs dudit seigneur, lesquels on avait vus plorer et détester la huguenoterie. Là dessus le doyen et autres dirent que si le lieutenant maintenait sa défense, il serait bon de mener Nicole à la Fère pour la présenter au prince.

» On me dit alors que, puisque jusqu'à présent j'avais assisté la malade et pendant et après sa possession, je devrais bien la conduire moi-même à la Fère. J'y consens, à la grande joie de tout le monde.

» Afin de pouvoir partir plus matin, je fis mener mon cheval à Vaux, ainsi qu'un autre que M. le commandeur de Puisieux me prêta avec son serviteur, Antoine Robert, pour m'accompagner. Après mon souper, je redescendis au village avec Pierre Tallemant, chapelain et maître des enfants de chœur de notre cathédrale, maître Adrian Gemelly, aussi chapelain de notre église, suivis de Ponsart, menuisier en cette ville, de Antoine Robert, de David Gandon, mon serviteur, et de mon laquais. En arrivant je trouvai, sur le pavé de Vaux, Loys, le chartier, la charette, et dedans, la pauvre Nicole malade, tenue et couchée sur le giron de sa mère. Je fais mettre mes chevaux à l'hôtel de l'Ange, puis je demande à Loys et à sa mère pourquoi à telle heure que huit heures du soir ils sont encore sur le pavé.

— Hélas! monsieur, me répond la mère en plorant, il y a trois heures que nous cherchons logis; nous avons frappé à toutes les hôtelleries et tavernes, présentant notre argent, personne ne veut nous recevoir, alléguant la défense et l'amende de soixante livres parisis.

» Alors j'allai moi-même à l'Ange prier l'hôte de recevoir Nicole.

— Ma maison, répond-il, est à votre commandement pour vous et les vôtres; mais je n'oserais loger la femme: un sergent nous l'a défendu.

» Et cependant il était nuit obscure et froide. Je fis mener ces pauvres gens à l'Hôtel-Dieu de Vaulx, et requis le maître de les loger.

— Je n'ai qu'une chambre pour moi, répond-il, et une paillasse pour coucher.

— Mettez, je vous prie, ces gens à couvert : je vous ferai apporter gerbées, bois et chandelle.

— Pour l'honneur de Dieu et de vous, monsieur, je ferai mon possible.

» Je fais à l'instant descendre la mère et sa fille; on dépose la malade sur un sac plein de paille. J'envoie chercher le curé de Vaux et le prie d'apporter la sainte hostie : ce qu'il fit après avoir targé longtemps. Pendant ces délais, beaucoup de gens arrivent pour voir Nicole, qui était évanouie. Tout à coup on entend bien distinctement ces mots :

— Tôt, tôt, *donnez Dieu à Nicole!*

» Tous, nous restons émerveillés : pareille chose n'avait encore été entendue.

— Nicole, ma mie, lui criai-je aux aureilles, est-ce vous qui parlez?

» Elle ne dit mot, ayant toujours les yeux grands ouverts, sans mouvoir les paupières. Je lui mets la lampe d'huile et la lumière près des yeux; elle ne bouge. J'adjure celui qui a parlé par la bouche de Nicole de me dire qui il est : personne ne répond. Le curé arrive enfin avec la sainte hostie, la présente à la malade. Aussitôt elle parle et dit :

— *Mon Dieu! mon Père Créateur!* je vous prie mercy et à tout le monde!

» Elle me regarde, elle ploure et dit :

— O monsieur Despinois! que le lieutenant de Laon me fait de mal! je ne lui ai pourtant rien fait.

» Je l'exhorte à patience et à prendre courage; elle répond :

— J'ai bonne patience et bon courage; mais mes jambes faillent : il y a quatre jours que je n'ai pris nourriture quelconque, sinon le saint Sacrement; je meurs de faim.

— Pourquoi donc ne mangez-vous pas? lui dis-je; qui vous le deffend?

— Vous le savez. Plusieurs fois j'ai prins peine à manger, et quand je porte le premier morceau à la bouche, ne sais ce que je deviens ni où je suis.

» Le curé veut s'en retourner et reporter l'hostie qu'il lui avait seulement montrée. Elle, plourant bien fort, crie à haulte voix :

— Mon Dieu! monsieur; vous vous en allez sans me donner mon Dieu. Me voulez-vous donc faire mourir? Il y a quatre jours que je ne puis prendre autre viande. Je vous prie me le donner et que je m'en nourrisse!

» Le curé me demande mon advis, me remonstre qu'elle l'a déjà reçu sur les cinq heures en l'église.

— Jamais, en effet, lui ai-je répondu, je n'ai vu le semblable; mais attendu la foi et fervent désir de Nicole, — laquelle je voyais pleine de dévotion, — je ne ferais difficulté la lui administrer.

» Ce qu'il fit et s'en alla. Après son action de grâces, Nicole se mit à se complaindre et requiert d'aller à Laon.

On lui dit que la porte Saint-Georges est encore ouverte, parce que le portier attend quelqu'un.

— La porte Saint-Georges, dit-elle, n'est-ce pas celle par où je suis passée quand je vins voir baptiser les cloches de Vaux?

— Oui, lui fut-il répondu.

» Elle se lève sans mot dire et va vers ladite porte. En son chemin elle rencontre mon serviteur à cheval, le fait descendre, le prie de lui ayder à monter dessus; puis monte la montagne. On nous advertit de ce qui se passe; nous allons après elle; nous la trouvons au milieu du mont.

— Où allez-vous donc? lui dis-je.

— Je m'en vais à Laon, répond-elle, où j'espère souper avec l'aide de Dieu et de la Vierge Marie.

» Sans lui répondre, nous la suivons jusqu'à la porte Saint-Georges, que nous trouvâmes fermée; elle plore.

— *Ah! my Jésus! n'aurez-vous point pitié de moi?* s'écrie-t-elle.

» Je prends peine de la consoler et l'engage à retourner. Elle me prie de la laisser là encore quelque temps, se tourne vers cette porte, qu'elle disait lui sembler belle, fait ses prières, demande à veoir l'église, que nous lui montrons parce qu'il faisait clair de lune. Elle recommence ses prières; puis elle dit en soupirant:

— Me voilà allégée de la moitié de mes maux puisque j'ai vu cette belle église où j'ai reçu tant de biens. Ce poise moi que je ne puisse y aller tous les jours, comme je voudrais. Malheur adviendra à ceux qui m'en défendent.

» Après ce, elle et nous descendons à Vaulx : il était

neuf heures et plus. Je cherche un hôtel pour elle et pour nous ; je promets payer l'amende si on l'exige[1]. A cette condition on nous reçoit à Sainte-Barbe. Les pauvres gens, après avoir été quérir leurs hardes à l'Hôtel-Dieu, soupent de bien bon cœur. Nous sommes présents au souper. Je prie Nicole de manger.

— Je ne le pourrais, monsieur ; Dieu, vous le savez, ne le veut pas.

» Je la prie de rechef.

— Je n'ai pas faim, répond-elle.

— Mais vous mouriez de faim en l'église et à l'Hôtel-Dieu ?

— Alors, il est vrai, j'avais faim comme à Liesse, où l'on me présenta des pois les plus jaunes que jamais aye vus, et que j'aurais mangés bien volontiers ; mais Dieu n'a pas voulu. En ce moment, je n'ai pas faim.

» Je la presse : je lui dis que pour bien reposer elle doit prendre une rôtie trempée de vin.

— Monsieur, ce sera pour tantôt.

» Le souper achevé, les grâces dites, le chartier va panser son cheval. Elle se couche en notre présence. Alors encore je la pousse à prendre la rôtie. Cette fois, elle y consent, fait la bénédiction et autres prières pour demander à Dieu sa guérison, et me prie vouloir le lendemain la conduire à la ville. Je le lui promets, à la condition qu'elle boira et mangera avant de s'endormir.

— Je vous obéirai, dit-elle.

» Sur ce, je lui présente moi-même une couppe de vin et une rôtie de pain. Elle prend, fait la bénédiction,

[1] Cette amende ne fut pas exigée, parce que le lieutenant ne l'avait imposée qu'à contre-cœur.

boit à moi (à ma santé) et à la compagnie; puis prend la rôtie, l'approche de ses lèvres : aussitôt elle tombe sur le chevet de son lit, malade comme auparavant. »

Pour la centième fois, et par obéissance autant que par besoin, Nicole venait de se soumettre à cette douloureuse épreuve. Désormais il fallait adorer la volonté de Dieu qui la condamnait à une abstinence toute mystérieuse. Despinois continue :

« Je confère alors avec Tallement et Gemelly; nous sommes d'avis lui présenter de rechef la sainte hostie. L'un d'eux va la demander au curé et l'apporte en un corporallier, avec estolle, une torche ardente le précédant. Je présente la sainte hostie à Nicole : elle revient à soi et dit :

— *Mon Dieu! mon Père Créateur! qu'est-ce ceci? aurai-je donc toujours tant de mal?* Oui, monsieur Despinois, vous m'avez voulu faire manger, et Dieu ne le veut point. Ne m'en présentez plus, car je ne mangeray point.

— Vous voulez donc mourir?

— Eh bien! *s'il plaît ainsi à Dieu, je suis contente!* Il y en a assez d'autres qui désirent ma mort; mais si Dieu ne le veut pas, il n'en sera rien fait pour eux.

» Alors elle me prie lui vouloir administrer la sainte hostie. Je lui remonstre qu'elle l'avait déjà reçue trois fois ce jourd'hui.

— C'est encore peu, dit-elle; je la désire bien davantage. Quand je la reçois, j'oublie tout mal, et tout ennui, et fâcherie. Quand j'étais tourmentée, à Laon, vous me l'administriez bien plus souvent : j'en éprouvais tous les biens du monde; sans cela je serais morte.

— Écoutez bien, ma mie, lui dis-je, nous n'avons plus qu'une hostie : il serait bon la garder au cas que nous en ayons plus grande nécessité pendant la nuit.

» Elle se contente; nous lui donnons le bonsoir, et nous nous retirons en nostre chambre. Pour elle, elle demeure avec sa mère, son mary et le chartier en la leur. »

CHAPITRE SIXIÈME.

Nicole, pendant sa léthargie, demande la communion. — Puis, poussée par une force surnaturelle, elle monte à Laon. — On la retient. — Elle retombe évanouie.

« Le lendemain samedi, sixième d'avril, nous allons à la chambre de Nicole demander de ses nouvelles. « Elle se porte bien, dit la mère, elle dort encore. » Nous approchons du lit, nous entendons Nicole répéter continuellement ces mots : « Tôt, tôt, tôt et tôt. » Je lui parle, elle ne répond rien, et après quelque silence, elle recommence à dire : « Tôt, tôt, tôt. » Mes deux confrères lui parlent également, ils n'obtiennent pas d'autre réponse. Nous estimons qu'elle est malade, et qu'il serait besoin lui présenter la sainte hostie. Ce que je fais. Incontinent elle parle et dit :

— Jésus! monsieur, que vous m'avez laissée avoir de mal! Il y a plus de demie-heure que j'ai entendu sonner matines à Laon, où je voulais aller; mais je ne pouvais. Je vous prie, donnez-moi mon Dieu, et que je m'envoise (que je m'en aille), comme me l'avez promis hier.

» Je lui administrai la sainte hostie après qu'elle eut fait sa confession. Aussitôt, elle se lève, s'accoustre elle seule, descend de la chambre, et va dans la court du logis. Sa mère la devance, lui demande où elle va :

— Ne le savez-vous donc pas? ne vous souciez.

» Son mari qui la rencontre lui demande si c'est qu'elle veut aller à Laon.

— Oui, répond-elle.

— Vous ne le pouvez, ajoute-t-il, il y a deffense sur peine d'amende; il ne faut pas désobéir à la justice.

— Je ne me soucie ni des justiciers ni des amendes; je veux avoir ma santé, je veux aller à Laon.

» Elle veut passer, son mari la retient.

— Laissez-moi aller, ou faites-moi mourir. Je ne puis vivre plus longtemps ainsi que je suis. J'ay trop de mal.

» En ce disant, elle tombe à terre sans mouvement. On la porte dans une chambre basse où plusieurs la visitent. Ceux-ci, désirant la voir revenir à elle, envoient quérir le curé, et lui font présenter la sainte hostie. Incontinent elle parle en leur présence, adore la sainte Eucharistie et demande à la recevoir. Ce qui fut fait. »

De quel étonnement, de quelle joie ne devaient pas être saisis les témoins de tant et de si beaux miracles! Qu'ils pouvaient justement dire avec le psalmiste : « Oui, le Seigneur très-bon et miséricordieux a fait un *abrégé* de toutes ses merveilles; c'est ce *pain céleste* qu'il donne à ceux qui le craignent! »

Despinois continue :

« J'envoye cependant la mère et le mary à Laon pour solliciter une dernière fois la permission d'y ramener Nicole. Le lieutenant refuse durement, s'excusant sur le prince de Condé. J'aurois voulu avoir acte de ce refus, mais M. du Mange ne l'avoit point voulu délivrer. »

Le prince était donc la seule, ou du moins la principale autorité de qui les rigoureuses défenses fermaient à l'infortunée Nicole les portes de la ville. Or, l'expérience des quatre derniers jours semblait avoir prouvé que, hors de Laon, Nicole était condamnée à ne vivre que par miracle ou à mourir de faim. De là, nécessité de la conduire au prince. Et il fallait que cette nécessité parût bien impérieuse, même inévitable, pour que l'on osât livrer cette victime des haines protestantes aux mains du plus puissant et du plus redoutable des sectaires de Calvin.

Arrêtons-nous ici, et jetons, avant de les perdre de vue, un dernier coup d'œil sur les événements de cette seconde partie. Nous admirerons encore une fois l'action de cette sagesse divine qui sait atteindre ses fins avec une puissance irrésistible, mais en dispose les moyens avec la plus suave douceur.

Nous avons déjà signalé ce dessein providentiel qui, soumettant Nicole après sa délivrance aux épreuves d'une mystérieuse maladie, ménageait ainsi l'occasion de nouveaux triomphes pour la foi catholique, de nouvelles grâces pour les protestants. Mais ceux-ci, plus endurcis que jamais, ont fermé les yeux à la lumière. Ils ont refusé à Dieu leur conversion, objet de tant de merveilles. Bien plus, lorsque tout prétexte à leur colère avait disparu avec la possession, nous les avons entendus vociférer de nouveau leurs calomnies et leurs sarcasmes. Et cela ne leur a pas suffi.

Nicole avait été choisie de Dieu pour être auprès de ces enfants égarés et rebelles l'instrument de sa paternelle et miséricordieuse providence. Mais il s'en faut bien qu'ils la voient de cet œil. Elle n'est pour eux qu'un accusateur importun, le témoin vivant de leurs égarements et de leur obstination. Aussi ont-ils résolu à tout prix de l'éloigner, de la bannir pour jamais de la ville. A force d'intrigues ils y sont parvenus. La patience divine va-t-elle se lasser? — Non, cette grâce repoussée ne sera pas la dernière. L'occasion leur sera encore donnée de reconnaître et d'embrasser la vérité.

Ce témoin qu'ils ont chassé, la main de Dieu va le conduire jusqu'en présence du prince de Condé. Le chef militaire du protestantisme français entendra, et tous ses officiers, toute sa suite entendra également le témoignage solennel rendu à la vérité : un témoignage que ni ses promesses, ni ses menaces, ni ses rigueurs, ni les artifices des ministres réformés, ne pourront faire fléchir ou varier. Heureux, s'il eût su saisir le moment de la grâce, et, par sa conversion, entraîner celle d'une multitude d'âmes égarées par son exemple!

Tel était le dessein de miséricorde que Dieu s'était proposé en vue de sa gloire, qui est toujours la dernière et nécessaire fin de son infinie sagesse. Mais sa gloire ne lui saurait être ravie; et malheur à ceux qui refusent de glorifier sa bonté en ce monde par leur foi et leur amour! Un jour, par leur châtiment et par leurs remords, ils glorifieront sa justice. En ce monde déjà, quoi qu'ils fassent, ils servent, non moins peut-être que les fidèles, à glorifier cette divine sagesse.

Admirons, en effet, comment Dieu sait faire concourir à ses desseins cachés et la droite intention de ses serviteurs et la malice de ses ennemis! Ce sont les protestants eux-mêmes qui, par leur injuste persécution, poussent Nicole là où Dieu a décidé de la conduire. Et ses charitables protecteurs, lorsqu'ils l'amènent devant le prince, ne se proposent d'autre fin que d'obtenir pour elle le droit de rentrer à Laon. Bientôt, il est vrai, les faits se déroulant devant eux leur découvriront les secrets de la Providence. Mais déjà nous pouvons le déclarer : Nicole ne rentrera pas dans cette ville. Sa mission est celle que nous avons dite. Elle finira, selon les vues de Dieu, après cette solennelle et courageuse attestation qui la doit si dignement couronner.

FIN DE LA DEUXIÈME PARTIE.

TROISIÈME PARTIE.

NICOLE A LA FÈRE, A ANISY, A RIBEMONT,
A MARCHAIS.

CHAPITRE PREMIER.

Départ de Vaux. — Arrivée à la Fère. — Première entrevue du chanoine Despinois avec le prince de Condé. — On sépare la mère, le mari; on les visite, on les interroge. — Guérison subite de Nicole. — Vingt-quatre gentilshommes demandent à se confesser.

Nicole va donc entrer dans une troisième et dernière phase de sa mystérieuse mission. Elle va paraître devant les grands de la terre, pour rendre témoignage de sa foi et des merveilles que le Seigneur a opérées en elle par la vertu du très-saint Sacrement. Elle sera dans toute l'acception du terme *confesseur de la foi.* Elle se verra traînée de tribunal en tribunal. Pour intimider sans doute une jeune femme de seize ans, torturée par trois mois d'une horrible possession, affaiblie, épuisée par deux mois d'une longue et mystérieuse convalescence, on déploiera, dans un premier interrogatoire, un appareil formidable. C'est le prince de Condé lui-même qui siégera sur ce tribunal. Il aura pour assesseurs plusieurs ministres de la réforme, et pour escorte deux cent cinquante gardes. Nicole, faible, timide, paraîtra sans appui, sans défense devant ses ennemis devenus ses juges. Mais Dieu n'abandonnera point son humble servante dans le danger;

il l'éclairera, il la soutiendra, et Nicole, par son inébranlable attachement à la foi plus encore que par ses réponses, réduira ses accusateurs au silence.

Soyons attentifs à ces scènes dignes des premiers siècles de l'Église. Nous laisserons parler partout les témoins oculaires.

Récit de Despinois.

Le samedi, 6 avril, « après avoir reçu la réponse du lieutenant, je fais donc atteler la charrette, j'y fais monter Nicole et sa mère et les fais conduire par le mary et David mon serviteur ; et parce qu'il faisait mauvais mener la voiture à l'entour du bois de Breuil, je les fis monter le mont de Laon pour descendre à Saint-Marcel. Chose étonnante ! « en passant devant la porte de Laon, m'a raconté la mère, Nicole, quoique évanouie, lève tout à coup la tête, regarde, soupire et retombe sur son giron. » Elle semblait dire adieu à cette belle église où elle avait reçu tant de faveurs, et à cette ville de Laon dans laquelle seule elle pouvait espérer de recouvrer la santé comme maintes expériences l'avaient démontré. Mais Dieu avait ses desseins sur Nicole, et il la menait, par des voies encore inconnues, à l'accomplissement de ses volontés adorables.

» Sur le chemin, nous rencontrâmes l'abbé de Saint-Jean, bien accompagné et embastonné. (C'est notre abbé renégat ; nous allons voir ce qui le conduisait à la Fère.) Je le salue, il me salue sans autre mot.

» J'arrive à la ville vers une heure. Je mets mes chevaux *aux Trois-Rois*, et je vais droit à notre maître Faviers, qui prêchait le carême à la Fère. Je lui fais part de la cause de mon voyage : il s'en émerveille grandement et ceux de sa compagnie. Il trouve bon que j'aille parler à M. le prince avant l'entrée de la charrette. J'envoie donc Antoine à l'abbaye du Calvaire pour y arrêter les pèlerins, et je vais incontinent au château pour voir M. le prince. Il jouait à la paume. La partie finie, je me présente à lui ; il s'arrête sur le pont et me demande ce que je veux. »

Ne perdons pas un mot de cet intéressant colloque entre un prêtre catholique et le chef des calvinistes de France.

« Prince, je viens vous prier d'avoir pitié d'une pauvre créature qui n'a point mangé depuis cinq jours ; elle est malade, tombe souvent évanouie avec privation de tous ses sens. On ne peut la faire revenir à soi que par la présence de *la sainte hostie*. Et depuis, elle a été visitée et médicamentée par plusieurs médecins, qui ne purent rien pour la soulager. Elle n'a pu manger qu'en la ville de Laon. Mais ayant été contrainte de sortir, elle est retombée malade comme devant. *Ce qui nous fait estimer qu'elle ne mangera qu'en la ville de Laon.* Le lieutenant n'a pas voulu la laisser rentrer, s'excusant sur vous (ainsi parlai-je audit seigneur), disant que, d'après vos remontrances et plaintes, il était contraint d'expulser ladite femme. Ce qui nous fait croire que *de nous* et *d'elle* on vous a fait plusieurs faux rapports. Ce qui m'a ému à venir par devant vous, pour vous faire entendre toute vérité. Je vous ai même admené ladite femme ; ordonnez qu'elle entre en cette ville, vous la pourrez voir *malade* et *saine*, et connaîtrez qu'il n'y a fraude ni dol en sa maladie.

— Quelle est cette femme? me demande-t-il aussitôt.

— C'est cette femme de Vrevin qui a eu le diable au corps, et qui a été guérie à Laon par la vertu et *efficace du saint Sacrement de l'autel*.

» A ces mots, ledit seigneur *change de couleur et devient pâle*.

— Elle n'a plus le diable au moins? ajoute-t-il.

— Je crois que non, monsieur.

— Vous ay-je mandé?

— Non.

— Pourquoi donc l'amenez-vous?

— Pour la pitié et compassion que j'ai d'elle, parce qu'elle n'a point mangé depuis cinq jours; afin que, quand vous l'aurez vue, il vous plaise mander audit lieutenant de la laisser rentrer à Laon, où elle pourra redevenir en pleine santé comme nous l'espérons.

— Qui êtes-vous? quel est votre nom?

— Je suis votre serviteur, Despinois, chanoine de Laon.

— C'est donc vous qui l'avez toujours assistée dans sa maladie?

— Oui, monsieur.

— Vous pourrez donc m'en rendre bonne raison?

— Oui-da, monsieur, pour tout ce que j'ai vu et entendu. »

Ici, le prince, entraîné par la passion et l'esprit de secte, rabaisse sa parole jusqu'à l'expression d'indignes et injustes soupçons.

Despinois lui répond avec la simple et calme dignité d'un cœur haut placé, d'une conscience paisible.

Le prince reprend :

— Qui vous a envoyé?

— Personne! Mais je me suis présenté pour la conduire, me confiant en votre douceur et bonté, afin que, si vous désirez savoir le discours de sa possession et maladie, je vous la puisse raconter, comme celui qui a tout vu.

— Je vous en sais bon gré, et je vous en aime. Quelle compagnie a cette femme?

— Sa mère, qui la tient malade en une charrette, son mary et un de mes serviteurs qui tiennent la charrette pour l'engarder de verser.

— Est-il besoin que vous soyez avec elle?

— Non, monsieur.

— Eh bien donc, je la ferai mettre en une bonne chambre et la ferai bien garder; on ne lui fera aucun mal, ni à vous semblablement qui serez en un autre endroit.

— Ce qu'il vous plaira, monsieur, je suis prêt à vous obéir.

» Il se retourne, commande à un de ses maistres d'hôtel de faire loger Nicole en un bon lieu, de lui donner bonnes gardes et sûres, qu'on ne lui fasse aucun mal, sur peine d'en répondre. Et de moi, qu'on me loge bien en un bon lieu, et qu'on me traite doucement. Puis il me défend d'approcher de la maison où sera Nicole. Me deffend aussi de partir de la ville que premier (auparavant) il n'ait parlé à moi. Je le lui promis.

» Le maître d'hôtel me meine hors du chasteau, me baille en garde à un apothicaire nommé Roboan. Le maire de la Fère, que je ne connaissais pas, dit qu'il ne me faut pas constituer prisonnier, qu'il répond de ma personne. Là-dessus le maître d'hôtel du prince s'en va. L'apothicaire s'excuse, me disant qu'il ne pouvait me loger; sur ce, je me loge chez le curé de la Fère.

» Sur les cinq heures arrive Nicole. On la loge en un bon logis. Comme elle est encore malade, on la couche. On fait bon feu en sa chambre, et on lui donne des gardes, à savoir, deux hommes catholiques et deux huguenots, avec deux femmes, tous de la ville. Bientôt Nicole est visitée par plusieurs gentils-hommes et serviteurs du prince; on la pique, on l'expérimente, on lui met des chandelles devant les yeux; on crie à ses aureilles, on la menace de la fouetter; on rit bien haut devant elle : elle reste les yeux ouverts et ne bouge; elle est toujours évanouie. « C'est un vrai miracle, disent les uns; il est à croire que Dieu a envoyé cette maladie pour notre conversion et reconnaissance du saint Sacrement. — C'est tout abus, disent les autres, tout se fait par art magique. » Ils font sortir la mère et la mènent au logis de Jehan de Sens, l'un des honorables huguenots de la ville; on la met en une belle chambre; on lui allume du feu, on la fait coucher, on lui baille pour compagnie une chambrière fort experte en interrogatoires : toute la nuit elle l'interroge. La damoiselle, femme dudit de Sens, l'interroge aussi, visite ses accoustrements, sa bourse et sa coëffeure. La mère leur conte le tout. Elles font semblant d'en estre fort émerveillées, et lui font toute courtoisie; elles contrefont les catholiques et disent à la mère : « Vous pouvez sans crainte vous découvrir à nous, comme femmes font les unes envers les autres. » La mère les remercie, dit que beaucoup de seigneurs ont parlé à elle au logis où est sa fille; qu'elle leur a dit toute la maladie, et que quand ce serait pour endurer la mort elle n'en pourrait dire davantage.

» Le mari et le chartier sont mis aussi en une chambre à part. On les interroge l'un après l'autre; on visite tous leurs accoustrements, même leurs bourses. On trouve en la gibessière de Loys plusieurs petites besognes données par gens de bien à Nicole à son départ de Laon, comme quelques pourtraictures, colets, couvrechefs, manches, devanteau (tablier), heures, chappelets, et autres petites choses.

» Le lieutenant de la ville, maître Pierre Grouchet, huguenot, fut envoyé de par M. le prince pour visiter la patiente et interroger son mary et le chartier, et de tout faire procès-verbal. Mais voyant que leurs réponses et ce qu'il voyait en la patiente ne convenaient ni à sa conscience ni à sa religion, il ne voulut rien escrire et mit la partie au lendemain.

» Je ne veux oublier dire ici que cette nuit plus de vingt-cinq officiers et aides de camp du seigneur prince vinrent secrètement au logis du curé, où j'estais, le priant de leur donner des prestres pour les confesser. Ce qui fut fait, et à une heure après minuit ils se rendirent à l'église pour ouïr la messe et recevoir la communion du saint Sacrement.

» La nuit suivante, beaucoup de gentils-hommes en firent le semblable, et ne voulaient que cela fût sçeu des autres ni divulgué. »

— Pourquoi se confessent-ils ?

Parce qu'en qualité de serviteurs du prince, ils peuvent être employés à la garde de Nicole, et ils craignent que, « si elle a encore le diable au corps », elle ne les accuse, comme elle accusait à Laon et à Vervins ceux qui ne s'étaient pas confessés.

CHAPITRE DEUXIÈME.

Dimanche des Rameaux, 7 avril. — Nicole mange, la première nuit de son séjour à la Fère. — Raisons de ce prodige. — Le prince fait conduire Despinois auprès de Nicole. — Le chanoine est accusé de magie. — Sa réponse.

« Le lendemain, dimanche des Rameaux, sur les cinq heures du matin, je voulus aller à matines en l'église du château. Je rencontre Hilaire Quenu, huguenot, qui avait veillé la patiente. Je le salue, lui demande comment la femme se porte.

— Bien, répond-il.

— A-t-elle parlé, a-t-elle mangé ?

— Oui.

— Allons, cela va bien. Dieu en soit loué. »

Le premier sentiment de cet homme franc et loyal est celui de la joie que lui cause la guérison inattendue de Nicole. Tout à l'heure il devinera le parti qu'en voudra tirer la calomnie, et sa joie se mélangera de quelque amertume. Mais ce cri : « Cela va bien, Dieu soit loué ! » qui lui échappe si spontanément, prouve la droiture de son cœur et combien il était éloigné de craindre, de prévoir même, les soupçons de la malveillance.

« Incontinent, je fais appeler Loys. Il arrive bien joyeux, me dit que sa femme se porte bien.

— Avez-vous couché dans sa chambre pour me raconter ?

— Non, dit-il, mais vers minuit l'on m'appelle; j'entends ma femme dire ces mots :

— *Tôt, tôt, que l'on me donne Dieu!*

» Les gardes s'approchent et lui répondent :

— Eh bien, ma mie, vous aurez Dieu. Mais ne voulez-vous point manger devant?

— Je le voudrais bien, hélas! il y a cinq jours que je n'ai rien pris.

— Pourquoi?

— Je ne sais; mais il n'a pas tenu à moi; j'ai essayé et je n'ai pu.

— Que désirez-vous manger?

— Du *flans* (tarte).

— Ne mangeriez-vous point aussi un potage?

— Oui, très-volontiers.

» Ils lui font un potage au cerfeuil. Elle mange et ne parle plus d'avoir Dieu.

» Je fus bien émerveillé à ces propos. Je me hâte de l'écrire à M. notre doyen, le priant de me faire parvenir tous les actes du Sauvoir, de Marle, Vrevin, etc., sur la dernière maladie de Nicole pour m'en servir au besoin, en cas qu'il y eût calomnie et que M. le prince ne voulût rien croire de la maladie. Je renvoie Antoine Robert à Laon. Je crois que M. le doyen aura été bien étonné de cette nouvelle, comme aussi chacun, ayant vu ce qui était advenu devant. »

Cet incident a exercé la plume de notre historien laonnois M. Melleville : nous ne disons pas son attention. Car l'ordre des événements interverti et surtout le jugement porté sur le fait de cette guérison et sur ses résultats indiquent de sa part un examen ou nul ou peu sérieux. Ainsi, persuadé sans doute qu'au défaut d'un nouveau miracle, toute croyance aux précédents devient impossible et la fourberie manifeste, il déclare que « cet incident inattendu vint jeter un grand jour sur toute cette affaire ».

C'est aussi notre avis, et cette proposition deviendra la nôtre, mais dans un sens tout opposé. Nous allons donc prouver que cet incident, en réalité, devait servir et servit puissamment à la confirmation authentique des miracles accomplis.

C'était, à la vérité, un étrange événement que cette guérison subite en de telles circonstances. Les protestants ne pouvaient manquer de publier, comme ils l'ont fait, que *la farce était enfin découverte; que l'écolière, privée de ses recordeurs,* avait été forcée de finir sa ridicule comédie; que le prince de Condé avait plus fait en une nuit que les prêtres en cinq mois par toutes leurs jongleries.

« En quoi, dit le doyen de Héricourt, le plus grand mal était la diminution de la gloire de Dieu et l'obscurcissement de son miracle, lequel était tenu par eux pour momerie. Mais, à vrai dire, cette conclusion est-elle bonne?... Nicole Obry a mangé à la Fère, est-ce à dire que sa précédente abstinence n'était que feintise et tromperie? C'est ainsi comme si nous disions : Notre-Seigneur a fait plusieurs choses tenues pour vrais miracles en divers lieux : lesquels il n'a point faits en sa patrie. S'ensuit-il donc que les précédents n'étaient vrais miracles? Il a nourri cette femme longuement de la seule viande céleste en plusieurs endroits : à la Fère, il lui a laissé l'usage des viandes communes. S'ensuit-il de ce dernier fait qu'on doive refuser d'ajouter foi aux premiers ?

» Dieu, continue-t-il, fait ses miracles et les termine quand il lui plaît, et n'est à nous l'inquisition de son secret, mais nous lamenter et amender nos fautes... C'est à ceux qui sont du conseil étroit de Dieu de rendre raison de ce souper. »

Les catholiques, prêtres et fidèles, s'humiliaient donc et adoraient sans les comprendre les desseins de la Providence. Mais la suite des événements ne devait pas tarder à leur en donner l'intelligence. Bientôt ils purent reconnaître dans la *maladie* de Nicole, dans *sa venue* à la Fère, l'œuvre d'une miséricorde qui poursuivait ainsi la conversion des protestants, surtout celle de Condé, leur chef; et dans cette *guérison subite,* objet de leurs étonnements, l'arrêt d'une sagesse qui avait résolu d'employer à cette fin, non l'éclat de prodiges nouveaux, mais la puissance des premiers miracles solennellement attestés et confirmés. C'est ainsi que s'en explique Boulèse : « Notre Sauveur et Seigneur Jésus-Christ, montrant qu'il ne veut pas la mort, mais la conversion du pécheur..., se servit des parents mêmes de Nicole pour conduire (remettre) leur fille aux mains du prince de Condé. Et tandis que leur but unique est d'obtenir son retour à Laon, Dieu, cette nuit-là même, rend subitement à la malade une santé parfaite avec l'usage des aliments ordinaires. Sans cette faveur, en effet, comment eût-elle pu rendre par elle-même son témoignage[1] ? »

---

[1] Verum Salvator et Dominus noster Jesus Christus, revera demonstrans se nolle mortem sed conversionem peccatoris, fecit illam

Condé ne verra donc point ce prodige tant de fois accordé aux regards de la foule. Pourquoi? — C'est le secret de Dieu qui s'éclaircira tout à l'heure. Mais une grâce non moins précieuse peut-être lui est réservée. Il lui sera donné d'entendre un triple et irrécusable témoignage. Ainsi les preuves palpables, les signes évidents de la vérité des miracles accomplis, les motifs de conversion, ne lui manqueront pas.

Car le chanoine Despinois, par l'intrépidité de sa foi et l'énergique franchise de son caractère, va confondre toutes les accusations. Il n'exposera pas seulement les faits merveilleux de la possession, les miracles de la délivrance : sa parole habile et forte en démontrera la vérité; il en déposera les preuves contenues dans les actes authentiques. Et telle sera la conviction produite par cette parole, que Condé ne croira pas même devoir en contrôler le témoignage. Libre dès le troisième jour, nous le verrons emporter à Laon l'estime et presque la faveur du prince.

A son tour, la mère de Nicole, également inaccessible à l'intérêt et à la crainte, confessera courageusement la vérité. Plutôt que de trahir sa conscience, elle se laissera condamner à une obscure prison; mais ce ne sera toutefois qu'une menace, et à la suite de cet interrogatoire, elle pourra retourner librement à Vervins.

Nicole, enfin, demeurée prisonnière, se verra exposée durant deux mois à tous les efforts de la séduction et de l'intimidation. Prince, avocats, ministres et jusqu'aux

(parentibus conquirentibus copiam ut Laumdunum ingrederetur) reddi inter manus principis a Condæo. Ubi Deus reliquit illam communi usui vivendi per cibi manducationem. Alias ore non potuisset illa testimonium ferre. (*Rapport au pape.*)

femmes protestantes se disant catholiques, tous la visiteront, essayeront de lui arracher ou l'aveu de la prétendue imposture ou le renoncement à sa foi. Mais, promesses et menaces, tout sera inutile. Elle n'achètera pas sa liberté au prix d'un mensonge ou d'une apostasie. Il faudra qu'une ordonnance royale vienne la tirer des mains de ses juges, sans que tant d'interrogatoires, d'instructions et d'enquêtes aient constaté la découverte du moindre indice de supercherie.

Quoi de plus convaincant que le succès d'une telle épreuve? Ce glorieux témoignage n'achevait-il pas d'imprimer le sceau divin de la vérité au récit des merveilles si bien attestées d'ailleurs par les procès-verbaux et par la voix publique? Que manquait-il donc à Condé, aux protestants, pour y croire, pour abjurer leurs erreurs et revenir à la foi de leurs pères? Rien, sans doute, si ce n'est cette *bonne volonté* à laquelle est promise la *paix*.

Et d'ailleurs, un miracle eût-il eu plus d'efficacité? Trop d'exemples contraires autorisent le doute. Mais assurément pour la postérité, pour nous, il eût été moins utile que cette belle et victorieuse confession. Il n'eût pas pu faire briller sur l'ensemble des faits merveilleux de notre histoire un aussi vif rayon de certitude; tellement que l'œuvre divine serait, ce semble, demeurée incomplète si cette preuve judiciaire en quelque sorte eût manqué à son authenticité.

Jusque-là, en effet, Nicole, quoique abandonnée sans réserve aux expérimentations des protestants, était cependant restée sous le domaine de l'autorité ecclésiastique. Si, bannie de Laon, elle eût vécu bien portante

25.

à Vervins, ou si, par un contraire dessein de Dieu, le prince de Condé, témoin de nouveaux prodiges, l'eût renvoyée à Laon sans autre examen, que serait-il arrivé? C'est alors que les hérétiques et les incrédules eussent eu beau jeu. Ne semble-t-il pas les entendre? — Ah! il vous est commode de crier au miracle! vous avez donné ce nom à la *comédie* que vos prêtres ont jouée. Mais si votre Nicole eût été remise aux mains de juges impartiaux; s'ils avaient pu lui faire son procès, poursuivre des enquêtes, interroger, menacer, incarcérer au besoin les témoins et les auteurs du scandale, oh! alors!... — Eh bien, quoi? toutes ces exigences ont été satisfaites, toutes ces conditions réalisées. A quoi ont-elles abouti? Elles n'ont servi qu'à démontrer la complète impuissance des ennemis de ces beaux miracles. Malgré tout leur zèle, ils n'ont pu léguer à leurs descendants, hérétiques ou incrédules, ni un livre, ni un document, rien qui en puisse affaiblir la certitude : rien absolument qu'une négation sans preuve, dont ceux-ci se font les complaisants échos [1].

Cette impuissance fait notre force et notre triomphe.

Aussi, bien loin que cette guérison inattendue de Nicole nous puisse arracher aujourd'hui une plainte ou un regret, notre foi y trouve un nouveau motif d'admiration pour la sagesse de Dieu, de reconnaissance pour sa bonté.

Et c'est à bon droit que nous conclurons en retour-

---

[1] M. Dupeuty va plus loin. Les protestants, dit-il, « ne pouvant dérober ce miracle à la connaissance de leurs contemporains, témoins oculaires, firent tous leurs efforts pour la dérober au moins à la postérité. Ils achetèrent à quelque prix que ce fût et brûlèrent aussitôt tout ce qu'ils purent trouver de ces livres qui faisaient le récit de ces merveilles. » (Manuscrit de M. Dupeuty.)

nant contre M. Melleville le trait parti de sa main : « *Oui, cet incident inattendu est venu jeter un grand jour sur toute cette affaire.* » Un grand jour, une grande lumière, assurément ; mais non pas telle qu'il lui a plu la voir et la faire voir à travers le prisme d'une décevante et fatale prévention. Le temps était venu de dissiper ce mirage. Dieu veuille que nous y ayons réussi !

Revenons maintenant à l'intéressant récit du chanoine Despinois.

« Après les matines, continue-t-il, je m'en allai dire mes heures au jardin du château. Là se pourmenaient plusieurs gentils-hommes. L'un d'entre eux m'approche, c'était M. de Séchelle. Il me salue, me dit qu'il est mon ami, et qu'il est tout disposé à me faire plaisir, pour l'amour de mon frère le conseiller de Laon. Il m'interroge sur la maladie de Nicole : je lui en dis une partie ; il fait semblant de me croire.

— Je vous ai vu au collége de Laon, à Paris[1], reprend-il aussitôt. Vous étudiiez lors en l'art de magie ; je crois bien pour moi que Nicole a été possédée d'un diable. Il est facile par art et incantation mettre un diable au corps d'une personne, fût-elle loing de cent lieues[2].

— Pour moi, lui dis-je, je ne le crois pas. Et puis, jamais je n'ai étudié en magie ; je ne sais pas même ce que c'est.

[1] Collége de Montaigu.
[2] Ainsi plusieurs parmi les protestants étaient bien persuadés de la possession de Nicole. Mais comme il fallait trouver le clergé coupable, on l'accusait d'en être l'auteur, au moyen des procédés de l'art magique. La mère de Nicole n'échappa point elle-même à cette calomnie. C'était toujours une comédie ; mais le diable du moins en était le principal acteur, et sa présence expliquait tout ce qui est inexplicable aujourd'hui pour nos contradicteurs.

» Il soutient que j'y ai étudié et me prie d'en conférer avec lui.

— Vous pensez donc, monsieur, que je suis un enchanteur et que je puis envoyer des diables à ma fantaisie?

— Oui, répond-il.

— Nul homme n'a cette puissance. Cela n'appartient qu'à Dieu seul[1]. Et bien vous en prend. Car si j'avais ce pouvoir, je voudrais combattre un camp moi seul, parce qu'il est plus de diables qu'il n'y a d'hommes et de femmes au monde; et vous assure que par expérience j'en ferais entrer deux au corps de M. le prince et un en chacun de vous.

» Il se prend à rire et me demande si je le ferais.

— Oui, certes, je le ferais, parce que vous ne voulez rien croire de la maladie de Nicole.

» Là-dessus, je m'en vais dire la messe en la chapelle du château.

» Sur les neuf heures, le lieutenant Grouchet vient me dire qu'il a charge de M. le prince de me mener voir Nicole.

— Pourquoi? dis-je.

— Je ne sais, répond-il.

» Et je le suis. En arrivant je donne le bonjour à Nicole. Elle me salue.

— Comment va? lui demandai-je.

— Bien, dit-elle.

» Le lieutenant me fait lui adresser cette question :

---

[1] L'obsession et la possession, Dieu le permettant, sont quelquefois l'effet d'un maléfice. (Voir saint Jérôme, *Vie de saint Hilarion*, — Delrio, l. III, p. 4, q. IV, sect. VII.)

— Avez-vous mangé ?

— Oui, répond-elle.

— Quoi ?

— Du flans et de la souppe.

— N'avez-vous mal nulle part ?

— Un peu en la gorge.

» Là-dessus, je demande au lieutenant si je devais adresser d'autres questions.

— Non, dit-il.

» Nous retournons ensemble.

— Monsieur le lieutenant, lui dis-je, j'ai eu grand pœur dans la chambre de cette femme.

— Pourquoi ?

— C'est que vous et ceux de votre religion avez opinion que je suis enchanteur, et je craignais qu'en ma présence elle ne tombât malade. Vous n'auriez point failli à m'en imputer la cause.

» Il se prit à rire et se partit de moi.

» Un homme de bien, Régnault Reinguart, sergent, me donna à disner en son logis. Ce qui fut sceu par huit ou dix huguenots de Laon, qui étaient accourus à la Fère à la suite de Nicole. Ils suscitent les gens de Mgr le prince pour envoyer sur le soir chez M. Reinguart des pages et laquais, comme pour y loger, afin de le tourmenter. Ils restèrent là pendant quatre heures, faisant le tapage en la maison. A la fin ils délogent, et l'un d'eux dit en partant :

— Si vous n'eussiez point soutenu le prestre de Laon vous n'auriez point eu cette visite.

» Un autre, Nicolas Lefort, marchand, me donna à souper en sa maison. Incontinent il fut machiné contre lui de le mettre en prison. Ce qui fut faict le lendemain. »

Ainsi s'observait la justice sous les yeux du prince de Condé, grand chef des prétendus réformés.

CHAPITRE TROISIÈME.

Entrevue de la mère de Nicole avec le prince de Condé. — Elle repousse ses offres de fortune. — Réponses pleines d'énergie et de bon sens. — Les menaces n'ébranlent pas son courage.

« Le soir même de ce jour, M. le prince revint assez tard de la chasse. Après son soupper, il mande la mère de Nicole. Voici ce qu'elle m'a raconté par après :

» Arrivée en la chambre dudit seigneur, je le salue bien humblement; il se défule devant moi, me fait approcher, me prend la main et dit :

— Ma mie, me connaissez-vous?

— Nenni, monsieur, Dieu veuille vous cognoistre.

— Qu'êtes-vous venue faire en cette ville?

— J'y ai amené ma fille, laquelle était malade, et qui a été cinq jours sans manger, afin qu'il plaise à M. le prince de la veoir et mander au lieutenant de Laon la laisser r'entrer dedans la ville, où il me semblait qu'elle mangerait, comme il était déjà arrivé.

— Qui vous a contraint de venir?

— Personne.

— Qu'est venu faire le chanoine avec vous?

— Parce que nous sommes simples gens, et que n'avons accoutumé parler à grands seigneurs. M. Despinois, chanoine, nous a tenu compagnie, par compassion qu'il a de nous, afin de parler audit seigneur le prince.

— Avez-vous veu autrefois M. le prince? Le connaissez-vous?

— Nenni, monsieur.

— Eh bien, c'est moi. Or çà, ma mie, dites-moi la vérité, car je suis bon prince et ne veux nuire à personne, mais user de miséricorde vers ceux qui, librement et sans contrainte, diront vérité de ce qu'ils seront interrogés : et, au contraire, ceux qui la confesseront par force, je les ferai grièvement punir et seront exemplaires aux autres.

» Je ne réponds rien.

— Or çà, ma mie, je vous *donnerai cent écus*, et dites-moi quel est le premier qui a été vous trouver pour faire estre votre fille malade, et pour aller jouer ses jeuz à Laon?

— Personne, monsieur. Mais tout est advenu par la volonté de Dieu. Dont ce poise moi, car il nous couste beaucoup. Nous avons laissé notre marchandise et avons beaucoup despendu (dépensé). Dieu en soit loué!

— Ma mie, on sait bien que cela ne vous coûte rien. Mais, au contraire, l'évesque et le clergé de Laon vous ont promis et donné beaucoup. Mais vous ne les connaissez point encore. Quand ils auront fait de vous, ils s'en moqueront. Partant, ne doubtez à me dire la vérité. *Je vous donnerai les cent écuz que je vous ai promis, et je vous donnerai encore cette couppe d'argent que voyez, et vous ferai riche et vos enfants...*

— Monsieur, je vous assure que M. de Laon, ny les chanoines, ne m'ont rien promis ny donné. Hélas! les gens de bien qu'ils sont! ils ont eu assez à faire. M. l'évesque a eu tant de mal à jeusner et à prier Dieu qu'il en est devenu tout maigre et tout piteux. Les autres chanoines et tous les autres religieux et prestres de Laon ont eu tant de peine à faire les processions que nous en sommes grandement tenus à eux ; tellement, que si j'avais puissance leur donner cent escuz et davantage, je ne leur aurais point satisfait.

— Qui est-ce qui a payé les frais et dépens que vous avez faits chez le commandeur de Puisieux ?

— Personne, mais le bon seigneur, après qu'il eut vu qu'il n'y avait moyen de santé en ma fille, et que beaucoup de gens nous voulaient mal, il nous a retirés en sa maison, où il nous a traitez à ses dépens et lui en a coûté beaucoup.

— Le chanoine qui est en cette ville vous est-il parent, et le connaissiez-vous avant que d'aller à Laon ?

— Non, monsieur. »

Ici, de nouveau, le prince descend à ces basses et odieuses imputations que notre respect pour le lecteur nous interdit de reproduire. Cette mère justement offensée les repousse avec indignation et les détruit par les preuves les plus claires.

« — Ma mie, je vois bien que vous n'êtes pas telle que je pensais, car vous êtes une rusée et assurée menteuse. *Le chanoine m'a dit tout le contraire, et crois qu'il dit vrai*[1]. Partant, regardez de dire comme lui et

---

[1] Nous ne nous appesantirons pas sur ce mensonge. Nous devons toutefois faire remarquer que le prince, dans ses enquêtes, paraît trop souvent préoccupé, non de l'amour de la vérité, mais du désir et de l'idée préconçue de « trouver chargé où le révérend père évesque, ou le vénérable clergé, ou le cordial Despinoys, ou le charitable commandeur, ou tous, ou quelqu'un d'iceux ». (Boulèse.)

je vous tiendrai ce que je vous ai promis, ou autrement je vous ferai desmentir par ledit chanoine qui vous maintiendra le contraire, et on fera telle justice de vous et de votre fille qu'il en sera parlé à cent ans d'ici.

— Monsieur, je ne vous puis dire autre chose et ne crains ni chanoine ni autres. Car s'ils disent autrement, ils pécheront contre vérité, et pour cela j'endurerai *le fer, le feu et la mort.*

— Si vous ne me dites la vérité, je vous envoie tout à l'heure en *basses-fosses.*

» Et commande à ses gens de m'emmener. Un me prend par le bras. Je dis :

— Monsieur, vous ferez de moi ce qu'il vous plaira. Je suis en votre puissance; je ne puis vous dire autre chose que la vérité, et vous assure que si j'eusse senti quelque finesse et fausseté en la maladie de ma fille, nous ne fussions point venuz ici. Mais nous n'en craignons rien.

— Dites-moi qui a incité et recordé votre fille à dire ce qu'elle a dit, et je me contente.

— Ce n'a été personne du monde. Je serais bien marrie que ma fille eût offensé quelqu'un. Et ce qu'on dit qu'elle a dit, je vous assure que c'est le diable qui parlait en son corps : c'est pourquoi jamais elle n'en a eu mémoire. On nous connaît bien : nous sommes, la grâce à Dieu, gens de bien.

— Allez, ma mie, allez, je vous assure que je vous ferai changer de propos et dire vérité avant qu'échappiez de mes mains.

» On la reconduit au logis de Jehan de Sens. Là encore, ledit de Sens s'emploie bien fort à l'interroger de plusieurs points touchant la maladie de sa fille, disant que c'était chose manifestement appostée. Elle le dénie, maintient le contraire et lui conte la vérité.. »

CHAPITRE QUATRIÈME.

Lundi 8 avril 1566. — Deuxième entrevue du chanoine Despinois avec le prince. — Celui-ci lui fait prêter serment de dire la vérité. — Il voudrait le forcer à nier les effets merveilleux du saint Sacrement sur Nicole.

« Le lundi 8 avril, je dis la messe en l'église de Saint-Montain de la Fère; puis je vais me promener dans la court et les jardins du chasteau, afin de donner occasion à M. le prince de me mander. On ne me dit mot. Je vois porter la viande pour le dîner dudit seigneur. Je m'en retourne chez le curé. Vers midi je vis arriver maître Adrien Cotte, m'apportant en grande diligence, de la part de notre doyen, les actes que j'avais demandés dont j'ai été fort réjoui.

» Cependant le bruit courait dans la ville que M. le prince avait mandé un prévot des mareschaulx pour me faire mourir, avec Nicole et sa suite. Je ne m'en étonne point. Je me recommande à Dieu.

» Vers une heure, un valet de chambre de M. le prince, *la Fontaine, dit Genuitte,* me vient quérir pour parler audit seigneur. Je m'y en vais. A peine suis-je entré au chasteau, qu'on avalle le tappe-cul (on baisse le pont-levis). On m'introduit incontinent dans la chambre du prince. Je trouve Monsieur couché entre deux draps, ayant un pourpoint de satin blanc. Madame était assise sur le bord du chalit (bois du lit). Je lui fais la révérence telle que je pouvais. Il me dit :

— Dieu gard! (*Dieu vous garde!* Belle forme de salut, bien au-dessus de nos formules.) Puis me fait approcher de son lit et continue :

— D'où êtes-vous?

— De Guise, monseigneur.

— Depuis quel temps demeurez-vous à Laon?

— Depuis huit ou neuf ans.

— N'est-ce pas vous qui m'avez parlé samedi, à la sortie du jeu de paume?

— Oui, c'est moi.

— Êtes-vous bien mémoratif de ce que vous m'avez dit?

— Parfaitement.

— Êtes-vous prêtre?

— Oui, monsieur.

— Boutez la main au pik (sur la poitrine)[1].

» Je la mets sur la poitrine, et me dit :

— Or çà, mon enfant, vous jurez votre Dieu, Père et Créateur : J'entends le grand Dieu, créateur du ciel et de la terre. Vous renoncez à votre part de paradis, prenez participation au feu d'enfer, si vous ne me dites la vérité de ce que je vous demanderai?

— Oui, monsieur, je vous la dirai et ne vous cèlerai rien, et prie Dieu, très-bon et très-grand, que si d'aventure en aucune de mes réponses, j'ai menti ou viens à mentir, que je meure aussi subitement que fit Ananias devant saint Pierre (p. 536).

[1] Forme de serment que rappelle cette expression encore en usage : « *La main sur le cœur, sur la conscience.* »

— Par le serment que vous avez fait, dites-moi, vous ai-je mandé de venir par-devant moi, et de m'admener cette femme ?

— Non, monsieur.

— Qui donc vous a fait venir ?

— La pitié et la compassion que j'ai eue d'elle : étant vendredi en l'église de Vaux, il y avait deux de vos provoyeurs qui entendirent cette femme se lamenter et crier fort amèrement qu'elle mourait de faim, demandant qu'on la fît mourir tout d'un coup, sans la faire tant languir. Ce qui était si pitoyable à ouïr que lesdits provoyeurs en pleuraient et demandèrent pourquoi on ne la laissait entrer en la ville. On leur dit que le lieutenant s'excusait sur vous, et ajoutèrent que, si vous l'eussiez vue en tel état, vous en auriez pitié. Ce qui m'a ému de l'accompagner, et venir par-devers vous.

— C'est l'évêque ou le chapitre qui vous ont envoyé ?

— Non, j'y suis venu de mon libéral arbitre [1].

— Nicole, son mary ou sa mère, vous sont-ils parents ?

— Pas du tout.

— Pourquoi donc avez-vous été tant près d'elle ?

— Pour l'honneur de Dieu.

— Ne me dites-vous pas samedi que vous me priiez d'avoir pitié de cette femme ?...

» Je ne réponds rien, pensant qu'il voulût en dire davantage.

---

[1] Cette réponse ne contredit pas une autre parole de Despinois rapportée ailleurs : « Aucuns me dirent que, puisque j'avais fait déjà si bonne œuvre,... je ferais beaucoup si je lui assistais et tenais compagnie jusques à la Fère. » C'était un encouragement tout privé, non un ordre officiel.

— Répondez, et gardez-vous de mentir, ou je vous ferai connaître comment un menteur doit estre accoustré. Je n'ai pas encore vu la jeune femme, mais j'ai parlé à sa mère, qui est une *fine femme*. Toutefois, elle m'a avoué la vérité, et m'a dit toute autre chose et bien répugnante à ce que vous voulez me dire.

— Monsieur, je ne vous ai dit et ne vous dirai que vérité, quand ce serait pour mourir. Car vous m'avez tellement assermenté, que quand je voudrais mentir, je n'oserais, et aimerais beaucoup plus perdre mon corps et mes biens que mon âme.

— Que répondez-vous à ce que je vous ai dit?

— Je réponds : Oui.

— Ne m'avez-vous point dit, qu'il y avait cinq jours qu'elle n'avait mangé?

— Oui.

— Avez-vous toujours été avec elle?

— Non.

— Comment donc le savez-vous?

— Je le lui ai entendu dire à elle-même, et l'ont ainsi testifié trois notables personnages de Laon, députés par la justice pour voir ce qui se ferait en ce voyage, et le rapporter. De quoi j'ai l'acte sur moi, s'il vous plaît les voir, ensemble les attestations faites à Pierrepont, Liesse et en Vaulx.

— Je ne veux rien voir, mais seulement ouïr votre parole. Vous me semblez de libérale condition, pour me dire la vérité. Ne m'avez-vous point dit que cette femme, étant malade, ne revenait à elle que quand on lui montrait *votre Sacrement*?

— Oui, je l'ai dit et le répète.

— Ne m'avez-vous point dit qu'elle ne mangerait point si elle n'était à Laon?

— Non, je n'ai point parlé ainsi, *je n'ai présenté qu'un doute.*

— Si fait, vous me l'avez dit.

— Monseigneur, vous me pardonnerez, s'il vous plaît, puisque vous voulez que je vous dise vérité, je suis contrainct vous dire que je n'ai point parlé ainsi, car je ne puis parler du futur.

— Qu'est-ce donc que vous avez dit?

— J'ai dit que *nous avions opinion qu'elle ne mangerait qu'elle ne fût à Laon.*

— *C'est vrai, vous me l'avez dit ainsi.* Mais, dites-moi, a-t-on montré *votre Dieu* en cette ville à cette femme, pour la faire revenir à elle?

— Je crois que non. On me l'a dit ainsi.

— Toutesfois elle a mangé, elle a beu, et de plus elle se porte bien. Ne l'avez-vous pas vue manger?

— Non, je ne l'ai point vue.

— Comment, non? Et pourquoi? J'avais hier ordonné qu'on vous y menât, et qu'on la fît manger en votre présence.

— En effet, le lieutenant de cette ville m'y a mené; j'ai parlé à elle; elle m'a dit avoir mangé du flans et du potage, ce que je crois, parce qu'elle me l'a dit.

— Elle se porte bien, elle n'est plus malade?

— Je le pense; seulement, elle m'a dit hier qu'elle avait mal à la gorge, ce qui me fait croire qu'elle n'est pas entièrement guérie.

» Madame la princesse dit :

— Il ne se faut émerveiller si elle a mal à la

gorge, après avoir été cinq jours sans manger ne boire.

— Madame, je l'ai vue boire quelquefois.

— Or çà, reprend le prince, vous confessez qu'elle a mangé, et mangé en santé ?

— Oui, monsieur.

— Vous savez qu'on ne lui a point montré votre Dieu ?

— Oui, monsieur.

— Que dites-vous de cela ? Quelle explication m'en donnez-vous ?

— Je ne sais ; je n'en puis que dire : cela m'est inconnu ; ce sont des secrets de Dieu, qu'il garde par-devant soi !

— Ah ! vous ne dites pas tout. Cela démontre que *votre Dieu de pâte* n'a pas puissance, puisqu'il n'a su faire manger cette femme, ce qu'elle a fait en cette ville.

— Monsieur, repris-je, notre Dieu n'est point *de pâte*, nous n'adorons pas Dieu dedans la pâte, mais sous l'espèce du pain au Sacrement de l'autel. Or bien aussi, ce Sacrement ne nous est point donné pour faire manger les malades, mais pour exciter nos cœurs et nos âmes à soy, et nous nourrir spirituellement pour la résurrection de la chair et la vie éternelle. Toutesfois j'ai vu que cette femme en a été nourrie et spirituellement et corporellement.

— Or çà, dites-moi, car vous le savez bien, quelles drogues donnait-on à cette femme, et quel breuvage pour lui faire faire les saults et mines qu'elle a faits tant sur l'échaffault que par les rues ?

— Monsieur, je ne crois pas que personne puisse vous prouver qu'on lui a fait autre chose, sinon que la *volonté de Dieu* a permis sa possession diabolique. Pour quelle fin ? je ne le sais. »

(On ne pouvait en effet que conjecturer, car le témoignage de Satan ne pouvait faire foi.)

— Mon enfant, reprend-il, vous vous abusez. Je veux que vous ne sachiez rien de ce qui lui a été fait et donné, et que vous en êtes innocent. Mais il y en a de plus fins que vous, que vous nommeriez bien, si vous vouliez.

— Monsieur, je vous assure que depuis qu'elle a été à Laon et qu'elle est sortie des prisons du roi, s'il y a eu abus ou qu'elle ait eu quelque breuvage, personne ne le lui aurait baillé que moi; car je ne l'ai jamais abandonnée pendant toute sa possession vraiment diabolique, et encore neuf jours durant la maladie qu'elle a eue après.

— Comment? elle a été possédée deux fois?

— Je ne puis vous dire combien elle a été possédée de fois; mais je sais bien que depuis le jeudi vingt-quatrième de janvier qu'elle arriva à Laon, jusqu'au vendredi huitième de février, tant de jour que de nuit, je l'ai vue vraiment possédée d'un ou de plusieurs diables, par plusieurs et diverses fois. Alors, il n'y avait autre moyen d'*alléger ladite pauvre créature que par la vertu et puissance du saint Sacrement de l'autel...* »

CHAPITRE CINQUIÈME.

Suite de l'entrevue du chanoine Despinois avec le prince de Condé. — Rouerie de l'apostat Pierre Cauchon de Maupas, abbé de Saint-Jean de Laon. — Confrontation du domestique de Despinois avec son maître. — Le chanoine, pour toute réponse à l'abbé de Saint-Vincent, prouve son alibi.

« Pendant que je parlais au prince, il y avait dans sa chambre plus de deux cent cinquante personnes, entre autres M. de Genlis, qui était bien proche de moi, M. d'Espaux et M. de Saint-Jean. Celui-ci était venu tout exprès pour me contrarier et me nuire en ce qu'il pourrait, comme il m'a bien fait apparaître. Car en arrivant à la Fère, il avait arrêté mon laquais à la porte et l'avait emmené au château. Là, il le travaille, le recorde; il le menace de le *faire fouetter* s'il ne dit à M. le prince que j'avais mené cette femme à Marle, à Vervins, Pierrepont, Liesse, et ramenée à Vaulx. » — Il ne réussit que trop bien, comme on va le voir. — « Et même un mien parent de cette ville ayant écrit un mot de lettres à M. Faviers » (le cordelier qui prêchait le carême à la Fère) « par mondit domestique, ces lettres furent prises et portées à M. le prince. » Elles avaient pour sujet la maladie de Nicole.

» Après que j'eus dit ce que dessus, le prince pensa quelque peu de temps. Je vis alors l'abbé de Saint-Jean lui faire signe.

» Incontinent le prince me demande quels gens j'avais en ma maison, leurs noms, leur âge. Je lui dis la vérité.

— Comment se nomme votre laquais?

— Claude.

— Son surnom?

— Je n'en sais rien, je ne l'appelle jamais que Claude.

— Est-il bon garçon?

— Comme le valet d'un prêtre.

— Avez-vous quelque reproche à dire contre lui?

— Non, et si je ne l'eusse trouvé bon garçon, je ne l'eusse pas tant tenu, mais il est fort lourdault et ne dirait que vérité, encore qu'*il fût recordé*.

» Ledit seigneur me montre une lettre ouverte, et me dit :

— Connaissez-vous cette lettre ?

» Je la regarde ; elle n'avait ni commencement ni superscription. Je dis :

— Je ne la connais point, et ne sais qui l'a écrite.

— Pensez-y bien.

» Je réponds derechef que je ne la connais point. Il la baille à lire à M. de Genlis. A la lecture d'icelle je reconnais que M. de Motta l'avait écrite à M. le commandeur de Puisieux.

— Connaissez-vous cette lettre de de Motta ? Vous a-t-il écrit autrefois ?

— Non.

— Le connaissez-vous ?

— Oui. Je l'ai entendu prescher à Guise.

— Avez-vous grande familiarité avec lui ? Avez-vous étudié ensemble ?

— Non.

» Il me montre une autre lettre et me dit :

— La connaissez-vous, celle-là ?

— Oui, je la connais, c'est Nicolas Mignot, bourgeois de Laon, qui a épousé ma cousine germaine, qui l'a écrite.

» Il la fait lire par M. de Genlis. Elle n'est point trouvée préjudiciable.

» Le prince, prenant alors un ton fort fâché, me dit :

— Comment avez-vous été assez osé et hardi pour enlever cette femme à Vrevin, ville de mon gouvernement de Picardie, où elle avait été renvoyée par les magistrats de Laon pour bonnes causes ? Et pourquoi l'avez-vous voulu ramener à Laon, hors de mon gouvernement ?

— Mais je n'ai rien fait de tout cela. Il y a trois ans que je n'ai point été à Vervins ni à Marle.

— Je suis bien aise de vous trouver en mensonge. Que direz-vous à celui que je mettrai devant vous et vous maintiendra le contraire ?

— Je ne crains homme qui me l'ose dire et surtout soutenir, qu'aussitôt je ne le rende si kinault (honteux) devant vous, que de sa vie il ne vous voira, ni moi aussi, sans rougir.

— Je vous le ferai voir.

» Il ordonne d'amener mon laquais.

— Connaissez-vous celui-là ?

— Sans doute que je le connais, c'est mon laquais.

— Viens çà, mon ami, lui dit le prince, ne crains rien, dis-moi la vérité. Ton maître n'est pas si puissant pour te nuire que moi pour te sauvegarder.

» Le pauvre garçon, me voyant en la présence de M. le prince, ayant remords d'avoir menti, baissait la tête et n'osait me regarder. Je lui dis :

— Claude, levez la tête, n'ayez point paour, vous êtes devant un bon prince, dites hardiment la vérité et n'ayez pas paour de moi. Je vous promets que je ne vous ferai rien si vous dites vérité; mais si vous mentez, je vous en ferai ressentir.

» M. de Saint-Jean se prend à crier :

— Monsieur, monsieur, voyez, il le menace en votre présence !

— Non fait, répond le prince, il lui commande de dire la vérité et fait bien.

— Viens çà, dit à mon valet le seigneur prince. Ne m'as-tu point tantôt dit que ton maître que voicy avait été à Marle et à Vrevin avec cette femme? et qu'il l'avait ramenée à Vaulx?

— Oui, monsieur.

» Le seigneur me regarde.

— Claude, répondez, y ai-je été? lui dis-je.

— Que sais-je?

— Quoi! que sais-je? Vous ai-je appris à mentir? Qui vous a fait dire cela à monseigneur, vu que ce n'est point vrai?

» Ledit abbé voulait rompre ce propos, mais je continue ma demande, et le garçon me répond :

— M. de Saint-Jean me l'a fait dire.

» Alors j'adresse la parole audit abbé et lui dis :

— Vraiment, monsieur de Saint-Jean, vous êtes un bon maître en mensonge, pour avoir sitôt appris ce pauvre garçon! Mais Dieu est au-dessus de vous qui fera entendre la vérité à monseigneur.

» Lors, je demande au garçon :

— Or çà, Claude, quand est-ce que je suis parti de Laon?

— Vendredi.

— Combien y a-t-il qu'il était vendredi?

— Il y eut hier trois jours.

— En partant où est-ce que j'allai?

— Au giste à Vaulx.

Alors M. de Saint-Jean, déshonorant son caractère, reproduit à son tour l'injuste et vile accusation que nous avons déjà flétrie[1].

---

[1] Nous supprimons encore une fois ces détails, et nous avoue-

— Vous pensez donc, monsieur, que je vous ressemble? lui répond Despinois. Grâce à Dieu, il y a bien différence de vous à moi? N'avez-vous point encore recordé des témoins pour soutenir cette odieuse calomnie?

» Despinois fait alors rendre compte à son domestique de toutes ses démarches. Puis il continue :

— Le prince fait sortir mon garçon et me deffend lui faire mal; puis ajoute :

— Je vois bien que vous dites vrai.

» M. de Saint-Jean voulait continuer ses mensonges, soutenant que j'avais été à Vervins. Je lui dis, me tournant vers M. le prince :

— Je m'étonne comment vous ne vous contentez. Vous dites que j'ai été à Vrevin, à Marle, à Vaulx avec cette femme. Il faudrait donc que j'eusse deux corps; car j'étais, il y a eu hier huit jours, à Saint-Quentin. Le lundi, je tins un enfant sur les fonts de l'église Sainte-Margueritte : consultez les registres du curé, ils en feront foi. Le mardi, jour où Nicole partit de Laon, comme en voilà l'acte, je retournai à Guise. Le mercredi que ladite femme arriva à Vrevin, je fis collation au logis de M. Tranchillon, gouverneur de Guise, avec des commissaires et thésoriers, qui étaient venus de la part de M. Senerpont pour faire les montres (revue des troupes).

» L'un de la compagnie dit :

— C'est vrai, je l'ai vu.

» Continuant, je dis :

rons un regret, c'est de supprimer du même coup l'éclatante justification de ce généreux prêtre. Chose remarquable! lui seul nous a conservé le souvenir de ces attaques dirigées contre son honneur, tant sa vertu s'élevait au-dessus même du soupçon!

— Le jeudi, je revins à Laon au giste, et ladite femme au giste à Pierrepont. Or, regardez quelle distance il y eut, tous ces jours, entre elle et moi. Et de tout ceci, en voilà les actes, que je tirai de mon sein. Mais M. le prince ne voulut point les voir. »

CHAPITRE SIXIÈME.

Continuation de l'interrogatoire de Despinois. — Il explique au prince les preuves de la possession.

— Or çà, mon ami, me dit le prince, ne craignez, je vous prie, ni votre évêque, ni votre chapitre. Seulement craignez Dieu, et dites-moi vérité. Était-ce un diable qui tourmentait cette femme? ou était-ce autre maladie qu'on appelle maladie de *sainct?* ou bien faisait-elle cela d'elle-même? Ne doutez à me le dire. Je vous donnerai les moyens d'être grand et de parvenir.

— Monsieur, je vous remercie bien humblement. Je ne vous dirai que vérité. Pour laquelle maintenir, je ne crains homme vivant, tant soit-il grand ou puissant. Et si bombardes ou pistolles m'étaient présentées pour en endurer la mort, je ne dirai jamais contre vérité. Maintenant, quant à ce que vous me demandez, je vous assure, par le serment que je vous ai fait, que c'était vraiment un ou plusieurs diables.

— L'avez-vous vu? De quelle grandeur, couleur était-il? Dites-le-moi?

— Non, je ne l'ai point vu.

— Pourquoi dites-vous donc que c'était un diable. Votre réponse n'est pas sage; vous vous faites tort de le croire.

— Monsieur, si je ne le croyais, quoique je ne sois pas des plus sages, je serais des plus obstinez du monde et me ferais grand tort, à cause des signes et approbations que j'en ai vus; lesquels ont été approuvez par gens dignes de foi, de notre religion et d'autres de la vôtre qui sont toutesfois savants.

— Cette femme n'a rien fait ni dit qu'un laquais que j'ai ici ne dise et fasse à l'heure même.

— Monseigneur, pardonnez-moi, je ne croirai jamais qu'une créature humaine puisse de soi-même en faire autant.

» M. de Saint-Jean dit à ce propos :

— Ce n'est pas cette femme qui a fait ces choses d'elle-même; c'est vous, c'est votre évêque, avec le doyen et autres qui la recordaient sur l'échafaut. C'est pour cela qu'on ne voulait pas la laisser approcher ni manier par autres que par vous, afin qu'on ne découvrît votre abus.

» Je souris et lui dis :

— Avez-vous vu ce que vous dites ?

— Non, mais on me l'a dit. Aussi ne m'a-t-on point voulu à telles piperies.

— Ne déplaise à monseigneur et à toute la compagnie, mais quiconque l'a dit ainsi à M. de Saint-Jean en a menti. Tous ceux qui ont voulu manier Nicole sur l'échaffaut en présence de toute l'assistance l'ont maniée humainement y étant invités et reçus.. » (Témoin les actes qui en sont dressés.) « Je m'étonne comment vous osez dire tels mensonges à un tel prince que monseigneur. Tant s'en faut qu'on ne vous ait point voulu à ce miracle, qui a été fait, que vous avez été cité par deux ou trois fois pour y assister ; mais vous n'en avez tenu compte.

— Fallait-il donc user de citations pour tels faits ?

— Sans doute, il le fallait, et en qualité d'abbé vous deviez obéir à votre évêque ; et si vous l'eussiez fait, c'eût été un grand bien. Car vous auriez pû en dire vérité à monseigneur, au lieu de quoi vous ne dites que des mensonges comme il vous plaît, ou bien comme on vous a dit.

» Il ne me dit plus rien.

» M. le prince me demande :

— Quels signes me donnerez-vous de la possession de cette femme ?

— Ces signes sont sans nombre, lesquels par adventure vous ne les croiriez point. Et cependant ils ont été vus et approuvez surnaturels par maître Quentin Lemoine, savant médecin de Laon, qui, après avoir eu grand pœur le dimanche, a confessé et publié partout plus que les catholiques que c'était un diable qui tourmentait cette femme.

» M. de Saint-Jean s'écrie, parlant du médecin :

— Ha, le pauvre homme, il ne sait ce qu'il dit ! Monsieur, il perd l'esprit.

— Comment, il perd l'esprit ! Vous faites tort à votre religion, car *il est diacre de votre église de Crépy*; et c'est le premier que vous appelez quand vous êtes malade.

» Il ne dit plus rien.

» Monseigneur me commande de continuer et de dire pourquoi je crois que c'est un diable. Je réponds :

— Je le crois parceque le lendemain que la femme

fut arrivée à Laon, je la vis en l'église, et de prime face je l'estimais insensée ou plaisante. Mais quand ce vint à la consécration et élévation du saint Sacrement, je la vis se débattre de telle furie que je commençai à douter. Partant, le soir je la visitai avec plusieurs autres; je la trouvai au coin du feu. Je lui parle : elle me répond bien sagement. Je la regarde : elle me semble simple, coye et modeste; je regarde son bras gauche, qui était paralysé et n'avait aucun sentiment. Je prends une épingle, et ne faisant semblant de rien, je la fiche dans son bras. Elle ne dit mot... Je parle alors à la mère et lui dis :

— Ma mie, il me semble que votre fille est malade d'un mal surnaturel, qui sera à l'honneur de Dieu et au bien de la république chrétienne. Toutesfois, Dieu ne veut être servi ni honoré par mensonges ni fausseté. S'il n'y a point de votre faute et que la chose soit par la volonté de Dieu, vous êtes en une ville où vous trouverez gens de bien et secourables. Pour moi, je promets ne vous délaisser; mais s'il y a fausseté et abus, je vous assure qu'on fera de vous et de votre fille telle punition que vous aurez regret d'y être venue; et pour moi, plutôt baillerais-je ma ceinture que voilà pour vous lier, et un cent de bourrées de ma maison pour vous brûler.

— Monsieur, je vous remercie, me répond-elle. Je serais bien malheureuse de chercher à abuser le monde. Je ne demande rien à personne. Si vous nous connaissiez, vous ne penseriez point telle chose. Mon mari est homme de bien, et grâce à Dieu, nous vivons assez aisément de notre marchandise sans que personne se plaigne de nous. Toutesfois, puisqu'il a plu à Dieu de fortuner (d'affliger) ma fille, je chercherai les moyens de la faire délivrer. Je l'ai pour cela amenée à M. l'évêque, afin qu'il nous aide, car tous les médecins n'y peuvent rien ; nous ne lui demandons que sa peine, nous sommes logés à notre argent, et quoiqu'il nous en coûte beaucoup, nous ne demandons rien à personne.

» Ayant ce entendu, je m'en allai... Le lendemain je retourne la visiter. Je lui demande comment se porte sa fille.

— Monsieur, elle est accoisée (tranquille) depuis demie-heure.

» Je la regarde. Elle était roide comme une bûche. La mère me dit :

— Monsieur, ma fille est tenue.

» Je lui demande :

— Et quel remède ?

— Il faut, dit-elle, lui bailler le Sacrement. Si vous êtes prêtre, je vous prie de ce faire.

» Je me prépare. J'apporte la sainte hostie, et parce que je ne savais comment on en usait, attendu qu'elle était comme morte, la bouche et les yeux clos, je lui présente l'hostie devant les yeux : elle remue les paupières sans les ouvrir. Je lui présente à la bouche ; elle ouvre les lèvres. (Et cependant elle n'avait rien vu, rien senti, car l'hostie ne l'avait pas encore touchée.) Dans mon étonnement, je demande à la mère si je dois mettre l'hostie dans la bouche.

— Oui, oui, me répond-elle, on le fait ainsi.

» J'obéis, et soudain la patiente revient à elle, disant :

— *Jésus ! Maria ! que j'ai de mal !*

» Je lui demande quel mal elle avait.

— Je ne sais, j'avais l'estomac comme rompu, et soudainement je suis guérie.

» J'en étais émerveillé.

» Je dis aussi au sieur prince la garde qui fut faite la nuit du dimanche, et ce qui advint alors, » en présence de vingt à trente témoins, gens honorables des deux religions. « Je racontai la confession qu'en a faite maître Quentin Lemoine, en présence du lieutenant du Mange. Je lui racontai l'emprisonnement de Nicole; la nouvelle expérience en la prison, et comment maître Jean Carlier s'en alla confus; la confession aussi que firent le lieutenant et les autres assistants; la délivrance de Nicole; la joie des catholiques, et aussi la procession que nous en fîmes » en actions de grâces.

— Oui, monsieur, dit alors quelque protestant de la compagnie, ils firent procession et y firent porter, devant la demoiselle qui jouait son personnage, un grand plat où était ce qu'elle avait vomi, et criaient à haute voix : *Voilà le saint vomissement de sainte Nicole!*

» J'interromps ce plaisant et lui dis :

— Laissez donc dire cela à M. de Saint-Jean, et ne le suivez pas dans ses inventions. Vous dites aussi vrai que lui. De qui tenez-vous cela? C'est une fourberie, car moi-même j'ai jeté au feu ce qu'elle a vomi; dont j'ai grand regret, car si je l'eusse gardé, on aurait pu connaître quelles drogues M. Carlier avait données à Nicole.

» Il voulait répondre; M. le prince lui impose silence et m'ordonne de poursuivre mon récit, me disant :

— Eh bien, après la procession, qu'avez-vous vu davantage?

— Elle fut portée à la messe, et après, conjurée,

puis logée chez le commandeur, où elle avait dix hommes et compagnons pour la garder avec moi.

» Comme le prince me disait toujours de continuer, je lui raconte tout ce que j'ai vu de surnaturel en ladite Nicole : ses horribles ébats, sauts et contorsions ; comme elle contrefaisait dans son parler le langage de tous les étrangers et citoyens, qu'elle appelait par nom et surnoms. Je lui racontai l'histoire et conversion de l'Allemant, les prodiges de toute sorte, les expériences faites même par les religionnaires et leurs médecins. Je lui racontai ses horribles convulsions et transports à la vue de la sainte eucharistie; la maladie qui suivit la délivrance; sa guérison par l'extrême-onction; ses rechutes quotidiennes toujours guéries par la réception du corps de notre Sauveur.

» Je racontai aussi les fâcheries que les huguenots de cette ville lui avaient faites. Comment M. de Genlis, — qui était là présent, — était venu à Laon avec grande compagnie, duquel les huguenots nous avaient fort menacés.

— Oui, répond M. de Genlis, entre vous, prêtres, vous vous êtes armez contre moi, comme m'a dit votre lieutenant; vous m'avez fait paour.

— Monsieur, je suis bien aise que vous ayez eu pœur ; je vous assure donc que la pœur était réciproque, car, pour ma part, je vous souhaitai plus d'une fois hors de la ville.

— Quel bâton aviez-vous alors? me demanda-t-il.

— Ma dague (espèce de poignard), mon épée et mon bréviaire, avec la grâce de Dieu que j'estimais davantage.

» Je dis de plus que M. de la Chapelle des Ursins, et

après lui un nommé Poullet, prévôt des maréchaux à Senlis, avaient diligemment écouté et interrogé Nicole. Je racontai par après tout ce qui avait été fait au Sauvoir après qu'on eut chassé Nicole de Laon, comme il est porté par l'acte du greffier. Lequel je présentai au sieur prince, qui ne voulut le voir. Partant je lui en fis le discours bien au long. Dont madame la princesse en avait telle pitié qu'elle en mit par deux fois son mouchoir à ses yeux et dit que c'était grande pitié.

» Je dis encore que les chants, la messe et l'élévation du corps et du sang de Notre-Seigneur Jésus-Christ la faisaient toujours revenir à soi. Toutes ces choses furent ouïes par ledit seigneur et madame.

» Il dit alors :

— Je vois que vous avez été fort diligent à tout observer, et que vous avez eu grand'peine à l'entour de cette femme. Qu'est-ce qu'on vous a donné pour tout cela ?

— Rien, assurément.

— Vous en attendez cependant quelque chose ?

— Oui, certes.

— Et quoi ?

— Le paradis. Ce que j'en ai fait a été pour l'honneur de Dieu ; je crois qu'il me le rétribuera.

» Il me renouvelle alors les demandes qu'il m'avait déjà faites en particulier.

— Connaissez-vous cette femme ? Êtes-vous son parent ?

— Non, ai-je répondu.

— Mais qui vous a donc incité à tant assister à ces gens-là ?

— Il a plu à Dieu qu'ainsi je l'aie fait, et je crois que lui seul m'y a incité.

— Cela était bon pendant qu'elle était possédée, comme vous dites ; mais après, pourquoi ne l'avez-vous abandonnée ? Vous me faites croire qu'il y a quelque intelligence entre elle et vous.

— Monsieur, vous me pardonnerez ; c'est que maître Garlier, celui qui a voulu empoisonner Nicole en la prison, et avec lui ses adhérans de la religion faisaient courir le bruit que tout ce miracle n'était que fable et chose appostée ; que je recordais Nicole, et qu'aussitôt que la farce serait jouée, nous ne manquerions pas, nous autres prêtres, *de la faire mourir*, craignant qu'après elle ne nous accusât et que l'abus ne fût découvert. Comme nous ne craignons rien et que tout est vérité, j'ai été ému, par l'honneur de Dieu et de l'état ecclésiastique, à faire ce que j'ai pu pour l'aider à recouvrer sa santé : tellement que, pour avoir sa vie sauve, volontiers j'eusse donné moitié de la mienne, afin que sa vie et elle fussent un témoignage vivant de ce qui est advenu et de ce qu'on lui a fait. Il a plu à Dieu que, malgré tout le mal qu'on lui a su faire, elle se porte encore bien ; dont je suis bien aise. Voilà pourquoi, monsieur, je n'ai douté vous l'amener afin que, par sa bouche, vous ou les vôtres puissiez savoir ce qui en est. Et si vous y trouvez autre chose que vérité, je vous abandonne mon corps pour endurer ce qu'il vous plaira.

— Mon ami, me dit le prince, je n'ai point encore vu la femme. J'ai parlé à sa mère : *elle ne m'a pas dit ce que vous me dites*.

— Pour moi, je vous dis vérité, et si elle a parlé

autrement que moi, elle a parlé contre sa conscience et contre vérité. »

CHAPITRE SEPTIÈME.

Suite de l'interrogatoire du chanoine Despinois. — Le prince soutient qu'un laquais en fera tout autant que Nicole. — Réponse et gageure de Despinois. — Interrogatoire de Nicole. — Un ministre prêche devant elle. — Despinois réfute le ministre. — Explication du mot transsubstantiation. — Tentatives du prince pour engager Despinois à se faire protestant.

« Le prince dit :

— Vous vous émerveillez à tort de tout ce qui a été fait : sans tant de mystère, on peut en faire autant.

— Monsieur, je ne vous puis avoir dit tout ce qui a été fait. Je ne crois point qu'il y ait homme ni femme qui voulût entreprendre d'en faire autant, voire seulement ce qui a été fait au Sauvoir.

— Si, si ; il y a tel qui le fera aussi dextrement que cette femme. Que voulez-vous me donner si je vous le montre ?

— Monsieur, quoique je n'aye rien à donner, et qu'il ne m'appartienne point promettre quelque chose en votre présence ; toutefois, s'il y a homme vivant qui veuille entreprendre, pendant huit jours, de me représenter par chaque jour deux ou trois actes tels que je lui indiquerai, et que le diable a faits en Nicole, je lui donne dix écus chaque jour, ce qui fera quatre-vingts écus ; et parce que je ne les ai point ici, M. de Saint-Jean en répondra pour moi, et je les lui rendrai.

— Je le veux bien, dit M. de Saint-Jean.

» Alors M. le prince dit :

— Qu'on me fasse venir ce laquais.

— Monsieur, répond quelqu'un, il n'est pas ici.

— Non, repris-je, il n'est pas ici ni en tout le monde, et je défie à tout homme ou femme d'en faire autant, soit par art ou autrement, si Dieu ne lui aide, comme il a fait, je m'asseure, à Nicole, qui n'a commis aucun abus; et ce, je le soutiendrai sur ma vie.

— Mon enfant, reprit le prince, vous seriez perdu. Vous croyez donc qu'il ne se trouverait pas gens assez savants pour vous prouver que ce que cette femme a fait peut se faire par art?

— Monsieur, je ne veux point disputer, mais j'en attends l'expérience. Faites assembler, s'il vous plaît, vingt hommes des plus savants de France; et s'ils exécutent ou font exécuter ce que j'ai vu faire à cette femme, je leur donneray tout mon bien.

— Vous êtes fort assuré.

— C'est la vérité qui m'assure; car de tout ce que je vous ai dit il n'y a un seul mot de faux ni de mensonge. Il y a eu plus de cent mille témoins qui ne me desdiront point.

» Alors ledit seigneur, parlant à moi bien doucement, me dit:

— Or çà, mon enfant, avez-vous occasion de vous plaindre de moi ou de mes gens? Vous a-t-on fait quelque tort depuis qu'êtes en cette ville?

— Nenni, monsieur.

— Je n'ai point encore vu cette femme; toutefois, on m'a dit *qu'elle désire beaucoup entendre la parole de Dieu et même qu'elle y lit tous les jours.* Je ne veux parler à elle que vous ne soyez présent. Que direz-vous si elle n'est plus de votre religion?

— Monsieur, je n'en pourrais que dire. C'est une bien simple femme ; mais je ne puis croire qu'elle oublie les grands biens que Dieu lui a faits *par la vertu du saint Sacrement de l'autel.* Et où elle le ferait, je crois que mal lui en prendrait. Depuis que je suis en cette ville, je ne lui ai point parlé, sinon en présence du lieutenant. Je ne puis croire qu'elle s'aliène de la vraie religion.

— Savez-vous ce que c'est que notre religion?

— La vie de la plupart de ceux qui en sont en rend témoignage.

— Comment? Ne vivons-nous pas bien?

— Il ne m'appartient pas de parler de vous, et crois que vous n'avouez pas vos gens, lesquels foulent et pillent tant les pauvres gens de village que c'est la plus grande pitié du monde!

» Je n'eus pas de réponse [1].

» A l'heure même il fait venir Nicole et me fait sortir jusqu'à ce qu'il me rappelle.

» On me fait entrer dans une chambre voisine, où M. de Saint-Jean ne manqua de m'agacer, me disant que je lui avais fait dire beaucoup d'injures par cette femme, et qu'il en aurait réparation. Je lui répons :

— Je ne lui ai rien fait dire et si vous trouvez que

---

[1] Quelle énergie, quel courage, et quelle prudence en même temps! Il ne veut pas offenser personnellement un prince dans lequel il respecte la majesté du sang royal. Mais, du reste, la vie de Condé n'était guère propre à plaider en faveur d'une religion qu'il avait embrassée, il y avait dix ans à peine, pour plaire à des femmes calvinistes. Depuis son apostasie, ce prince n'avait cessé de conspirer avec l'étranger la ruine du trône et de l'autel. Ses attentats avaient mérité la mort; et c'est en commutation de cette peine qu'il était relégué dans son gouvernement de Picardie. Infidèle à son Dieu et à son roi, ce malheureux prince périt misérablement à la bataille de Jarnac, en 1569, trois ans après ce colloque.

27.

cette femme vous a offensé, faites-en faire justice pendant que vous la tenez.

— Eh! la pauvre sotte n'en a point de mémoire, car vous la faisiez tomber en manie par les breuvages que vous lui donniez.

— Monsieur de Saint-Jean, savez-vous bien ce que vous dites? Vous parlez mieux que vous ne pensez et vous en fais juge. J'ai recordé cette femme, dites-vous; soit. Puis après, je l'ai fait tomber en manie. Ceux qui tombent en manie ont-ils mémoire de ce qu'on leur a appris auparavant? Dites, l'avez-vous déjà vu? Et parlent-ils si pertinemment et si à propos, comme a fait le diable qui la possédait? Puis quel breuvage pouvez-vous inventer qui tienne en manie une personne pendant deux heures, lui laisse un quart d'heure de calme et de bon sens, la reprenne aussitôt, comme votre barbier l'a vu en cette femme? Je m'émerveille que vous ne vouliez point confesser que c'était un diable qui parlait en Nicole. Vous sçavez bien que c'en était un.

» Il ne me dit plus rien.

» Cependant Nicole entre dans la chambre du prince; on m'y rappelle aussi. Le prince me fait approcher de son lit et dit à la femme en me montrant :

— Connaissez-vous monsieur?

— Oui, répond-elle.

— Et vous, connaissez-vous cette femme?

— Oui, monsieur, je la connais.

— Ma mie, dites-moi, quelle maladie avez-vous eue?

— Je ne sais, monsieur, sinon que j'ai été tourmentée d'un diable.

— L'avez-vous vu?

— Oui, je l'ai vu.

— Comment était-il?

— Je l'ai vu avec un linceul blanc; puis après, *tout si fait* (c'est son propre mot) que mon grand-père. Et depuis, comme un grand homme noir, bien fort noir et laid, et toujours depuis l'ai vu bien laid. Quand j'étais couchée, il montait sur ma poitrine et sur ma gorge, tellement que quasi il m'étouffait.

— Or bien, vous n'avez pas été cinq jours sans manger, car vous êtes trop grasse et trop vermeille?

— Sauf votre honneur, monsieur, j'ai été cinq jours et quatre nuits et demie sans manger.

— Pourquoi?

— Je ne sais; il n'a pas tenu à moi. Sitôt que je voulais mettre du pain ou autre viande en ma bouche, je tombais sans connaissance.

— Est-ce que vous n'avez pas mangé en cette ville?

— Oui, monsieur.

— Ne vous a-t-on point baillé des livres à lire? N'y avez-vous pas lu?

— Oui, monsieur.

— N'avez-vous point demandé à ouïr la parole de Dieu? Voulez-vous l'ouïr présentement?

— Oui, répond Nicole, qui ne devait point y entendre plus que dans ses livres.

C'était vraisemblablement la Bible ou les psaumes de Marot.

— Et vous, mon enfant, dit-il à moi, ne voulez-vous pas ouïr aussi la parole de Dieu?

— Monsieur, je serais bien joyeux d'entendre la parole de Dieu.

» Le prince commande de faire venir M. de Spina, l'un de ses ministres. De Spina vient, fait au prince une grande révérence, se met à genoux; ainsi fait chacun. Puis commence son oraison, laquelle je voudrais avoir pour la transcrire ici. Vous voiriez qu'il ne fait que rendre grâces à Dieu de ce que, par sa grande bonté immense et infinie, il avait déchassé Sathan, ennemi de toute nature humaine, hors du corps de cette pauvre femme; qu'il avait bien démontré le soing qu'il prend de nous tous. Ainsi comme, par la mort de son Fils unique Jésus, il nous avait délivrés de l'enfer et des liens du diable; aussi, par son omnipotence, il avait délivré cette pauvre et simplette femme des mains du diable qui a été tant orgueilleux que de se loger dedans son corps [1]. Duquel il serait sorti et aurait été chassé, non pas par un *morceau de pain*, mais par la puissance de Dieu. Que si un morceau de pain était notre Dieu, il faudrait qu'un morceau de pain eût prins nature humaine au sein virginal! Si un morceau de pain était notre Dieu, il faudrait qu'un *morceau de pain* eût enduré mort et passion pour nous! Si un *morceau de pain* était notre Dieu (ce qui serait un blasphème), il faudrait qu'il fût notre juge au jour du jugement! Mais qu'il ne reconnaissait qu'un seul Dieu immortel, invisible, régnant aux cieux et dans les siècles des siècles.

» En signe de quoi, il dit son *Credo* en français, puis après la *Patenostre*, aussi en français. Quand il eut fait son oraison, chacun dit : *Ainsi soit-il*.

» M. le prince fait lever Nicole et lui demande si

[1] De Spina croyait donc à la possession de Nicole? Que va dire M. Douen?

elle avait bien entendu, et si ce qu'on avait dit lui semblait *bon*.

— *Oui*, répond-elle.

» Le prince la renvoie en son logis[1].

» Alors m'adressant la parole, il me dit :

— Et vous, mon enfant, que vous semble de ce que vous avez ouï?

» Je réponds :

— Votre ministre a la langue bien diserte; il a dit parfois quelque chose de bon, mais aussi il a bien blessé ma conscience.

— En quoi? me demande-t-il.

» Il fait retirer chacun à part, et appelle ledit de Spina.

» Je lui dis alors :

— Quand votre ministre a dit qu'*un morceau de pain n'est pas notre Dieu*, il me semble qu'il veut dire que nous, catholiques, nous sommes assez abusez (assez simples) pour croire que notre Dieu soit *pain* ou le *pain* notre Dieu. Car nous croyons en la pure parole de Jésus-Christ qui nous a obligez à manger sa *chair*, à boire son *sang*, si nous voulons avoir la vie éternelle... Ce que votre ministre appelle *pain*, c'est *la blancheur du*

---

[1] Nos lecteurs peuvent apprécier ici la portée de l'intelligence de cette pauvre femme, à qui les incrédules, protestants ou autres, ont fait honneur d'une *comédie* si merveilleusement jouée. C'est leur opinion. Il faut avouer qu'un si rare talent, uni à tant de simplicité, pour ne pas dire plus, serait un prodige plus incompréhensible que les nôtres. Mais de tels instruments sont ceux que Dieu préfère. L'action de sa grâce en devient ainsi plus visible, et la confusion de ses ennemis plus profonde. « *Infirma mundi elegit Deus, ut confundat fortia.* »

Nicole a déjà confondu bien des forts par les merveilles qui ont accompagné ou terminé sa possession. Elle achèvera son œuvre par sa foi invincible.

saint Sacrement de l'autel; nous, nous ne l'appelons que *l'espèce du pain,* » *l'apparence du pain.* « Car, il s'y fait une transsubstantiation : tellement, qu'il n'y a plus de pain, mais tout est fait *chair* pleine, entière et parfaite de Jésus-Christ. »

— Qui vous a appris cela? demande vivement le prince.

— *Ma Mère, sainte Église catholique;* de plus, je l'ai ainsi trouvé dans les écrits.

» De Spina reprend, parlant au prince :

— Il s'arrête sur le verbe substantif EST.

— Ce n'est pas seulement sur le verbe EST que je m'arrête, mais aussi sur le *pronom démonstratif* HOC [1], qui me fait croire que quand Jésus-Christ dit cette parole : HOC, il montrait *ce qu'il tenait, qui était un morceau de pain.*

» Et aussitôt qu'il eut achevé ces paroles : *Hoc est corpus meum,* il bailla le Sacrement à ses apôtres, qui le reçurent et le mangèrent comme étant vraiment *le corps de Jésus-Christ.* C'est pourquoi l'Église chante dans ses offices, qu'*il se donne de ses propres mains : Se dat suis manibus.*

» De Spina reprit :

— Si vous vous arrêtez à cet *hoc,* il faudrait dire, puisque le pain était devenu chair, que la *coupe* dans laquelle il présenta du vin était *devenue sang,* car il a dit : *Hic est calix.*

» Je réponds :

— Si Jésus-Christ avait dit seulement : *Hic est calix*

---

[1] Rappelons-nous cet *hoc,* si redouté de Satan : « C'est *hoc* qui me chasse », a-t-il répété mille fois.

meus, je vous croirais; mais il y a un génitif qui fait entendre ce qui est dedans; tellement que *calix sanguinis* signifie : la coupe de mon sang, et ces paroles, *hic est sanguis meus*, font croire qu'il n'y a point en cela de *figure*, mais, à proprement parler, que le sang était dedans la coupe.

— Il n'y a point de génitif, reprend aussitôt le ministre.

— Si, si, monsieur, il y a un génitif; je l'ai lu dans un livre bien authentique.

» Il soutient que *non*, je soutiens que *si*. Il voulait gager que *non* et moi que *si*[1].

---

[1] En fidèle historien, nous avons dû reproduire l'objection de M. le ministre, et nous lui en laissons tout le ridicule. Pour donner plus de précision à la réponse de Despinois, nous allons rendre, d'après l'ange de l'école, saint Thomas, « la raison de la forme de la consécration du calice ».

« La forme de la consécration du vin est convenable, dit-il, car elle est celle dont le Christ s'est servi, et elle consiste dans ces paroles : *Ceci est le calice de mon sang..... qui sera répandu pour vous.....*, etc. Il y a ici, dit le saint docteur, une expression figurée....., une métonymie....., figure par laquelle on prend le *contenant* pour le *contenu*, de sorte que le sens est celui-ci : Ceci est mon sang contenu dans le calice, duquel il est fait ici mention, parce que le sang du Christ est consacré dans l'Eucharistie pour être le *breuvage* des fidèles, ce que n'implique pas la nature *du sang*; et c'est pour cela qu'il a fallu le désigner par *un vase* qui fût en rapport avec cet *usage*, etc., etc. »

Mais cette forme ne se trouve pas textuellement dans les saints Évangiles!

Nous répondons avec le même saint Thomas « que les Évangélistes n'ont pas eu l'intention de donner les *formes* des sacrements qui, dans la primitive Église, devaient rester *secrètes*, comme dit saint Denis (*De eccles. hierarch.*, cap. 7). Mais ils ont voulu raconter l'histoire du Christ. Cependant on peut retrouver presque toutes ces expressions dans les divers endroits de l'Écriture. Car ces paroles : *Ceci est le calice* se trouvent (Luc, XXII, et I Cor., XXI). Dans saint Matthieu (XXVI) il est dit : *Ceci est mon sang*, le

» M. le prince rompt notre gageure et me demande :

— Pensez-vous donc qu'en notre cène nous ne prenions que du pain?

— Non-seulement je le pense; mais de plus, c'est pour moi chose de foi.

— Mon ami, nous mangeons *le corps de Jésus-Christ et sa grâce* par la bouche de notre foi.

— Comment, monsieur, notre foi n'a point de bouche! Si notre foi avait une bouche, elle ferait confession de soi-même. Mais il est écrit qu'il faut faire confession *de bouche* pour parvenir au salut : *Ore autem confessio fit ad salutem.*

« Et ainsi devant le prince et son ministre, ajoute Boulèse, le chanoine assurément testifia, par ce mot *transsubstantiation* que notre Créateur, Sauveur et Seigneur Jésus-Christ véritablement, réellement et de fait, change en soi la substance du pain et du vin à l'instant que les saintes paroles : *Hoc est corpus meum ;* et, *hic est enim calix sanguinis mei,* etc., sont proférez par le prêtre en l'intention de faire ce que fait l'Église, sur le pain et sur le vin qui, par après, en sont *chair* et *sang,* encore que la blancheur, rondeur, rougeur et autres accidents en demeurent aux sens extérieurs. »

» Le prince fait retirer de Spina, et me prenant à part, me dit :

sang du nouveau testament, etc. Quant aux mots *éternel* et *mystère de foi,* ils viennent de la tradition du Seigneur, qui est parvenue à l'Église par les apôtres, d'après ces paroles de saint Paul (I Cor., XI, 23) : *C'est du Seigneur que j'ai reçu ce que je vous ai transmis.* (De la forme du sacrement de l'Eucharistie, q. LXXVIII, art. 3.)

Nous avons suivi la traduction de M. l'abbé Drioux, t. VII, p. 91 et 93.

— Mon enfant, je vois que si vous vouliez, vous feriez un grand proufit à notre religion chrétienne.

— Je le voudrais bien et prie Dieu m'*en faire la grâce*.

— Non, dit le prince, il faudrait être des nôtres et ouïr les ministres, au nombre desquels vous pourriez être : vous auriez bon appointement, et plus que vous n'avez en votre bénéfice.

— Il est vrai, monsieur, je n'ai pas beaucoup en bénéfice ; ce néanmoins, je m'en contente. J'ai ouï plusieurs fois vos ministres, mais je ne trouvai pas en eux la vérité. Partant, j'ai bien pris résolution ne jamais changer ma religion, en laquelle j'ai été baptisé et nourri jusqu'à présent.

— Avez-vous vu administrer les sacrements de notre Église ?

— J'en ai vu administrer deux.

— Vous les avez donc vu administrer tous ?

— Sauf votre honneur, monsieur, j'en crois sept.

» Il sourit et me demande :

— Lesquels avez-vous vus ?

— J'ai vu faire un mariage à Anisy, et un baptême à Crépy.

— Que vous en semble-t-il ?

— Rien de bon.

— Pourquoi ?

— Parce que la forme de l'Église catholique n'y était point gardée. On n'y faisait nul exorcisme, ce qui me fait croire que la foi n'en était pas bonne.

— Ceux qui y sont baptisez ne sont-ils pas chrétiens ?

— Je ne sais, je les laisse pour ce qu'ils sont[1].

— Avez-vous vu faire la cène ?

— Non.

— Me voulez-vous faire une promesse ?

— Oui, monsieur, pourvu qu'elle soit en ma puissance.

— Je ne vous demanderai chose qui ne soit en votre puissance ! Je vous donne congé de vous en retourner où vous voudrez, mais promettez-moi de vous trouver dimanche à Anisy, où je ferai la cène. Je vous mettrai en un lieu où vous serez caché; personne ne vous verra, vous écouterez et m'en direz votre opinion.

— Mais, monsieur, ce sera dimanche jour de bonnes Pâques, qui est bon jour; je vous prie m'en excuser, s'il vous plaît !

— Vous ferez par là une aussi bonne œuvre :

— Alors, monsieur, je m'y trouverai, puisqu'il vous plaît de me le commander. Si je n'y vais point, c'est que je serai mort ou malade.

— Je vois bien que vous ferez le malade !

— Si je fais le malade, je prie Dieu de bon cœur que ce soit à bon escient.

» Il me dit :

— Touchez là, me présentant sa main.

» Je baise auparavant la mienne, et puis touche la sienne.

— Adieu jusqu'à dimanche, me dit-il.

» Il commande qu'on me donne à boire. Mais on n'en

---

[1] Où il n'y a point intention de faire ce que fait la sainte Église, il n'y a point sacrement.

fait rien. J'avais pourtant bien soif. J'avais parlé au prince pendant *cinq heures.*

» Libre enfin, je m'en retourne chez le curé. »

CHAPITRE HUITIÈME.

Discussion entre Despinois et l'abbé de Saint-Jean. — On fait signer au chanoine ses dépositions. — La mère de Nicole est renvoyée à Vervins. — Le prince interroge de nouveau Nicole et son mari, les tente par l'appât des richesses, les sépare ; leur confession. — Le chapitre de Laon demande compte à Despinois de son entrevue avec le prince.

« Le lendemain, mardi, neuvième d'avril, comme je me préparais à retourner à Laon, M. notre maître Faviers me dit avoir assignation de parler à M. le prince et me prie de ne point partir avant son entrevue, afin d'en pouvoir parler à Laon, ce que je fis. Sachant que notre docteur était au château, je m'y rends pour voir partir le train dudit seigneur qui allait à Anisy. Alors M. de Saint-Jean s'avance et me dit :

— Monsieur Despinois, M. le prince m'a commandé de vous dire de ne point partir sans parler au lieutenant Grouchet, qui est chargé de vous faire signer le procès-verbal de la journée d'hier, et surtout ce que vous lui avez dit : *que M. le prince avait plus fait pour la guérison de cette femme que votre hostie.*

— Monsieur de Saint-Jean, où avez-vous trouvé un tel propos? Est-ce M. le prince qui vous a donné cette charge? Comment aurais-je dit pareille chose, puisqu'il n'en a pas été question? Vous le savez bien, car vous y étiez.

— N'avez-vous pas dit à M. le prince que cette femme

a été cinq jours sans manger, bien qu'on lui ait montré votre Dieu?

— Oui, je l'ai dit.

— Ne lui avez-vous pas confessé que cette femme a mangé en cette ville?

— Oui, je l'ai dit, parce que je l'ai vu!

— Eh bien, allez le déclarer de nouveau et le signez.

— Volontiers. Mais par cela je n'ai pas dit que Monsieur avait plus fait que *la sainte hostie*. Et comment en serait-il ainsi, puisque M. le prince n'a vu Nicole qu'hier, et c'est le 6 avril qu'elle a mangé.

— Si, vous l'avez dit; et si vous ne signez cela, il ne sera point content.

— Dût-il m'en vouloir toute la vie, jamais je ne signerai une chose que je n'ai pas dite.

— J'étais aussi présent, reprend M. d'Espaulx, M. Despinois n'a pas dit ce que vous lui faites dire. Partant, taisez-vous.

» L'abbé s'en alla et ne dit plus mot [1].

» Le lieutenant Grouchet m'appelle, il me mène dans une chambre où étaient le maire et le greffier de la ville. On me demande mon serment, je le donne.

» Le greffier écrit les demandes et les réponses. Mais comme mes dépositions n'étaient point de leur goût, le maire cessa bientôt son interrogatoire et me précipita pour le signer. Il fit semblant de l'emporter immédiatement à M. le prince, en sorte que je n'en pus jamais avoir copie. Et parce que beaucoup m'avaient ouï dire

---

[1] En vérité, on rougit pour cet homme. La fourberie, le mensonge, les plus odieuses calomnies, tout lui est bon, pourvu qu'il nuise à la religion qu'il a désertée. Comment M. Douen ose-t-il féliciter son parti d'une telle conquête! (*Essai historique*, p. 20.)

que je signerais, et aussi que je n'ai nié avoir signé, M. de Saint-Jean et autres huguenots firent courir le bruit que j'avais signé que M. le prince avait plus fait que la sainte hostie, et que je m'étais excusé de l'abus que nous avions fait commettre à Nicole. Dieu sait (lequel je prends pour témoin) s'ils en ont dit la vérité.

» Cedit jour je retourne à Laon : Nicole demeurant prisonnière pour tirer d'elle plus grand témoignage. »

Ce même jour, M. le prince relâcha la mère de Nicole. Quant à Nicole, on la mit sur une charrette, et son mari eut ordre de la conduire à *Anisy*. A peine arrivés, le prince demanda le mari et la femme, l'un après l'autre; les exhorta, les pressa « de délaisser leur religion, leur promettant *de les faire riches, et de leur donner grand moyen de vivre à leur aise*, et commanda aussitôt de faire des accoutrements (des habits) pour Nicole... et les renvoya à leur hôtel. »

Le lendemain, nouvel interrogatoire, nouvelles promesses de la part du prince. Même refus de la part de nos généreux témoins. Le prince alors les menace de la prison et de la mort. Ils demeurent inébranlables. Condé cependant se contente de les séparer l'un de l'autre. Il fait enfermer Loys dans une chambre haute, et Nicole dans une chambre basse. Tous les jours ils sont visités par des ministres protestants, et d'autres personnes. On les prêche, on les pousse à l'apostasie; mais ils protestent constamment « qu'ils veulent confesser et reconnaître les grands biens qu'ils ont reçus du saint Sacrement de l'autel, par la vertu duquel Nicole avait été délivrée de l'esprit malin qui la possédait ».

L'un et l'autre, s'élevant au-dessus des promesses et

des menaces, répondent avec intrépidité « qu'*ils endureraient plutôt la mort cent fois, si tant se pouvait faire, que de dire le contraire et de changer de religion* ».

« Du mardi saint au jour de Pâques, continue Despinois, je fus contraint d'endurer mille propos, car les huguenots répétaient partout que *l'abus était découvert, et même que je l'avais signé.* Ces bruits parvinrent jusqu'à notre chapitre, qui était en fort grand nombre[1]. Les uns le croyaient, les autres non. Je remontrai au chapitre que si j'eusse dit et signé quelque chose contre la vérité et contre notre sainte religion, les huguenots n'eussent failli en faire tellement leur prouffit, qu'ils l'eussent publié partout, et même fait imprimer. Partant, je suppliais, pour faire taire ces dires, d'envoyer à la Fère et à Anisy, pour avoir copie de ce que j'avais dit et signé. Ce qui fut fait. Mais on n'en rapporta rien, et il fut répondu que M. le prince avait perdu ces actes. Ce qui fit croire à messieurs de notre chapitre et aux autres gens de bien que je n'avais rien dit qui fût en faveur des huguenots ni pour leur religion. »

CHAPITRE NEUVIÈME.

Despinois assiste à la cène, le jour de Pâques dans l'église d'Anisy. — Il y voit Nicole assise devant le prince. — Son entrevue avec le prince de Condé. — Injures de l'abbé de Saint-Jean. — Nicole est envoyée à Ribemont pour subir de nouveaux interrogatoires. — Acte du prince. — Requête au roi, son ordonnance pour la mise en liberté de Nicole. — Son entrevue avec Charles IX au château de Marchais.

« Le dimanche 14 avril, jour de Pâques, après que j'eus assisté à la procession du sépulcre et dit messe à

[1] Quatre-vingt-quatre chanoines.

l'autel de l'Image, en notre église, je partis pour Anisy afin de satisfaire à la promesse que j'avais faite au prince. J'arrive vers neuf heures; et après avoir mis mes chevaux en l'étable, je demande où se fait la cène?

— A l'église, me répond mon hôte.

» En entrant, je suis tout étonné de voir cette pauvre église accoustrée et blanchie par dedans comme une salle. Je vois M. Parocelis qui était en une chaire de prédicateur. Il prêchait non, comme je crois, ce qu'il savait, mais comme il lui plaisait. Je l'écoute; il dit qu'il faut dépouiller la vieille peau et vêtir un nouvel Adam; qu'il faut faire la Pâque, passer la mer Rouge, sortir hors d'Égypte, pour servir au Dieu d'Israël; qu'il faut laisser l'Église papale, les mimes et les cérémonies d'icelle; qu'il faut les laisser jouer de passe-passe avec leur *nieule* (Nicole); qu'il faut recevoir Jésus-Christ en esprit et en vérité, comme il était, mais non pas manger sa chair avec les dents. En laquelle chair il était vraiment ressuscité, et avec icelle monté aux cieux, où il est assis à la dextre de Dieu son Père, et de là ne viendrait jusqu'au jour du jugement. Partant, qu'il ne fallait point croire à ceux qui sont tant charnels et ennemis du Saint-Esprit. Lesquels contre vérité disent qu'ils le font descendre du ciel pour le manger, après qu'ils s'en sont jouez, comme le chat de la souris.

» En oyant ces propos, je regarde çà et là; je vois une table mise, couverte d'une nappe, sur laquelle il y avait deux coupes d'argent renversées l'une en l'autre. Je demande si la femme qui avait eu le diable au corps était présente à la cène. On me dit que *oui*, et qu'elle était assise devant M. le prince. Je la regarde. — Pourquoi y était-elle? Allait-elle faire aussi la cène? — A cette vue, il me prend telle appréhension, que la fièvre me saisit, et si serré, que je fus contraint de m'en retourner à mon hôtellerie et de me jeter sur un lit, où je restai malade jusques à deux heures après midi.

» Alors je me lève et vais droit au château. On sortait de l'église. Je m'étonne que M. le prince sort si tard.

— Oh! me dit un huguenot, ne vous étonnez : car il a bien déjeuné avant d'y aller.

» Après son dîner, M. le prince me fait demander

— Eh bien, me dit-il, avez-vous été à la cène?

— Oui, monsieur.

— Que vous en semble?

» Et, parce qu'on m'avait deffendu et admonesté de n'entrer avant en propos, je dis seulement :

— Il ne m'en semble pas grand'chose.

— Pourquoi?

— C'est que je n'en ai guère ouï, parce que j'ai été malade, ce qui m'a contraint de sortir.

— Mon ami, reprend-il, j'entends ce que c'est. Votre cœur s'est enflambé (irrité) contre cette divine parole et contre cet oracle divin.

— Monsieur, vous me pardonnerez, lui dis-je.

» Il ajoute :

— Vous ne m'avez pas tenu votre promesse. Vous avez dit à Laon que cette femme n'avait point mangé à la Fère, et toutesfois vous m'aviez promis de dire qu'elle avait mangé.

— Monsieur, non-seulement je l'ai dit, mais étant encore à la Fère, je l'ai écrit à M. notre doyen.

— Qu'est-ce donc que m'a dit le greffier l'Amy?

— Je ne sais. Mais je suis certain qu'il a répandu dans Laon que j'avais avoué que vous aviez plus fait à Nicole que la sainte hostie, et que vous l'aviez fait manger. A cela, je l'ai contredit, et lui ai dit qu'il n'en était rien, et que je ne vous en parlai jamais; et même, que vous n'aviez vu la femme que deux jours après qu'elle eut mangé.

— Vous dites vrai, me répond-il.

» L'abbé de Saint-Jean, présent à ces propos, pensa forcener de rage voyant que le prince condescendait à mon dire. Malgré cela, il continuait ses mensonges, et voulait à toute fin contraindre le prince à dire que je lui avais tenu ces propos.

— Vous les avez songés, lui dis-je, comme aussi les bruits que vous avez dits et semés par toute la ville : que *l'abus était enfin découvert, que je l'avais confessé* à M. le prince, que je m'étais jeté à genoux devant lui, et qu'il m'avait remis et redonné la vie.

» Et me tournant vers ledit prince :

— Monseigneur, vous savez ce qu'il en est. Tout cela est-il vrai?

— Non, il n'en est rien.

» L'abbé, alors tout confus, jura qu'il n'avait point fait dire ces propos.

— Je vous maintiens que si, et même qu'un de vos serviteurs, nommé Antoine Santère, l'a dit à deux bons marchands de Laon, Cl. Chertemps et Jacques de May.

— Vous avez beau faire, reprend-il, *l'abus est découvert, vous n'êtes que des prêtres de Baal.*

— Monsieur de Saint-Jean, je ne suis point suffisant pour vous répondre en injures, mais je crois que si vous pouviez mordre sur moi et sur ceux qui ont assisté cette pauvre femme, vous y emploieriez vos cinq sens de nature. Vous ne faites guère d'honneur à monseigneur, de soutenir en sa présence qu'il a découvert en moi un abus, que je l'ai confessé; et, toutesfois, il n'en fait point faire justice et me laisse aller par les champs en toute liberté.

» M. le prince se retire en sa chambre, et M. de Saint-Jean reste en la salle et me dit :

— Monsieur Despinois, on fera bonne justice de vous avant qu'il soit peu de temps. M. le prince vous trouvera bien.

— Je suis tout trouvé; mais qu'on me fasse justice, je ne crains ni M. le prince, ni vous. Voulez-vous maintenir qu'il y a eu abus en cette femme, et vous constituer prisonnier jusques à la preuve? Et je m'y constituerai jusques à la peine du feu, pour vous ou pour moi : répondez.

» Il change de propos et me dit :

— Vous feriez beaucoup pour vous de vous en aller.

— Je ne demande pas mieux; mais je ne m'en irai point sans congé.

» Il sort de la salle avec les autres pour aller aux prières. Je les suis jusqu'au portail de l'église.

— Allez-vous-en, me dit-il, mais gardez-vous de laisser mémoires ni poudres pour faire jouer le personnage à votre écolière.

— Monsieur de Saint-Jean, je n'ai ni poudre, ni mémoire, ni écolière. Mais vous, à l'avenir, gardez-vous d'en supposer et apposter, comme vous avez apposté mon laquais à la Fère.

— Jamais je n'ai apposté personne. Je combattrais

entre deux cordes ceux qui me soutiendraient le contraire...

— Monsieur, la vérité combattrait pour moi.

» Là-dessus je pars et m'en retourne à Laon.

» Nicole cependant et son mary furent retenus prisonniers à Anisy. Après leur délivrance, ils m'ont raconté que souvent ils ont été interrogés par plusieurs gens, tels que présidents, conseillers, advocats; qu'on les fouilla partout en leurs habits; mais parce qu'on ne trouvait en eux que simplesse, sincérité et vérité, on renvoya Loys à Vervins. Lequel, dit Boulèse, avait continué son carême et abstinence de chair jusques à ce qu'il eût fait ses pasques. Mais l'on retint encore davantage Nicole. »

On la réservait à d'autres interrogatoires et à d'autres juges. On espérait à force de tortures morales la faire tomber enfin dans le piége. Mais Dieu est avec elle, il soutiendra sa fidélité. Elle ne trahira point sa conscience et sa foi.

C'est pourquoi, le vingt-neuvième d'avril, elle fut conduite sous bonne garde à la ville de Ribemont, et fut remise, comme prisonnière, « aux mains de maître Pierre Cartin, lieutenant dudit lieu... huguenot juré.

» Cet homme s'était vanté de pouvoir faire connaître à ladite Nicole l'abus qu'elle avait commis. Et de tout il devait en rendre certain et contenter M. le prince. » On comptait donc sur son habileté. « Toutefois, il a eu et tenu en ses mains cette pauvre jeune femme captive pendant trente-neuf jours, depuis le 29 avril jusqu'au 6 de juin. Durant ce temps, il a employé toutes voies et moyens à lui possibles, pour en tirer ce qu'il pourrait, afin de nous pouvoir calomnier. » Mais, grâce à Dieu, il n'en fut rien. « J'ai prins peine de recouvrer les interrogatoires pour les insérer ici. Mais je n'ai pu rien trouver. Ce qui me fait croire qu'il n'y avait rien de bon pour les huguenots ; car ledit lieutenant n'a jamais voulu laisser communiquer lesdits interrogatoires et autres procédures, mais a tout retenu par devers soi. »

Voici la lettre que le prince de Condé envoya aux officiers de Ribemont pour connaître du fait de Nicole. Elle fut retirée, dit Boulèse, du greffe de Ribemont, en l'année 1571, « par les soins de maître Nicolas Regnier, maire du vénérable chapitre de Laon. »

Au dos de la lettre :

« A nos chers et bons amis, les lieutenant, procureur et officiers pour le roi, monseigneur, à Ribemont.

» Chers et bons amis, vous avez entendu (comme j'estime) les erreurs en quoi beaucoup de gens ont été à cause de cette pauvre femme de Vrevin que l'on supposait démoniacle. Et pour ce qu'il est bien requis d'en vérifier l'imposture, laquelle *à peu près* j'ay *bien* descouverte afin que l'abus en soit puni. D'autant que la connaissance de telles matières se doit traicter et conduire par la voie ordinaire de la justice, je me suis advisé vous en attribuer la juridiction, comme estant vostre siége le plus prochain et royal dudit Vervins et de mon gouvernement, et par même moyen vous envoyer ladicte femme, à ce que vous et M. le procureur vous fassiez toute due et soigneuse diligence d'en rechercher la vérité, dresser articles, et administrer toutes sortes de preuves que vous pourrez recouvrer. Pour (suivant ce qu'en vérifierez) les coupables et fauteurs de tels maléfices estre punis selon que la loi le requiert. Et le roi monseigneur le veult et entend : y procédant toutesfois et les uns et les autres avec telle rondeur et intégrité à l'instruction et perfection dudit procès, que sans connivence, ny animosité ou passion d'une part et d'autre la justice en soit équitablement administrée. A tant, chers et bons amis, le Créateur vous tienne en sa très-sainte garde.

» Escript à Soissons, ce vingt-neuvième d'apuril, 1566.

» Au-dessoubs est escript :

» Le duc d'Anguien, Prince de Condé, Louis
  de Bourbon (gouverneur de Picardie.) »

« Enfin, le mercredi vingt-deuxième de mai, Pierre Obry, père de Nicole, appela au roi de l'emprisonnement de sa fille, et en prit acte que lui et son gendre portèrent à la court, et présentèrent requête au roi Charles IX, pour obtenir délivrance de Nicole. »

Quelques jours après parut l'ordonnance suivante :

« Le roi a ordonné que ladicte Nicole Obry sera remise entre les mains de son mary et de sa mère, sans aucune difficulté ny empêchement.

» Fait au conseil privé du roi, à Saint-Maur, le premier jour de juin, mil cinq cent soixante-six.

» Ainsi signé : De l'Aubespine. »

Sur cette ordonnance, Nicole fut mise en liberté. Ses parents et elle rentrèrent, bien joyeux et remerciant Dieu, à Vervins.

« Le mardi vingt-septième d'aoust, notre roi Charles, dit Boulèse, fit son entrée à Laon, comme nous vîmes; et voulut ouïr parler du miracle. Vénérable et discrète personne, maître Christophe de Héricourt, homme fort savant et de bonne vie, et noble tant de sang que de vertu, doyen du vénérable collége de Laon, lui en racompta brièvement la vérité. Le roi lui commanda de le rédiger par escrit. Puis donna ordre au commandeur de Puisieux, qui aussi était présent, d'envoyer quérir Nicole.

» Aussitôt, Loys Pierret son mari, qui, avec Guillaume Lourdet, m'avait accompagné à mon retour à Laon, pour me défendre des huguenots, eut la charge de la bouche même du roi de lui amener sa femme. Il l'amena au château de Marchais et la présenta au roi, le vendredi 30 aoust. Le roi la regarda, la trouva simple, coye (paisible) et honnête, et l'interrogea. Elle lui racompta la vérité du tout comme aussi en particulier à la reine mère, et à Monsieur, aujourd'hui notre roi Henri troisième. Tous s'étonnèrent du grand tort qu'on avait fait à ces gens simples, non feints, ni cauteleux, auxquels toute la cour ne trouva que vérité et droicture. Parquoi tous connurent que ce miracle est véritable, et toutes choses dites et faites au contraire, être pures impostures, mensonges et calomnies. En signe de quoi le roi renvoya Nicole, sa mère et son mary, et fit donner à la jeune femme pour les frais de voyage dix écus d'or. *Decem nummos aureos coronatos* (environ cent douze francs de notre monnaie. V. *Encyclopédie du dix-neuvième siècle.*)

» Puis ils retournèrent à Laon; avec lesquels je fus durant trois jours qu'ils y rendirent grâces à Dieu et à la glorieuse Vierge Marie, et de là s'en retournèrent à Vrevin en leur accoutumé ménage. Où lesdits Loys et Nicole se portent bien encore, cette année mil cinq cens soixante-dix-huit. Elle depuis sa guarison estant mère de plusieurs enfants, de la souveraine grâce et miséricorde de Dieu, auquel à tout jamais en soit donné *honneur, gloire et louange. Amen, amen!* »

Nos historiens laonnois n'ont consacré que quelques lignes à cette dernière partie de l'histoire de Nicole. Voici ce qu'en dit M. Melleville (p. 275) :

« Dès le moment » où elle eut mangé à la Fère, « Nicole ne fut plus davantage prise de ces accès pen-
» dant lesquels elle *semblait perdre* l'usage de la voix,
» de l'ouïe et de la vue; et le prince de Condé la garda
» inutilement plusieurs jours auprès de lui *pour en être*
» *témoin.* »

Non pas pour en être témoin, devons-nous lui dire; mais pour essayer — *inutilement,* il est vrai, — de lui arracher un aveu d'imposture ou un acte d'apostasie. Les faits ont prouvé et ses efforts et son insuccès.

Quand d'ailleurs M. Melleville dit que Nicole dans ses accès *semblait perdre* l'usage de la voix, etc..., n'est-ce pas lui-même qui *semble perdre* ici le souvenir de ce qu'il écrivait à la page précédente? Là se trouve en effet le procès-verbal des médecins et des chirurgiens appelés au *Sauvoir* pour expérimenter Nicole dans une de ses crises. Après mille moyens très-énergiques vainement employés, on lui tira du sang du bras droit; et « néanmoins, disent les médecins, nous n'avons aperçu aucun effort de mouvement, sentiment, action ou meilleure disposition, étant demeurée dans le même état qu'auparavant » (p. 272). — Qui doit-on croire ici : le critique attardé de trois siècles, ou les experts témoins oculaires des faits?

Un peu plus bas, le même écrivain nous apprend que la mère de Nicole fut emprisonnée à Ribemont, puis renvoyée en même temps que sa fille. Toutefois il est constant que le prince de Condé la laissa libre dès le troisième jour de son arrivée à la Fère, d'où elle se rendit à Laon et à Vervins. Peut-on s'étonner que des faits si mal connus aient été si mal jugés ?

M. Piette à son tour résume ainsi :

« Le prince de Condé, après un long interrogatoire, » ordonna l'arrestation de Nicole... Le 29 avril il la fit » conduire à Ribemont et écrivit au siége de cette ville » de vérifier l'imposture, laquelle, *à peu près*, dit-il, » j'ai bien *découverte*, afin que l'abus en soit puni. Ni- » cole resta dans les prisons de Ribemont depuis le » 29 avril jusqu'au 6 juin; le procès s'instruisit, mais » *on ne put le mener à fin*. Les *puissants protec-* » *teurs* de la démoniaque agirent en sa faveur auprès du » roi..... »

Le procès ne put être mené à fin ! Veut-on dire simplement qu'il n'eut pas *la fin* qu'en espéraient les protestants, c'est-à-dire *la condamnation de Nicole?* Si M. Piette l'entend ainsi, il n'y a pas matière à discussion. Mais cette phrase ainsi comprise peut s'appliquer à toute affaire où l'accusé est renvoyé absous. Toutefois le procès alors est regardé comme *fini;* autrement que d'innocents demeureraient suspects !

Tel n'est donc pas le sens de M. Piette. Ses paroles signifient évidemment que l'instruction n'a pas été complète, et que la cause n'a pu être jugée.

Mais alors comment l'a-t-on pu juger depuis? De quel droit a-t-on pu présenter Nicole comme une *comédienne*

SA CAPTIVITÉ, SA CONSTANCE. 443

et nos prêtres, comme des *imposteurs?* Nous savons que le mot ne se trouve pas dans les pages de nos écrivains, mais elles l'ont suggéré, ce mot, au pasteur protestant ; mais ce mot vient de lui-même aux lèvres du lecteur persuadé dès leurs premières lignes que les catholiques, jaloux de ramener les protestants, avaient trouvé bon de « recourir à la séduction des miracles ». Ainsi, dès l'abord il croit assister à la représentation d'une pièce montée à dessein. Bientôt il le croit d'autant mieux, « qu'un caractère faible, superstitieux et mélancolique », lui dit-on, « rendait Nicole propre à recevoir les impres-
» sions qu'on *voulait lui donner ;* de plus, des attaques
» de nerfs ou d'épilepsie auxquelles elle était sujette [1]
» la jetaient dans des convulsions terribles qu'on pou-

---

[1] Les rapports des médecins et des chirurgiens rédigés après l'enquête la plus minutieuse sur l'enfance de Nicole, après l'examen de sa personne et des symptômes de sa maladie, prouvent qu'elle n'était nullement sujette à aucune de ces infirmités dont parle M. Piette. D'ailleurs les maladies nerveuses remontent plus haut que la réforme, sans doute ; et les médecins du dix-septième siècle, disciples de Fernel et de Paré, les connaissaient si bien que M. le docteur Calmeil, bon juge en ces matières, n'hésite pas à proclamer leur grande habileté.

Parlant de ceux qui avaient été appelés à examiner les *possédées* de Loudun, il s'exprime en ces termes : « Tous ces médecins, témoins et partisans de la possession, étant des savants de premier ordre, *excellaient surtout* dans la connaissance des maladies *nerveuses.* »

Et à propos de cette même maladie satanique, il dit encore : « Il s'agissait de maladies tout à fait différentes de *toutes celles observées* jusque-là. » (M. de Mirville, tome Ier, p. 483).

On voit donc : 1° qu'une possession se présente avec des symptômes tout particuliers qui la *distinguent* parfaitement de *toute* autre maladie ; 2° que les médecins du temps étaient très-capables de faire cette distinction.

De plus, que peut avoir de commun la maladie nerveuse la plus extraordinaire avec les miracles multipliés de la sainte Eucharistie si bien attestés par les médecins eux-mêmes ?

» vait, dans ces temps crédules, regarder facilement
» comme les résultats d'une cause surnaturelle. » Sa
conviction s'achève lorsqu'il voit le clergé, au moment
opportun, « prendre enfin le parti d'en finir ; et l'évêque,
» après avoir recueilli l'avis des gens capables, fixer *lui-*
» *même* le jour de son dernier exorcisme », c'est-à-dire
le jour où devrait quitter la place ce *démon bien instruit*,
comme le dit plaisamment M. Douen. Que si le lecteur
honnête hésite de croire à cette prodigieuse imposture,
si l'impunité dont jouissent ses auteurs lui paraît être une
preuve de leur innocence, on lui fait entendre que la justice allait sans doute atteindre ces grands coupables,
lorsqu'une puissante protection vint entraver ses efforts
et les dérober à ses coups.

Qu'est-ce que tout cela, sinon un jugement, une condamnation formelle ? Où sont donc les documents dont
on puisse s'autoriser ? Quelles pièces de conviction a-t-on
trouvées depuis que le prince de Condé et son lieutenant
ont témoigné de leur impuissance, l'un, par cette demi-assertion fort timide : « J'ay *à peu près* bien découvert
l'imposture ; » — l'autre, par le silence absolu qu'il garde
sur le résultat de ses enquêtes, malgré les instances de
Despinois qui en réclame les actes ? Et puisque l'on n'a
aucune preuve à produire, comment ose-t-on, au mépris de toutes les preuves contraires, terminer par une
arbitraire condamnation ce procès qui, dit-on, ne put
être autrefois mené à fin ?

Mais ce mot est-il exact ? Est-il vrai que l'instruction
ne put se compléter ?

Qu'on nous dise donc quels éléments lui ont fait défaut ! Est-ce la puissance dans le juge ?... Mais ce juge était le prince de Condé. — Ou bien le zèle à découvrir le mensonge?... Qui pourrait mettre en doute son désir de surprendre un délit, un crime, chez ceux qu'il était si prompt, comme nous l'avons vu, à accuser lui-même, et publiquement? — Seraient-ce les témoins?... Ils se comptaient par centaines de mille, et dans le nombre, des milliers de protestants. — Est-ce donc le temps qui aurait manqué?... Quoi! deux mois entiers n'auraient pu suffire à l'instruction d'une cause si publique, toute connue à l'avance; d'une cause où les prévenus venaient d'eux-mêmes au-devant des enquêtes, dans laquelle pouvaient déposer des nuées de témoins! d'une cause si vivement soutenue, si ardemment poursuivie par l'impatiente irritation des accusateurs! Le temps aurait manqué! On pourrait le prétendre, quand le juge le moins suspect, le prince protestant, se trouve après quelques interrogatoires suffisamment éclairé; quand on le voit dès lors renvoyer libres le chanoine Despinois et la mère de Nicole, les deux principaux témoins, disons mieux, les deux premiers coupables, s'il eût été possible d'en trouver dans cette grave affaire!

Effaçons donc cette phrase et disons au contraire que ce procès a été fini, bien fini, comme il devait l'être, à l'honneur des accusés, qui ne purent être trouvés coupables, à la gloire de Dieu et de son Église, à la confusion de tous leurs ennemis!

Faut-il maintenant parler des puissants protecteurs de Nicole? Les auteurs que nous suivons, Boulèse, de Héricourt, Despinois, qui n'ont rien oublié, n'en font aucune mention. Ils ne nous montrent d'autres suppliants auprès du roi que deux artisans : le père et le mari de

Nicole. Seraient-ce là ces puissants protecteurs? Si d'autres eussent agi, croit-on que Despinois eût manqué de le raconter à leur louange, lui qui rapporte jusqu'aux grossières imputations dirigées contre son propre honneur; qui, dédaignant ces injures, se glorifie à bon droit d'avoir protégé Nicole en toute occasion et la protége encore devant et contre le prince de Condé?

Non, ce ne fut point à cette sorte d'influence que Nicole fut redevable de sa liberté! En eût-il été ainsi, ce ne serait pas la seule circonstance où l'innocence eût dû être protégée contre l'injustice. Mais ce secours ne lui fut pas nécessaire, elle ne dut sa liberté qu'à la haute impartialité de son roi et à la justice de sa cause.

Nous nous trompons : elle eut un protecteur, le plus puissant de tous, et c'est celui dont on ne parle pas, car on ne l'a point su voir : c'est Dieu, qui ne l'avait amenée entre les mains des huguenots que pour rendre plus manifeste la vérité de ses miracles et l'innocence de son humble servante.

« L'histoire, — disait-on le 5 juin 1860 dans une séance de la Société académique de Laon, — l'histoire n'a pas le dernier mot de ce *scandale*. » Ainsi étaient désignés dans leur ensemble les faits extraordinaires que nous avons décrits.

Écartons ce terme dont la présence dans la phrase implique contradiction, puisqu'il exprime un jugement définitif sur une affaire dont on reconnaît n'avoir pas le dernier mot. Cette réserve faite, nous avouerons qu'on a pu parler ainsi avec une apparence de vérité. Non, l'histoire telle qu'elle a été écrite par nos contemporains ne donne pas le dernier mot de ce grand événement.

C'est en vain qu'on l'y cherche. L'esprit y est sans cesse ballotté entre des faits incontestables et des appréciations qui semblent en détruire la possibilité, entre des phénomènes surhumains et des suppositions de causes naturelles sans proportion avec ces merveilleux effets. Il fallait, pour retrouver la vérité, remonter jusqu'à la source, jusqu'aux livres originaux dont on ne connaissait plus guère que le titre. Nous les avons tirés de l'oubli, nous avons fait entendre la parole de leurs auteurs, appuyée des témoignages les plus authentiques. On peut reconnaître aujourd'hui que l'histoire, celle qui mérite ce nom, est, sur ce fait important, en pleine possession de la vérité. On a dû se convaincre que le *dernier mot* de cette affaire, dont on s'est fait une énigme, est celui de MIRACLE. Pouvons-nous espérer que tous les esprits l'acceptent et se rendent à l'évidence?... Cette illusion ne nous est pas possible. Nous savons trop ce qu'il en fut des miracles mêmes de Jésus-Christ. Mais que nous reste-t-il, si ce n'est d'appeler l'Esprit de lumière sur ces hommes trop nombreux, hélas! pour qui le mot de MIRACLE ne peut jamais être un DERNIER MOT!

CHAPITRE DIXIÈME.

Un coup d'œil sur la vie de Nicole après son retour à Vervins. — Elle perd la vue et la recouvre en 1577, par un pèlerinage à Amiens. — Sa piété.

« Depuis son élargissement des prisons de Ribemont, dit M. Dupeuty, Nicole demeura à Vervins avec son mari, vivant en parfaite harmonie. Elle y devint mère de plusieurs enfants et jouit toujours d'une parfaite santé jusqu'au commencement du carême de 1577, que lui arriva un grand accident que nous allons raconter.

» Cette pauvre femme perdit tout à coup la vue, et la recouvra miraculeusement à Amiens, en vénérant les reliques de saint Jean-Baptiste. »

Voici le procès-verbal de cette guérison dressé au nom de l'évêque d'Amiens. (Boulèse, Append. de 32 pages.)

« Le dimanche dix-neuvième jour de mai 1577, sur l'avertissement fait à nous, Geoffroy de la Martonnie, évesque d'Amiens, estant en nostre siége au chœur de l'église cathédralle, qu'une femme nouvellement arrivée en ceste ville estait au chœur de ladicte église, au-devant le grand autel, laquelle on disait avoir recouvert la veue ledict jour, oyant (entendant) la messe en la chapelle de monsieur saint Jean-Baptiste, devant le chef dudict sainct. Nous aurions mandé à l'issue de la grande messe ladicte femme, laquelle serait comparue par-devant nous en la présence de maistre Loys Carquillant, chanoine et prévost de ladicte église, et notre vicaire général et official. (Suivent quinze noms, tant chanoines que gens laïques.) Et en leur présence aurions interrogé ladicte femme; laquelle, après serment par elle faict, nous aurait dict et affirmé qu'elle a nom Nicole Obry et qu'elle est femme de Loys Pierret, marchand, demeurant à Vervins, diocèse de Laon, et aagée de vingt-sept ans ou environ, qu'elle a perdu la veue la première semaine de caresme dernier passé ; que pour icelle recouvrer, elle a consulté plusieurs médecins et chirurgiens (suivent les noms de six médecins), tous lesquels l'ont pansée et médicamentée, parce qu'elle avait du tout perdu la veue, et lui ont fait prendre pillures, bruvages, appliqué plusieurs fomentations et cataplasmes sur les yeux et le front, et néantmoins elle n'a peu recouvrer la veuë ; que finalement elle fut conseillée par un homme à elle incogneu de mettre toute son espérance en *Dieu*, de vouer un pèlerinage à monsieur saint Jean-Baptiste en cette ville. Et luy disoit cet homme qu'en faisant ce voyage il falloit vivre d'aumônes en chemin, et faire neuf jours durant dire une messe en la chapelle de monsieur saint Jean, et les trois premiers jours recevoir le précieux corps de Nostre-Seigneur à ladicte messe. Ce qu'elle auroit voué. Et depuis se seroit mise en chemin, de l'advis et consentement de son mary et de son père, et de ses autres parents, lesquels lui auroient baillé pour compagnie Jeanne Surelle, veuve de feu Regnault Charles, que avons veue accompagner ladicte Obry. Et partirent ensemble lundi dernier, treizième jour de ce présent mois. Nicole avait avec elle Pierre Pierret, son fils, aagé de dix ans[1]. Ils arrivèrent à Amiens jeudi dernier, et logèrent en la maison de Jean de Loges, orfeuvre, parce qu'elle avoit pour lui lettres de recommandation du doyen de Saint-Quentin, neveu de l'évesque de Laon. Là plusieurs chanoines, le maître et la maîtresse du logis feirent visitation des yeux de ladicte femme. Plus nous aurait affirmé que, conformément à son vœu, elle feit dire hier la pre-

[1] Si l'on rapproche l'âge de cet enfant, qui était *l'aîné* et *premier-né* de Nicole, du temps de la possession de sa mère, on verra que les convulsions de l'énergumène *au 3 novembre* 1565, c'est-à-dire près de douze ans auparavant, n'avaient nullement pour *cause* les *premières douleurs* de la maternité, comme le proclame bien haut M. Melleville, dans son *Histoire de Laon*. Nous pourrions de plus lui opposer le procès-verbal des docteurs aux Pourcelets et dans la prison. Nous avons cru devoir passer, dans notre rapport, tout ce qui se rattache à cette question.

mière messe de la neuvaine. Et après avoir esté ouïe en confession par un prestre, reçut le précieux corps de Nostre-Seigneur à ladicte messe célébrée à l'autel où repose le chef de saint Jean-Baptiste. Et que ce jourd'hui elle s'est présentée à la messe et à la communion à ce même autel; que lors du saint sacrifice, elle estant à genoux dans cette chapelle et en oraison, tenant une chandelle ardente en sa main, a senty une véhémence de lumière et clarté extraordinaire. Et lui sembloit qu'elle voyoit à l'entour d'elle une grande compagnie d'anges et de saincts, tellement qu'elle s'est escriée, disant : « Jésus ! que je voy cler ! » Et pour ce luy fut dict qu'elle ne parlast point si hault. Et en la fin de la messe elle se seroit présentée pour baiser le chef de saint Jean après sa communion, et en embrassant ce saint chef, elle a senty pleine guarison de sa veuë, et luy ont esté les yeux ouverts. Et de fait nous est apparu et à toute la compagnie qu'elle avoit belle veuë, et bien nette, et à veu et jugé des couleurs ès présences que dessus... »

Suivent sept pages in-4° d'informations prises par l'évêque d'Amiens à Laon, à Saint-Quentin, à Vervins, auprès de l'évêque de Laon, des autorités civiles de Vervins, des médecins qui avoient traité Nicole, etc., etc.

« Par lesquelles attestations nous est apparu que ladicte Nicole est femme de bon gouvernement et réputation, tenant bon mesnage avec son mary et ses enfants. Qu'elle est catholique, qu'elle a esté vexée de l'esprit malin long-temps. Que le caresme dernier elle a perdu la veue, s'estant ses yeux enfermez et les prunelles renversées en la teste. De sorte qu'on ne voyoit lesdictes prunelles, encore qu'on luy ouvrît les yeux avec la main, mais seulement le blanc des yeux. Qu'elle s'est faict panser par plusieurs médecins, et que n'ayant peu recouvrer sa santé, elle s'est mise en chemin pour aller vénérer le chef de monsieur saint Jean-Baptiste en l'église de ceste ville d'Amiens.

» Veues toutes lesquelles attestations, affirmations et missives, et ayant plusieurs fois interrogé ladicte Obry et son mary pour atteindre la vérité du faict et sçavoir s'il n'y avoit aucun abus de leur part, ou si c'estoit une œuvre de Dieu, avons donné charge à nos vicaires généraux d'évoquer en nostre palais et maison épiscopalle les chanoines de ladicte église, les principaux de la justice royale, majeurs et eschevins de la ville et autres. Et de faict y seroient comparus sur nostre prière. »

A la suite de cette délibération, l'évêque et son chapitre ordonnèrent une procession générale par la ville, le dimanche suivant, deuxième jour de juin. « A laquelle nous, évesque, porterions la vraye croix, et les députez du chapitre le chef de monsieur saint Jean. Et faire dire au peuple par le sieur Benoist, à la prédication qu'il feroit auparavant, que à icelle procession chacun eust à prier pour le roi nostre sire et pour le maintien de nostre foy chrétienne et à rendre grâces à Dieu de ce qu'il auroit fait ce grand bien et grâce à ladicte Obry, de luy avoir restitué la veue aussi subitement et comme à l'instant, etc.

» Collation est faicte à l'original. Présens nous soubsigné, vicaire général dudict sieur évesque, ce 2 aoust 1577, ainsi signé[1]. CARQUILLAUT. »

[1] Ce procès-verbal, qui ne contient pas moins de treize pages in-quarto de la grande histoire de Boulèse, prouve que cette gué-

Nicole resta à Amiens tout le temps nécessaire aux informations juridiques pour la constatation du miracle; puis elle retourna à Vervins, où elle s'appliqua avec simplicité aux soins de son ménage. La vue seule de cette femme était, en face des hérétiques, un témoignage vivant et irrécusable de la vérité de nos dogmes sacrés; aussi Nicole se voyait-elle environnée d'une espèce de

rison fit sur le clergé et sur le peuple *la plus vive et la plus salutaire impression.* C'est ce qu'attestent les lettres de M. de Coucy, seigneur de Vervins « armoyées de ses armoiries et signées de deux notaires royaux »; celles du lieutenant de la ville, celles de six médecins ou chirurgiens qui ont traité les yeux de la malade, d'autres lettres des échevins, du gouverneur, du receveur, enfin celles des députés du conseil de la ville et du procureur d'office, etc., toutes adressées à l'évêque d'Amiens pour attester la cécité de Nicole, leur concitoyenne, et sa bonne conduite.

C'est ce que prouve encore cette procession solennelle, ordonnée par l'évêque pour en rendre grâces à Dieu.

Enfin, pour que rien ne manquât à la publicité de ce fait, un poëte du temps composa à cette occasion une ode en l'honneur du saint Précurseur...

Voici la strophe qui concerne Nicole :

> « Une autre femme s'est trouvée
> Atteinte d'un mal impareil,
> Estant entièrement privée
> De la lumière du soleil,
> Tastonnant elle vint à peine
> Prier et prier derechef
> Le Dieu puissant devant ce chef,
> Puis s'en retourna toute saine. »

Toutes les circonstances qui avaient accompagné cette guérison permettaient assurément de la regarder comme un miracle. Toutefois, le pieux évêque n'en prononce pas le mot. Il se borne à demander « que l'on remercie Dieu d'avoir fait ce *grand bien* et cette *grâce* à Nicole ». Pourquoi cette réserve? — C'est que trois médecins appelés ont opiné « que la guérison pouvoit être naturelle, comme aussi elle pouvoit être miraculeuse ». Ce doute avait suffi pour que l'évêque s'abstînt de prononcer un jugement public et formel. Le clergé n'était donc pas si *crédule!* Il ne cherchait donc pas à exploiter la crédulité publique!

vénération. Elle, de son côté, ne se faisait remarquer que par son humilité et sa ferveur dans le service de Dieu. On l'entendait souvent répéter, dit M. Dupeuty, ces paroles du *Magnificat* : *Fecit mihi magna qui potens est, et sanctum nomen ejus.* Et ces autres, dont le sens lui était connu : *Misericordias Domini in æternum cantabo.* Comment, en effet, eût-elle pu oublier les miséricordes du Seigneur à son égard ? Tout, autour d'elle, concourait à les lui rappeler.

Chaque jeudi, elle entendait sonner les vêpres du saint Sacrement, fondées l'année de sa délivrance par Robert de Coucy, seigneur de Vervins, en mémoire de ce prodige. La ville, à son tour, voulant aussi perpétuer le souvenir de ce miracle opéré dans ses murs, établit une confrérie du très-saint Sacrement et fonda à perpétuité, ce même jeudi, une messe du saint Sacrement.

De plus, chaque année, le 8 février, ou le dimanche le plus rapproché, il y avait dans toutes les paroisses du diocèse mémoire de la délivrance de Nicole à la procession et à la messe.

Enfin, Nicole mourut à Vervins de la mort des justes ; « mais, ajoute le naïf historien, je n'ai jamais pu *déterrer* ni le temps de sa mort ni le lieu de sa sépulture. »

CONCLUSION.

Voilà l'histoire de Nicole de Vervins telle que nous l'ont transmise des témoins oculaires. En la reproduisant aujourd'hui, nous n'avons d'autre mérite que celui d'avoir coordonné et resserré des faits un peu diffus dans la grande histoire de Boulèse. Nous avons conservé presque partout le style et l'orthographe des historiens du seizième siècle.

Nous avions promis au début de notre entreprise d'*être avant tout et par-dessus tout historien véridique,* nous pouvons affirmer que nous avons tenu notre promesse.

Voilà donc des faits surnaturels, miraculeux, qui ont illustré notre montagne de Laon, si justement appelée *la Montagne sainte,* au temps de sa ferveur monastique. Voilà ce qui s'est passé sous les yeux de nos pères dans cette basilique, à l'ombre de laquelle fut formée à la science et aux vertus cléricales la jeunesse d'un illustre pontife, URBAIN IV : celui-là même qui institua pour toute l'Église la fête du saint Sacrement (1263), et en fit composer l'office par saint Thomas d'Aquin. Déjà il préludait à cet acte solennel lorsque, étant encore archidiacre de Laon [1], il établissait en l'honneur de la sainte Eucharistie des cérémonies publiques demeurées en usage

[1] Quand l'archidiacre de Laon fut élevé sur la chaire de saint Pierre, le chapitre de la cathédrale s'empressa de le féliciter. Le nouveau pontife, pénétré des sentiments d'un amour filial pour une église qui avait été sa mère et sa bienfaitrice, répondit par le bref suivant, témoignage de la plus humble et de la plus touchante gratitude.

« .....Notre soin le plus cher est de répandre des faveurs signa-
» lées sur l'église de Laon, et d'en augmenter l'éclat par d'honora-
» bles priviléges. Cet asile si cher au Seigneur n'est-il point celui que
» Nous avons habité longtemps (trente ans), et dans lequel en Nous
» consacrant au service divin, Nous nous sommes affranchi de la
» servitude? Oui, variant ses secours selon nos besoins, cette église
» Nous a élevé comme une mère, alimenté comme une nourrice,
» protégé comme une tutrice, instruit comme une maîtresse, gratifié
» comme une bienfaitrice. Au don d'un canonicat dont elle a orné
» notre jeunesse, elle a joint ensuite celui de la dignité d'archi-
» diacre. C'est là que Nous avons recueilli les premiers fruits de
» nos études; là que Nous avons goûté les prémices des honneurs,

dans notre cathédrale jusqu'à la fin du dernier siècle[1].

Dieu ne donnait-il pas à la cité la récompense de cette foi, de cette dévotion ardente, lorsqu'il voulut que le plus authentique et le plus beau des miracles de la sainte Eucharistie s'accomplît sous les voûtes de Notre-Dame de Laon? Et qui ne sera pieusement impressionné en remarquant que Nicole, l'instrument de tant de merveilles, est née précisément le jour de l'institution du très-saint Sacrement, LE JEUDI SAINT, et que ce jour-là même, elle a été baptisée dans l'église de Vervins? Nous l'avons dit aux premières pages de ce livre, celle que les historiens ont nommée la *possédée* de Laon ou de Vervins serait peut-être plus justement appelée la VICTIME du saint Sacrement, l'APÔTRE du saint Sacrement dans nos contrées. Car c'est au prix de ses longues et horribles souffrances que s'est ravivée la foi de nos pères à la présence réelle de Jésus-Christ dans l'Eucharistie. — Aussi notre auteur Boulèse a-t-il donné pour titre à son livre : *Trésor de la victoire du Corps de Dieu;* — Et un autre, Jovet, intitule le sien *le Triomphe du saint Sacrement.*

Ils furent bien consolants en effet les résultats de cette possession dans toute notre province. C'est un fait ac-

» C'est de là que Nous nous sommes élevé, par degrés, sur le siége
» le plus éminent. O que ces souvenirs sont doux! O combien sourit
» à notre cœur l'idée de celle qui les a fait naître! Mais quel admi-
» rable changement! cette même église, qui fut notre mère, est
» devenue notre fille. Nous sommes le pasteur de celle qui nous a
» nourri! Et les effets de notre magnificence sont l'objet des vœux
» de celle qui Nous a comblé de bienfaits. Quand elle fait parler sa
» tendresse filiale; il est juste que nous suivions les mouvements
» de notre affection paternelle. »

[1] Marlot, *Metropolis Rhem. historia*, t. II.

quis à l'histoire de notre pays que ce miracle a été pour beaucoup de familles, soit dès lors, soit plus tard, la cause de leur retour ou de leur fidélité à l'Église romaine. Les années s'écoulaient, et les catholiques ne se lassaient pas de rappeler, de raconter les merveilles dont eux-mêmes ou leurs pères avaient été les témoins. C'était pour eux un sujet d'entretien toujours nouveau; c'était leur unique réponse aux objections des sectaires. — Notre-Seigneur n'opposait-il point aussi ses miracles à l'incrédulité des scribes et des pharisiens : *Si vous ne voulez point croire à mes paroles, croyez à mes œuvres.* (Saint Jean, c. X, v. 38.)

Les protestants eux-mêmes, ceux du moins qui avaient quelque soin de leur salut, pouvaient-ils, après des miracles si nombreux et si publics, conserver une conscience tranquille au milieu de leurs erreurs? Pouvaient-ils oublier la conversion d'un grand nombre des leurs, les aveux même des plus obstinés, et l'hommage rendu à la sincérité de Despinois par le chef de leur parti? Pouvaient-ils ne pas répéter quelquefois, au sein de la famille, dans le secret du foyer domestique, cette parole d'un de leurs convertis : « Et pourtant je m'en croys, car je l'ay vu. »

Ces discours mille fois répétés, ces souvenirs sans cesse renouvelés déposaient ou développaient dans les esprits des germes de vérité. C'était comme une semence confiée à la terre, et qui ne devait pas tarder à porter ses fruits.

Moins de six ans après, une multitude presque sans nombre s'empressa d'abjurer l'hérésie. « C'était tous les jours, dit M. Melleville. (*Hist. de Laon*, t. II, p. 278), une affluence considérable de gentilshommes de la campagne, de bourgeois de la ville, d'artisans, de paysans, d'hommes et de femmes qui venaient solliciter l'évêque de les réconcilier à l'Église. » Dieu, qui tire le bien du mal, avait su faire servir au triomphe de sa grâce les frayeurs inspirées par une politique sanguinaire. Le massacre de la Saint-Barthélemy avait, en effet, précédé de peu ce grand mouvement, et pour cela, l'historien laonnois croit pouvoir l'attribuer à la peur, quoique de son aveu « la ville de Laon n'ait pas répété les scènes d'horreur dont la capitale et beaucoup d'autres villes avaient été le théâtre[1] ».

Mais s'il est vrai que la crainte ne dut pas être étrangère à ces conversions, il est juste aussi de dire qu'elle n'en a pas été l'unique ni la principale cause, ou plutôt elle n'en a été que l'occasion; et c'est évidemment dans l'impression produite par les faits miraculeux de cette histoire que l'on doit reconnaître la cause première de ces étonnants changements. Il fallait en effet que la croyance protestante eût été profondément ébranlée dans tous ces cœurs, puisque la seule pensée d'un péril éloigné ou même imaginaire a pu si facilement l'en arracher.

[1] « Un écrivain judicieux, dit Feller, a démontré : 1° que la reli-
» gion n'a eu aucune part aux excès de la Saint-Barthélemy ; 2° que
» ce fut une affaire de proscription ; 3° qu'elle ne regarda que
» Paris, » — en ce sens qu'il n'y eut pas d'ordres expédiés en province. — « Du reste, ce massacre d'environ *quinze cents* sujets
» inquiets, dangereux et redoutés, quoique très-condamnable sans
» doute en lui-même, n'est rien en comparaison des longues et san-
» glantes exécutions décernées de sang-froid contre les catho-
» liques, par la reine Élisabeth, par Édouard VI, par Jacques Ier,
» et une multitude de protestants fanatiques, contre lesquels per-
» sonne ne s'élève, et dont on affecte par là même de faire des
» grands hommes. » (Feller, art. *Charles IX*.)

Pour nous donc, catholiques, accoutumés à voir avant tout la main de Dieu dans la conversion des pécheurs, et surtout dans les abjurations par *familles* et par *villages*, aimons à reconnaître dans celles-ci l'œuvre admirable de la grâce. C'est elle qui de loin, à travers les phases diverses de la mission imposée à Nicole, préparait le retour au bercail des brebis égarées ; c'est elle qui, au moment fixé, voilée sous l'ombre des événements humains, renverse le mur de séparation, et de deux peuples ennemis fait tout à coup un peuple de frères, n'ayant tous qu'*un même Dieu, une même foi, un seul baptême, un seul pasteur*, JÉSUS-CHRIST, et *une seule bergerie*, la SAINTE ÉGLISE CATHOLIQUE, APOSTOLIQUE et ROMAINE. — FIAT! FIAT!

FIN DE L'HISTOIRE DE NICOLE DE VERVINS.

OBSERVATION.

Nous avons souvent renvoyé au dernier ouvrage de M. le chevalier des Mousseaux, en l'indiquant sous le titre : *le Monde magique*. Nous avons voulu désigner ainsi celui qui vient de paraître, faisant suite à *la Magie au dix-neuvième siècle*. Le plus récent a pour véritable titre celui-ci : *Médiateurs et moyens de la magie*. Au reste, l'indication exacte de ce livre se trouve au début de notre préface.

PREUVES HISTORIQUES.

Nous en produirons de trois sortes et les distribuerons en autant de paragraphes, réservant le dernier à celles dont l'autorité tout exceptionnelle doit faire le couronnement de notre œuvre. Nous avons donc adopté l'ordre suivant :
1° Récits contemporains et tradition ;
2° Monuments ;
3° Pièces justificatives.

§ Ier.

RÉCITS CONTEMPORAINS ET TRADITION.

Les vœux ardents de saint Pie V pour la promulgation du miracle du saint Sacrement étaient accomplis. Sous la douce influence de l'auguste pontife, ce prodige avait pénétré dans le palais des rois et sous la chaumière du pauvre.

A peine imprimé, le Manuel de saint Pie V se répandit à profusion en France, en Espagne, en Italie et en Allemagne. Les prédicateurs citaient ce miracle en chaire pour venger le sacrement adorable de l'Eucharistie des blasphèmes des hérétiques, les amis l'écrivaient à leurs amis, les pères le racontaient à leurs enfants pour les fortifier dans l'amour de la sainte Église.

Suivons le cours de cette tradition depuis son origine jusqu'à nos jours.

Nous mettrons en première ligne deux écrivains de la même époque, qui mentionnent cette possession dans leurs écrits. Ils ont été témoins oculaires.

1° Florimond Rémond, né de parents protestants et protestant lui-même, faisait alors sa philosophie au collége de Laon ; convaincu de la présence réelle de Notre-Seigneur au très-saint Sacrement par les miracles qu'il avait sous les yeux, il se convertit, lui et toute sa famille. Devenu conseiller au parlement de Bordeaux, il composa un ouvrage fort remarquable sur *la naissance et les progrès de l'hérésie*, qu'il dédia au souverain pontife Paul V. C'est dans cet ouvrage qu'il parle du miracle du saint Sacrement, dans la possession de Nicole, comme de la cause de sa conversion[1].

Voici ce passage :

« *Le grand et fameux miracle de Laon.*

» Puisque je suis à mesme des miracles advenus en nostre siècle, pour la condamnation des aveugles sacramentaires, je transporteray icy celui que j'ai veu et qui m'a retiré de la gueule de l'hérésie, lequel j'ai inséré dans mon livre de l'Antechrist. Je puis faire comme le potier son argile, et luy donner nouvelles formes, telles empraintes qu'il me plaira. Ce miracle, plein de mille merveilles, s'il en fut jamais, advint à Laon, l'an 1566, en la personne d'une jeune femme possédée des diables, native de Vrevin, près Laon, nommée Nicole Obry. Tous les diables qui s'étoient emparez d'elle, avant que je fusse arrivé avec quelques escoliers, mes compagnons d'étude, avoient été chassez de leur garnison, sauf leur prince Beelzebuth, qui tenoit bon encore. Ceste misérable et infortunée créature, conduite à l'église à la veue d'un peuple infiny, estoit tellement tourmentée qu'on luy oyoit craquer les os, grincer des dents, perdant par les estranges contornements de son corps toute figure humaine. Elle venoit grosse, enflée comme un muid, ouvrant souvent la gueule de telle façon que ceux qui estoient auprès d'elle luy voyoient le fond de l'estomach. Parfois elle tiroit un pied de langue, et, roulant les yeux dans la teste gros et enflammés, elle les rendoit étincelans comme chandelles, et en cet estat, s'élançoit en l'air sans que douze ou quinze hommes la puissent retenir. Quand le bon évesque de Laon tenoit la saincte hostie sur sa teste, faisoit ses exorcismes, disoit l'oraison dont saint Bernard en

[1] Florimond Rémond n'est arrivé à Laon que pour assister aux dernières conjurations.

semblable duel se servit à Milan : « Ô malheureux esprit,
» disoit-il, voicy ton Juge, voici la Vertu du ciel : résiste si
» tu peux. Voicy celui qui disoit : Maintenant sera chassé
» dehors le Prince du monde. C'est icy le corps né de la
» Vierge, estendu en l'arbre de la croix, qui reposa dans le
» sepulchre, ressuscita du tombeau, monta au ciel. Je t'ad-
» jure en vertu de ceste Majesté céleste que tu sortes du corps
» de ceste sienne servante. » C'estoit lors qu'elle s'élevoit en
l'air, destournant sa veue de la saincte hostie qu'il luy presen-
toit, vomissoit mille blasphèmes ; puis, regardant la voûte de
l'église avec des yeux renversez, affreux et hideux, elle
poussoit un vent, et voyoit-on sortir de sa bouche une
fumée et souffle, comme d'un bœuf qu'on égorge. Elle tré-
moussoit, trembloit, se hérissoit et tomboit tout à coup en
extase, se defformoit, se roulloit, s'arrondissoit comme un
hérisson ; et pressé de répondre pourquoi il entroit ainsi en
frayeur voyant la saincte hostie : « C'est cet *Hoc est...* c'est
» cet *Hoc est...* » respondoit le diable, montrant que c'étoit
la vertu des paroles sacramentales, qui sont cet *Hoc est
corpus meum.*

» Je laisse les estranges propos lesquels le diable proféroit
par sa bouche. Enfin Beelzebuth, vaincu par la présence du
corps précieux de *Jésus-Christ*, sortit hors et quitta sa prise,
après avoir fait une fumée et jetté deux coups de tonnerre,
laissant un brouillard espais, qui environna les clochiers de
l'église et tous les assistans ravis d'une si grande merveille.
Miracle fameux et l'un des plus grands que jamais l'œil
humain ait advisé, que les diables mesmes n'ont pu obscurcir. La crainte que j'ay de délaisser de trop long mon principal sujet me fera laisser cestuy-cy, aussi n'en pourrois-je
jamais tant dire que je n'en die trop peu. »

2° Un avocat de Laon écrit à l'un de ses amis, à Paris,
les scènes dont il a été témoin. Cette lettre est datée de
Laon, 8 février 1565, le jour même de la délivrance de
Nicole. (Elle eût dû, on le verra, porter la date du 9.)

« Monsieur,

» L'occasion se présentant et ayant seu qu'étiez à Paris, je n'ay voulu faillir vous faire par ceste lestre le discours de ce quy s'est faict en ceste ville, digne d'estre publié par toute la chrétienneté et digne qu'en soyez adverty.

» Le faict est que, depuis le jour de la Toussainct, une jeune femme de seize ans, demourant en la ville de Vervins, s'est trouvée possédée et fort agitée de malins esprits, lesquels, par quelques intervalles et jour et nuyct, se départoient d'elle pour la laisser manger et dormir, et au partement parloient par la bouche de la dite femme, qui lors a la langue tirée jusqu'au menton ; ont soin de luy faire bailler à manger, commandant aux père, mère, mary de ladicte femme la faire manger, quelquefois déclairant les lieux où ils divertissent quelquefois avec voleurs, et au retour, par la même organe, déclairent les tueryes, voleryes et autres méchants actes qu'ils ont incité les hommes à perpétrer, et se sont trouvez beaucoup de leurs dicts véritables. Et par la même organe nommoient les personnes qui venoient veoir la dicte femme par leurs noms et surnoms, déclairant en public ce que telles personnes avoient faict en privé en leurs maisons ou ailleurs, et quelquefois déclairoient des choses si secrestes qu'on n'estimoit jamais qu'elles fussent seues, même à gens étrangers et non connus au pays.

» Deurant le temps de l'avent dernier, en ce dict lieu preschoit un capucin de Vailly qu'on nomme de Motta, quy a faict plusieurs conjurations et commandements aux dicts malins esperitz de partir du corps de ceste femme : auquel ils faisoient response qu'ils ne sortiroient pour lui ; ce parce que quand les dicts esperitz partoient d'elle, le dict jacobin l'admonestoyt et aultres gens d'esglise, les dicts esperitz la rendoient sourde, muette et aveugle, en manière qu'il n'y avoit pas moyen lui faire ouvrir les yeux ou la faire parler qu'en luy présentant la saincte hostie, quy fit faire au dict jacobin pareille expérience pour faire despartir les dicts esperitz en vertu de la saincte hostie, laquelle présentant, se despartoient les dicts esperitz, mais soudain rentroient. Et parce que tel faict despend de l'estat et office de l'évesque, nostre évesque se transporta au dict Vervins, où il fit les mesmes expériences qu'ils estoient plusieurs et nommèrent leurs noms et vinrent la nuict tourmenter nostre dict évesque. Et de ce quy se fit au dict lieu en pourroit parler et vous le faire entendre un docteur de la faculté de Paris que l'on nomme M. Chausse, demourant au collége de Lisieux, quy avec un aultre docteur accompagna nostre évesque.

» Et voyant les parents qu'elle demouroit toujours tourmentée, l'on l'amena en ceste ville en passant par Nostre-Dame de Liesse, où la laissèrent aulcuns des dicts esperitz, de manière qu'il n'en restait que deux, et à la première adjuration qu'a faite en ceste ville nostre dict évesque, cela luy a esté affirmé par celui des dicts esperitz qui se nommait Belzebub. Parce que les huguenots maintenoient tout ce que dessubz estre une imposture pour laquelle découvrir estoit besoing changer de garde à la dicte femme, elle fut par justice sequestrée, et luy furent baillées gardes nouvelles et des deux religions, et y furent toute la nuict le doyen de l'église, l'official et austres gens d'église, nostre lieutenant particulier, mon compaignon advocat, le bailly de l'évesque et austres notables personnes assideus; avec eux medecins et chirurgiens les plus experts quy, durant qu'elle fut délaissée comme morte au partement du diable, par vertu de l'hostie présentée, firent toutes les épreuves de leur art pour l'exciter, jusqu'à luy mettre des épingles dans les ongles de ses doigts sans que pour ce elle eût aulcun mouvement, et à la seule présentation de la mesme hostie à la bouche, elle reprit ses sens, louant Dieu. Et aulcuns d'eux m'ont récité qu'ils virent au partement du diable un signe visible comme d'une souris sortant de ses oreilles et trottant sur la main de ceux qui la tenoient, dont tous furent fort effrayez.

» Elle est rendue à l'évesque quy, puis quinze jours, a continué jeusner et soy mestre en oraison et faire annoncer et inciter par prédication le peuple à l'ayder de jeusnes et oraisons à deschasser les dicts esperits, faisant tous les jours processions et prières publiques, ès quelles processions on portait la dicte femme, laquelle après l'on mettoit sur un échaffaud pour ce érigé près la chapelle Nostre-Dame, au portail du chœur, en laquelle nostre dict évesque chantoit la messe, durant laquelle, à l'élévation du corps de Jésus-Christ, la dicte femme, tenue de six ou sept des plus forts hommes qu'on pouvoit choisir, malgré eux s'élevoit droite, faisant mine si horrible que chacung en estoit effrayé; et la messe célébrée, procédoit aux conjurations et adjurations, respondant la dicte femme d'elle-mesme, quelquefois aulcuns mots avant nostre évesque, et après avoir fait ce qu'il pouvoit par paroles, lui commandoit de laisser ceste femme en vertu de l'hostie qu'il lui présentoit. Faisant la dicte femme si épouvantable face et si défigurée qu'il n'est possible naturellement de faire et en ung instant demouroit comme morte entre les bras de ceulx quy la tenoient, ayant les bras et corps et jambes aussi roides que baston, tournés à revers, sans qu'il fust possible de lui faire ployer les jointures, fust des bras, fust des jambes, lui ouvrir la bousche ou les yeux, combien que ce faire se soient forcez aulcuns huguenots qui estimoient estre imposture; et par le seul attouschement de l'hostie sacrée que l'évesque luy présentoit à la bousche, la bousche s'ouvroit et la recevoit, et après l'y revenoient tous ses mouvements hors d'ung bras qui demouroyt percluz et impotent.

» Finalement du jour d'hyer, septième de ce mois, continuant nostre dict évesque ce que dessubz, après plusieurs résistances, elle fut délivrée par la grâce de Dieu, et revint son bras percluz sain, selon le signe que luy avoit dit le dict esperitz malin, et est encore la dicte femme fort malade de la fatigue qu'elle a endurée.

» Aujourd'hui s'est faict la procession générale, où le corps de Jésus-Christ a esté porté en grande magnificence, remerciant Dieu, où nostre dict évesque a chanté la messe avec telle assistance de dévotion que l'on ne sauroit souhaiter plus grande qu'elle n'a esté, au contentement des huguenots, desquels bonne partye se sont départys pour reprendre la première et ancienne religion. Je puis vous asseurer ce que dessubz pour y avoir plusieurs fois assisté et en feront les témoignages plus de dix mille personnes. Je ne vous saurois, sans par trop long discours, réciter mille conjectures quy se sont présentées pour approbation de ce miracle si évident, comme aulcuns étrangers flamans quy ont parlé à ceste femme étant possédée quy leur faisoit response pertinente en haut allemant. J'ay veu ung Allemant parler à elle en langage allemant, la femme luy répondit pertinemment en françois. Il me disoit que il luy avoit dict en allemant qu'il estoit huguenot, et j'ouïs qu'elle luy disoit qu'il ne l'estoit point et que il avoit menti. Puis il luy dict en allemant que l'abbé de Saint-Vincent, qui estoit présent, parloit bien allemant : elle luy fit response qu'il ne savoit aulcunement parler, mais que il faisoit semblant de savoir parler.

» Oultre que il n'y a quasi maison où le diable n'ait esté de nuit tourmenter quelqu'ung de la maison, quelquefois hennissant comme ung cheval, mesme en la maison épiscopale, hennir en mule ou ânesse et le lendemain en donnoit tesmoignage. J'espère que vous en saurez davantage par le tesmoignage quy en sera faict au roi. » (*Bulletin de la Société académique de Laon*, t. XI, p. 105.)

3° Le célèbre cardinal Baronius, bibliothécaire du Vatican, le père des *Annales ecclésiastiques*, rapportant les événements remarquables de l'année 1566, s'exprime ainsi :

« Cette année, Nicole Obry, native de Vervins, en France, fut délivrée à Laon d'une furieuse possession par la sainte communion que lui donna l'évêque, en présence de dix mille personnes et des notaires, qui mirent le tout par écrit. Les calvinistes eussent bien voulu que cette histoire, qui parcourut toute la France, eût été supposée ; mais il y avait trop de preuves pour la confirmer. »

Baronius écrivait en 1596.

4° Génébrard (1590), docteur de la maison de Navarre, professeur d'hébreu au collège royal, puis archevêque d'Aix, « un des plus savants hommes de son siècle », dit Feller, parle aussi, dans sa *Chronologie sacrée,* du miracle du saint Sacrement dans la possession de Nicole.

5° Le P. Delrio, jésuite (1599), après avoir rapporté, dans son ouvrage sur la magie, une autre possession où le saint Sacrement avait aussi chassé le démon, dit :

« Pareil prodige s'est vu à Laon. Les calvinistes ne l'ignorent pas : ils étaient là plusieurs milliers. Ils en étaient si furieux qu'ils ne se possédaient plus de rage[1]. »

Une mention portée en marge nous apprend que plusieurs éditions de l'histoire de Nicole avaient été publiées à Paris et qu'une autre venait de paraître à Liége en cette année 1598.

Parmi les écrivains plus récents qui rapportent sans commentaires le fait de Nicole et que le hasard nous a mis sous la main, nous citerons :

Dom Wiart, dans son *Histoire de saint Vincent* (1680);

François Frondeur, chapelain de Notre-Dame de Laon, professeur des arts libéraux au collège de cette ville, dans son *Dictionnaire des villes,* etc. (1680);

Villette, docteur en théologie, archidiacre de l'église de Laon et vicaire général de Mgr Louis de Clermont, dans son *Histoire de Notre-Dame de Liesse* (1706);

Louis Colliette, auteur des *Mémoires pour servir à l'histoire du Vermandois* (1772)[2];

Enfin MM. Devisme, Piette et Melleville.

Le double intérêt de la certitude historique et de la vérité religieuse nous faisait un devoir de combattre ces écrivains. C'est la seule partie de notre tâche qui ait pu nous paraître pénible. Nous aurions désiré n'avoir qu'à louer des hommes

[1] Tam norunt calvinistæ, quorum aderant multa millia, quam fremunt et rumpuntur. (Lib. VI, cap. II, sect. 3.)

[2] Nous aurions pu citer encore de Cérisiers, de la Morlière, du Moustier, de Machaut, Aubert, etc.

honorables, nos compatriotes, auteurs d'ouvrages fort intéressants d'ailleurs sur l'histoire des deux villes de Laon et de Vervins.

Avant la révolution, on trouvait dans chaque pays, nous dirions presque dans chaque famille, la petite histoire de Nicole, écrite par Jovet, sous ce titre : *le Triomphe du saint Sacrement sur le démon, extrait de l'original manuscrit qui est dans le trésor du chapitre de Notre-Dame de Laon.* Ce sont ces manuscrits qui se trouvent actuellement dans la bibliothèque de la ville.

Ce petit livre, qui eut plusieurs éditions, faisait alors les pieux délassements des longues soirées d'hiver. Il ne contenait que la première partie de notre histoire. Les deux autres, qui sont cependant si intéressantes, étaient presque complétement inconnues du public et même de la plus nombreuse partie du clergé ; car la grande histoire de Boulèse était devenue presque introuvable. Nous en avons rapporté la raison (p. 222).

M. l'abbé Dupeuty, principal du collége de Vervins, avait entrepris de renouveler, comme il le dit, la mémoire de ce grand miracle. Son manuscrit porte la date de 1720. Nous ne savons pourquoi il est resté inédit.

Depuis l'abrégé publié par Jovet, il n'y a donc pas eu de nouvelle histoire de Nicole. Nous serions-nous trompé en pensant que l'heure est venue de remettre sous les yeux de nos contemporains des faits qui ont si vivement ému nos pères ?

§ 2.

MONUMENTS ÉRIGÉS EN MÉMOIRE DE LA POSSESSION DE NICOLE DE VERVINS.

Ces monuments sont au nombre de trois :

I. *Bas-relief à Laon.*

Ces faits merveilleux avaient si fortement impressionné les esprits, ils avaient une si haute portée qu'on ne se contenta pas de les consigner dans l'histoire. On voulut encore, pour en perpétuer le souvenir, les graver sur la pierre au lieu même où ils s'étaient accomplis.

Un chanoine de cette époque, M. des Masures, fit faire un bas-relief représentant les différentes scènes de la possession de Nicole, au-dessous duquel on fit graver ces vers composés par le chanoine Roillet :

> Ici tu vois, lecteur, comme par Jehan de Bours,
> Évesque et duc de Laon, le diable en ses détours,
> Tourmentant de longtemps une femme amenée
> De Vrevin en ce lieu, a, l'hostie donnée
> Et le saint corps de Dieu, délaissé tellement
> Le corps qu'il possédait, qu'à ce saint Sacrement
> La femme qui semblait moins vivante que morte
> Subit revint à soy, Dieu frappant à sa porte.
> En après tu peus veoir, comme en dévotion
> L'évesque poursuivant la conjuration,
> A l'élévation du saint corps à la messe
> Le diable se sentait en si grande détresse,
> Que ne souffrant le corps de Dieu que l'on levait
> Plus de six pieds de haut devant tous s'élevait,
> Signe très-évident qu'il n'y a si grand'force
> Que ce saint Sacrement par sa vertu ne force.
> Huictième de féburier en l'an soixante et six
> Avec mil et cinq cens, temps par le roi préfix,
> Au premier de janvier date renouvelée [1],
> Plus à plain a esté la force révélée
> De ce corps précieux : le diable chassé hors
> Du corps tant affligé qu'il le rendait tout tors.
> Dont des Masur' induict a basty ceste histoire
> Fondant du Sacrement éternelle mémoire.

Dom le Long, Jovet, M. Dupeuty ont vu ce bas-relief, qu'ils disent fort beau. Où était-il? M. Devisme dit qu'il se trouvait *sur une cloison latérale du chœur de la cathédrale*. Jovet le place dans *l'enceinte du chœur de l'église*, « derrière l'endroit, dit-il, où repose le saint Sacrement

---

[1] Le roi Charles IX avait fait, en 1564, une ordonnance qui porte qu'à l'avenir l'année commencera au 1er janvier, au lieu qu'elle ne commençait que le samedi saint après vêpres. Le Parlement ne consentit à enregistrer cet acte que trois ans plus tard, tandis que beaucoup de particuliers se conformèrent à la nouvelle ordonnance. De là, à cette époque, des dates différentes.

dans le temps de l'octave. » Une cloison en pierres s'élevait alors derrière les stalles. C'est sur ce mur qu'était gravé le bas-relief, qui est tombé, comme tant d'autres monuments, sous le marteau des démolisseurs de 93.

Notre gravure dédommagera un peu les archéologues de la perte de ce monument historique. Car le tableau synoptique de la possession de Nicole qu'a fait graver l'historien Boulèse est la reproduction de ce bas-relief qui représentait, dit Jovet, Jean de Bours exorcisant Nicole.

II. *Fondations.*

1° A LAON, d'une procession, d'une messe et d'un salut anniversaires le 8 février.

« A Laon, dit Boulèse, se conserve encore la mémoire de ce miracle par la procession générale du saint Sacrement, que chacun an, le 8ᵉ jour de feburier, on y faict, après solennellement et publiquement, à son de trompe et à carillon, l'avoir signifiée. A la suite de la procession, on y chante messe du saint Sacrement.

» Le soir, il y a salut, aussi fondé par M. des Planques, neveu de Mgr l'évesque de Laon. »

Il est aussi fait mention de ces fondations dans Jovet, dans dom le Long, dans Dupeuty, et dans nos historiens laonnois. C'était donc à Laon, le 8 février, une véritable fête du saint Sacrement. « Ajoutez à cela, dit M. Dupeuty, la mémoire que l'on fait du saint Sacrement à la messe dans tout le diocèse, le 8 de février, comme il est marqué dans le calendrier du missel de Laon, dans lequel on lit : *Commemoratio sanctissimi Sacramenti ob liberationem energumenæ vervinensis, anno* 1566, et quoique la rubrique porte que cette mémoire ne se fait que *in ecclesia majori,* cependant le diocèse la fait à l'imitation de l'église mère. »

Ces fondations furent religieusement acquittées jusqu'en 1793. A cette époque de désastre, elles ont disparu comme tant d'autres, et les biens-fonds qui devaient en assurer à jamais l'exécution ont été ravis à l'église.

2° A Vervins. Nous citons M. Dupeuty, principal du collége de cette ville :

« Il était bien juste que, la ville de Vervins ayant été le premier théâtre sur lequel Jésus-Christ avait bien voulu opérer les premiers miracles sur notre énergumène, on y élevât aussi des trophées qui marquassent à la postérité que non-seulement une femme de Vervins avait été terriblement tourmentée des démons qui la possédaient, mais encore qu'elle n'avait été délivrée que par le très-saint Sacrement.

» Il y a trois de ces monuments :

» *Le premier* sont les vêpres du saint Sacrement, fondées par Robert de Coucy, seigneur de Vervins, protonotaire apostolique, abbé commendataire de Foigny, grand archidiacre de Laon, pour être chantées, dans l'église paroissiale de Notre-Dame de Vervins, tous les jeudis de l'année, à perpétuité, pour mémoire éternelle d'un si grand événement.

» *Le deuxième*, c'est la confrérie du saint Sacrement, érigée dans la même église *par le peuple de la ville*, pour reconnaître par des hommages continuels le grand bien que Jésus-Christ avait fait à leur concitoyenne en la délivrant de ses démons par le saint Sacrement de l'autel.

» Cette confrérie fit d'abord célébrer la messe du saint Sacrement tous les jeudis de l'année, à l'imitation du seigneur de Vervins qui faisait chanter les vêpres.

» En 1666, cent ans après, sans changer le premier motif de son établissement, on donna une autre forme à cette confrérie : on réduisit le service du saint Sacrement seulement aux premiers jeudis de chaque mois, mais on le rendit bien plus solennel. Car, auparavant, la messe et les vêpres se chantaient sans chapes, sans orgues et sans les grosses cloches, avec deux cierges de cire jaune. Depuis la réformation, on a toujours chanté la messe et les vêpres avec chapes, orgues et les grosses cloches, et avec autant de cierges de cire blanche qu'aux grandes solennités. Ajoutez à cela que la solennité est toujours précédée d'un midi sonné avec la première sonnerie, et des premières vêpres chantées comme le jour, et qu'elle est finie par un salut solennel, le soir, avec exposition et bénédiction du saint Sacrement.

» *Le troisième*, ce sont les prières de *quarante heures*, fondées en 1697 par Marie Verseau, veuve d'Abraham Demeaux, conseiller du roi et assesseur en la mairie de Vervins, épouse en secondes noces de Philippe François de Montfort, écuyer, lieutenant-colonel du régiment de Lorraine, pour être faites solennellement dans l'église paroissiale de Notre-Dame de Vervins, le dimanche de la Quinquagésime et les deux jours suivants, avec exposition continuelle du très-saint Sacrement, comme il est amplement expliqué dans le contrat de la fondation, pour contribuer à édifier le peuple et le détourner des dissolutions qui se font ordinairement en ces jours.

» Mais un des plus puissants motifs qui l'ont portée à fonder ces prières, *à ce qu'elle m'a dit*, et qu'elle n'a pourtant point inséré dans le contrat de sa fondation, a été d'élever dans cette église un monument authentique pour rappeler la mémoire du grand miracle fait en la personne de Nicole de Vervins par l'auguste Sacrement de nos autels. Elle a fixé ces prières au dimanche de la Quinquagésime et aux deux jours suivants, parce que ces jours échoient ordinairement vers le 8 février, qui est le jour auquel la démoniaque fut délivrée des démons [1]. »

---

[1] Nous trouvons encore dans l'histoire de M. Dupeuty deux autres faits extraordinaires dont l'église de Vervins a conservé le souvenir et les authentiques jusqu'en 1793.

Ce sont deux délivrances d'obsessions sataniques.

Nouvelle matière à la risée de nos sceptiques!

De tels faits cependant ne trouvent que trop aujourd'hui leur confirmation dans les scènes de désordre des presbytères de Cideville et d'Ars. (Voir M. de Mirville, t. I, p. 339. *Vie du curé d'Ars*, t. I, l. III. M. des Mousseaux, *Médiateurs et moyens de la Magie*, ch. XIV, p. 265.)

Quoique ces faits n'appartiennent pas à l'histoire de Nicole, puisqu'ils lui sont postérieurs d'un siècle, nous pensons cependant qu'on nous saura gré de les avoir insérés ici. On y verra que nos pères ne se torturaient point l'esprit pour expliquer par des causes physiques ce qui était si bien frappé au coin du *surnaturel*. Aussi est-ce à Dieu seul, par l'intercession des saints, qu'ils vont demander leur délivrance.

III. *Gravure de 1569 représentant toutes les scènes de la possession de Nicole, exorcismes, procession, prédication.*

« Dans le désir de satisfaire à toutes les exigences et de représenter au vif ce miracle jusqu'à la consommation des siècles, j'ai fait dessiner et graver, dit l'historien Boulèse, un tableau qui représente l'intérieur de la cathédrale de Laon avec toutes les cérémonies qui se sont faites à cette occasion. »

Nous citons M. Dupeuty, en abrégeant son premier récit.

« L'an 1669, un esprit invisible tourmenta extrêmement un bourgeois de Vervins, nommé Nicolas Démeaux, hôtelier de Saint-Martin. Cet esprit fit rouler des pierres du haut de l'escalier, avec grand bruit; il en fit voler d'autres, avec sifflement, d'un coin de la maison à l'autre. Tantôt il transportait la vaisselle et les meubles d'un endroit à l'autre, toujours avec fracas; tantôt il enlevait de dessus les tables les plats de viande, les pots, les verres, et personne qui pût découvrir les mains qui enlevaient ces objets; puis il allait à la cave, buvait le vin, et ouvrant les robinets, laissait couler à terre ce qui restait dans les tonneaux... Fatigués de ce tintamarre, et ne voyant aucun remède humain à ce mal, Nicolas Démeaux et sa femme recoururent à l'église. M. l'évêque de Laon envoya deux chanoines, tous deux d'une rare probité, de beaucoup d'expérience et d'érudition. Ceux-ci, après avoir tout examiné, et mûrement délibéré, se décidèrent à célébrer la sainte messe dans une chambre de l'hôtellerie. Ce divin remède apporta quelque soulagement à ces bonnes gens, mais ne les délivra pas entièrement; car, ce mauvais esprit recommença bientôt sa manœuvre. C'est alors qu'on leur conseilla un pèlerinage à Sainte-Hélène, dont les reliques reposent à Hautvilliers-sur-Marne, à quatre lieues de Rheims. Ils s'empressent d'acquitter ce vœu. A peine le pèlerinage fut-il terminé que le calme rentra chez eux, après six mois de vacarme. Ils conservèrent jusqu'à la fin de leur vie une grande dévotion à sainte Hélène. En reconnaissance de ce bienfait, ils firent peindre *un tableau de la sainte*, qu'on attacha à l'un des piliers de l'église de Vervins, où il est encore. » (1720.)

L'année suivante, 1670, même chose arriva dans la maison voisine. Mais un pèlerinage fait avec foi à Hautvilliers fit cesser immédiatement tout cet affreux désordre.

Voici le procès-verbal qui fut dressé comme témoignage authentique de la vérité des faits, et déposé dans les archives de l'église par ceux-là mêmes qui en avaient été témoins.

« Nous, Charles Dupeuty, avocat au Parlement et lieutenant en la justice de la ville et marquisat de Vervins, y demeurant; Nicole Noë, ma femme; Guillemette Dupeuty, ma fille et Marguerite Fricoteaux, notre servante, certifions à tous ceux qu'il appartiendra qu'en l'année mil six cent soixante et dix, le dimanche, neuvième jour de mars, un esprit invisible à nos yeux qui l'année précédente avoit fait plusieurs désordres chez M. Nicolas Démeaux, hôtelier de Saint-Martin, notre

Cette gravure, que nous reproduisons, a été offerte et dédiée au souverain pontife, avec cette épigraphe :

DEO
ET SVMMO JESV-CHRISTI VICARIO
JOCHANNES BOVLÆSE PRESBITER
COLLEGII MONTIS-ACVTI PARISIENSIS
1569.

voisin, seroit passé environ l'heure de minuit en notre maison, là où il auroit tiré avec violence la couverture du lit où étoient couchées nosdites fille et servante ; lesquelles nous auroient appelés à leur secours, et y ayant été, nous aurions trouvé icelles extrêmement effrayées et la couverture du lit jetée au milieu de la chambre... Après avoir demeuré quelque temps auprès d'elles, avec une chandelle ardente, le reste de la nuit auroit été tranquille. Le lendemain lundi, environ la même heure de minuit, le même esprit sorcier ou magicien retourna au même lit où étoient encore couchées nosdites fille et servante, et aussitôt que la chandelle fut éteinte, il renversa les chaises et fit beaucoup de bruit. Nosdites fille et servante nous appelèrent encore à leur secours. Et nous y étant transportés, nous aurions trouvé les chaises jetées par terre, au milieu de la chambre, et le corps de l'habit de notre dite fille attaché et enlacé à la crémaillère ; et étant demeuré près d'elles jusqu'au jour, il n'y eut pas de bruit davantage. Sur les sept heures du soir, ledit esprit auroit commencé à faire voler des pierres et autres choses par la maison ; et, en notre présence, notre servante ayant ouvert une armoire pour y remettre quelque chose, nous aurions vu sortir de ladite armoire une écuelle qui étoit dedans icelle, et qui fut jetée au milieu de nous tous... Le mardi, le mercredi, et le jeudi en suivant, pendant le jour nous fûmes continuellement tourmentés à coups de pierres... lesquelles pourtant ne blessoient personne notablement. Enfin fatiguez de ces assauts continuels..., conseillés par M. Bourgeois, curé de Vervins et doyen de chrétienté, de recourir à Dieu, par l'intercession de sainte Hélène... nous avons résolu de nous mettre en dévotion, et dès le vendredi quatorzième jour du mois de mars 1670, après nous être reconciliés à Dieu par le sacrement de pénitence, après avoir communié et assisté à la sainte messe que nous avons fait célébrer en la chapelle de Sainte-Anne... Moi, Charles Dupeuty, susnommé, suis parti pour faire mon pèlerinage au village d'Hautvilliers [1],... et depuis, ma maison s'est trouvée délivrée de ces infestations... Et nous croyons que nous sommes redevables de cette prompte délivrance à l'intercession de sainte Hélène.

» De quoi nous avons fait ce présent certificat et attestation que nous avons signé aujourd'hui, troisième jour de décembre 1671, pour rendre gloire à Dieu qui est admirable dans ses saints.

» CHARLES DUPEUTY, NICOLE NOÉ, GUILLEMETTE DUPEUTY. »

[1] Pour les renseignements sur le pèlerinage de Sainte-Hélène, voir *Annales hagiographiques*, 4ᵉ année, janvier 1863.

Elle représente : 1° le chevet de la cathédrale, sa rose, ses trois lancettes. Il est à regretter que la perspective n'en soit pas bien observée. Mais ce défaut est précisément ce qui donne à notre gravure le cachet de l'époque. (Voir, dans l'*Encyclopédie*, l'article : *Perspective*.)

2° Le jubé de cette époque, les deux autels latéraux, l'un de la sainte Vierge, appelé *l'autel de la Belle-Image* ; l'autre, de saint Sébastien, est caché par l'estrade.

3° Toutes les scènes de la passion.

4° Au bas, le prédicateur en costume de cordelier, avec la foule des auditeurs debout, en costume de l'époque. Ceux que l'on voit « *la tête couverte* et *armés d'épées* sont les protestants ».

5° La procession, décrite page 179.

L'évêque y porte le saint Sacrement dans un ostensoir du douzième siècle, la mitre en tête ; les ornements du clergé sont du moyen âge.

Les détails sans nombre donnés par Boulèse sur chacune des décorations du jubé ne nous laissent aucun doute sur son authenticité.

Ce jubé, nous a-t-on dit, n'est point celui que l'on voyait avant 1793. — Non ; et en voici la raison : Le jubé décrit par Boulèse a été détruit quelque temps après la conjuration, parce que, disent les historiens contemporains, il a été tellement surchargé et ébranlé pendant les exorcismes « qu'il commençait *à s'effondrer*. » Il fallut donc le démolir. Au lieu de le reconstruire sur l'ancien plan, on alla copier le nouveau jubé de Saint-Vincent, que l'abbé Charpentier avait fait élever dans son église vers 1535. On érigea un *jubé grec* sous des voûtes gothiques du douzième siècle. « Les amis de l'art, dit M. Melleville, dans sa description de la cathédrale de Laon, doivent peu regretter ce jubé, d'un assez mauvais goût et dans le style du dix-septième siècle. »

Le type de sa gravure, que nous avons reproduite intégralement, se trouve en triple exemplaire, sur vélin, dans les différents manuscrits de l'histoire de Nicole, à la bibliothèque de la ville de Laon.

§ 3.

PIÈCES JUSTIFICATIVES.

Venerabili fratri Fabio, episcopo Caiacensi, apud charissimum in Christo Filium Nostrum Carolum, Francorum Regem Christianissimum, Nostro et Apostolicæ Sedis Nuntio.

PIUS P.P. V.

Venerabilis frater, salutem et Apostolicam Benedictionem. Dilectus filius Joannes Boulæsius presbyter, qui has Nostras tibi reddet litteras, flagrans studio divini honoris amplificandi, ac etiam devotione erga Nos et Sanctam Romanam Ecclesiam, superioribus mensibus ad Nos venit, actaque quodam ingenti volumine comprehensa insignis miraculi in civitate et diœcesi Laudunensi, Episcopo ipso eximia pietate administrante, in persona cujusdam mulieris oppidi Vrevini ad hæreticorum pravitatem confundendam, et cæcorum corda illuminanda nuper facti attulit. Quæ quidem nonnullis viris integritate, religione, experientia, et doctrina præditis, et Nobis probatis diligenter videnda, ac mature examinanda dedimus: quorum relatione Nobis facta, Deo Omnipotenti gratias egimus, qui calamitoso hoc nostro sæculo, ad divinæ suæ Majestatis gloriam, piorum ædificationem, et errantium reversionem, pro sua ineffabili misericordia in ista provincia tantis hæresibus modo exagitata, mirabilium suorum signa operari dignatus est. Quare cum admirandum hoc, et nunquam satis celebratum sacrosanctæ Eucharistiæ miraculum coram innumerabili hominum multitudine factum fuisse referatur; ita id ad omnium populorum cognitionem ut perducatur, magnopere studendum est; ideoque extracta rerum omnium præcipuarum et insigniorum, quæ ad illius manifestationem pertinere videntur, ad te per eundem Joannem mittimus, volumusque, ut iis cum Episcopo Laudunensi, et Nicolao Espineo Canonico, qui rei gestæ interfuisse dicuntur, accurate communicatis, si ipsi ea, ita ut narrantur, actá esse confirmaverint, mox cum Christianissimo Rege nomine Nostro agas, atque efficias, ut in ejus regno miraculum ipsum ad Dei laudem, Majestatis suæ Christianissimæ favore imprimi, et in lucem omnium prodire possit. Quod ut fidelius, et exactius fiat, eundem Joannem imprimendi curam habere operæ pretium fore existimamus. Datum Romæ apud S. Petrum sub Annulo Piscatoris die VIII octobris MDLXXI, Pontificatus Nostri anno IV°.

COE. GLORIERIUS.

Concordat cum originali, quod asservatur in tabulario Secretariæ Brevium.

Pro Domino Cardinali Barberino,
Jo. B. BRANCALEONI CASTELLANI,
SUBSTITUTUS.

Secretaria Brevium.

NOTA. — La mort du doyen de Héricourt, survenue l'année précédente, nous explique pourquoi son témoignage ne fut pas réclamé par le souverain pontife, en même temps que celui de l'évêque et du chanoine Despinois.

Venerabili fratri Episcopo sancti Papuli, apud charissimum in Christo Filium Nostrum Carolum, Francorum Regem Christianissimum, Nostro et Sedis Apostolicæ Nuntio.

GREGORIUS PP. XIII.

Venerabilis frater, salutem et Apostolicam Benedictionem. Exponi Nobis nuper fecit dilectus filius Joannes Boulæse presbyter, quod alias cum ipse divini honoris amplificandi studio flagrans, ac devotione, quam erga Sedem Apostolicam, et Romanam Ecclesiam gerebat ductus, superioribus mensibus ad felicis recordationis Pium PP. V. Prædecessorem Nostrum se contulisset, et acta insignis miraculi in civitate et diœcesi Laudunensi illius tunc existente eximiæ pietatis viro Episcopo præsente in persona cujusdam mulieris divina bonitate facti magno volumine comprehensa, eidem prædecessori examinanda obtulisset, prædecessor prædictus illa nonnullis viris integritate, religione, experientia, et doctrina præditis, ac per ipsum Prædecessorem probatis, diligenter consideranda tradidit, licetque post modum illorum relatione per eum cognita post gratiarum actiones Deo Optimo Maximo redditas, venerabili fratri Episcopo Cajacensi ejusdem Prædecessoris, et Sedis Apostolicæ in partibus istis Nuntio, dederit in mandatis, ut sicut miraculum illud coram innumerabili hominum multitudine factum fuisse referebatur, ita ad omnium Christi fidelium notitiam deduci satagens, omnibus iis, quæ ad illius manifestationem pertinebant, cum eodem Episcopo Laudunensi, et dilecto filio Nicolao Espineo dictæ Ecclesiæ Laudunensis canonico, quorum uterque illi interfuit, communicatis, si ipsi rem ita fuisse confirmassent, cum charissimo in Christo Filio Nostro Carolo, Francorum Rege Christianissimo ageret, atque efficeret, ut in ejus Regno miraculum ipsum ad Dei laudem ipsius Caroli jussu, et favore imprimi, ac in lucem prodire omnino posset, ac alias prout in ejusdem Prædecessoris litteris desuper in forma Brevis confectis plenius continetur. Cum tamen sicut eadem expositio subjungebat, dicti Prædecessoris superveniente obitu Litteræ prædictæ executioni debitæ demandari nequiverint, idem Joannes ne propterea desiderii sui frustretur effectu Nobis humiliter supplicari fecit, ut in præmissis opportune providere de benignitate Apostolica dignaremur, Nos dicti Prædecessoris vestigiis inhærendo, enixe cupientes, ut ea, quæ Deus ipse ad piorum ædificationem, et errantium reversionem operari dignatus est, omnibus innotescant, certamque de præmissis notitiam non habentes, Fraternitati tuæ per præsentes committimus, et mandamus, quatenus post præsentium receptionem, accitis tamen, et in hoc tibi assistentibus tribus in S. Theologia magistris, seu professoribus in Universitate Parisiensi promotis, ad dictarum Litterarum executionem in omnibus et per omnia procedas, perinde ac si illæ tibi specialiter et expresse directæ fuissent. Non obstantibus præmissis, nec non omnibus illis, quæ in dictis Litteris expressum est non obstare, cæterisque contrariis quibuscumque. Datum Romæ apud S. Petrum sub Annulo Piscatoris die VI martii MDLXXIII, Pontificatus Nostri anno primo.

Coe. Glorierius.

Concordat cum originali, quod asservatur in tabulario Secretariæ Brevium.

Pro Domino Cardinali Barberino.

Jo. B. BRANCALEONI CASTELLANI,

SUBSTITUTUS.

Secretaria Brevium.

Attestatio Dominorum Doctorum Sorbonæ non impedientium, quominus Manuale Victoriæ corporis Domini extractum voluntate et iussu felicis recordationis Pii papæ quinti, et tota historia authentica, imprimatur.

Ego subsignatus Maior Bidellus sacratissimæ facultatis theologiæ Parisiensis certifico magistrum Iohannem Boulæse, presbyterum, professorem literarum hebraicarum pauperem collegii Montis-Acuti, obtulisse tertio Die Augusti, anni Domini millesimi quingentesimi septuagesimi tertii, magistris nostris dominis Adamo Sequart Decano, Joanni Peletier, Simoni Vigor, Jacobo Fabro syndico, et Joanni Prevost, deputatis prædictæ facultatis binas literas Apostolicas in forma brevis confectas : Unas quidem, D. Pii quinti : Alteras vero, D. Gregorii XIII summorum Pontificum : Et unum quinque librorum volumen continens totam historiam miraculi facti Lauduni, authenticum cum duabus patentibus literis et sigillis : Et unum librum inscriptum : Manuale Victoriæ corporis Domini contra Beelzebub habitæ Lauduni anno Domini millesimo quingentesimo sexagesimo sexto, in persona cuiusdam mulieris oppidi Vrevini, extractum ut summarium, voluntate prædicti D. papæ Pii V ex prædicta tota historia. Prædictum Boulæse dicentem se missum a venerabili D. episcopo S. Papuli Nuncio summi Pontificis, ut etiam prædictus D. Vigor sciebat, pro executione literarum Apostolicarum in quibus scriptum est : Accitis tamen, et in hoc tibi assistentibus tribus in sacra theologia magistris seu professoribus in Universitate Parisiensi promotis : Et proinde hæc omnia pro prædicto D. Nuncii mandato, offerre prædictis Dominis deputatis : sed nominatim prædictum Manuale extractum in summarium totius historiæ. Cui Boulæse dixit prædictus D. Syndicus postquam prædictæ literæ Apostolicæ fuerunt lectæ, videntibus et audientibus cæteris : Fuit ne quid additum huic libro ab eo tempore quo illum cum tota historia visitarunt, et de eo retulerunt prædictæ facultati magistri nostri Chrestien, Paris, et Masson, quod non sit in tota prædicta historia? Cui, Boulæse respondit : Non Domine. Tum dixit D. Syndicus. Quando approbarunt illi totam historiam, approbaverunt eam etiam in parte. Unde nec impediunt quominus prædictum Manuale et tota historia authentica, imprimatur. In cuius veritatis testimonium his subscripsi de mandato præfati D. mei Syndici, cui etiam iterum prædicta obtulit omnia prædictus Boulæse die decimo quinto Julii anni Domini millesimi quingentesimi septuagesimi quinti. Le Goux.

Les Patentes de Mgr l'évesque de Laon, par les mains duquel Dieu a faict le miracle, pour l'approbation du faict.

Literæ D. Episcopi Laudunensis, in cuius manibus Deus hoc effecit miraculum, pro approbatione facti.

Joannes miseratione Divina et sanctæ sedis Apostolicæ gratia Episcopus dux Laudunensis, Par Franciæ, et Anisiaci comes, omnibus præsentes literas inspecturis salutem in Domino. Quum Nobis dilectus noster magister Johannes Boulæse presbyter, sacrarum et hebraïcarum literarum professor, codicem qui præsentibus est alligatus, edidisset, ac exposuisset duorum theologiæ facultatis Parisiensis doctorum testimonio fuisse coram Officiali Parisiensi confirmatum, nihil ex lectione librorum qui in eo comprehenduntur, contineri, quod a fide catholica apostolica et romana sit alienum, atque in eius rei testimonium suis cum literis suo sub sigillo codicem alligasse : A nobis postulavit, ut, quoniam nota nobis est veritas historiæ quæ in istis libris describitur, atque maxime per nostram diœcesim urbemque Laudunensem notoria est, in huius rei testimonium hunc codicem præsentibus sub nostro sigillo colligaremus. Cuius postulationi, quoniam justa fuit, annuentes, atque conscii veritatis historiæ quæ in istis libris describitur, in huius rei testimonium, hunc codicem sub sigillo nostro præsentibus signo nostri secretarii subsignatis, fecimus coniungi et colligari. Datum Parisiis, anno Domini millesimo quingentesimo septuagesimo, die quinto mensis novembris. De mandato præfati Domini mei Reverendi Episcopi ducis Laudunensis, Franciæ Paris, Anisiacique comitis. RESMOND.

Plus, pour la plus grande approbation du faict, mondict seigneur évesque de Laon me rendant le manuel latin extraict de toute l'histoire et le bref de nostre sainct-père le pape Pie V me dist ces propres mots : Je désire que Dieu soit honoré par ce miracle, qui est très-vray et veu par plus de cent cinquante mil hommes, et que cela soit publié, non pas afin que j'en aye honneur, mais que ce soit à l'honneur de Dieu. Comme il se void en l'acte du dixiesme juillet mil cinq cens septante-deux, seellé du seel de l'Official et signé par les deux notaires apostoliques.

E. CORDONNIER. Y. RICOVART.

Recogneuz par devant monsieur l'Official, le septiesme jour du mois d'aoust audict an mil cinq cens septante-deux, par deux autres notaires apostoliques.

I. GIBON. N. JOYSEL.

D'avantage aussi maistre Nicolé Despinoys me rendant le susdict bref de nostre sainct-pere le pape Pie quint, et le susdict manuel latin extraict de toute l'histoire et le susdict acte et response de monseigneur l'évesque, m'a aussi baillé ses annotations, faict signer et seeler le livre. Et le mecredy vingtiesme dudict moys d'aoust mil cinq cens septante-deux, m'a respondu ces propres mots contenuz en l'acte seelé du seau de l'Official et signé par les quatre notaires apostoliques, comme il s'ensuit.

Quibus correctionibus et additionibus sic in dicto libro de consensu ipsius Boulæse factis idem Dominus Nicolaus Espineus declaravit, et eidem Boulæse respondit sub his verbis, Qu'en la lecture dudict livre il n'a trouvé aucune chose repugnante à verité, et qu'il ne voulsist soubstenir pour sa vie estre veritable. Et principalement de ce qui a esté faict tant en la ville de Laon que l'abbaye du Saulvoir, l'église de Vaulx soubz Laon, la ville et chasteau de la Fere, ou il a esté tousjours present, et a assisté et a veu. Et quant à ce qui a esté faict à Vrevin avant que ladicte Nicole nommee audict livre fust admenee à Laon, dict iceluy Despinoys l'avoir entendu et ouy par plusieurs foys des pere, mere, oncle et mary, mesme de ladicte Nicole de ce qu'elle a veu n'estant possedee du diable. Et ce qui a esté faict à Marle, Vrevin, Pierrepont et Liesse, le sçavoir iceluy Despinoys par avoir veu et leu les instruments des justiciers desdictes viles et vilages, partant croit le tout estre vray, declarant en noz presences, que suivant les lettres escriptes par feu nostre Sainct-Pere le Pape à l'évesque de Caiace son nunce en France, qui luy ont esté communicquees avec ledict livre, lequel a requis estre signé de noz mains. Il avoit leu ledict livre, et trouvé en iceluy toutes choses veritables faictes comme en iceluy sont contenues et narrees. Lequel livre toutefois luy semble bien brief, et non contenant toutes les choses qui ont esté faictes et dictes, tant par ledict sieur évesque de Laon, que le diable qui possedoit vrayement ladicte Nicole, et autres; et que si tout estoit escript, une rame de papier n'y pourroit pas suffire. Toutesfois d'autant que par lesdites lettres de nostre Sainct-Pere sont portez ces mots : *Si ipsi ea ita ut narrantur, acta esse confirmaverint,* etc. Dict et declare iceluy Despinoys le tout avoir esté faict, comme il est porté et contenu audict libyre, bien briefvement toutesfois, et n'y avoir aucuns mots contre verité. Ce qu'il soubstiendra, et delibere de soubstenir, envers et contre tous, par tels tourments qu'on luy pourroit faire et presenter. Requerant acte que ses additions et corrections fussent signees de nous, pour luy servir, comme de raison, d'autant que ledict libvre semble avoir esté escript à Rome, et n'estoit aucunement apostillé. Laquelle déclaration et present acte a dict ledict Despinoys faire, craignant d'estre surprins de mort naturelle, et afin d'approbation de ce que luy mesmes a veu et entendu de ce qui est contenu audict libvre, et faict mention dudict Despinoys, et non autrement. Et que le faict est tout notoire, non seulement en la ville de Laon, mais aussi par tout le diocese. Et ne croit que personne ause dire au contraire. *De quibus idem magister Johannes Boulœse petiit actum, quod ei præsens concessimus. Cui in instanti dictus Dominus Nicolaus Espincus prædictum librum literasque prædictas Apostolicas, ac Actum traditionis et notificationis dicti libri Reverendo Domino Episcopo Laudunensi factarum restituit et tradidit. Acta fuerunt hæc anno, die, et loco prædictis nobis notariis subsignatis præsentibus.*

Y. RICOVART.   L. JOYSEL.

Recogneuz notaires apostoliques par devant monsieur l'Official de Paris, le douziesme du moys de septembre audict an mil cinq cens septante-deux, comme il se veoit audict acte seelé du seel dudict Official, et signé par ces deux autres notaires apostoliques.   N. JOYSEL.   THYVERNY.

Literæ D. Officialis Parisiensis pro approbatione fidei et facti in his de Victoria Corporis Domini contra Beelzebub habita Lauduni 1566, libris Jochannis Boulœse presbyteri, pauperis collegii Montis-Acuti Parisiensis, hebraicæ linguæ professoris.

Universis præsentes literas inspecturis Officialis Parisiensis salutem in Domino. Notum facimus nos vidisse, tenuisse, et diligenter inspexisse volumen quinque librorum quibus magister Jochannes Boulæse presbyter Laudunensis, literarum hebraicarum professor ac pauper collegii Montis-Acuti partim congessit partim descripsit historiam rerum Lauduni et eius diœcesi gestarum de obsesso a dæmonibus mulieris corpore, atque eorum per Corpus Christi eiectione. Nostras demum literas inspexisse, id volumen sub sigillo curiæ nostræ comprehensum continentes de data diei trigesimæ et penultimæ mensis octobris, anni Domini millesimi quingentesimi septuagesimi. Quibus constat venerabiles et doctissimos viros magistros Jacobum Chrestien religiosum ordinis sancti Benedicti, et Thomam Masson, presbyteros sacræ theologiæ facultatis Parisiensis doctores, coram nobis seu actuario nostro subsignato comparentes, certiores nos fecisse ac fuisse attestatos se illorum librorum integram lectionem audivisse, atque in illis nihil invenisse quod a fide catholica nostræ sanctissimæ Matris apostolicæ, catholicæ et romanæ Ecclesiæ esset alienum. Alias præterea literas reverendi in Christo Patris Domini Joannis episcopi ducis Laudunensis, Paris Franciæ, Anisiacique comitis, de data quintæ diei mensis novembris, anni Domini millesimi quingentesimi septuagesimi, cum quibus totum id volumen sub suo sigillo complexus est in veritatis facti et historiæ confirmationem. Deinde literas Apostolicas felicis recordationis Pii papæ quinti, in forma brevis expeditas, de data diei octavæ mensis octobris, anni Domini millesimi quingentesimi septuagesimi primi, reverendo in Christo Patri Domino Fabio episcopo Caiacensi apud Christianissimum Francorum regem Carolum sedis Apostolicæ Nuntio directas. Quibus extracta rerum omnium præcipuarum et insigniorum quæ ad manifestationem miraculi, de quo in dicto volumine fit mentio, pertinere noscuntur, eidem Nuntio suo per eundem Boulæse transmittit, eidem Domino episcopo Laudunensi et Nicolao Espineo canonico Laudunensi, communicanda et imprimenda cura prædicti Boulæse. Alias literas sub forma brevis sanctissimi Domini nostri, Domini Gregorii Papæ decimi tertii, reverendo in Christo patri Domino episcopo sancti Papuli apud Christianissimum Francorum Regem Nuncio, directas, de data diei sextæ mensis martii, anni Domini millesimi quingentesimi septuagesimi tertii. Quibus eidem committit ac mandat, ut illa extracta per dictum Boulæse imprimi curet, accitis et in hoc sibi assistentibus tribus in sacra theologia magistris seu professoribus in Universitate Parisiensi promotis. Ad hæc actum seu instrumentum publicum sub sigillo Curiæ nostræ expeditum, de data diei septimæ mensis augusti, anni Domini millesimi quingentesimi septuagesimi secundi. Quo constat dictas literas felicis recordationis Pii Papæ quinti, eidem Domino episcopo Laudunensi una cum libro de tota historia extracto ejusdem Pii voluntate et jussu, fuisse communicatas. Atque eundem Dominum episcopum respondisse : Se desiderare Deum per id miraculum honorari. Atque id verissimum esse. Ac fuisse conspectum a pluribus quam centum et quinquaginta milibus hominum. Atque id publicari, non quod inde honorem obtineret. Sed ut id ad Dei cederet honorem. Aliud præterea actum sive instrumentum publicum sub sigillo ejusdem Curiæ nostræ confectum, de data diei duodecimæ mensis septembris, anni ejusdem millesimi quingentesimi septuagesimi secundi. Quo constat prædictum librum de tota historia extractum voluntate et jussu ejusdem Pii Papæ quinti, communicatum etiam fuisse magistro Nicolao Espineo canonico Laudunensi. Atque ipsum declarasse : Quicquid in eodem libro scriptum est, factum ita fuisse, sicut in eodem libro, licet breviter, descriptum est. Neque contra veritatem aliqua esse adjecta verba. Attestationem præterea quæ a Majore Bidello sacratissimæ facultatis theologiæ Parisiensis facta est, et manu ejus subsignata de die decimo quinto mensis julii anni præsentis millesimi quingentesimi septuagesimi quinti. Qua constat eundem Boulæse rursum memoratum quinque librorum volumen authenticum : et manuale ex eo extractum in totius historiæ summarium voluntate prædicti D. Pii Papæ quinti : Et prædictas literas apostolicas utrasque in forma brevis expeditas, pro earum literarum excutione et acciendis tribus in sacra theologia magistris seu professoribus in Universitate Parisiensi promotis, obtulisse superioribus ejusdem theologiæ facultatis. Qui declararunt se non impedire quominus prædictum manuale, et tota historia authentica, imprimatur. Literas præterea patentes bonæ memoriæ defuncti Caroli Francorum regis Christianissimi de data diei vigesimi quarti januarii, anni Domini millesimi quingentesimi septuagesimi tertii. Quibus privilegium concedit, ut libri ipsius Boulæse, quibus tota Corporis Domini victoria in Beelzebub habita Lauduni, anno Domini millesimo quingentesimo sexagesimo sexto, a doctoribus Sorbonicis approbati, imprimerentur. Alias etiam patentes literas Henrici Christianissimi Francorum et Poloniæ regis, diei duodecimæ junii anni præsentis millesimi quingentesimi septuagesimi quinti. Quibus eidem Boulæse privilegium impressionis concedit omnium illius operum quæ a Sorbonicis doctoribus approbata fuerint. Hoc vero quinque librorum volumen, literas Apostolicas et Regias et acta sive instrumenta, ac eorum signa sigillaque sana quidem esse et integra, ac nulla prorsus falsi suspitione laborare vidimus. Atque cum altero librorum illorum, librum qui præsentibus sub sigillo curiæ nostræ annexus est, literasque omnes, acta et instrumenta et omnia quorum copiæ superius desumptæ sunt per actuarium nostrum diligenter et accurate de verbo ad verbum conferri fecimus. Huncque esse illius exemplar verissimum ac certissimum nihil additum habens aut diminutum, saltem litera uniformi, significamus. In cujus veritatis testimonium, eodem Boulæse postulante, libellum hunc sub sigillo Curiæ nostræ, cum his nostris literis, conjungi fecimus, et comprehendi. Datum Parisiis anno Domini millesimo quingentesimo septuagesimo quinto, die decima sexta mensis julii. L. JOYSEL.

Les originaux de toutes ces pièces se trouvent à la bibliothèque de la ville de Laon, dans les différents manuscrits de Boulèse.

Séminaire de Notre-Dame de Liesse, 91 août 1862.

J. ROGER, prêtre.

TABLE DES MATIÈRES.

Bref de Sa Sainteté PIE V pour la promulgation de ce miracle. . . 4
Lettre de M. le chevalier Gougenot des Mousseaux, auteur de *la Magie au dix-neuvième siècle*, des *Médiateurs et moyens de la Magie*, adressée à l'auteur. 5

AVANT-PROPOS.

§ I. — Boulèse composant son histoire 19
§ II. — Examen de l'ouvrage de Boulèse à Rome 26

PREMIÈRE PARTIE.

POSSESSION DE NICOLE. — SA DÉLIVRANCE.

LIVRE PREMIER

contenant tout ce qui s'est passé à Vervins depuis le 3 novembre 1565 jusqu'au 22 janvier 1566.

Chapitre Ier. — Situation politique et religieuse de la France et du diocèse de Laon au moment de la possession de Nicole de Vervins. 33
I. Situation de la France. 35
II. Situation du diocèse de Laon 39
Chap. II. — Naissance de Nicole. — Son éducation. — Son mariage. — Un spectre lui apparaît, se disant son grand-père. . . 46
Chap. III. — Accomplissement des pèlerinages. — Merveilleuse intuition de Nicole. — Premier enlèvement. — Nouvelles apparitions. — L'esprit continue à se dire l'âme du défunt. . . 50
Chap. IV. — Premières conjurations à la maison. 53
Chap. V. — Arrivée du religieux de la Motte. — Sa première conjuration. — Le démon est découvert. 57
Chap. VI. — Nouvelles ruses du démon pour rester caché. — Enlèvement de Nicole. — Colloque entre l'esprit malin et l'énergumène. 64

TABLE DES MATIÈRES.

Chap. VII. — Troisième enlèvement de Nicole. — Recommandation de la malade au prône. — Eau bénite. — Obéissance de Nicole à l'exorciste. 64

Chap. VIII. — Conjuration à l'église. — Affluence du peuple. — Une pierre tombe et blesse une femme. — Le diable explique pourquoi il n'a pas répondu à la conjuration latine. — Raison des messes et des pèlerinages. 66

Chap. IX. — Nouvelles conjurations, conformes au rituel des exorcismes. — Béelzebub se fait connaître. — Confessions, communions très-fréquentes de Nicole. — Le démon, chassé, rôde partout. — Il fait les œuvres de l'esprit impur, découvre les secrets des consciences. 69

Chap. X. — Prétendues causes de l'entrée du démon dans Nicole. — Il rend sa victime sourde, muette et aveugle, afin de l'empêcher de se confesser, etc. 73

Chap. XI. — Efficacité des prières des fidèles. — La vraie Croix. — Satan appelle d'autres démons à son secours. 77

Chap. XII. — Triomphe de la sainte Eucharistie sur le démon. — Horribles visions de Nicole. — Sa beauté après la communion. — Réflexions du doyen de Héricourt. 79

Chap. XIII. — Troisième enlèvement de Nicole. — Exorciste confondu. — Apparition du diable en forme de mouche. 87

Chap. XIV. — Arrivée de l'évêque à Vervins. — Sa conjuration. — Causes de la paralysie continuelle de la jambe et du bras de Nicole. — Notice sur Mgr Jean de Bours. 94

Chap. XV. — Tentative de conjuration par des ministres huguenots. — Leur confusion. — Luther exorciste (note). . . 94

Chap. XVI. — Un nouveau démon se présente sous les traits d'un pauvre et demande à voir Nicole pour la délivrer. . 100

Chap. XVII. — Effets de la confession sacramentelle. . . . 102

Chap. XVIII. — Dernières conjurations à Vervins. 105

LIVRE DEUXIÈME.

Liesse-Pierrepont, du 22 ou 24 janvier 1566.

Chap. Ier. — Départ pour Liesse. — Le guide inconnu. — Ruses du démon pour contrarier le pèlerinage. — Obstacles vaincus par le saint Sacrement. — Arrivée à Liesse. 109

Chap. II. — Visite du religieux au trésorier de la chapelle. — Exorciste laïque puni de sa témérité. — Première conjuration à l'église. — Vingt-six démons sont chassés. 115

Chap. III. — Dîner à l'hôtel. — Le démon veut étouffer Nicole. — Vision pendant l'extase diabolique. — Interrogatoire de Nicole par le trésorier. 120

Chap. IV. — Conjuration de l'après-midi. — Preuves de la sortie des vingt-six démons. — Colloque avec des protestants. 123
Chap. V. — L'esprit malin arrête l'horloge de l'église. — La messe. 126
Chap. VI. — Départ pour Pierrepont. — Incidents du voyage. — L'abbé de Saint-Vincent et d'autres personnes vérifient les preuves de la sortie des démons. — Conjuration à Pierrepont. — Legio est chassé. — Complot des protestants. — Départ pour Laon. 128

LIVRE TROISIÈME.

Laon, du 24 janvier au 8 février 1566.

Chap. Ier. — Un mot sur le chanoine Despinois. — Délibération du chapitre de Laon pour arrêter le logement de Nicole. — Arrivée de l'énergumène à Laon. — Réflexions de M. Dupeuty sur les exorcismes transportés à la ville épiscopale. . . . 138
Chap. II. — Première conjuration à Laon. 143
Chap. III. — Visite du chanoine Despinois aux Pourcelets. — Interrogatoire qu'il fait subir à la mère de Nicole. 146
Chap. IV. — Nouvelle visite du chanoine Despinois à l'hôtel. — Il trouve Nicole en léthargie et lui donne la sainte hostie. — Conjuration à l'église. — Son résultat. 149
Chap. V. — Réflexions du doyen de Héricourt sur les accusations et les ruses du démon. 153
Chap. VI. — Effets des conjurations sur les catholiques et sur les huguenots. — L'évêque consent à faire veiller Nicole par des médecins des deux religions. — Nicole est possédée en leur présence. — Miracle du saint Sacrement. — Rapport du docteur catholique. 155
Chap. VII. — Joie des catholiques. — Procession d'actions de grâces. — Conjuration à l'église. 164
Chap. VIII. — Menées des protestants. — Nicole est enlevée furtivement et renfermée dans la tour du Roi. — Incidents de cet enlèvement. — Réclamations de l'évêque, de l'official et du doyen. — Nouveaux témoins. — Nouvel examen. 167
Chap. IX. — Nicole possédée. — Lutte entre l'énergumène et le médecin Carlier. — Carlier empoisonne Nicole. — Miracle du saint Sacrement. — Conversion de deux protestants. — Nicole se plaint de ce qu'on lui a donné pendant sa léthargie. — Joie des catholiques. — Nicole libérée. 175
Chap. X. — Ordre de la procession. 179
Chap. XI. — Conjuration du matin. 184

TABLE DES MATIÈRES.

Chap. XII. — Nicole chez le commandeur de Puisieux. . . 184

Chap. XIII. — Conjuration dans la chapelle du commandeur. — Reprise des conjurations dans la cathédrale. 187

Chap. XIV. — Piété des gardes de Nicole sous la direction du chanoine Despinois. 194

Chap. XV. — L'évêque et le chapitre ordonnent des processions solennelles pour trois jours, — requièrent un notaire pour dresser procès-verbal de chaque conjuration, en présence de la foule. — Départ de Nicole pour la cathédrale. — Ses causeries pendant le trajet et le sermon. 193

Chap. XVI. — Le notaire Gorret. 197

Chap. XVII. — Conjuration du vendredi 1er février. — Le démon annonce pour le lendemain, fête de la Présentation, le départ de Cerberus. — Il ne veut pas prononcer le mot *passion*. — Il reproche à l'abbé de Saint-Vincent d'avoir mal écrit le nom de Béelzébub. — Il confesse que c'est Jésus-Christ, présent au saint Sacrement par les paroles sacramentelles, qui le met en fuite. — Des huguenots visitent Nicole. 203

Chap. XVIII. — Samedi 2 février, Purification de Notre-Dame. — Les gardes communient de grand matin. — Causeries du diable pendant le trajet. — Apparition du diable à Carlier. — Sortie de Cerberus. — Preuves de son départ. 208

Chap. XIX. — Conjuration de l'après-midi 2 février. — Hostie rompue, bouillie et jetée aux chiens par les huguenots. — Après la conjuration, Nicole assiste aux vêpres de la fête. . . . 215

Chap. XX. — Dimanche 3 février. — Lettres de M. de Montmorency, gouverneur de l'Ile-de-France, au lieutenant de la ville et à l'évêque, pour empêcher les processions et les conjurations solennelles. — Le démon découvre l'imposture. — Examen de ces lettres. 219

Chap. XXI. — Lundi 4 février. — Des fausses lettres. — Railleries du démon pendant la conjuration. 229

Chap. XXII. — Mardi 5 février. — Le barbier de Saint-Jean. — La procession de l'après-midi. — Insultes aux protestants. 233

Chap. XXIII. — Mercredi matin 6 février. — Nombre des démons. — La pièce de monnaie. — Conjuration de l'après-midi. — La croix d'or. — Insulte à mademoiselle d'Hervillon. — Le diable donne un coup de pied à l'ecclésiastique qui veut absoudre Nicole. 238

Chap. XXIV. — Jeudi 7 février. — Conjuration du matin. — Reproches et menaces à l'évêque. — Coupeurs de bourses dans l'église. — Le démon donne les raisons de son entrée en Nicole. — Admirable réponse de l'évêque. 242

TABLE DES MATIÈRES.

CHAP. XXV. — Conjuration de l'après-midi. — Jeûne nécessaire. — Confession des fautes même vénielles exigée dans l'exorciste. — Le démon requiert toutes les autorités civiles et ecclésiastiques pour sa sortie. — Après la conjuration, on fait rentrer Nicole à l'église pour s'assurer de sa délivrance. 246

CHAP. XXVI. — Réflexions sur l'insuccès des conjurations du jeudi. — Colloque de Despinois, du commandeur, des gardes avec la mère de Nicole. 254

CHAP. XXVII. — Conjuration du vendredi matin 8 février. — On se prépare à la dernière conjuration par le jeûne, la confession et la communion. — Solennité de cette procession. — Colloque de Satan avec un Allemand huguenot qui se convertit. — Aveux de Satan sur sa prochaine sortie. 257

CHAP. XXVIII. — Puérile précaution des protestants. . . . 265

CHAP. XXIX. — Procession de l'après-midi. — Propos de Satan. — Ses efforts prodigieux. — Nombreuse assistance. — Triple conjuration. — Expulsion définitive de Béelzebub. — Actions de grâces. 268

CHAP. XXX. — Réflexions du peuple après la délivrance de Nicole. — Attestation du Dr de la Roche. 278

CHAP. XXXI. — Conclusion de la première partie. — Courtes réflexions. — Témoignage d'Ambroise Paré et de Fernel. — Une possession décrite par ce dernier. — Antiquité, universalité de la croyance aux possessions. — Opposition de la science moderne. — Raisons, origines de cette opposition. — Hautes exceptions philosophiques et médicales perpétuant la tradition. — Un dernier vœu. 284

SECONDE PARTIE.

DEPUIS LA DÉLIVRANCE DE NICOLE JUSQU'A SON ARRIVÉE A LA FÈRE.

LIVRE PREMIER.

Depuis sa délivrance jusqu'à son départ pour le Sauvoir.

CHAP. Ier. — Nicole chez le commandeur de Puisieux. — Son état désespéré. — Prière de saint Bernard. — Consultations des médecins. — Extrême-Onction. — Nicole à la procession, à la messe. — Elle communie. — Recouvre la santé. — Passe l'après-midi à se récréer. 309

CHAP. II. — Nicole retombe en léthargie. — Réflexions sur cette mystérieuse maladie. — Inefficacité des remèdes naturels. — Vertu des moyens surnaturels. 314

CHAP. III. — Arrivée de M. de Genlis, capitaine des gardes. —

Complot des protestants. — Ils se rendent en armes à la ville. — Ruse du lieutenant pour leur en imposer. 321

Chap. IV. — Le commandeur, par prudence, fait entendre la messe à Nicole dans sa chapelle. — Mais les nouveaux accidents de la maladie obligent à la reporter à l'église. — Arrivée à Laon de M. de la Chapelle. — Cabales des protestants. — Leur confusion. 323

Chap. V. — Nicole recouvre entièrement la santé et l'usage de tous ses membres, après avoir entendu trois messes de l'évêque de Laon et avoir communié de sa main. 327

Chap. VI. — Les huguenots font sortir Nicole de Laon. — Leur requête. — Leurs calomnies. — Réponse du doyen de Héricourt. — Arrivée de Poullet, prévôt des maréchaux. — Emprisonnement d'un prêtre. — Enquêtes et leur inutilité. 329

LIVRE DEUXIÈME.

Depuis le départ de Nicole pour le Sauvoir jusqu'à son départ pour la Fère.

Chap. Ier. — Nicole au Sauvoir. — Elle visite le couvent. — Tombe trois fois en léthargie. — En est tirée trois fois par la vertu du saint Sacrement. — Inutilité des remèdes. — Nicole ne peut plus manger hors de Laon. 338

Chap. II. — L'abbesse du Sauvoir et le chanoine Despinois vont se jeter aux genoux du lieutenant pour solliciter la rentrée de Nicole à Laon. — Incidents miraculeux. — Nicole soupe chez le commandeur de Puisieux. 345

Chap. III. — Nicole est forcée de sortir une seconde fois de la ville après y avoir séjourné treize jours. — Son voyage à Marle, à Vervins, à Pierrepont, à Notre-Dame de Liesse, raconté et certifié par actes authentiques. — Abstinence forcée. . . 345

Chap. IV. — Retour à Vaux. — Acte des justiciers. — Nouveaux miracles. 358

Chap. V. — Nouvelles syncopes de Nicole. — Elle revient chaque fois à la présence du saint Sacrement. — Son ardent désir de la communion. — Elle monte à la ville. — Trouvant la porte fermée, elle redescend à Vaux. 362

Chap. VI. — Nicole, pendant sa léthargie, demande la communion. — Puis, poussée par une force surnaturelle, elle monte à Laon. — On la retient. — Elle retombe évanouie. . . . 369

TROISIÈME PARTIE.

NICOLE A LA FÈRE, A ANISY, A RIBEMONT, A MARCHAIS.

Chap. Ier. — Départ de Vaux. — Arrivée à la Fère. — Première entrevue du chanoine Despinois avec le prince de Condé. — On

TABLE DES MATIÈRES. 493

sépare la mère, le mari ; on les visite ; on les interroge. — Guérison subite de Nicole. — Vingt-quatre gentilshommes demandent à se confesser. 375

Chap. II. — Dimanche des Rameaux, 7 avril. — Nicole mange, la première nuit de son séjour à la Fère. — Raisons de ce prodige. — Le prince fait conduire M. Despinois auprès de Nicole. — Le chanoine est accusé de magie. — Sa réponse. . . 382

Chap. III. — Entrevue de la mère de Nicole avec le prince de Condé. — Elle repousse ses offres de fortune. — Réponses pleines d'énergie et de bon sens. — Les menaces n'ébranlent pas son courage. 392

Chap. IV. — Lundi 8 avril 1566. — Deuxième entrevue du chanoine Despinois avec le prince. — Celui-ci lui fait prêter serment de dire la vérité. — Il voudrait le forcer à nier les effets merveilleux du saint Sacrement sur Nicole. 396

Chap. V. — Suite de l'entrevue du chanoine Despinois avec le prince de Condé. — Rouerie de l'apostat Pierre Cauchon de Maupas. — Confrontation du domestique de Despinois avec son maître. — Le chanoine, pour toute réponse à l'abbé de Saint-Jean, prouve son alibi. 402

Chap. VI. — Continuation de l'interrogatoire de Despinois. — Il explique au prince les preuves de la possession. 408

Chap. VII. — Suite de l'interrogatoire du chanoine Despinois. — Le prince soutient qu'un de ses laquais en fera tout autant que Nicole. — Réponse et gageure de Despinois. — Le prince lui demande s'il connaît la religion réformée. — Courageuse et prudente réponse de Despinois. — Il réduit au silence l'abbé de Saint-Jean. — Interrogatoire de Nicole. — Un ministre prêche devant elle. — Despinois réfute le ministre. — Explications du mot transsubstantiation. — Tentatives du prince pour engager Despinois à se faire protestant. 417

Chap. VIII. — Discussion entre Despinois et l'abbé de Saint-Jean. — On fait signer au chanoine ses dépositions. — La mère de Nicole est renvoyée à Vervins. — Le prince interroge de nouveau Nicole et son mari, les tente par l'appât des richesses, les sépare ; leur confession. — Le chapitre de Laon demande compte à Despinois de son entrevue avec le prince. 429

Chap. IX. — Despinois assiste à la cène, le jour de Pâques, dans l'église d'Anisy. — Il y voit Nicole assise devant le prince. — Son entrevue avec le prince de Condé. — Injures de l'abbé de Saint-Jean. — Nicole est envoyée à Ribemont pour subir de nouveaux interrogatoires. — Acte du prince. — Ordonnance du roi qui fait mettre Nicole en liberté. — Son entrevue avec

TABLE DES MATIÈRES.

Charles IX au château de Marchais. — Un mot à nos historiens laonnois. 432
CHAP. X. — Un coup d'œil sur la vie de Nicole après son retour à Vervins. — Elle perd la vue et la recouvre en 1577, par un pèlerinage à Amiens. — Sa piété. 447
Conclusion. 453

PREUVES HISTORIQUES.

§ Ier. — RÉCITS CONTEMPORAINS ET TRADITIONS.

1° Lettre de Florimond Rémond sur le miracle de Laon. . . 460
2° Lettre d'un avocat de Laon sur le même sujet 462
3° Mention du miracle par le cardinal Baronius. 465
4° Par Génébrard, archevêque d'Aix. 466
5° Par le père Delrio, d'abord conseiller au conseil de Brabant et intendant d'armée, ensuite professeur de philosophie, de théologie morale, de langues et de lettres sacrées (1599). . . 466
6° Par dom Wiart, — François Frondeur, — Villette, docteur en théologie, — Louis Colliette. 466
7° Le livre de Jovet : *Triomphe du saint Sacrement*. . . . 467
8° Le manuscrit de M. Dupeuty, principal du collège de Vervins, écrit en 1720. 467

§ II. — MONUMENTS ÉRIGÉS EN MÉMOIRE DE LA POSSESSION DE NICOLE DE VERVINS.

I. BAS-RELIEF dans la cathédrale de Laon. 467
Vers du chanoine des Masurés gravés au-dessous du bas-relief. 468
Mention du bas-relief par dom le Long, Jovet, M. Dupeuty. 468
II. FONDATIONS A LAON : procession, messe et salut anniversaires. — Mémoire du saint Sacrement à la messe du 8 février, dans tout le diocèse. 469
A VERVINS : vêpres fondées par Robert de Coucy. — Confrérie du saint Sacrement. — Prières de *quarante heures*. 470
III. GRAVURE de 1569 représentant toutes les scènes de la possession de Nicole, exorcismes, procession, etc. 472
Maisons infestées par les esprits. — A Vervins, — en 1669 et 1670 (note). 472
Description de la *gravure*. 474

§ III. — PIÈCES JUSTIFICATIVES.

I. Bref de saint Pie V, à son nonce en France, pour la promulgation du miracle. 475
II. Bref de Grégoire XIII, pour le même objet. 477
III. Attestation des docteurs de Sorbonne. 479
IV. Lettres patentes de Mgr Jean de Bours, pour l'approbation du fait. 480
V. Attestation du même et du chanoine Despinois. 484
VI. Lettres de l'Official de Paris *pro approbatione fidei et facti*. 483

FIN DE LA TABLE.

ERRATA.

Page 2, ligne 24, examine — *lisez* : examinent.
— 79, ligne 16, Brienne — *lisez* : Braine.
— 158, ligne 15, apportée — *lisez* : apostée.
— 171, ligne 17, Qui se fait partie ? — *devrait être à la ligne*.
— 402, *au sommaire*, 5ᵉ ligne : Saint Vincent — *lisez* : Saint Jean.
— 162, ligne 28, *Ce miracle opéra sa conversion*. — Nous l'avions cru sur certaines données ; mais nos recherches terminées trop tard, *après le tirage*, ne nous en ont point donné la preuve.

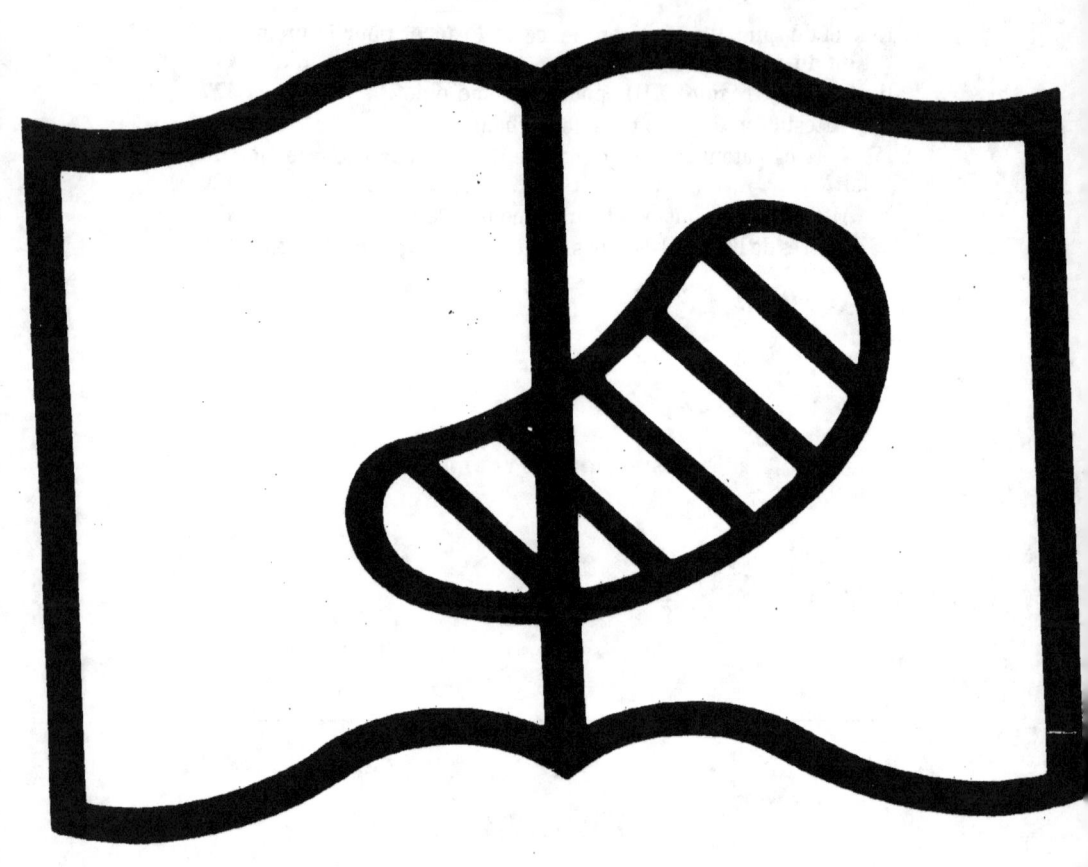

Original illisible

NF Z 43-120-10

www.ingramcontent.com/pod-product-compliance
Lightning Source LLC
Chambersburg PA
CBHW051139230426
43670CB00007B/873